D1393123

Les Éditions du Boréal
4447, rue Saint-Denis
Montréal (Québec) H2J 2L2
www.editionsboreal.qc.ca

LA GANG :
UNE CHIMÈRE
À APPRIVOISER

Dérives montréalaises. À travers des itinéraires de toxicomanies dans le quartier Hochelaga-Maisonneuve (avec la collaboration de Carlos Coloma), Boréal, 1995.

Marc Perreault, Gilles Bibeau

LA GANG :
UNE CHIMÈRE
À APPRIVOISER

Marginalité et transnationalité
chez les jeunes Québécois d'origine afro-antillaise

Avec la collaboration de Kalpana Das

Boréal

Cet ouvrage a été publié grâce à une subvention de la Fédération canadienne
des sciences humaines et sociales, de concert avec le Programme d'aide à l'édition savante,
dont les fonds proviennent du Conseil de recherches en sciences humaines du Canada.

Les Éditions du Boréal remercient le Conseil des Arts du Canada ainsi que le ministère
du Patrimoine canadien et la SODEC pour leur soutien financier.

Les Éditions du Boréal bénéficient également du Programme de crédit d'impôt pour l'édition
de livres du gouvernement du Québec.

Couverture : Caroline Hayeur/Agence Stock Photo, *Graffiti Avenue du Parc,* 2002 ;
Jean-François Leblanc/Agence Stock Photo, *Gang de rue # 1,* 1998 (médaillon).

Diffusion au Canada : Dimedia
Diffusion et distribution en Europe : Les Éditions du Seuil

Données de catalogage avant publication (Canada)

Perreault, Marc

La Gang : une chimère à apprivoiser : marginalité et transnationalité
chez les jeunes Québécois d'origine afro-antillaise

Comprend des réf. bibliogr.

ISBN 2-7646-0237-5

1. Bandes de jeunes – Québec (Province). 2. Gangs – Québec (Province). 3. Jeunesse noire –
Québec (Province) – Conditions sociales. 4. Marginalité – Québec (Province). 5. Canadiens d'origine haïtienne – Québec (Province) – Conditions sociales. I. Bibeau, Gilles, 1940-   . II. Titre.

HV6439.C32Q8   2003   364.1'06'600835   C2003-940591-5

Remerciements

Les travaux entrepris en 1994 auprès des jeunes d'origine afro-antillaise de Montréal font partie d'un programme de recherche-action coordonné par l'Institut interculturel de Montréal (IIM) dont la directrice générale est Mme Kalpana Das. Conformément à la philosophie de l'IIM, la recherche de terrain s'est faite en étroite collaboration avec les organismes communautaires engagés dans des activités variées auprès d'une population de jeunes Afro-Antillais. Parmi les organisations collaboratrices, nous tenons à nommer, et à remercier sincèrement, la Maison des jeunes L'Ouverture, la Maison d'Haïti, l'Organisation des jeunes de Parc-Extension (PEYO) et le Bureau chrétien de la communauté haïtienne de Montréal (BCCHM), qui nous ont aidés à nous rapprocher du milieu quotidien de vie des jeunes.

Nos assistants de recherche ont été recrutés au sein de ces organismes. Sans la collaboration inestimable de ces personnes, il nous aurait été difficile de réaliser notre recherche de terrain et de recueillir des témoignages aussi riches auprès des jeunes des milieux marginaux d'origine afro-antillaise. Nous tenons à souligner principalement le travail de Mme Charmaine Dayle ainsi que de MM. Harry Delva, Steve Saint-Louis et Lazard Vertus. Notre reconnaissance va aussi au docteur Carlo Sterlin qui nous a accompagnés dans cette recherche à titre de consultant. Tous ces collaborateurs ont été associés, d'une façon ou d'une autre, à l'interprétation des récits, des faits et des observations qui ont été amassés auprès des jeunes;

les auteurs les dégagent cependant de toute responsabilité quant aux points de vue, aux opinions et aux interprétations qui sont défendus ici.

Nous adressons aussi nos remerciements aux deux organismes qui ont financé les projets de l'IIM, soit le Conseil québécois de la recherche sociale du Québec (CQRS) pour *Les Jeunes Afro-Antillais de Montréal. Approche ethnographique et interculturelle des milieux marginaux* (1996-1998) et la Régie régionale de la santé et des services sociaux (Direction de la santé publique) de Montréal-Centre pour *Les Jeunes Noirs d'origine antillaise à Montréal : approche des milieux marginaux* (1996-1998). Ces deux projets prolongent une recherche antérieure *(Pratiques identitaires et Résolution des problèmes dans les milieux haïtiens de Montréal)* financée en partie par Patrimoine Canada, recherche qui a permis, sur la base d'une première étude de la dynamique d'adaptation des jeunes Haïtiens et de leurs familles à la société québécoise, d'orienter de manière précise le projet de recherche-action dont nous présentons les résultats dans cet ouvrage.

Les Centres Jeunesse de Laval et de Montréal ont aussi droit à notre reconnaissance pour nous avoir facilité la rencontre avec des jeunes qui sont suivis dans leurs institutions.

De plus, il nous apparaît comme important de souligner que l'IIM faisait partie de l'Équipe de recherche et d'action en santé mentale et culture (ERASME) qui mène depuis 1993, sous la coordination d'Ellen Corin, des travaux visant à mettre en évidence les réponses communautaires et alternatives aux nouvelles formes de souffrance sociale. Un certain nombre de concepts et d'idées utilisés dans le contexte des travaux poursuivis auprès des jeunes marginaux afro-antillais sont empruntés au cadre de référence conceptuel d'Érasme ou rejoignent celui-ci.

Enfin, nous ne saurons jamais être assez reconnaissants envers tous les jeunes qui ont collaboré à la réalisation de cette recherche en acceptant de partager avec nous une partie de leur intimité et de leurs expériences personnelles au sein des milieux marginaux. Sans leur généreuse participation, cette recherche n'aurait pas été possible. Tous ces jeunes sans exception sont littéralement l'âme, pour ne pas dire les auteurs, du texte que vous vous apprêtez à lire. Nous ne sommes quant à nous que les humbles messagers de la parole de ces jeunes qui demande à être entendue et qu'ils nous ont demandé de vous livrer. En espérant que notre modeste contribution répondra aux attentes qui ont été les leurs lorsqu'ils ont participé à cette recherche.

Introduction

O n croit les jeunes Québécois endormis, résignés, mous. Erreur : la colère couve chez bon nombre d'entre eux, elle gronde même chez certains. Cette colère d'un type nouveau s'exprime en « gang[1] », mêlée de tensions raciales, surtout visible dans les quartiers multiethniques et dans les milieux populaires, colère de garçons et de filles[2] qui veulent jouir au plus vite du bien-être qu'une société toujours plus riche expose dans un

---

1. Nous suivons dans ce livre l'usage québécois traditionnel et celui des jeunes d'aujourd'hui qui féminisent le mot « gang », plutôt que celui du dictionnaire qui en fait, en France notamment, un substantif masculin. La « gang » est en effet un mot encore couramment utilisé chez les jeunes pour évoquer quelque chose d'assez proche de ce que l'on entend, depuis longtemps, au Québec par la « gagne » : le mot était déjà en usage au Québec, selon les sociolinguistes (Poirier, 2000), dès les années 1850 en tant que calque de l'anglais *gang* et a traditionnellement servi à désigner un groupe de personnes (« toute la gang ») et même, au sens large, un ensemble d'objets. La connotation péjorative (« le gang comme une bande organisée de malfaiteurs ») héritée des films américains de gangsters qui est passée, sous la forme masculine, dans l'usage des Français de France est donc étrangère au sens courant qu'on associe, au Québec, à « la gang ».

2. Nous parlons des garçons et des filles dans cet ouvrage, même si, dans les faits, il y a plus de garçons qui se joignent aux gangs que de filles. Pour faciliter la lecture, nous employons, de manière générale, le masculin tout en faisant cependant une place au féminin, notamment lorsqu'il nous a paru important de mettre en évidence la spécificité des comportements féminins.

consumérisme effréné et propose comme le signe de la réussite. Il y a eu quelques explosions ici et là, encore modestes, dans lesquelles on peut cependant déjà lire un message : la Plaza Saint-Hubert où il s'est passé en 1992 autre chose qu'une méchante histoire d'affrontement entre de jeunes excités et la police, les bagarres répétées entre des bandes rivales dans les cours d'écoles, le feu que deux jeunes ont mis à leur polyvalente comme cela est arrivé à Berthierville, et surtout le phénomène des gangs de rue que les observateurs disent être en pleine augmentation à Montréal, dans les quartiers de l'immigration surtout. Des incidents violents mettant en cause des jeunes sont aussi recensés de plus en plus souvent dans les parcs et les terrains de jeux, des bagarres pour la défense du territoire entre des bandes de quartiers voisins et des accrochages entre gangs à l'occasion de fêtes et de « partys » surtout. Conflits ethniques, révolte adolescente, signes isolés de désarroi, intolérance croissante de la population à l'égard de toute forme, même douce, de marginalité, peut-être ne s'agit-il au fond, comme le disent certains, que de cela ?

L'inhumaine comédie

Nous voyons, quant à nous, bien d'autres choses dans la rébellion des jeunes Québécois, des Afro-Antillais, des Latinos, des Asiatiques, des francophones, des anglophones, rébellion qu'ils ne font pas, disons-le d'emblée, au nom d'une nouvelle culture alternative comme d'autres, ceux de la « génération lyrique », l'avaient fait il n'y a pas si longtemps, en lançant le mouvement de la contre-culture. Les jeunes Montréalais des années 2000 sont les enfants bilingues et trilingues de la loi 101. Dans leurs classes, Marc, Gilles et Anne-Marie ont appris à vivre avec Roald, Jose, Déogratias, Kalpana, Youssef, Assana, Liu et Chang ; les uns et les autres continuent à choisir, il est vrai, leurs meilleurs amis dans leurs groupes d'origine, mais ils n'en ont pas moins tissé des liens d'amitié avec un peu tout le monde. Ils ont grandi dans des quartiers souvent pluriethniques, et s'ils sont encore racistes, ce n'est certainement pas à la manière de leurs parents ; la seule société québécoise que ces jeunes connaissent est celle où coexistent des personnes de toutes les couleurs qui parlent des langues variées et qui sont venues des quatre coins du monde. On les dit insurgés contre leurs familles qui vont souvent d'ailleurs fort mal, mais ils en reproduisent néanmoins les valeurs et les modes de fonctionnement dans les groupes et les gangs qu'ils se donnent. Au vieux slogan de « famille, je vous hais », lancé en d'autres temps, ils répondent par une espèce d'appel au sauvetage des familles, blessées qu'elles sont, semblent-ils dire, par les maux qu'une société compétitive et implacable a infligés à leurs parents. Les jeunes se mettent du côté des victimes.

Le chômage et les inégalités sociales les révoltent, la mondialisation aussi. Toutefois ils ne sont pas pour autant révolutionnaires. Leurs rêves sont plutôt ceux de tout le monde, ceux de la classe moyenne surtout, rêves qui ont beaucoup à voir avec les valeurs de notre société du confort dans laquelle triomphent l'individualisme, la propriété privée, la voiture et les signes extérieurs de la richesse, avec pour slogan quelque chose comme « être chez soi, tranquille, avec un peu de fric ». À côté des rêves pantouflards des uns, on trouve la casse, l'opposition, la violence, la petite criminalité, autant de débordements qui visent apparemment davantage à s'approprier, par toutes sortes de moyens, de l'argent et des biens dont on veut profiter au plus tôt qu'à s'opposer aux valeurs dominantes de la société et à l'ordre éthique qu'elle impose. La lutte des classes, on ne connaît pas, disent ces jeunes, même ceux-là qui viennent de familles pauvres, qui ont vécu l'exclusion et qui éprouvent, les « néo-Québécois » de couleur surtout, des difficultés d'insertion. Ces jeunes semblent avoir oublié, ou peut-être n'ont-ils jamais su, qu'il y a eu des pays communistes, que d'autres hier ont cru au socialisme, à la solidarité et au partage comme ils croient aujourd'hui au nouveau capitalisme, à ce dogme économique dans lequel ils trouveront leur salut, leur répètent, sur toutes les tribunes, les grands prêtres de la finance, les politiciens de tous bords et les hauts fonctionnaires des institutions internationales. Déréglementation, marché autorégulé, libre circulation des capitaux et profits sont les principaux articles de foi de cette nouvelle Église qui impose, dans le triomphalisme, son credo à la nouvelle génération.

Les jeunes seraient dépolitisés, à cent pour cent, prétendent certains observateurs. Ce n'est pas le cas d'après nous. Ils ont perdu confiance, il est vrai, dans le jeu institutionnel des partis, dans le recours à l'occupation des locaux, à la grève des cours, aux manifestations et aux vieilles tactiques qu'on employait hier pour changer le cours des choses, tactiques condamnées par avance à l'échec, croient-ils, dans une société tantôt intolérante vis-à-vis de toute forme d'opposition, efficace et violente dans ses actions répressives, avec chevaux, chiens et poivre de

Cayenne, contre les manifestants et les résistants qui ne s'en prennent souvent à personne si ce n'est au « système », tantôt indifférente, ce qui est sans doute pire, à la révolte des jeunes qu'on laisse s'épuiser et s'éteindre d'elle-même. La police, la justice et la politique, cela en fait rigoler bon nombre, surtout chez les jeunes Noirs et chez tous ceux dont l'identité ethnique se donne un peu trop clairement à voir. En somme, cette génération serait largement conformiste, plus par sentiment d'impuissance que par refus du militantisme, sceptique quand on lui parle de grands projets de réforme, et anesthésiée peut-être par la télévision, le walkman et la dépolitisation ambiante. Ces jeunes auraient, pour le dire en un mot, la révolte *soft* de ceux qui sont fatigués de crier, qui savent que leurs parents n'ont pas le temps de les écouter, ni leurs professeurs et leurs conseillers qui sont de toute façon trop peu nombreux dans les écoles, ni les leaders politiques qui jouent, toutes tendances confondues, le même jeu de la consultation populaire pour mieux cacher leur dépendance à l'égard des agences de cotation et de crédit qui leur dictent, en dernière instance, les décisions à prendre. Le cri des jeunes de la nouvelle génération est celui de quelqu'un dont la voix est couverte par le bruit du train qui passe.

Par contre, cette génération est ouverte aux autres, plus que ne l'ont jamais été les générations antérieures, disponible pour le dialogue, pour la rencontre des différences, riche d'une tolérance inédite. Sa révolte qu'elle crie en chœur à travers des signes que nous décodons encore mal, elle la nourrit non pas d'une idéologie politico-économique différente, mais de son mal-être, dans une révolte paradoxale, sans romantisme et sans messianisme, qui prend toutes les allures du conformisme. Victimes de désenchantement, les jeunes ne s'en amusent pas moins, de nouveau en chœur, dans d'étonnantes mises en scène de leur liberté face à la société de consommation que la génération lyrique leur a laissée en héritage et dans l'ironie face à la révolte même de leurs parents qui chantaient au début des années 1960 : « C'est le début d'un temps nouveau, la moitié des gens n'ont pas trente ans, les femmes font l'amour librement, la terre est à l'année zéro ». Dans leur révolte somme toute tranquille, les jeunes disent oui aux valeurs dominantes de la société de l'objet[3] et non

---

3. On ne peut évidemment mettre tous les jeunes dans le même panier. Aussi savons-nous, pour avoir eu l'occasion de travailler auprès de bon nombre de groupes de jeunes

au trop-plein d'ordre qui gère la vie de la cité, la rue et les espaces publics surtout. Le bilan provisoire qu'ils dressent est un bilan d'enfants déshérités, de jeunes qui n'ont pas, ou n'ont plus, les moyens de se donner la liberté qu'ont vantée leurs parents et leurs maîtres, qui sont déjà prisonniers, avant même d'être en âge de travailler, du circuit malfaisant des « jobines » tôt trouvées, tôt quittées.

Leur mal, car ils ont mal, les jeunes le disent, nous y ferons écho dans cet ouvrage, de multiples façons. Il y a d'abord et surtout la musique, ces chansons dans lesquelles ils se racontent les uns aux autres leurs histoires, comme si la musique jetait un pont entre eux, par-delà les différences de langues, d'ethnies et de couleurs. Les jeunes nés de la société de l'individualisme et de l'objet se rapprochent, se rencontrent, s'unissent, à travers les rythmes du hip-hop, du rap, du breakdance, largement issus de la culture noire américaine, du disco, du reggae, du heavy metal, de la techno, du funky et du soukouss, autant de styles musicaux qui les font entrer, à l'unisson, dans un monde sans frontières où le son et le mouvement dominent les paroles. Moyen d'expression d'une commune identité qui se dit en chansons, nouvel espace idéologique recouvrant les cadavres des anciens penseurs, de Mao au Che, cette musique se consomme, et se mâche, comme du chewing-gum. Des héros, des figures emblématiques servent également à dire des choses que les jeunes n'arrivent pas toujours à mettre en mots : parmi eux, il y a Malcolm X qui symbolise la révolte, Gandhi aussi, et Mandela, autant de personnages plus grands que nature, des espèces de surhommes qui viennent donner un sens à l'inhumaine comédie dans laquelle ils « jouent » à côté d'autres figures, plus familières et plus proches de l'his-

---

Québécois « de souche » des milieux marginaux du centre-ville de Montréal et de celui de Québec, soit ceux que l'on appelle tantôt les « jeunes de la rue », tantôt les « punks », que ces jeunes tiennent un discours contestataire de la « société de l'objet » et de consommation. Par contre, dans les faits, nous constatons que ces jeunes qui se rassemblent autour d'une nouvelle « contre-culture » de la consommation capitaliste reproduisent dans leurs pratiques, notamment de consommation de drogue et vestimentaires, un nouveau rapport à l'objet qui, bien que marginal, reste la voie royale par laquelle ils cherchent à se réaliser comme personnes. Le nouvel esthétisme de contestation que préconisent ces jeunes, les drogues de plus en plus dures étant un élément privilégié de cet esthétisme contestataire, s'inscrit donc, malgré les apparences et les discours, dans la même logique d'achèvement de soi par l'objet sur laquelle se fonde l'idéologie de consommation capitaliste.

toire locale, celle de Marcellus François, celle de Bruny Surin et d'autres encore, que les jeunes, et pas seulement ceux qui sont d'origine afro-antillaise, ont transformés en héros.

L'imaginaire de ces jeunes, c'est aussi celui du monde médiatique où l'information circule à une vitesse folle, une information qui parle, qu'il s'agisse d'ici ou d'ailleurs, d'un monde dur, injuste, impitoyable pour les faibles et généreux pour les riches. L'ordinateur personnel a déjà sa place, peut-être les jeunes n'en possèdent-ils pas un encore, en tant que pièce essentielle de l'identité, tout comme le téléphone cellulaire, indispensable selon certains, qui permet de garder le contact avec les amis, tout comme les jeux vidéo pratiqués dans l'espace privé de la chambre avec des partenaires qui habitent fort loin, à Honolulu, à Paris ou à Goa peut-être, partenaires virtuels, étrangers, de la rencontre d'un soir, ou partenaires avec qui des *chats* s'amorcent et deviennent de véritables groupes de discussion. La civilisation de la Toile est là, Toile immense qui tisse ses fils autour des jeunes en les entraînant jusqu'aux extrémités du monde. Le monde s'est en effet considérablement rétréci dans l'imaginaire de ces jeunes qui ont assisté, à travers des images téléchargées et télédiffusées, au lancement des missiles Patriot sur les cibles irakiennes, à la mort en direct de Rwandais s'entretuant, et à mille autres souffrances qui s'étalent chaque jour sur les écrans.

Cartographie d'une *terra incognita*

Voilà un premier portrait, tracé à grands traits et à main levée, de la génération des jeunes Québécois de 15 à 25 ans. Il ne faudrait cependant pas se méprendre, car la notion de jeunesse renvoie, comme nous le verrons plus loin, à une vaste catégorie sociale qui recouvre une réalité fluide, diversifiée, multiforme et changeante, qu'il est risqué de décrire d'une manière aussi globale et somme toute dans un style plus journalistique que véritablement anthropologique. Nous croyons néanmoins que cette description s'imposait, dès les premières pages de ce livre. Nous vous invitons à la lire comme le récit d'un voyage au cœur du monde des jeunes que nous pensons, souvent à tort, bien connaître, dans ce territoire mal cartographié des gangs juvéniles où même les spécialistes se perdent, d'autant plus facilement d'ailleurs qu'imprécisions, exagérations et faussetés ont fini par contaminer la littérature scientifique elle-même. Plus que le récit d'une exploration, notre description du monde de la jeunesse doit être lue comme une première approximation ou une énonciation, encore grossière, du mythe paradoxal qui fait vivre la « nouvelle tribu » des jeunes. Une nouvelle tribu, disons-nous ; en réalité les jeunes ne forment pas une tribu, mais une grande diversité de tribus, à moins qu'il n'y ait même pas de tribu du tout dans le pays qu'habitent les jeunes d'aujourd'hui. Qu'y a-t-il en effet de commun, si ce n'est l'âge, entre les étudiants privilégiés qui fréquentent assidûment polyvalentes, collèges et universités, les nombreux *drop-out* qui ont décroché du système d'enseignement, les travailleurs à quart-temps et à demi-temps qui combinent les études avec les « jobines », et les jeunes déjà engagés sur des voies qui les font dériver vers les marges de la société? Les écarts sont en effet très grands entre ces différentes catégories de jeunes.

L'itinérance, la vie de la rue, la vie dans la rue, l'appartenance à des gangs de jeunes, la petite criminalité présentent aussi, au cœur même de la marge, des visages aux traits hautement différenciés qu'on n'a pas le droit de confondre. L'entrée dans la marge a sans doute quelque chose à voir, chez la majorité des jeunes marginaux, avec les processus fort bien connus de l'exclusion sociale (pauvreté, isolement, étiquetage social, judiciarisation) et avec l'ostracisme, le marquage et parfois le racisme qui touchent ceux qui sont issus de la migration. Ces mêmes jeunes sont également poussés vers la marge, il ne faut pas l'oublier, par d'autres dynamiques, tout aussi fondamentales que le racisme ou la pauvreté, dynamiques qui se forment dans les maisons et les appartements qu'ils habitent, dans leur vie de quartier, à l'école et dans leur communauté. Finalement, les jeunes ne peuvent éviter de faire face à eux-mêmes, ce qui les renvoie à leur intériorité, à leurs espoirs et à leurs échecs, à leur sentiment de contrôler ou non leur propre histoire. Ils sont multiples, variables et difficiles à reconstituer, ces itinéraires qui conduisent certains jeunes dans l'errance du côté des quartiers du centre-ville, d'autres dans des gangs plus à l'est et au nord de la ville, d'autres enfin dans la petite criminalité. Complexité des trajectoires individuelles, toujours singulières dans leur remodelage de l'exclusion, du conflit familial et de la souffrance, intrication du singulier et du général, tout s'emmêle au point qu'on arrive difficilement, même au terme d'une longue recherche, à départager les différentes strates de ce phénomène.

Les hésitations, les interrogations et les demi-certitudes dont notre texte a été jusqu'ici jalonné indiquent qu'on connaît encore bien peu de choses, d'une manière disons sérieuse et valide, sur les formes contemporaines de la marginalité, sur la filière d'insertion des jeunes dans la marge, surtout lorsqu'il s'agit des jeunes issus des minorités ethniques et en particulier des jeunes d'origine afro-antillaise qui sont au cœur de notre étude. Par quelles histoires personnelles, familiales et collectives sont-ils donc passés pour qu'ils en soient venus à choisir de devenir membres d'une gang ? De quels milieux sociaux viennent-ils : des quartiers ethniquement diversifiés du nord et de l'ouest de la ville, de familles francophones et anglophones économiquement défavorisées ? L'ethnique, l'économique, le culturel et la classe sociale forment-ils un écran qui empêche d'entrer dans les histoires plus personnelles qui s'écrivent dans ces processus « macro » auxquels trop d'auteurs ont tendance à se limiter ? Au fil des pages que vous vous apprêtez à lire, nous nuancerons le portrait, robot allions-nous dire, qui a été peint dans les pages précédentes, nous corrigerons aussi certaines impressions qui n'auront pas résisté aux observations du terrain, et nous préciserons nombre de points qui avaient été laissés dans le vague. Le phénomène des gangs juvéniles de rue est surmédiatisé. Il est objet d'inquiétude dans la population et il est dans la mire des policiers patrouilleurs. Avec raison, diront peut-être quelques lecteurs ; pour notre part, nous n'en sommes pas si sûrs.

La Chimère

Au début de cet ouvrage, une image s'impose, celle de la Chimère, la bête fantastique de la mythologie grecque qui renvoie à des choses imaginées plus qu'à la réalité, image à laquelle nous nous référons pour évoquer les représentations inadéquates, selon nous, que l'on se fait souvent de nos jours, dans toutes sortes de milieux, au sujet des gangs de rue. De même, un concept s'impose, celui de la déconstruction, que nous appliquons, de façon critique, à la philosophie de la tolérance zéro qui structure les manières de penser et les pratiques des juges, des policiers, des médecins et des infirmières, des psychologues et des travailleurs sociaux, en un mot de la plupart des professionnels qui ont à intervenir auprès des jeunes marginaux, et plus particulièrement des membres des gangs de rue. Enfin s'impose la tension entre deux mots, le « je » et le « nous », et entre deux situations, l'isolement de certains jeunes Québécois qui tournent leur violence intérieure contre leur propre personne, souvent dans le suicide, et l'appartenance à des groupes d'autres jeunes, notamment chez les jeunes néo-Québécois d'origine afro-antillaise, lesquels tendent à exprimer leur violence dans des conduites antisociales plutôt que dans l'autodestruction.

Dans le poème d'Homère, la Chimère est un animal hybride qui possède le corps d'une chèvre, le buste d'un lion et la queue d'un serpent[4]. Le psychologue américain Gerald Patterson a récemment eu recours à cette métaphore de la Chimère pour décrire l'accumulation progressive des traits antisociaux, au cours de l'adolescence notamment, chez certains jeunes Américains d'aujourd'hui. « L'échec scolaire et le rejet par les pairs donnent une première apparence de lion à l'enfant qui n'est encore fondamentalement qu'une chèvre. Vers la mi-adolescence, l'abus de drogue et les arrestations par la police s'ajoutent au portrait et contribuent à produire une société intolérante et à compléter la transformation d'une simple chèvre en un monstre à queue de serpent qui crache du feu » (1993 : 918). Vers la fin de leur adolescence, certains jeunes seraient même déjà devenus, selon ce psychologue de l'*establishment,* des êtres humains différents, des bêtes hybrides, des monstres antisociaux, auprès desquels il apparaît comme impossible d'intervenir en s'appuyant sur les modèles courants fournis par les manuels de psychologie et de sciences sociales. Ressemblant d'abord à une chèvre que l'on imagine volontiers douce, ces jeunes se donneraient, avec le temps, des airs de lion prêt à foncer sur sa proie, avec en plus la ruse du serpent qui séduit pour mieux tromper. Les jeunes Américains que Patterson décrit à travers l'image de la Chimère seraient des « survoltés » au dedans, des révoltés au dehors, de « petits monstres » qui sont typiquement, écrit encore le psychologue, les enfants de la pauvreté, du racisme et de la violence, des monstres qu'il faut d'autant plus vite dompter, mater et « domestiquer » qu'ils risquent de reproduire le cycle du mal et du malheur en engendrant à leur tour d'autres « petits monstres ».

---

4. C'est à la suite de la lecture de l'ouvrage de Mauricio V. Delfin intitulé *Taming Chimaera* (2000) que nous avons eu l'idée de recourir à la métaphore de la Chimère.

Nous n'avons jamais lu ou entendu, au Québec, quelque chose qui approche, même de loin, un tel discours. La métaphore de la Chimère n'en colore pas moins, de biais, les représentations qui dominent dans la population générale et chez les intervenants chaque fois qu'il est question des jeunes membres des gangs de rue. Le monstre social que forment leurs gangs fait peur. On attribue au monstre les traits de la déviance et de la violence ; on se le représente comme étant invulnérable puisqu'il a résisté, jusqu'ici, à toutes les stratégies mises en place pour le « normaliser ». On trouve aussi chez nous, il est vrai, beaucoup plus de compassion et de sympathie pour les jeunes marginaux aux comportements antisociaux que chez les Américains du style de Patterson. Peut-être espère-t-on même qu'un Bellérophon aidé d'un Pégase se lèveront pour s'attaquer à la bête et la soumettre, tout comme ces deux héros du mythe grec l'ont fait autrefois. L'allégorie de la Chimère est pernicieuse, et nous avons hésité à y recourir. Si nous avons consenti à l'utiliser, c'est qu'elle nous fait comprendre qu'il existe plusieurs épaisseurs dans la vie de tout jeune, comme autant de couches qui s'empilent les unes sur les autres au fil de son histoire et qui se sédimentent dans son être. Comme nous l'avons dit, la Chimère évoque l'amalgame de parties d'animaux divers qui composent un nouvel être hybride, sauvage, sans cependant réussir à faire disparaître la chèvre, qui se trouve toujours au cœur de ce « cyborg » mythologique. Nous avons donc cru utile, pour ces raisons précisément, de nous référer à cette zoologie fantastique.

Nous l'avons fait, aussi, parce que notre société tend à transformer les gangs de rue, surtout lorsqu'elles sont de couleur, en une espèce d'être quasi mythologique qui habite un monde souterrain et dangereux, un monde situé, disait déjà le mythe grec, par delà la Rivière-qui-parle et en dehors des murs de la Cité des Rois. Il est temps de démystifier la lecture que l'on tend à faire aujourd'hui de ce qui existe au dehors des « murs de la cité », de purger cette lecture de sa charge de moralisme qui débusque le danger dans les moindres signes d'opposition exprimés par les jeunes et d'ouvrir cette lecture à l'écoute de la parole des jeunes, de ceux-là qui habitent par delà la Rivière-qui-parle et qui sont condamnés au silence. Les cartes cognitives dont on use communément pour penser les phénomènes de la marginalité, les modèles d'interprétation des comportements antisociaux des jeunes et les pratiques qui se sont mises en place autour des gangs de rue ne sont rien d'autre, dans notre esprit, que le résultat d'interactions entre l'idéologie de la performance, les politiques de contrôle et les philosophies de normalisation qui dominent dans nos sociétés. La perspective adoptée dans notre ouvrage s'inspire du déconstructivisme : nous avons voulu faire émerger ce qui se cache derrière les modèles dominants d'intervention, penser autrement la marge dans ses rapports aux normes sociales et la situer vis-à-vis des valeurs centrales de la société. La descente aux enfers à laquelle il est fréquent de se référer pour évoquer la dérive de certains jeunes gagnerait peut-être à être vue comme le voyage raté que ces jeunes font vers le cœur même des valeurs qui structurent nos sociétés. Les jeunes marginaux parlent sans arrêt des valeurs dominantes qui structurent notre société de l'objet et de la consommation.

Deux réponses des jeunes à un même mal-être

Le profil de santé de la jeunesse québécoise, tel qu'il peut être tracé à partir des récentes enquêtes épidémiologiques, n'est pas sans inquiéter, avec raison d'ailleurs, les enseignants, les professionnels de la santé, les personnes intervenant auprès des jeunes et par-dessus tout les parents. Voilà comment nous en sommes venus à formuler, avec une relative précision, la question de recherche qui est au cœur de nos travaux : comment expliquer le fait que certains jeunes Québécois tendent à exprimer leur mal-être à travers des conduites autodestructrices alors que d'autres ont plutôt recours à des comportements antisociaux ?

Dans les conclusions du passionnant ouvrage de synthèse que Madeleine Gauthier, Léon Bernier et leurs collaborateurs ont consacré aux jeunes de 15 à 19 ans du Québec, une tranche d'âge qui recouvre en bonne partie celle avec laquelle nous avons travaillé, les auteurs écrivent que les jeunes Québécois « paraissent aujourd'hui, dans un contexte de précarité des parcours et de fragilité des liens sociaux, [...] en demande d'affiliation et de soutien » (1997 : 228). Leurs parents, qui avaient « été amenés à s'affirmer collectivement sur le mode de la rupture », avaient vécu, quant à eux, dans une société alors marquée par la prégnance des traditions et une forte stabilité des institutions. Le diagnostic des chercheurs est clair : les jeunes Québécois sont « malades » d'un manque d'amis, de leur isolement et de l'absence d'un solide réseau de relations interpersonnelles, plus sans doute que de la perte des repères collectifs, du recul de la religion et de l'incertitude entourant l'affaissement des valeurs communes. Dans les pages qu'ils ont dédiées à la détresse psychologique et au suicide, les auteurs se demandent si « le taux croissant de suicide qui affecte les jeunes ne serait pas l'indicateur d'une plus faible intégration sociale de ceux-ci que par le passé » (1997 : 120), ouvrant ainsi une piste à la réflexion que les spécialistes des recherches sur le suicide ont trop rarement explorée, coincés qu'ils sont, nous semble-t-il, dans des grilles de lecture individualisantes et psychologisantes quand elles ne se limitent pas, tout simplement, à de stricts constats épidémiologiques. On doit assurément mesurer la densité du réseau social des jeunes, leur niveau d'isolement et la force de leur intégration dans des groupes. On doit aussi réfléchir davantage à la dimension sociale de la vie des jeunes d'aujourd'hui : que veut dire exactement une vie sociale équilibrée dans le cas de telle ou telle catégorie de jeunes ? À travers quelles médiations des relations sociales appauvries affectent-elles la dynamique psychologique des jeunes, provoquant éventuellement une faible estime de soi, de la détresse et de la souffrance psychique ? Ce sont là quelques-unes des questions que Gauthier, Bernier et leurs collaborateurs nous invitent à nous poser.

Un problème s'impose d'abord, massivement, soit celui du suicide dont les taux sont extrêmement élevés chez les jeunes Québécois. Le suicide représente effectivement la deuxième cause de mortalité chez les garçons de 15 à 19 ans, situation dont l'ampleur est telle que le Québec occupe l'une des premières positions mondiales pour le pourcentage de mort par suicide chez les jeunes. Outre le suicide, on a vu apparaître, au cours des dernières années, de nouveaux profils dans la consommation des psychotropes (polyconsommation de drogues dures, prise de cocktails à base de médicaments et d'alcool), une montée du tabagisme entre autres chez les filles, des taux alarmants de décrochage scolaire touchant surtout les garçons, un net rajeunissement de la population itinérante, une amplification du phénomène des gangs juvéniles et une banalisation de surprenantes formes de violence, comme le « taxage », dans des milieux sociaux considérés par ailleurs comme assez conformistes, le vandalisme à travers le graffiti et autres atteintes à la propriété. Les milieux professionnels spécialisés ont mis en évidence, pour leur part, la prévalence accrue des troubles de l'hyperactivité, des problèmes de l'alimentation (anorexie, boulimie), des conduites autodestructrices à travers la dépression notamment, des difficultés d'identification sexuelle (homosexualité, travestissement) et des cas de personnalité multiple qui semblent occuper, de nos jours, une place grandissante dans le champ de la (psycho)pathologie.

Ce serait faire une grave erreur, nous semble-t-il, que de nous limiter à lire le nouveau profil pathologique de la jeunesse québécoise à partir d'une grille strictement individualisante ou en privilégiant une approche centrée uniquement sur la détection précoce des filles et des garçons considérés comme plus fragiles, comme potentiellement marginaux, comme de la graine à déviance, quoi. L'ampleur des problèmes recensés traduit sans aucun doute la forte détresse psychologique de nombreux jeunes, leur isolement social, leurs malaises, voire leur profond mal-être et leur désorientation, au sein d'une société dans laquelle ils semblent avoir de la difficulté à se situer. Une enquête récente du gouvernement du Québec (1998) a révélé que quelque 40 % des jeunes Québécois de 15 à 19 ans présentent un haut « niveau de détresse psychologique », les filles étant encore plus affectées que les garçons. Les problèmes que vivent les jeunes Québécois gagnent à être vus, ainsi que nous essayons de le faire dans ce livre, comme d'authentiques révélateurs du mal-être des jeunes qui sont socialement plus isolés que les autres de même que des autres catégories de jeunes. Nous nous sommes surtout laissé interpeller par la spécificité du profil que présentent les jeunes néo-Québécois d'origine afro-antillaise, qui ont grandi dans des familles immigrantes en pleine transformation et qui ont souvent été placés devant des difficultés d'insertion à l'école et dans le quartier plus grandes que celles qu'ont éprouvées les Québécois d'origine. Face à leurs difficultés, les jeunes néo-Québécois d'origine afro-antillaise réagissent cependant très peu, comme nos études le montrent, par des conduites autodestructrices contrairement à bon nombre d'autres jeunes Québécois. C'est là un des premiers constats que nous avons faits.

Dans l'étude que nous avons menée auprès de jeunes néo-Québécois d'origine afro-antillaise membres de gangs, nous avons en effet eu la surprise de constater qu'un seul jeune, parmi la cohorte de près de deux cents jeunes que nous avons interrogés, a dit avoir déjà eu de sérieuses idées suicidaires. Chez un groupe équivalent de jeunes francophones du Québec, au moins une quinzaine auraient sans doute reconnu avoir un jour pensé au suicide au point même de vouloir passer à l'acte. Au début des années 1980, l'équipe de Michel Tousignant avait étonné tout le monde en révélant que plus de 21 % des

666 cégépiens francophones interviewés leur avaient dit avoir déjà fait l'expérience, à répétition, d'idéations suicidaires (Tousignant, Hamgar et Bergeron, 1984). Les Enquêtes Santé Québec ont montré que les niveaux d'anxiété chez les jeunes ont considérablement augmenté au cours de la dernière décennie, ce qui laisse penser que les taux indiqués par Tousignant et ses collaborateurs sont aujourd'hui nettement dépassés. On manque cependant d'études épidémiologiques d'envergure qui comparent les taux de détresse psychologique et de suicide chez les jeunes Québécois en les corrélant avec les origines ethniques et l'expérience migratoire. On sait, par contre, que les jeunes issus de l'immigration récente sont proportionnellement surreprésentés dans les services qui sont donnés en vertu de la Loi sur la protection de la jeunesse et plus encore dans le réseau des institutions chargées de l'application de la Loi sur les jeunes contrevenants. Dans le rapport Bartkowiak (2000), on note que quelque 40 % des enfants suivis (troubles du comportement, sévices corporels, violence, négligence, abandon) dans le réseau francophone des Centres jeunesse de Montréal viennent des minorités ethniques. « Il nous arrive, confiait récemment une responsable de l'organisme à une journaliste du *Devoir*, d'avoir besoin d'un interprète et de devoir nous référer à des organismes communautaires pour bien comprendre le contexte culturel dans lequel l'enfant vit. On travaille, par exemple, avec des familles où le vaudou fait partie du quotidien » (Dufour 2001 : A12)[5].

Les études de Messier et Toupin avaient déjà montré, dès 1994, que les jeunes d'origine afro-antillaise (haïtienne et jamaïcaine notamment) constituaient alors un pourcentage démesurément élevé de la clientèle ethnoculturelle dont avaient à s'occuper les centres de réadaptation, lesquels interviennent, au bout de la chaîne des services, lorsque ni la famille, ni le foyer d'accueil, ni les autres services de type ouvert n'ont pu aider à résoudre le problème. On sait aussi, grâce aux travaux des cri-

---

5. Il est bon de rappeler ici que les professionnels de la Direction de la protection de la jeunesse (DPJ) interviennent auprès des parents dans le but de s'assurer que les enfants grandissent dans un milieu familial favorisant leur croissance normale. Ces interventions se font le plus souvent dans une perspective préventive et n'impliquent pas forcément que le jeune soit enlevé à sa famille ; par contre, les interventions qui se font, par référence à la Loi sur les jeunes contrevenants sont davantage correctives et visent des jeunes qui ont été jugés pour des délits.

minologues Émerson Douyon et André Normandeau (1995), que les jeunes néo-Québécois sont plus souvent impliqués, dans des affrontements individuels ou de groupes (« en gang ») avec la police et qu'ils sont de plus proportionnellement plus nombreux à être arrêtés et à comparaître devant les tribunaux de la jeunesse. Il n'en fallait pas davantage pour que tout le monde, experts, non-experts et intervenants, en arrive à voir dans les jeunes néo-Québécois, notamment ceux d'origine afro-antillaise, un groupe à haut risque, irrémédiablement enlisé dans les marges de la société (prostitution, drogue et petite criminalité) et dangereux, jusqu'à un certain point du moins, pour l'ordre public. Ces jeunes ont enfin été associés dans l'esprit du grand public, conséquemment sans doute au sensationnalisme des reportages parus dans la presse, au phénomène des gangs de rue.

Les résultats des études faites auprès des jeunes Québécois, dont nous venons de faire état, nous ont conduits à nous poser les questions suivantes : comment se fait-il que bon nombre de jeunes Québécois tendent à retourner leur violence contre eux-mêmes à travers des conduites autodestructrices (suicide, dépression, anorexie et drogue) alors que d'autres, dont les jeunes qui sont membres d'une gang, expriment plutôt leur violence et leur mal-être d'une manière antisociale ? Se pourrait-il que le fait d'appartenir à une gang puisse servir de protection, qu'il s'agisse d'un Québécois d'origine ou d'un néo-Québécois, face à la tentation du suicide, protection sans doute acquise, nous disions-nous, à travers le réseau d'amis et le soutien social que la gang apporte à ses membres ? Il apparaît d'autant plus urgent de répondre à ces questions que la « tolérance zéro » vis-à-vis des conduites le moindrement antisociales et vis-à-vis notamment de l'existence même des gangs domine aujourd'hui le discours public, les pratiques des corps policiers ainsi que les philosophies d'intervention chez les professionnels. Les policiers, les juges, les travailleurs sociaux, les psychologues et les agents communautaires réussiront d'autant plus facilement, espèrent les partisans de la ligne dure, à discipliner les jeunes marginaux qu'ils peuvent compter, croient-ils, sur l'appui de la population. Le non aux squeegees au coin des rues et le syndrome du « pas dans ma cour » ne sont sans doute encore que de modestes illustrations de la montée de l'intolérance sociale, notamment à l'égard des jeunes marginaux. Les promoteurs de cette politique de tolérance zéro se sont-ils demandé s'ils ne risquent pas d'observer une forte augmentation des conduites autodestructrices chez certains jeunes, du moins chez ceux qui s'en étaient jusqu'ici protégés en devenant membres d'une gang?

Assez tôt au cours de notre recherche, notre question de départ a été reformulée, s'est précisée et s'est scindée en sous-questions. Nous nous sommes demandé entre autres, s'il était légitime de considérer l'appartenance à une gang comme une authentique alternative à promouvoir, malgré les dangers de dérive vers des conduites antisociales, afin de permettre aux jeunes de se protéger face aux comportements d'autodestruction. Quant aux très nombreux jeunes Québécois qui se suicident, nous nous sommes dit qu'ils le font sans doute parce qu'ils se sont placés, ou qu'ils ont été mis, hors d'un réseau d'échange. C'est ce que Gauthier, Bernier et leurs collaborateurs (1997) ont justement signalé, à savoir que les jeunes sont isolés dans des familles qui ne comptent pratiquement plus d'enfants, qu'ils sont souvent étrangers et solitaires dans leur propre école où l'entrée dans des gangs est loin d'être encouragée, et qu'ils vivent une bonne partie de leurs journées à l'écart d'un véritable groupe d'appartenance. Les interprétations fournies par les spécialistes pour expliquer le suicide des jeunes Québécois vont dans tous les sens : perte d'ancrage dans la famille, isolement et désaffiliation sociale, absence de repères de sens, désintégration intérieure, absence d'avenir, etc. Que s'est-il donc passé dans les familles et dans la société pour qu'elles n'arrivent plus à proposer aux personnes des « portes de sortie » autres que celles du suicide et de l'autodestruction? C'est là une des questions qui nous a accompagnés tout au long de notre recherche dans le milieu des jeunes marginaux qui tendent à dire leur mal-être plutôt à travers des comportements antisociaux qu'à travers des conduites autodestructrices.

L'appartenance à une gang contribue sans doute, nous disions-nous, à créer un environnement social globalement positif, faisant sortir les jeunes de leur isolement, les inscrivant dans un réseau d'amis et leur fournissant un espace collectif d'identification qui semble cruellement manquer à plusieurs. Bien entendu, nous savions aussi que la gang entraîne certains de ses membres vers ce que nous avons appelé les comportements antisociaux. Cela dit, ne serait-il pas possible d'imaginer des stratégies permettant d'intervenir de manière à limiter au maximum la dérive vers la petite criminalité? Si notre hypothèse se révèle fondée, à savoir que l'appartenance aux gangs forme, par-delà les risques de conduites antisociales, une solution de remplacement aux comporte-

ments autodestructeurs des jeunes, la conclusion à en tirer est claire : les
« forces de l'ordre », les professionnels et la population en général doivent démontrer une tolérance accrue à l'égard des comportements des
jeunes marginaux, favoriser les regroupements des jeunes et les activités de groupe plutôt que de lutter contre elles, et accepter que les jeunes
remuent à la maison, dans les salles de cours, sans les anesthésier au
moyen du Ritalin.

Une telle position ne signifie pas que nous refusions de voir, répé-
tons-le, les dangers reliés à la vie dans la marge, les blessures souvent
inguérissables dont sont victimes les membres des gangs et l'effet d'entraînement vers la petite criminalité de garçons et de filles qui s'en
seraient peut-être fort bien tirés s'ils n'avaient pas un jour adhéré à des
gangs de rue. Nous ne prétendons pas non plus que l'appartenance à
une gang représente la seule solution au problème de l'isolement chez
les jeunes Québécois et du retrait social qui semble être associé au suicide. Nous pensons cependant que le fait pour les jeunes de vivre davantage avec les autres et d'avoir plus d'amis, ce que la gang permet, aura
pour effet de leur donner un environnement social significatif dont ils
pourront profiter à tous les points de vue.

Enfin, nous espérons apporter avec ce livre des informations nouvelles, valides sur un plan ethnographique, éloignées du sensationnalisme auquel une certaine presse « jaune » nous a habitués au Québec,
et délestées aussi de l'idée fort répandue qu'il existe des liens nécessaires
entre gang, marginalité et criminalité, idée mise à la mode par des criminologues conservateurs, renforcée par les policiers et prise pour
argent comptant par bon nombre de journalistes. Nous avons adopté
une position critique à l'égard de cette philosophie sociale, dominante
aujourd'hui, qui est exclusivement centrée sur le maintien de l'ordre
social et qui tend à ignorer le rôle positif que joue la marginalité tant au
niveau de la société qu'à celui des personnes marginales elles-mêmes,
surtout lorsqu'il s'agit de jeunes.

CHAPITRE PREMIER

Jeunesse, marge et gang : une histoire d'hier et d'aujourd'hui

Parler de « jeunesse marginale », n'est-ce pas en réalité commettre un pléonasme ? La question mérite certainement d'être soulevée. En effet, un coup d'œil sur l'histoire de la jeunesse en Occident nous montre que les liens entre la marginalité et la jeunesse sont loin d'être une invention d'aujourd'hui, et qu'ils ont, depuis fort longtemps, force d'institution dans de nombreuses sociétés à travers le monde.

Dans ce chapitre, nous mettrons d'abord entre parenthèses la spécificité québécoise des phénomènes de bandes de jeunes afin d'entreprendre un voyage dans le temps et l'espace dans le but de mieux comprendre l'évolution et les particularités de la notion de jeunesse en Occident. Ce voyage initiatique dans l'univers de la jeunesse vise essentiellement à mieux situer les réalités et les problèmes que nous avons étudiés dans la perspective d'ensemble à laquelle ils appartiennent. Cette vision globale des choses nous apparaît comme fondamentale si l'on veut relativiser notre compréhension des milieux marginaux des jeunes de façon à ne pas faire de l'exemple des néo-Québécois d'origine afro-antillaise un cas unique, mais plutôt une expression, parmi d'autres, des phénomènes de la marginalité qui sont propres à la jeunesse du monde entier et en particulier aux jeunes des grands centres urbains.

Nous compléterons cette exploration générale des notions de jeunesse et de marginalité par une recension des travaux de quelques auteurs qui se sont penchés sur ces phénomènes dans la société québécoise.

L'évolution de la notion de jeunesse

Il nous arrive à tous, à l'occasion, de parler des jeunes en général ou de dire d'une personne qu'elle est jeune. Toutefois, quand nous le faisons, savons-nous vraiment à quoi nous nous référons ? Certains font alors allusion à un groupe d'âge en particulier, bien qu'il soit très difficile, dans les faits, de tracer une ligne séparant la jeunesse des autres âges de la vie. Dans chaque société, le statut de jeune est de plus sujet à changement en fonction de considérations symboliques, sociologiques ou juridiques.

Dans plusieurs régions du monde, la jeunesse s'achève à partir du moment où l'on est en droit de se marier, même si la personne est, selon les critères occidentaux, encore jeune. La notion occidentale de jeunesse est, dans ce cas, réduite à une question d'âge biologique et non à un statut social particulier. Mais, sur le strict plan chronologique, la distinction entre une personne jeune, une personne moins jeune et une autre qui ne le serait plus n'est jamais vraiment claire. De fait, nous constatons que le découpage en tranches d'âge varie non seulement dans le temps et selon les sociétés, mais aussi en fonction des critères par rapport auxquels nous fondons nos jugements et nos classifications. Par exemple, dans notre société, les jeunes ont entre 12 et 18 ans lorsque nous nous situons par rapport au cadre de la loi; ils peuvent avoir entre 18 et 35 ans lorsque nous adoptons la perspective sociodémographique des sondages ou des recensements; ou ils ont entre 14 et 25 ans dans le contexte des études de type sociologique ou épidémiologique. Toutes ces classes d'âge sont par ailleurs elles-mêmes susceptibles de changer à tout instant.

Dans notre société, le qualificatif « jeune » correspond davantage à une perception idéologique qui varie selon les situations qu'à une catégorie spécifique d'âge ou à un état biologique déterminé. La jeunesse est associée tantôt à la force et à la beauté, tantôt au désordre et à l'irresponsabilité. Selon le cas, on pourra dire d'un vieillard qu'il est « encore jeune » ou d'un « jeune » qu'il tarde à se comporter en adulte! C'est le paradoxe du « mythe de la jeunesse » tel qu'il est véhiculé par notre société de droits individuels et de consommation. D'un côté, on dit qu'« il faut que jeunesse se passe »; de l'autre, on prétend qu'il faut « savoir rester jeune et en bonne santé ». « Si les jeunes sont toujours nouveaux, le mythe de la jeunesse, lui, est remarquablement statique. D'avatar en avatar, il ne fait que renforcer sa fonction toujours identique : désamorcer le conflit de générations et aliéner au cours "inéluctable" de la vie [...] le sens d'une révolte juvénile, donc passagère. Depuis le début du siècle, le mythe n'a pas changé; on l'a "gonflé" au point d'en faire une constellation autonome » (Monod, 1968 : 13).

Le flottement qui existe autour des représentations de la jeunesse n'est pas nouveau. Il s'accroît cependant au fil de l'histoire de l'Occident. Alors que le latin savant a hérité de la « spéculation antiquo-médiévale » d'une abondante terminologie des âges, au milieu du XVIe siècle la langue française ne disposait que de trois expressions : enfance, jeunesse et vieillesse. À cette époque, remarque Ariès (1973 : 42-43), la jeunesse signifiait force de l'âge ou « âge moyen ». Il n'y avait pas de place pour l'adolescence qui, jusqu'au XVIIIe siècle, se confondait avec l'enfance.

Comme les autres âges de la vie, la jeunesse est une construction sociale et culturelle. Mais, plus que les autres âges encore, les traits qui la définissent sont flous et mouvants, sans doute à cause de son caractère liminal et marginal.

> Elle se situe, en effet, entre les marges mouvantes de la dépendance enfantine et de l'autonomie des adultes, dans la période — qui n'est que changement — où s'accomplissent dans le trouble les promesses de l'adolescence, aux franges de l'immaturité et de la maturité, de la formation des facultés intellectuelles et de leur épanouissement, de l'absence d'autorité et de l'acquisition de pouvoirs. Plus que de telle ou telle évolution physiologique, elle dépend de déterminations culturelles qui diffèrent selon les sociétés humaines et les époques, chacune imposant à sa manière un ordre et un sens à ce qui paraît transitoire, voire désordonné et chaotique (Levi et Schmitt, 1996 : 7-8).

Nous avons pris l'habitude de représenter la jeunesse comme une phase transitoire qui précède l'entrée dans le monde adulte. Or, à mesure que l'accès à ce monde devient de plus en plus difficile et incertain, le statut de jeune prend de nouvelles connotations. Nous parlons, par exemple, de préadolescent, d'adolescent, de « postadolescent » et de jeune adulte pour signifier l'expansion de l'espace de la jeunesse au sein de notre société. Dans les sociétés fondées sur la tradition, des rites de passage communs marquent symboliquement le moment de la transition au rang d'adulte. Une fois ces étapes franchies, il n'y a plus d'ambiguïté quant à la reconnaissance des statuts associés aux cycles de la vie. Dans un tel contexte, il est plus ardu de fixer la frontière entre l'enfance et la jeunesse que d'établir le terme de celle-ci qui est « nettement délimitée par le mariage et par la fondation d'un foyer indépendant des familles d'origine » (Schindler, 1996 : 284).

Nombreux sont les anthropologues qui ont étudié les cérémonies d'initiation masculine et féminine en Afrique, la littérature consacrée aux rites d'initiation des garçons étant nettement plus abondante que la littérature dédiée à l'initiation des jeunes filles. Les pays africains d'aujourd'hui sont relativement ambivalents à l'égard des initiations, qui ont autrefois servi à faire sortir les jeunes gens de leur lignage d'origine pour les transformer en d'authentiques partenaires sexuels et à les faire entrer dans l'ordre collectif de la fécondité ; certains pays ont même carrément interdit les initiations « sous prétexte, écrit l'anthropologue Jean-Claude Muller, qu'elles prennent trop de temps et qu'elles empêchent les participants de s'intégrer comme salariés au marché du travail » (1989 : 9). L'ouvrage que Muller a consacré à l'initiation de garçons rukuba du Nigeria rappelle le rôle central que les quatre stades initiatiques (s'étendant sur une période d'environ dix ans) jouent dans la vie du jeune homme rukuba.

Il peut être intéressant d'évoquer, en suivant Muller, le sens de chacun des quatre stades à travers lesquels se constitue l'identité de l'homme chez les Rukuba. C'est autour de la question de la sexualité et de la paternité que s'organise le premier stade du rituel, qui consiste à attribuer « un père au jeune initié dans une société où les femmes ont plusieurs maris. À quel mari revient l'enfant ? » se demande Muller. « Un sociodrame le donne d'abord, dit l'auteur, à l'un des maris de la mère pour le rendre enfin, sauf exemptions codifiées, à son vrai père. » Le deuxième stade est élaboré autour de la circoncision, qui place symboliquement le garçon du côté de son père en séparant « l'enfant de sa mère, d'une part, mais aussi de ses collatéraux qui protestent vigoureusement ». On approfondit au cours du stade suivant l'enracinement de l'enfant dans son village d'origine. « Le père marie son enfant à une femme enceinte qui doit donner le jour à un enfant vivant. On enseigne ainsi à l'enfant les règles matrimoniales en en faisant un mari et un père avant l'âge de douze ans. » Ce stade s'achève lorsqu'on soumet le jeune homme à la loi clanique et au fondement même de cette loi ; on place alors le jeune « sous la protection des chefs décédés, de la hutte et du tambour sacré ». Puis, le rituel prend fin dans l'espace du cosmologique et du politique à travers « l'expulsion périodique d'un double du chef, expulsion qui remet le monde en ordre et qui permet de commencer, immédiatement après, un nouveau cycle d'initiation ».

L'enfant rukuba est désormais un citoyen à part entière, capable de devenir père à son tour en engendrant des enfants, capable aussi de se soumettre à la loi commune et de travailler avec les autres au sein de la cité. Tel est le sens fondamental de l'initiation des garçons dans toutes les sociétés africaines qui ont inventé des centaines de rituels qui redisent chacun à leur façon que la sexualité est d'abord et avant tout une affaire sociale et qu'il n'y a pas de société sans l'adhésion commune à une même loi. De tels rituels ont évidemment perdu une grande partie de leur force d'attraction auprès des jeunes vivant de nos jours dans les métropoles africaines. Dans le vide laissé par le recul des initiations villageoises, on a vu se mettre en place, au cours des dernières décennies, différents types de regroupements de jeunes, tantôt à base ethnique, tantôt organisés autour d'activités marginales qui, souvent, ressemblent beaucoup à ce qu'on trouve chez les jeunes Noirs des grandes villes nord-américaines.

Au début des Temps modernes, « la jeunesse était d'une ambivalence profonde », on en faisait un « état liminaire plus proche de l'âge adulte que de l'enfance [...] La jeunesse était et resta un refuge du désordre », écrit Schindler (1996 : 318). Une « culture juvénile » informelle s'est de fait constituée au XVIᵉ siècle en Europe autour d'actions rituelles. Des jeunes mâles célibataires, organisés sous le principe des « pairs et compagnons », se réunissaient régulièrement le soir sur la place publique. Chaque groupe était structuré autour de la parenté, du voisinage ou de l'amitié et se plaçait quelque peu en retrait des autres. Le sujet de conversation de prédilection était les filles, à savoir comment « attirer leur attention par quelques espiègleries ou autres manèges ». Les pratiques de recherche en vue du mariage et les rencontres amoureuses « étaient au centre de la culture des jeunes gens » : les garçons célibataires veillaient en effet à exercer un « certain contrôle du marché matrimonial local ». Ils « se constituaient ainsi en groupe social autonome, spécialement dans les combats défensifs contre les "attaques" des prétendants étrangers à la communauté qui tentaient de se placer sur le marché matrimonial ; chargés de la protection de "leur" fille, ils répondaient de l'honneur du village tout entier » (Schindler, 1996 : 285-286). Dans l'extension de « leur rôle de gardien de filles à marier », ils ont hérité des fonctions plus larges de « police de mœurs, non seulement auprès de leurs compagnons, mais aussi des adultes » (*ibid.* : 288).

Une autre « dimension rituelle qui donnait à la culture juvénile sa structure de groupe était son rôle essentiel dans l'organisation du carnaval et de ses diverses manifestations », dont ils étaient parmi les principaux protagonistes (*ibid.* : 287). La jeunesse gagnait son importance sociale en étant élevée au statut d'ordonnateur des festivités du milieu de l'hiver, « associant le changement au renouvellement et au renforcement des rapports sociaux » (*ibid.* : 288).

Les épreuves de courage appartiennent également à cette « culture juvénile » dès l'aube des Temps modernes. Les hiérarchies internes se renouvelaient sur ces bases. La pression du groupe s'exerçait en particulier lors des larcins nocturnes, « qui [apportaient] d'autant plus de prestige que l'on se faisait le moins souvent pincer ». Les débordements restaient en général en deçà de la criminalité. Ils étaient accompagnés de tapage dans le but de troubler la paix nocturne. « La contestation symbolique de l'ordre établi se traduisait surtout par des attaques contre la propriété bourgeoise » (Schindler, 1996 : 295-297).

> [La culture des jeunes mâles célibataires] relevait davantage du jeu de symboles de bravoure qui accompagnaient les rites de virilité — défi lancé et relevé, stoïcisme dans l'épreuve et capacité de s'affirmer. S'ajoutaient à cela le sens de la chasse gardée, la mentalité du terrain réservé, en liaison avec le contrôle matrimonial, tels qu'ils s'expriment dans les « guerres » qui opposaient entre eux, à la campagne, les villages voisins — et dans lesquelles l'identité du village se fondait et se renforçait. En arrière-plan se trouvait le désir de marquer et de représenter son territoire, une symbolique — voire une logistique — de l'identité locale, assumée par les jeunes et largement reconnue par les adultes. Cette volonté de reconnaissance de la culture juvénile —

occupation symbolique de l'espace — s'exprimait de la façon la plus éclatante dans la force sonore de leurs interventions, notamment à travers les jodels et autres cris d'exaltation (*ibid.* : 312).

Les choses n'ont pas beaucoup changé depuis le XVIᵉ siècle. La dynamique des bandes de jeunes répond toujours à la même logique spatiale et identitaire. En fait, la principale rupture entre ces bandes et celles qui aujourd'hui hantent les rues de certains quartiers est la non-reconnaissance d'un rôle social de la part des adultes.

Ce qui est nouveau, c'est que ces groupes d'âge n'ont aucun statut institutionnel dans notre société, et que leur écart avec la norme, renforcé par tout ce qu'il y a de vague et de contradictoire dans la définition de leur statut, prend un caractère de permanence au point de devenir, pour les intéressés, un style de vie, parfois un métier, et, aux yeux de la société « responsable », un phénomène pathologique engageant toute une procédure de répression, d'exploitation et de récupération (Monod, 1968 : 18).

En cela, les bandes délinquantes actuelles s'apparentent plus aux groupes de jeunes des derniers siècles du Moyen Âge qui se caractérisent par leur « absence de fonction sociale ». À cette époque, il se dessine « une dynamique de l'image noire, dangereuse, des jeunes. À court de remèdes, la communauté agit par la répression ». Face à la violence des jeunes, « toute une société paraît craindre le parricide » (Crouzet-Pavan, 1996 : 216).

Parmi les actes de subversion juvéniles qui menacent l'ordre de la communauté, il y a le viol collectif. Dans certaines villes, la violence sexuelle « s'affirme comme une dimension permanente de la vie urbaine; des bandes de jeunes commettent avec régularité ce type d'agression [...] Le viol collectif, expression du refus d'un ordre social et matrimonial, se comprend aussi comme un rite d'admission dans ces bandes juvéniles, aux liens socioprofessionnels très nets » (*ibid.* : 212). Les bandes se soudent autour de ces « pratiques anomiques ou criminelles » qui se déroulent la nuit et sur lesquelles se greffent des composantes ludiques. « Le viol, au même titre que toutes les autres formes d'agression nocturnes, est censé prouver, au sein du groupe, une capacité sociale fondée pour l'essentiel sur des critères de virilité. La violence contre les forces de police vaut également comme prouesse virile » (*ibid.* : 213).

Dans le but de contenir les pulsions de cette « classe d'âge turbulente et dangereuse » qui menace l'ordre social, les premières « *societas juvenum* institutionnalisées » furent fondées dans les années 1450. Ces sociétés de jeunes sont entre autres investies de fonctions ludiques et festives qui visent à discipliner et à « intégrer, sous le contrôle des institutions publiques, des rituels qui seraient autrement célébrés dans le désordre et les débordements » (Crouzet-Pavan, 1996 : 242). Les premières années d'existence de ces sociétés de jeunes ont été plutôt difficiles. Les pratiques de la jeunesse ne se sont pas partagées du jour au lendemain « entre membres et exclus de ces sociétés, selon une ligne de fracture qui réservait aux uns la socialisation, aux autres la contestation et la violence ». À l'occasion, les conflits contaminent « cet apparent instrument de pacification ou d'intégration que sont les abbayes de jeunesse » *(ibid.).* Il n'y a pas en fait une opposition systématique entre ces deux espaces de pratiques des jeunes mais plutôt une interpénétration. Les formes rituelles de la violence, pourtant proscrites, apparaissent lorsqu'il s'agit de défendre l'honneur ou au cours d'affrontements avec d'autres groupes durant des festivités publiques. La pacification des jeunes est lente et fragile. Leur réintégration à la communauté et leur réconciliation avec l'autorité sont progressives ; elles varient selon les villes en fonction, entre autres, des rôles publics dont les jeunes sont investis. Parmi ces fonctions sociales, il y a la prise en charge de l'organisation des fêtes et des manifestations qui doivent « contribuer à l'allégresse » de la cité.

Depuis la fin du Moyen Âge jusqu'à aujourd'hui, les enjeux sociaux relatifs à la jeunesse sont restés sensiblement les mêmes. La culture juvénile, comme certains l'appellent, a surtout évolué en Occident dans la continuité de la tradition associative sur la base de l'âge. Peu importe que la vocation de ces groupes ou organisations de jeunes soit religieuse, ludique, sportive, politique, militaire ou éducative, leurs pratiques respectives s'inscrivent la plupart du temps dans l'esprit de la promotion des valeurs fondamentales de la communauté. Ces regroupements officiels de jeunes sont même vus très souvent comme l'avant-garde des valeurs communes. Par ailleurs, alors que l'enfance est « plutôt un terme neutre », la jeunesse a continué durant toutes ces années à être « pensée au masculin » (Perrot, 1996 : 122).

Il faut attendre la fin des années 1940 avant de voir réapparaître en Amérique l'image de la jeunesse comme « un groupe à risque pour l'ordre social ». La prégnance de cette représentation sociale de la jeunesse est fortement liée à l'évolution qu'a suivie le concept d'adolescence depuis le tournant du XXᵉ siècle jusqu'aux années 1960. D'un côté, la décennie 1895-1905 est considérée comme une « phase déterminante pour l'invention de l'adolescence, qui reformule en termes psychologiques et sociologiques l'idée de la jeunesse comme turbulence et renaissance, germe de nouvelles richesses pour le futur » ; de l'autre, les années 1960 sont envisagées comme « l'étape finale de cette conception, et ses derniers feux (pour ce qui touche à l'idée de jeunesse) dans les mouvements étudiants ». Notons une autre fois qu'entre ces deux périodes le discours sur la jeunesse et l'adolescence a été « surtout caractérisé par l'accent mis sur l'appartenance au sexe masculin et aux classes moyennes » (Passerini, 1996 : 339-340).

Dans les années 1920 à Chicago, Frederic M. Thrasher, aidé d'une vaste équipe d'agents des services sociaux, a répertorié et suivi 1313 gangs. Les résultats de cette étude ont été publiés en 1927 sous le titre *The Gang*. L'ouvrage est devenu un classique de la sociologie américaine. Il allait tracer pour les décennies à venir le principal cadre d'explication du contexte global dans lequel apparaissent les gangs. Selon Thrasher, le territoire des gangs — *gangland* — émergeait dans les « zones de transition » que sont les « espaces interstitiels » entre les quartiers des affaires du bas de la ville et les quartiers résidentiels des classes moyennes.

> La « zone de transition » était peu attrayante, sale et remplie d'usines, de gares de triage, de ghettos et peuplée des immigrants nouvellement arrivés dans la ville. Elle constituait, suivant les termes de Thrasher, une « frontière économique, morale et culturelle » où les influences civilisatrices de la société américaine ne se faisaient pas encore sentir. Bagarreuse, bruyante et entièrement « étrangère » quant à son allure et à son odeur, la « zone de transition » était un lieu où la vie « démoralisante » et « désorganisée » des gens pauvres pouvait être observée et peut-être améliorée (Monti, 1993 : 4-5).

Thrasher était persuadé, en bon réformiste social qu'il était, que ses travaux de recherche pouvaient aider les habitants des *ganglands* à s'ajuster aux réalités modernes de la société urbaine. « L'importante expansion du territoire des gangs avec ses relations tribales et intertribales complexes comporte une organisation davantage médiévale et féodale que moderne et urbaine » (Thrasher cité dans *ibid.* : 5). Il s'agirait en fait d'établir des ponts entre ces populations locales et le reste de la société, tâche qui incomberait surtout aux représentants des institutions modernes des services publics (police, école, service social). Les gangs étaient d'abord vues par Thrasher comme des « groupes primitifs et destructeurs » qui émergent « spontanément » des quartiers « désorganisés » des « zones de transition » (*ibid.* : 6). Ainsi, elles seraient à la fois un produit de la désorganisation sociale des populations vivant dans les zones de précarité de la ville et une réponse à cette désorganisation sociale. Pour Thrasher, les gangs font partie de la communauté locale. Leurs membres et leurs activités seraient pour la plupart connus de la majorité des habitants de la région. Aussi, il existerait selon lui une relation de cause à effet entre les façons dont les groupes et les activités sont organisés dans différentes zones et les types de morales ou de cultures qui ont cours dans ces mêmes zones (Monti, 1993 : 7-12).

L'étude de Thrasher a révélé que les gangs étaient surtout un phénomène de l'adolescence. Lui et son équipe ont trouvé peu de gangs composées uniquement de très jeunes enfants ou d'adultes. Les premières études sur les gangs n'ont par ailleurs pas repéré de groupes constitués uniquement de jeunes filles. À l'occasion, une fille pouvait faire partie de la bande à cause des faveurs sexuelles qu'elle accordait aux garçons. Quelquefois des groupes de jeunes filles pouvaient s'associer à des gangs de garçons. De nos jours, la composition des gangs est beaucoup plus variée. Non seulement il existe des bandes composées strictement de jeunes filles, mais il y en a d'autres qui peuvent réunir à la fois des enfants, des adolescents et des adultes (*ibid.* : 7-8). La dynamique des gangs ne s'est pas non plus confinée dans les milieux désœuvrés de la ville, même si la corrélation entre pauvreté sociale et gang de rue reste encore très forte.

Malgré leurs limites conceptuelles, les travaux de Thrasher nous éclairent sur certaines réalités historiques des gangs. Les bandes de jeunes émergent surtout dans les quartiers défavorisés et elles affectent plus durement les populations des communautés ethnoculturelles arrivées récemment. Elles sont à proprement parler moins un reflet de la désorganisation intrinsèque de ces communautés ou de leur type de morale qu'une stratégie adaptative visant à renverser les effets de l'exclusion sociale. Ainsi, dans les quartiers désœuvrés, plusieurs bandes s'organisent autour d'une économie parallèle dont les activités criminelles sont l'une des principales constituantes. Ces activités ne sont toutefois qu'un aspect de la participation individuelle à ces groupes et de leur identification commune. La dynamique des bandes de jeunes est en fait portée par une microculture qui définit les codes d'appartenance de leurs membres par rapport aux autres groupes de la société. Les pratiques des membres sont en partie l'expression de cette microculture commune qui subordonne les activités de la bande au contexte plus large de la réalité quotidienne des jeunes. En ce sens, les gangs ou les bandes de jeunes représentent une des dimensions locales d'un ensemble plus vaste de pratiques culturelles. Les modèles de pratiques de ces groupes sont ainsi inséparables des styles culturels (des jeunes) qui leur donnent un sens et qui articulent leur réalité avec le reste de la société. L'histoire du zoot-suit, que nous examinerons un peu plus loin dans ce chapitre, est plutôt exemplaire du rôle central que peut jouer le style dans le processus d'identification des mouvements de la jeunesse.

C'est au lendemain de la Seconde Guerre mondiale que la codification progressive de la notion d'adolescence (comme une phase spécifique du développement psychologique et sociologique de la personne) a atteint sa pleine maturité. Le « processus » est parvenu à son terme à la fin des années 1950, alors que « l'adolescence était devenue un état légal et social, qu'il fallait discipliner, encadrer, protéger ». C'est durant cette décennie notamment que l'expression *teenager* « va déployer toute sa force et que le débat sur ses implications va s'étendre à toute la société » américaine *(ibid.)*. L'année 1955 a constitué aux yeux de plusieurs une date cruciale en ce qui concerne l'essor du débat social sur la jeunesse, qui s'est poursuivi durant les années 1960 et qui interpellait autant les spécialistes et les professionnels de différentes disciplines que les simples citoyens. Parmi les événements marquants cette année-là, il y eut la mort de James Dean à l'âge de 24 ans dans un accident de voiture, au volant de sa Porsche, peu de temps après la sortie du film *Rebel without a Cause*. Un nouveau modèle rebelle et délinquant de la jeunesse prenait forme. Il allait non seulement influencer la culture des jeunes de la *beat generation*, mais aussi propager dans toute la société l'image prédominante et menaçante de la jeunesse. En associant la délinquance à l'adolescence, c'est toute la jeunesse qui était dorénavant suspecte. « Tout

comportement irrégulier et même toute forme de langage non conven-
tionnel » étaient vus « comme autant de pas vers la délinquance ». On
considérait comme autant d'agressions ces formes de la « sous-culture
adolescente qu'étaient le rock-and-roll, les voitures au moteur gonflé ou
à la carrosserie personnalisée, les coupes de cheveux à la Presley ou les
cheveux longs, le vêtement emprunté aux Noirs américains, les bandes. »

> La définition de la bande était si élastique qu'elle mettait sur le même
> plan les vraies bandes, vouées à la violence, au vandalisme et au vol, et
> des groupes ressemblant davantage à des clubs ou à des associations.
> Ces bandes, délinquantes ou non, étaient opposées aux organisations
> d'adolescents gérées par les adultes, comme les scouts, mais les prota-
> gonistes du débat n'étaient guère attentifs aux similitudes entre les
> deux types de groupes : l'usage d'un jargon propre, l'affirmation des
> valeurs de loyauté (*ibid.* : 387).

Déjà au milieu des années 1950, les experts et l'opinion publique
pointaient le doigt vers les médias préférés des jeunes comme étant en
partie responsables de l'augmentation de la délinquance juvénile. On
s'indignait surtout du fait que la radio, le cinéma et la presse destinés
aux jeunes « diffusaient ou défendaient des styles musicaux capables de
donner à la culture juvénile cohésion et identité. Les principales cibles
étaient ici le rock-and-roll et ses vedettes, Elvis Presley et Bill Haley, qui
avaient absorbé l'esprit de transgression de la musique noire, ses allusions à la sexualité, à d'autres styles de vie, à des manières différentes de
vivre son corps » (*ibid.* : 388). L'image et la musique allaient jouer un
rôle central dans la constitution et la commercialisation des cultures des
jeunes. Au fil des années, l'espace médiatique est devenu à l'échelle de la
planète l'une des principales interfaces de la configuration identitaire de
la jeunesse. Le tournant des années 1990 a certes été une période déterminante dans le processus de mondialisation des cultures ou des microcultures des jeunes qui, dorénavant, ne se définissent plus strictement
dans un rapport local intergénérationnel, mais aussi par rapport à cet
espace médiatique aux dimensions transnationales. Or, nous constatons
que partout où elles émergent, les cultures des jeunes sont considérées
à cause de leur caractère liminal comme un « espace contesté » (Liechty,
1995 : 192), même si elles ne sont pas pour autant toujours envisagées
comme une déviance.

La constitution sociale et culturelle des espaces identitaires de la jeunesse a eu de tout temps une connotation marginale. Dans les sociétés pluralistes modernes, les processus de marginalisation des jeunes se réalisent à plusieurs niveaux. Non seulement les jeunes cherchent à se différencier des autres générations, mais ils se distinguent localement en différents groupes souvent opposés les uns aux autres. Ces jeux de distinction sociale et culturelle entre les groupes ne s'inscrivent pas uniquement dans un esprit de compétitivité locale, mais également dans une dynamique d'appropriation et de transformation des modèles identitaires transnationaux des jeunes, de sorte que chaque scène locale refait à sa manière une version originale des modèles de pratiques aux ramifications internationales. Chaque scène locale participe ainsi à divers degrés à la dynamique des microcultures transnationales des jeunes. Cette participation est par contre d'autant plus inégale que les différents aspects de ces microcultures sont réduits de nos jours en biens de consommation. La diffusion des courants de la mode suit en ce sens celle des marchés mondiaux. Les microcultures des jeunes vont des métropoles aux périphéries, non sans récupérer au passage, dans une sorte de va-et-vient, des éléments culturels spécifiques de ces mêmes groupes périphériques.

Quelques marqueurs identitaires

Un bref regard sur la petite histoire récente des mouvements et des bandes de jeunes en Occident nous aidera à mieux comprendre la dynamique constitutive des microcultures des jeunes dans ses interfaces à la fois locales et transnationales.

Dans les années qui suivent la Seconde Guerre mondiale, on voit grossir en Occident une classe de jeunes qui se distancie de manière critique des valeurs dominantes de la société. Durant les années 1950 apparaît la première génération d'adolescents américains « à faire preuve d'une cohésion marquée, à se poser en une communauté distincte, aux intérêts distincts » (Passerini, 1996 : 380). Ces nouveaux adolescents ont leurs propres lieux de socialisation qui se situent autour ou dans le prolongement du *high school*. Ils passent la plupart de leur temps entre eux et sans les adultes. Ils se voient attribuer par l'opinion publique le « caractère d'étrangers à la société ». On commence à parler d'eux en tant que « caste », « tribu » ou « sous-culture ». Le terme « sous-culture », entre autres, a beaucoup de succès parce qu'il ne semble « pas impliquer un jugement trop sévère, tout en soulignant une originalité et une subordination » (ibid. : 381).

La rupture idéologique avec la génération des adultes est définitivement engagée lorsque les nouveaux modèles de la jeunesse sont perçus par les défenseurs de l'ordre ancien comme une menace concrète pour l'intégrité de la société. Aux États-Unis, la figure de l'adolescent semble « avoir pris la place du communiste dans le débat public et la vision du futur social » (ibid.). La plupart des cultures juvéniles qui se dessinent à l'époque sont presque aussitôt étiquetées comme déviantes ou comme socialement amorales par la majorité.

Aux conflits de valeurs des générations se juxtapose graduellement la lutte des classes pour le changement social. Les deux phénomènes s'alimentent mutuellement et puisent historiquement aux mêmes sources idéologiques, dans la mesure où la rupture entre le monde des jeunes et le monde des adultes est souvent représentée de part et d'autre comme un obstacle à la reproduction sociale.

Les cultures et les mouvements sociaux de la jeunesse se mobilisent dans le dessein de bouleverser le système dominant. Ces mouvements de contestation connaissent leur apogée dans les années 1960 avec, entres autres, les manifestations contre la guerre du Viêtnam sur les campus américains et les événements de mai 1968 dont l'épicentre est localisé en France. Ces actions de masse de la jeunesse sont inséparables des autres mouvements sociaux et politiques qui agitent alors les superstructures des sociétés de l'époque. Les luttes raciales pour les droits civils aux États-Unis ainsi que la politisation des luttes ouvrières dans le contexte de la guerre froide sont d'autres vecteurs importants de la mobilisation des jeunes. Du moins, ces luttes préparent le terrain sur lequel s'effectue la fonction idéologique de la contestation sociale aux modèles culturels des jeunes.

L'évolution contemporaine des mouvements et des bandes de jeunes est particulièrement révélatrice de l'amalgame du social et du culturel dans la configuration des styles des jeunes. Les grands mouvements de contestation des jeunes ont constitué en quelque sorte une mise entre parenthèses du phénomène de la bande qui a cependant continué à subsister dans les quartiers les plus marginalisés (Dubet, 1987 : 131). En ce sens, il est intéressant de noter que « le taux de criminalité et de délinquance est descendu en flèche dans quelques comtés du Sud [des États-Unis] lorsque la population noire se fut engagée dans la protestation raciale » (Erikson, 1972 : 336).

Pour mieux comprendre l'importance du style dans les modes de représentation de la jeunesse ainsi que sa relative autonomie par rapport au système de sens et d'action dans lequel il s'insère, nous prendrons l'exemple du zoot-suit qui a émergé des milieux noirs américains à la veille de la Seconde Guerre mondiale.

Fin 1938, un style vestimentaire spectaculaire et exclusivement masculin, le zoot-suit, naît spontanément dans les clubs de jazz de New York. « La veste, gigantesque, de deux à trois tailles supérieures à la normale, drape le corps jusqu'aux genoux. » Le pantalon, noir uni ou assorti à la veste, à mi-chemin de la combinaison de travail et du pantalon bouffant de zouave, remonte « aussi haut que la poitrine, qu'il couvre à la manière d'un gilet et où deux énormes et bien inutiles bretelles le harponnent » (Bollon, 1990 : 85). On a appelé « zoot-suit » cet accoutrement qui défie toute raison et avec lequel on réussit tout de même à danser frénétiquement le suzy-q ou le lindley hop. Au début, le zoo-suit n'est que « le totem d'une vague musicale déferlante, le jump ou le jive », une sorte de swing ultrarapide. Et qu'ils soient noirs ou blancs, les « zoot-suiters » parlent entre eux le « hip-talk » ou « hep-talk », « l'argot des rues des ghettos, au phrasé syncopé » et truffé d'allusions à double sens au sexe et à la drogue (*ibid.* : 86-87). Loin de se cacher derrière un quelconque prétexte « rationnel », l'habit à l'inutilité foncière s'affiche au contraire avec ostentation. L'esthétique prime toute notion d'utilité. « La dépense est posée comme une finalité de soi, le kitsch est revendiqué comme tel sans honte » pour le seul plaisir qu'il procure (*ibid.* : 88).

> Les ligues de morale le condamnent. Les journaux le brocardent. C'est peine perdue : plus le zoot-suit est attaqué, plus il se développe. Il n'était que la folie douce de quelques snobs oisifs ; il devient « craze » qui touche tous les milieux. Il a le goût corsé des fruits défendus, et cela le rend attractif. Il n'était qu'une création esthétique : il devient le moyen d'expression d'un malaise, d'une révolte diffuse (*ibid.* : 91).

Le zoot-suit traverse en Europe en même temps que le swing. La version française des zazous de l'occupation était moins extrême dans ses apparences mais aussi « plus radicale dans ses implications du fait de la situation [...]. Ses modalités ont beau différer, le zoot-suit demeure le vecteur d'une contestation faite au nom de l'individu et de ses valeurs hédonistes. » À la fin de mai 1943, les quartiers mexicains de Los Angeles sont en état de siège, on parle alors des « zoot-suits riots ».

> Une véritable hystérie de masse se développe contre [le zoot-suit]. Il est vrai qu'il n'est pas toujours aussi innocent que cela : dans les grandes villes, il devient même en quelque sorte l'uniforme de la petite marginalité, le costume à quoi l'on reconnaît le trafiquant ou le dealer de rues ; et la chaîne de montre enroulée autour du poing sert bien souvent, comme plus tard les *Doc' Martens* ferrées des Skinheads, d'argument dans les bagarres entre bandes rivales » (Bollon, 1990 : 93).

Mais pendant que le zoot-suit devient l'apanage des « classes dangereuses » ou des individus à risque, il est « en complet reflux dans les milieux à la mode qui l'avaient lancé ». Dès le début de 1944, le be-bop, un nouveau style musical d'esprit plus bohème intellectuel, triomphe dans les clubs de jazz de New York. C'est la naissance d'une véritable « conscience culturelle » noire. Il y a de la rébellion dans l'air et cela se traduit dans les tenues. Les nouveaux musiciens noirs refusent de se présenter en public vêtus des tenues grotesques du swing, zoot-suit en tête, dans le seul but de séduire et de « divertir les Blancs en leur offrant trait pour trait l'image » futile et désinvolte que ceux-ci veulent avoir des Noirs. « L'exubérance demeure, mais elle se veut plus "authentique", plus culturellement "noire" : l'affirmation d'une originalité vraie, intrinsèque, qui doit avoir sa place [...]. La transgression se fait plus subtile et en même temps plus radicale : plus autonome. » Elle n'est pas seulement « réactive » ; elle se veut plutôt l'expression libre « d'une communauté qui lentement accède à la conscience de son identité » (Bollon, 1990 : 94).

C'est, paradoxalement, l'apparence qui a permis aux zoot-suiters de conquérir progressivement « une nouvelle essence ». Le style a été pour eux un moyen de se bâtir. « Le Style permet de jouer littéralement des comportements — et ce, dans un univers pacifié, sans enjeu réel au départ — afin de les affiner. » Cela est d'autant plus clair « lorsque le Style intervient en des moments de transition », quand se pose un problème de choix entre plusieurs comportements alternatifs. « Il n'est pas rare alors de voir surgir plusieurs styles-modes de vie correspondant à ces alternatives, entre lesquels les individus se partagent, évoluent même parfois de l'un à l'autre — avant que l'un d'entre eux ne finisse par s'imposer comme le "bon", voire l'unique possible » (*ibid.* : 106-107). À vrai dire, « le style contient au départ tout à la fois et rien de ce qui va suivre ». Il contient tout en ce sens qu'il est la bougie d'allumage du processus ; « et il n'en contient rien en même temps, en ce sens que ce ne sont que des virtualités, qui n'apparaissent comme telles qu'en fin de parcours. La prévision est donc ici toute relative, puisqu'elle demeure à jamais cachée pour ses contemporains » (*ibid.* : 115).

Cette parenthèse sur le style vestimentaire zoot-suit complète notre survol historique des mouvements de la jeunesse. Il est évident que le regard que nous avons jeté est fragmentaire et qu'il ne tient pas compte du contexte d'ensemble de l'évolution de la (notion de) jeunesse dans le temps et l'espace. En terminant par quelques observations sur le style zoot-suit, notre intention était surtout de dégager l'axe incontournable que constituent le style et la mode dans l'articulation des mouvements contemporains de la jeunesse. Le style possède sa propre logique qui est à la fois liée aux mouvements qui l'ont vu naître et séparable de ces derniers. Il représente de plus aujourd'hui la principale configuration par laquelle s'opère la transformation des mouvements ou des tendances de la jeunesse en biens culturels de consommation. La commercialisation du style contribue à la mouvance des pratiques et des représentations des jeunes, et vice-versa. À l'ère des télécommunications, le style transpose les lieux de transformation des courants de la jeunesse à la croisée des scènes locales et d'une scène mondiale virtuelle.

L'histoire du zoot-suit dans les milieux noirs américains montre également le rôle que le style peut jouer dans la configuration d'une identité d'appartenance, laquelle représente un deuxième axe. En rejetant les aspects réducteurs d'un style qu'ils avaient eux-mêmes inventé, et qui s'était propagé dans toute la société, les Noirs américains signifiaient l'importance de se définir par rapport à des traits identitaires qui leur sont propres et qui les distinguent des autres groupes. Les aléas de la transformation d'un style vestimentaire s'inscrivaient dans ce cas-ci à l'avant-garde du mouvement de lutte pour les droits civils des Noirs qui allait entraîner la jeunesse dans son sillon. La prise de conscience et l'affirmation sociale d'une identité d'origine commune (que celle-ci soit raciale, ethnoculturelle, nationale ou de classe) constituent un des axes par rapport auxquels s'établissent les modèles de pratiques de certains groupes de jeunes. Du moins, il s'agit d'un axe central de la définition identitaire des jeunes des minorités dans une société pluraliste. Celui-ci peut influencer autant les mouvements de luttes sociales que les grands courants de la mode ou les pratiques locales des bandes de jeunes.

Les activités marginales ou criminelles constituent un troisième axe autour duquel s'organisent certains groupes de jeunes. Ces activités sont à la fois indépendantes des deux précédents axes de pratiques identitaires et reliées à eux dans leur essence. Elles opèrent selon leur propre logique, bien qu'elles s'appuient très souvent, pour se justifier, sur des considérations de style et sur une volonté de s'affirmer socialement.

Le style, l'identité d'appartenance et les pratiques marginales constituent les trois principaux axes d'articulation à partir desquels nous examinerons les dynamiques des milieux marginaux et des gangs de rue. Il est important de connaître la spécificité de chacun de ces axes, mais aussi de savoir comment les trois axes s'articulent les uns aux autres. Or, cette articulation s'enracine dans des espaces identitaires locaux, régionaux et transnationaux. De plus, chacun de ces espaces se trouve entre des polarités complémentaires, opposées ou distinctes. En fait, seule une approche multidimensionnelle peut nous aider à comprendre dans leur globalité les dynamiques complexes des milieux marginaux des jeunes Afro-Antillais, incluant les gangs de rue. C'est du moins ce que nous nous engageons à faire dans les prochains chapitres.

Enfin, il est bon de rappeler que les phénomènes de marginalité que nous examinerons dans les pages qui suivent ne sont pas nés d'hier même si leur expression et leur réalité peuvent, elles, être nouvelles. En effet, comme nous l'avons vu, partout dans le monde et dans l'histoire où la jeunesse existe comme une catégorie sociale particulière, elle a une connotation marginale en raison de son statut liminal et incertain.

Leçons québécoises sur la vie dans les gangs

On trouve au Québec un certain nombre d'équipes de recherche qui se sont consacrées à l'étude des phénomènes de marginalité, soit l'itinérance, la vie dans la rue, la mendicité et le vagabondage comme on disait autrefois, la prostitution, la drogue et plus largement la petite criminalité. Depuis quelque temps, on parle beaucoup (trop) des gangs de motards criminalisées, des organisations de gangstérisme, dit-on ; il faut pourtant reconnaître qu'on ne dispose pas encore à leur sujet, hormis les rapports souvent alarmistes des corps policiers, de solides études qui permettent de faire la part de la réalité et du mythe. Le fait que l'on associe l'itinérance, les gangs de jeunes et les gangs de motards criminalisées à la marginalité montre clairement que celle-ci occupe un espace flou dans la société, un espace fort variable en extension qui inclut ou exclut, selon les chercheurs, tels ou tels phénomènes, un espace qui tend néanmoins à se définir à partir d'une situation de déviance. Le mot « déviance » connote, dans une perspective tantôt morale, tantôt juridique, le rapport problématique, ambigu, ambivalent de personnes ou de groupes à l'égard des lois et des règles de la société. On comprendra aisément que l'ampleur de l'écart vis-à-vis des normes sociales peut varier, allant par exemple de la simple mendicité en des lieux non autorisés à des activités proprement criminelles, et que les mots « marginalité » et « déviance » doivent, pour cette raison même, être employés avec précaution. Il est d'autant plus important d'être prudent dans l'usage de ces termes que la sanction qui accompagne les conduites marginales est aussi bien sociale que pénale : quiconque rejette la norme risque en effet l'exclusion, l'ostracisme, le marquage, lesquels sont des formes de punition tout aussi graves que l'emprisonnement.

Les classiques de l'ethnographie des groupes marginaux, notamment dans le cas des bandes de jeunes, ont généralement fondé leurs études, de Thrasher (1927) à Hutchison (1993) et à Bourgois (1995), sur la reconstitution des trajectoires (carrières) d'individus représentatifs des différentes filières qui les ont conduits dans la marge ou la criminalité — il peut s'agir de drogue, de prostitution ou d'appartenance à une gang criminalisée. Ces ethnographes ont aussi veillé, pour la plupart, à reconstruire le phénomène à l'étude du point de vue des acteurs eux-mêmes et à partir des témoignages des protagonistes vivant dans la marge, ce qui donne à leurs travaux un caractère fortement autobiographique. De la Street Corner Society de William White (1943) à l'ethnographie des Urban Nomads de James Spradley (1970) et au Tally Corner de Elliot Liebow (1999), la question du lien social se retrouve constamment au cœur des travaux sur la marge. Tous ces chercheurs ont en effet noté que le lien avec les autres et avec la société apparaît comme affaibli ou coupé chez les marginaux et que l'appartenance à un groupe, à une bande ou à une gang tend à corriger ce manque de liens. Ces auteurs ont aussi attaché une grande importance à l'étude des réactions des différentes catégories de personnes et de la société en général, à l'égard de la Street Corner Society, des Urban Nomads et des marginaux se rassemblant autour du Tally Corner.

Nous croyons pertinent de regrouper en trois grandes catégories les études les plus significatives que les chercheurs du Québec ont réalisées relativement au phénomène des gangs juvéniles et à la vie des jeunes dans la rue. Au nombre des auteurs qui ont récemment travaillé dans une perspective sociologique et ethnographique, on peut citer Marguerite Michelle Côté (1991), Frederick Mathews (1994), Louise Fournier et Céline Mercier (1996), et surtout Michel Parazelli (2000) dont les travaux nous interpellent d'autant plus qu'ils montrent, comme nous essayons de le faire, comment l'expérience symbolique des marges sociospatiales se situe au cœur de la construction identitaire des jeunes de la rue. Dans ses textes, Parazelli signale qu'un nombre croissant de jeunes Québécois choisissent de vivre dans la rue parce que cet espace marginal reflète leur sentiment d'incohérence et leur perception d'éclatement. Ainsi, la rue serait un lieu où ils peuvent tisser des liens sociaux, un espace de refuge et de fuite par rapport aux conflits dans les familles, une zone où ils se sentent à l'abri de la violence des institutions, de la compétition et de la performance qui fondent les valeurs de notre société de l'objet. La vie dans la rue constituerait, à la limite, un rituel initiatique, une stratégie de déblocage, un effort de libération et un passage à autre chose, cet autre chose pouvant être la mort (Parazelli, 1998).

Certains jeunes chercheraient donc dans la rue, selon Parazelli, à exister, à « être avec les autres », ce que ni la famille, ni l'école, ni leur quartier, ni leur communauté ethnique, ni leur milieu de travail, s'il y en a eu un, n'ont pu leur donner. Pour assurer leur survie identitaire, ils inventent à quelques-uns, dit Parazelli (1997), une famille fictive au sein de laquelle ils vivent pour un temps, une famille de pairs qui leur permet de se sentir « comme à la maison » dans la rue. C'est ce « mythe familialiste » qui les ferait survivre, pense Parazelli, aux énormes difficultés de la vie dans la rue, un mythe qui peut évidemment se briser dans leur « famille de rue » tout comme il s'est souvent fracassé dans la famille d'origine qu'ils ont quittée. Parazelli croit en effet que la crise contemporaine de la famille, avec ses problèmes de transmission, de filiation et d'autorité, serait largement responsable du choix de la rue que font certains jeunes ; malgré l'échec de la famille, c'est encore sur l'horizon d'un « modèle familialiste » que ces jeunes prennent le risque

de traverser l'épreuve de la rue. La rue n'est pas une maison, leurs camarades en dérive ne sont pas, malgré leur proximité et le soutien qu'ils
apportent, des frères et des sœurs, et cette autre famille, s'il y a vraiment
famille, n'a ni père ni mère, à moins que les adultes qui les accompagnent dans la rue, des intervenants, des policiers, ne représentent d'une
certaine façon la figure des parents. Le mythe familialiste n'en survit pas
moins parce que le nouveau régime de vie sociale auquel le jeune se
contraint le conduit à retravailler la question de la filiation, à établir, ne
fût-ce que pour des raisons de survie, des relations avec les autres et à se
donner une identité au sein d'un groupe. Parazelli a tiré de ses travaux
deux principes qui devraient pouvoir inspirer, selon lui, la nouvelle philosophie d'intervention à mettre en place auprès des jeunes de la rue :
cette philosophie prendrait d'abord au sérieux la référence constante des
jeunes au mythe familialiste ; elle viserait ensuite à libérer les jeunes de
leur « famille de rue » de manière à les faire exister en tant qu'adultes
autonomes et en tant que citoyens. La vie dans la rue des jeunes est avant
tout affaire de démocratie, soutient Parazelli.

Le deuxième ensemble de travaux les plus importants ont été produits par des chercheurs associés aux Centres jeunesse du Québec, particulièrement autour de Sylvie Hamel et de Chantal Fredette à Montréal
et autour de Teresa Sheriff à Québec. Sur la base de l'étude faite auprès
de 31 adolescents (21 garçons et 10 filles) dans le cadre du projet « Jeunesse et gangs de rue », l'équipe de recherche de Montréal a pu montrer
que les gangs montréalaises sont de plus en plus ethniquement pluralistes, reflétant en quelque sorte, selon Hamel, Fredette et leurs collaborateurs (1998), l'hétérogénéité ethnique des quartiers d'où viennent les
membres de ces gangs. La désorganisation sociale, les problèmes familiaux, les inégalités économiques, la pauvreté dans certains cas, les mouvements migratoires, l'absence de contact avec les institutions publiques
officielles, tous ces éléments contribueraient, disent les auteurs de
l'étude, à pousser les jeunes vers des activités marginales et notamment
vers les gangs. Celles-ci sont vues, par les chercheurs du Centre jeunesse
de Montréal, comme le symptôme dévoilant des problèmes sous-jacents
qui se situent dans les jeunes eux-mêmes, mais aussi dans les familles de
ces jeunes et dans leur environnement, problèmes souvent occultés ou
difficiles à déterminer que doit pourtant aborder l'intervention. Bon
nombre de jeunes auraient fait l'expérience de la délinquance avant
même d'entrer dans une gang, note aussi Fredette (1997).

La gang-symptôme dont parlent Hamel, Fredette et leurs collaborateurs s'inscrit d'une double façon dans la vie du jeune marginal. D'une part, elle emprisonne le jeune dans un milieu qui fait souvent une large place à la violence et qui risque, s'il n'y prend garde, de le faire glisser vers la criminalité ; d'autre part, la gang fournit au jeune le moyen de combler quelques-uns de ses besoins fondamentaux, son sentiment d'appartenance, le respect émanant des autres, la valorisation, autant de choses que ni la famille, ni l'école, ni la communauté ne s'étaient révélées capables de lui donner. Ces chercheurs ont noté que les jeunes ont « tendance à former ou à joindre un gang dont les activités sont principalement centrées sur le gain économique » lorsqu'ils viennent de milieux familiaux et sociaux où est toléré le recours à des moyens illégitimes pour se procurer des gains économiques et où est moins assurée la possibilité de se développer de manière autonome ; par contre, si les jeunes viennent de milieux qui sont surtout marqués par la désorganisation sociale, « ils seront plus enclins à constituer, ou à s'affilier à, un gang dont les activités mettront surtout l'emphase sur la violence » (1998 : 62). Relativement aux activités criminelles des gangs, les auteurs signalent que celles-ci tendent à changer d'une année à l'autre, ou même d'un mois à l'autre, en sorte qu'il est difficile de parler de spécialisation dans leurs activités, celles-ci s'ajustant au marché, aux caractéristiques des membres et à la variété des situations. Les avantages que l'entrée dans la gang procure au jeune en satisfaisant quelques-uns de ses besoins fondamentaux paraissent donc constamment mis en péril par la menace de voir le jeune dériver vers la criminalité, laissent entendre les chercheurs montréalais associés à l'Institut de recherche pour le développement social des jeunes (IRDS).

Les travaux de synthèse réalisés à Québec par l'anthropologue Teresa Sheriff (1998 ; 1999) se centrent moins sur les gangs que sur l'analyse du « parcours initiatique » des jeunes de la rue, sur les raisons qui conduisent les jeunes dans la rue, sur leur questionnement identitaire et sur le style qu'ils adoptent dans la rue. Des histoires de famille sont souvent à l'origine de l'errance du jeune : un père absent, une mère débordée, une famille déchirée, dissociée, recomposée ; le placement en famille d'accueil et l'abandon scolaire sont autant d'étapes qui conduiront le jeune à chercher un lieu de vie dans la rue. Tous ces jeunes disent, insiste Sheriff, qu'ils ont envie de la vie, à travers les parures de leur corps, à travers le test des limites dans l'overdose et à travers l'invention d'un espace à soi. La vie d'errance, c'est en attendant, note Sheriff qui sait que l'attente peut être longue et trompeuse.

Le troisième groupe de chercheurs est formé, en majorité, de criminologues, de sociologues, d'avocats, de juges et de politologues dont les travaux portent sur les principales formes de la criminalité chez les jeunes, sur les rapports entre les corps policiers et les gangs de jeunes, entre la justice et les jeunes issus des communautés culturelles et plus globalement sur la place des jeunes dans les réseaux d'activités criminelles. Nous nous référons, dans un autre chapitre, aux travaux d'Émerson Douyon, d'André Normandeau et d'autres chercheurs criminologues dans ce domaine. Nous avons cru important de nous concentrer ici sur les résultats de l'étude longitudinale que Gladys Symons, de l'École nationale d'administration publique, mène depuis quelques années sur la réorganisation, dans le contexte notamment de la mise en place de la police de quartier, du Service de police de la Communauté urbaine de Montréal (SPCUM) qui travaille auprès des jeunes, sur la philosophie qui le guide dans ses relations avec les communautés ethniques montréalaises et plus particulièrement sur ses interventions préventives et répressives auprès des gangs de rue.

Symons note que les corps policiers estimaient, en 1995, à une soixantaine les gangs de rue existant à Montréal et à quelque 1 300 le nombre de jeunes (15 et 19 ans) qui en étaient membres. Dans un document interne du SPCUM intitulé *Connais-tu ma gang?*, la gang de rue est définie à partir de six critères : une structure organisée, des leaders identifiables, un territoire délimité, une association régulière de quelques jeunes délinquants, un projet collectif spécifique et un engagement dans des activités criminelles (Châles *et al.*, 1996). Le portrait-robot du membre d'une gang est esquissé dans ce document : il s'agit d'un jeune homme, âgé de 16 à 22 ans, qui est violent, imprévisible, peu scolarisé et sans travail ; il vient d'un milieu économique défavorisé et appartient à un groupe ethnique minoritaire. Les gangs de rue tendent à s'organiser, toujours selon l'analyse que Gladys Symons (1999a) a faite du document du SPCUM, en trois cercles concentriques : au cœur de la gang, on trouverait de 10 % à 15 % des membres qui sont des jeunes criminels actifs, qui ont abandonné l'école et le travail, et qui ont résisté à toutes les tentatives de réadaptation ; au milieu, des jeunes formant de 30 % à 40 % du groupe n'auraient qu'un lien temporaire avec la gang et seraient plus sensibles à la réadaptation ; et à la périphérie graviteraient de 45 % à 60 % des membres qui entretiennent d'assez faibles relations avec les leaders mais qui risquent constamment d'être entraînés dans des activités criminelles. En dix ans (de 1989 à 1999), la criminalité de ces gangs se serait durcie, ont dit les policiers à Symons : plus de crimes reliés au crack et à d'autres drogues, une prostitution qui s'étend des salons de massage aux agences d'escortes, et un usage accru des armes.

Dès 1987, le SPCUM a mis sur pied un service spécialisé antigang qui combine la répression avec la prévention dans son travail auprès des jeunes membres des gangs de rue. Sur la base des 26 entretiens qu'elle a faits avec des policiers intervenant auprès des gangs (« Jeunesse et gangs de rue » ; « Police-jeunesse » ; « Section prévention et relations communautaires » ; « Agents socio-communautaires »), Gladys Symons a montré qu'il existe chez les policiers une tendance à approcher les gangs du point de vue de l'ethnicité, à racialiser l'appartenance aux gangs et à stéréotyper le profil des personnes qui en sont membres. Comme Symons l'a noté, les policiers ont hésité à expliciter leur pensée en se référant à une classification des gangs basée sur la couleur ou l'ethnie ; certains lui ont même dit que l'ethnicité n'a rien à voir là-dedans et d'autres ont insisté sur le caractère multiethnique des gangs à Montréal. Sous ce langage politiquement correct, Gladys Symons (2001) a débusqué une référence plus ou moins explicite à une typologie des gangs qui fait surtout une place aux jeunes Jamaïcains, Haïtiens, Latinos, Asiatiques, principalement Vietnamiens, et aux jeunes « racistes » francophones et anglophones, aux skinheads notamment. La forte dimension ethnique du phénomène s'expliquerait, selon l'analyse que Symons a proposée du point de vue des policiers, par la spécificité des caractéristiques des jeunes néo-Québécois : leur position en tant qu'intermédiaires entre leurs familles et le « dehors » ; le choc culturel de ces jeunes qui sont coincés entre les valeurs de leur société d'origine et celles d'ici ; la tendance des jeunes à se mettre en groupe dans certaines communautés ethniques ; l'héritage d'une culture de la violence chez certains jeunes originaires de pays en guerre ; et la plus grande soumission des filles à l'égard des garçons, ce qui en ferait des proies faciles pour les leaders des gangs[1].

---

1. Au sujet de la place des filles dans les gangs de rue, voir le texte non encore publié de Gladys Symons (1999b).

Gladys Symons conclut son analyse en écrivant que « le phénomène des gangs de rue est, en général, associé aux minorités ethniques dans le discours des policiers » (2001 : 5) et que « les policiers conçoivent les communautés ethnoculturelles comme étant l'"autre", et l'opposition entre le "nous" et le "ils" s'exprime clairement à la fois dans le langage et dans la pratique » (*ibid.* : 7). Dans d'autres travaux, Symons a comparé les discours que tiennent les cadres et les intervenants des Centres jeunesse de Montréal au sujet des gangs de rue à ceux des policiers ; elle l'a fait suivant cinq points : la construction sociale du phénomène ; le lien entre l'ethnicité et les gangs de rue ; le genre et les gangs ; la violence et la sécurité publique ; le rôle des organisations communautaires face à ce phénomène. L'auteure a été surprise de constater d'étonnantes convergences entre la pensée des uns et celle des autres.

De *Colors Straight Up* à *Gangs, la loi de la rue*

La série télévisuelle *Tag* présentée à Radio-Canada, qui a été accueillie à l'hiver 2000 de manière enthousiaste par le public, a sans aucun doute bénéficié de la forte couverture des phénomènes de gangs par les médias du Québec. Les documents audiovisuels visant à restituer la vie dans les gangs juvéniles de rue sont de plus en plus nombreux, certains échappant au sensationnalisme comme dans le cas de deux films dont nous parlerons brièvement. La réalisatrice américaine Michele Ohayon a filmé, sur une période d'un an, les différentes étapes de la préparation d'une comédie musicale intitulée *Watts Side Story* dont l'histoire est inspirée de *Roméo et Juliette* de Shakespeare. L'originalité consiste ici dans le fait que la petite troupe de musiciens, de chanteurs et d'acteurs qui ont monté cette pièce est composée de jeunes marginaux de différentes écoles de Watts, la banlieue chaude de Los Angeles, de membres de gangs souvent rivales et d'adolescents issus de familles dont les parents sont séparés, alcooliques ou toxicomanes. En 1989, le Colors-United/Living Literature, un organisme communautaire créé au Jordan High School de Watts, a essayé d'amener les jeunes marginaux à s'intéresser aux arts ; il rejoint aujourd'hui des centaines de jeunes de la banlieue de Los Angeles que l'on initie au théâtre, à la danse, à la musique et à l'écriture dans des séances de formation qui sont données le samedi en dehors du programme scolaire régulier. À travers ces activités, on veut discipliner les jeunes, leur faire retrouver l'estime d'eux-mêmes, leur apprendre à s'exprimer à travers le mouvement, la parole et l'écriture, et leur donner le goût de continuer leurs études.

Le film *Colors Straight Up* d'Ohayon, qui a été tourné dans le style du cinéma-vérité, a été en nomination aux Oscars en 1998 comme meilleur documentaire de l'année. Ce film est tout le contraire des documentaires à sensation qui montrent exclusivement les côtés spectaculaires de la vie dans les gangs, la drogue, la prison, les vols et la violence. *Colors Straight Up* se veut plutôt un film d'espoir qui rend compte de l'extraordinaire créativité de jeunes marginaux capables d'apprivoiser la prosodie de Shakespeare, d'improviser de longs dialogues et de maîtriser de difficiles rythmes musicaux. Dans ce film, on voit de jeunes Noirs, Latinos, Chicanos et des jeunes d'autres communautés ethniques qui travaillent ensemble, dans un contexte exempt de drogues et d'armes à feu, à écrire un scénario dans lequel ils projettent quelque chose de leur vie, de leur souffrance, de leurs amours et de leurs espoirs. Au nombre des acteurs on trouve Stanley, qui n'a plus de famille, dont le frère aîné est membre de la redoutable gang des Crips et dont la mère toxicomane vit dans la rue ; on trouve aussi Oscar, qui vendait déjà de la drogue à 14 ans, dont un frère est en prison et les parents survivent au moyen de combines. Le film indique qu'il existe une porte de sortie de la marge et que certains de ces jeunes ont réussi à la trouver.

Au Québec, le cinéaste Isaac Isitan est aussi entré dans les territoires hostiles de la marginalité pour y réaliser en 1999 un film qu'il a intitulé *Gangs, la loi de la rue*. La marge prend dans ce film un visage humain, surtout celui de Javelyne, une jeune femme noire de 18 ans qui a introduit le cinéaste dans la gang des Bad Boys, qui a pour chef Million, un caïd aux cheveux ras et au pantalon large. « Tout ce que je suis maintenant, c'est à cause des gangs. La dignité, la confiance en moi, dit-il dans le film, c'est à cause d'elles. C'est ma famille. » Le chef des Bad Boys a accepté de collaborer avec Isitan parce qu'il voulait que le cinéaste montre aux gens « [qu'ils ne sont] pas juste des criminels, [qu'ils sont] des êtres humains aussi ». Isaac Isitan a rencontré Javelyne, l'héroïne de son film, au moment où elle passait de la gang de la Mafia, à laquelle elle appartenait depuis l'âge de 15 ans, à celle des Bad Boys, nouvelle gang auprès de laquelle elle venait en quelque sorte chercher protection. Javelyne a suivi un itinéraire qui est assez commun chez les filles membres de gangs : danseuse nue, « copine » du chef de la Mafia, victime d'extorsion, elle a participé à quelques « coups » et elle a aussi été violée, dit-elle. Le soir même du jour où elle a accepté de parler au cinéaste, son logement a été incendié, ce qui constituait un avertissement non déguisé. Javelyne n'a jamais coupé les liens avec les gangs qui représentent pour elle le seul milieu capable de la comprendre, un milieu qui est également le seul, selon elle, à lui fournir les moyens de sortir de la misère et qui lui apporte le respect dont elle ne jouit pas ailleurs.

L'objectif d'Isaac Isitan est braqué, dans la sympathie et la discrétion, sur ceux et sur celles que l'on voit habituellement de loin. Sa caméra l'a accompagné dans les quelque deux cents sorties qu'il a faites auprès des gangs de rue qu'il a été capable de décrire du dedans, sans voyeurisme, dans le respect des jeunes, en restituant leur humanité plutôt qu'en s'attachant à montrer le côté violent et antisocial de leur vie. Isitan parle, il est vrai, de leurs démêlés avec la police, de leurs séjours en centre de réadaptation ou en prison, de leurs difficultés à la maison, des vols, de la drogue et de la prostitution ; il est cependant surtout intéressé à faire voir la logique des itinéraires sinueux qui conduisent certains jeunes dans les gangs et à faire comprendre pourquoi ils décident d'y rester. À travers les paroles de Javelyne et de Million, le réalisateur nous dit que ces jeunes marginaux sont des êtres tout à fait normaux, qui portent les cicatrices des blessures souvent profondes que leur ont infligées la pauvreté, l'abandon et l'exclusion ; les gangs représentent pour ces jeunes une famille, un réseau d'amis ainsi qu'une association économique qui leur permet d'accéder à un minimum de confort matériel. Dans le film, Million nous présente son bébé de huit mois, Million, dont il dit qu'il sera « le prochain chef » des Bad Boys ; le réalisateur laisse ici entendre, en se faisant fort critique à l'égard de la distribution inégale des richesses dans notre société, que les gangs ne sont pas près de disparaître.

Une nouvelle jeunesse québécoise

Les jeunes néo-Québécois qu'Isaac Isitan nous présente dans son film constituent une catégorie particulière de la jeunesse québécoise d'aujourd'hui. Disons quelques mots des mouvements de jeunesse tels qu'ils ont existé au Québec et tels qu'ils existent aujourd'hui. Au moins jusqu'à la Révolution tranquille, qui marque la sortie de la

« grande noirceur » sociale, et même après, le Québec était à la remorque des grands courants internationaux. Pendant longtemps, les mouvements d'action de la jeunesse québécoise ont été strictement de type associatif et institutionnel, le scoutisme formant le paradigme des mouvements de jeunesse qui furent largement investis par les milieux religieux soucieux de veiller à la bonne conduite des activités des jeunes.

Les « jeunesses catholiques » n'ont cependant pas été à l'abri du vent de changement qui a frappé les institutions du Québec au début des années 1960. Leur allégeance religieuse s'est peu à peu dissipée, emportée par la vague de laïcisation qui gagnait toute la société. Cette nouvelle jeunesse qui s'est organisée en marge des institutions est devenue un des principaux acteurs des différents mouvements de contestation sociale qui ont occupé le devant de la scène publique au Québec jusqu'au milieu des années 1970. Ces grands courants de protestation s'inscrivaient dans une large mesure dans la foulée des mouvements internationaux de lutte pour l'indépendance des peuples et des colonies. Mai 1968 fut un autre événement d'envergure internationale qui a stimulé la ferveur émancipatrice de la jeunesse (étudiante) québécoise. Bref, de manière générale, le processus d'autonomisation de la jeunesse québécoise est un phénomène relativement récent qui est lié aux grands courants internationaux de changement social et culturel. Au Québec, le mouvement vers l'indépendance morale et culturelle des générations montantes s'était déjà symboliquement amorcé avec la signature du manifeste *Refus global* en 1948. La rupture idéologique de la jeunesse québécoise avec l'ordre ancien ne s'est toutefois répandue socialement que dans les années 1960-1970, dans une période d'effervescence politique et de grandes revendications sociales, période également marquée sur le plan des mœurs par la « révolution sexuelle », par la création de « communes » de jeunes qui sont aujourd'hui du passé.

Par ailleurs, si la jeunesse québécoise a vécu il y a très peu de temps sa « crise » d'affirmation identitaire, dans un pays comme Haïti le processus de rupture de la jeunesse par rapport aux autres générations en est à ses balbutiements. Mis à part la pénétration très récente des grandes tendances de la mode parmi certaines couches aisées des centres urbains, il n'existe pas vraiment en Haïti (du moins pas dans les couches paysannes) une classe de jeunes qui s'affiche culturellement en marge de la société. La jeunesse haïtienne reste encore de nos jours très dépendante du monde culturel des adultes. Elle ne se démarque pas, par exemple, par un style vestimentaire particulier. Les jeunes s'habillent comme leurs parents ou comme ces derniers ont choisi de les vêtir. Aussi les jeunes qui immigrent au Québec à un âge plus tardif ont-ils tôt fait d'être repérés par leurs pairs à cause de leur accoutrement démodé. L'habillement est d'ailleurs au Québec l'un des principaux éléments de discorde entre les parents haïtiens et leurs enfants. En Haïti, le conformisme des jeunes est ni plus ni moins le reflet de l'éducation autoritaire qu'ils ont reçue et sur laquelle s'appuie la pérennité de la reproduction de l'ordre social et familial. Les choses sont cependant en train de changer quelque peu avec les nouvelles réalités de la diaspora haïtienne et la « démocratisation » de l'accès aux médias électroniques.

Le décalage qui existe entre les modèles éducatifs québécois et haïtien prend une immense importance dans le contexte de l'immigration. Les manières différentes pour ces deux cultures de vivre les rapports intergénérationnels peuvent expliquer en grande partie l'incompréhension mutuelle. Dans son livre *Le Fossé des générations,* l'anthropologue Margaret Mead distingue trois types de culture éducative : « *postfigurative,* dans laquelle les enfants sont instruits avant tout par leurs parents ; *cofigurative,* dans laquelle les enfants comme les adultes apprennent de leurs pairs ; et *préfigurative,* dans laquelle les adultes tirent aussi des leçons de leurs enfants » (Mead, 1979 : 30). Sans accorder trop d'importance à la terminologie de Mead, nous trouvons cependant intéressantes quelques-unes de ses remarques à propos de la culture cofigurative. « La cofiguration naît, dit-elle, d'une rupture avec le système postfiguratif. Cette rupture peut s'opérer de plusieurs manières », entre autres, « après une migration dans un nouveau pays, où les personnes âgées sont et resteront considérées comme des immigrants et des étrangers » (*ibid.* : 55). Lorsqu'il y a « cofiguration, l'expérience de la jeune génération est radicalement différente de celle de ses parents, grands-parents et autres membres plus âgés de la communauté immédiate ». Or, « dans de telles situations, le conflit des générations n'a pas son point de départ chez les adultes. Il intervient lorsque les nouvelles méthodes d'éducation sont jugées insuffisantes ou inadaptées à la formation d'un style de vie adulte, le style que la première génération, les pionniers, avait espéré voir adopter par ses enfants » (*ibid.* : 58).

> Là où la cofiguration entre camarades du même âge a été institutionnalisée, on rencontre le phénomène de la culture juvénile, ou culture

des adolescents. La stratification fondée sur l'âge, stratification favo-
risée par le système scolaire, augmente en importance. Aux États-
Unis, les effets de la cofiguration commencèrent à se faire sentir sur la
totalité de la culture au début du XXᵉ siècle. La famille restreinte devint
la règle ; on ne s'attendit plus à une relation étroite entre grands-
parents et petits-enfants, et les parents, en perdant leur position dominante, remirent à leurs enfants le soin d'établir leurs propres principes
(*ibid.* : 74-75).

À la migration dans l'espace, Mead substitue également le concept
de migration dans le temps. « En ce sens, tous ceux d'entre nous qui sont
nés et ont été élevés avant les années 1940 sont des immigrants. » Aussi,
précise-t-elle, « nous avons été élevés en vue d'apprendre des professions
et d'adopter des valeurs qui ne sont plus que partiellement appropriées
à ce temps nouveau » (*ibid.* : 77-78).

Les observations de Mead nous aident à nous situer par rapport aux
réalités que vivent les familles haïtiennes en immigrant au Québec. Le
moment du passage dans la société québécoise constituerait en quelque
sorte un moment de rupture avec l'ancien modèle d'éducation, du seul
fait que les enfants haïtiens sont soumis quotidiennement aux mêmes
influences que leurs pairs québécois. Pour leur part, les parents haïtiens
n'ont souvent pas d'autre choix que de s'adapter, tant bien que mal, à
cette nouvelle situation en apprenant notamment des autres parents.

L'immigration a aussi été propice à l'émergence d'une « culture
juvénile » d'origine haïtienne au sein de l'espace québécois. Bien que
cette nouvelle jeunesse haïtienne ait des racines communes, son apparition s'inscrit d'abord et avant tout dans le contexte d'ensemble des
mouvements sociaux et culturels nord-américains. Il s'agit, sans faire de
jeu de mots, d'une coloration particulière d'une jeunesse qui cherche à
se définir culturellement dans la société. La reconnaissance et l'accepta-
tion des origines haïtiennes de cette culture juvénile sera toutefois tardive. Au début, l'appartenance culturelle des jeunes Haïtiens a été subli-
mée par l'identité noire qui les distinguait socialement de la majorité
blanche. Les jeunes s'identifiaient davantage aux modèles de la jeunesse
noire américaine qu'aux modèles de leur culture d'origine. L'identification haïtienne a même été pendant longtemps dévalorisée par certains
groupes de jeunes qui préféraient mentir sur leurs origines plutôt que
de dire qu'ils étaient haïtiens.

Un bref regard sur la transformation dans le temps de la dynamique des bandes de jeunes et du phénomène des gangs de rue nous éclaire quelque peu sur l'évolution sociale et culturelle qu'a suivie la jeunesse au Québec depuis la fin des années 1970.

CHAPITRE 2

Les jeunes Afro-Antillais du Québec et les milieux marginaux

Bien que la première vague d'immigration haïtienne au Québec ait débuté vers la fin des années 1950, c'est seulement avec la deuxième vague d'immigration dans les années 1970 que la présence haïtienne devient plus visible au sein de la société québécoise. Les immigrants en provenance d'Haïti constituent à la fin des années 1970 et durant les années 1980 le principal groupe de nouveaux arrivants au Québec. Il s'agit d'une période marquée par le ralentissement de l'économie et l'essoufflement des grands projets collectifs de transformation sociale, politique et culturelle du Québec. Dans ce chapitre, nous montrons qu'on ne peut pas réfléchir à ce qui se passe chez les jeunes néo-Québécois d'origine afro-antillaise sans prendre en considération le phénomène de l'exaspération et de la révolte dans la jeunesse noire, notamment aux États-Unis.

Les milieux marginaux des jeunes d'origine haïtienne
de 1975 à aujourd'hui

Les années 1970 ont également vu exploser à l'échelle de la société québécoise le phénomène des bandes de jeunes. Les taux de criminalité violente atteignent à l'époque des sommets au Québec. Les bandes de motards sont en pleine expansion. Aucune ville n'est épargnée. Parfois, plusieurs de ces bandes terrassent avec le vrombissement de leurs motocyclettes — *choppers* — à longue fourche la tranquillité des citoyens des petites localités. Les affrontements entre bandes sont nombreux : on règle ses comptes à coups de chaîne et à coups de pied, et les bagarres sont d'autant plus spectaculaires qu'elles se déroulent souvent dans des lieux publics. La présence de ces « rockers » dans les événements publics suscite de plus en plus de craintes chez les citoyens ordinaires, étant donné que les multiples manifestations de violence semblent anarchiques et viser tout le monde, et non pas un groupe en particulier.

La répulsion que provoquent ces bandes de motards n'a d'égale que l'attirance qu'elles exercent auprès de certains groupes de jeunes. Dans plusieurs quartiers, des groupes d'adolescents imitent en effet les plus vieux et se constituent en bande. Comme leurs idoles, ils portent la veste de cuir et transforment leur bicyclette en posant une longue fourche chromée et un haut guidon (poignées « mustang »). Ils se donnent un nom de bande et, très souvent, ils s'identifient à un groupe de motards en particulier avec lesquels ils établissent parfois des liens plus ou moins formels. Comme leurs aînés, ces jeunes rockers à vélo aiment la bagarre lorsqu'ils sont en groupe. Ils se battent avec les groupes rivaux, mais aussi avec tous les autres jeunes différents d'eux, pour le seul plaisir de l'action et pour prouver leur virilité. La logique de ces affrontements n'est commandée que par une volonté d'affirmer l'autorité de la bande sur le territoire qu'elle s'est donné.

C'est dans un tel contexte de violence gratuite que l'on voit apparaître les premières bandes de jeunes à forte concentration haïtienne. Dans les quartiers où vivent ces jeunes, principalement dans le secteur nord-est de l'île de Montréal, les rapports entre certains groupes de jeunes ont été exacerbés par des tensions raciales. D'un côté comme de l'autre, des jeunes se regroupaient dans le but de défendre les « intérêts de la race ». Chaque bande répondait à la provocation de l'autre dans un jeu de repli et d'attaque. Sur les traditionnelles démonstrations de force des bandes rivales de jeunes se greffait un discours vindicatif fondé sur la couleur de la peau. Les jeunes de la majorité blanche prétextaient l'envahissement; les jeunes de la minorité revendiquaient le « pouvoir noir ». Les affrontements entre bandes de jeunes marginaux pour l'honneur de la race se terminaient régulièrement par une effusion de sang. Au début, on se battait surtout avec des armes blanches ou improvisées (barres de fer, chaînes, bâtons de baseball, etc.), quand on ne se ruait pas en groupe sur une victime isolée que l'on tabassait.

Un ancien leader de gang nous a décrit cette époque qu'il a connue surtout par l'entremise d'un de ses grands frères. Nous reproduisons de longs extraits de son témoignage parce qu'il constitue la version la plus populaire du mythe fondateur des gangs de rue haïtiennes à Montréal.

Black Power

Le problème qui fait que les jeunes se font des territoires, c'est que le problème des gangs y'a commencé à peu près dans les années 79-80. La première gang haïtienne qui a eu ici à Montréal s'appelait le Black Power; c'était une gang qui se battait souvent… avec des Blancs, des gangs de rockers, j'me rappelle dans le temps, la gang à Tatou qui était une gang de Blancs. […] C'est que le leader de cette gang-là y s'appelait Tatou. À ce moment-là nous autres on les a appelés la gang [à Tatou], *mais peut-être qu'eux autres y avaient pas choisi ce nom-là, sauf qu'y ont fini par le choisir… Par exemple… sur les murs tu voyais qu'y écrivaient « la gang à Tatou », des choses comme ça… [Ils] se battaient souvent à Montréal-Nord contre les Black Power et les Black Panther.* [Le Black Panther et le Black Power, c'était la même gang. En fait], *y a Black Power qui est arrivé…* [puis] *nous, en fin de compte, on l'appelait aussi le Black Panther, comme les Américains l'ont fait.* [Ça fait qu'au début c'était pas vraiment une question] *de territoire par rapport aux Blancs, c'était plutôt à cause du racisme qui avait dans ce temps-là; c'était un affrontement racial.*

La gang à Bélanger, taxage et bagarres Noirs contre Noirs

Mais par la suite, y'est arrivé… d'autres problématiques… avec des jeunes Haïtiens qui sortaient de l'extérieur… et qui avaient une autre mentalité. La première gang haïtienne qui est venue était… la gang à Bélanger… Les leaders avaient vécu aux États-Unis. [...] C'étaient des jeunes Haïtiens, mais qui avaient vécu un certain nombre d'années aux États-Unis… [Ils avaient établi des contacts] *avec des gangs là-bas pis y sont rentrés ici. [...] Ce sont des jeunes [...] qui sont venus avec une mentalité qui était un peu différente de ceux qui ont vécu ici, parce que ceux qui ont vécu ici, les bagarres entre Noirs contre Noirs y connaissaient pas ben ben ça… Mais aux États-Unis, c'était déjà flagrant… que des gangs de Noirs s'entretuent… Ils sont arrivés, disons, à peu près dans les années 82…*

[Ces gars-là] *ils étaient pas vieux, ils avaient peut-être 16 ans, 17 ans. C'étaient tout de même des jeunes… mais qui avaient vécu pas mal de temps aux États-Unis. Eux-mêmes, ils ont créé leur groupe, leur gang, y ont trouvé des adeptes pour y embarquer… C'est à ce moment-là qui a commencé à avoir des gangs de Noirs contre Noirs. Parce que la gang à Bélanger, y a descendu à Montréal-Nord, pis y a commencé à taxer…* [Le parc Bélanger] *c'est à peu près dans ce coin-là* [boulevard Saint-Michel et rue Bélanger] *et c'est pour ça qu'eux autres ils ont surnommé leur gang… la gang à Bélanger. Fait que… eux autres ils ont descendu plus bas vers Montréal-Nord, vers Maurice-Duplessis et Langelier… où est-ce qui avait les Black Power. [...] J'ai un frère plus vieux qui était comme impliqué dans ces gangs-là. [...]* [Ça fait que la gang à Bélanger] *eux autres y sont arrivés à Montréal-Nord pour taxer, pour enlever des bijoux, des choses comme ça. [...] Ils arrivaient pis que tu sois un petit Noir ou un petit Blanc… qui avait un bijou sur eux autres… ils te l'enlevaient… walkman et tout ça. Fait que c'est à ce moment-là, y a d'autres personnes aussi, d'autres jeunes de Montréal-Nord, qui ont décidé de créer leur propre gang pour lutter contre ce taxage-là, contre la gang à Bélanger. [...] On se met en gang, comme ça on va pouvoir* [les battre et se défendre]. *Mais ceux qui se réunissaient c'étaient déjà ceux qui… eux étaient soit souvent dans le quartier,* [soit] *souvent dans la rue ou qui faisaient des petits délits. [...] Ils pouvaient se faire taxer aussi parce que dans ce temps-là, eux autres y avaient pas cette mentalité-là, cette philosophie-là… ils se battaient contre des Blancs… Les Black Power ils se battaient contre des Blancs, les Black Power ils étaient déjà âgés de 17 ans, 18 ans* [et ils] *se battaient contre les Blancs…* [Les Black Power, ça s'est terminé] *quand la gang à Bélanger est arrivée, j'm'en rappelle, y'a eu une bagarre contre des gars de Black Power, pis la gang de Bélanger, il faut dire que les Black Power y'ont trouvé ça pas mal violent pour eux autres, fait que d'après moi, c'est à ce moment-là, je crois, que les Black Power, y ont commencé à* [finir].

La délimitation des territoires

[C'étaient des bagarres violentes] *avec des armes, des couteaux, des barres de fer... Ils avaient l'habitude de ce genre de bataille-là, mais contre des Blancs, contre des Noirs ils étaient pas habitués.* [Ça allait un peu à l'encontre de leur idéologie] *Noirs contre Noirs... Fait qu'ils se sont... tassés de là... À ce moment-là, y a d'autres jeunes dans le quartier qui eux avaient peut-être 14, 15 ans et qui eux ont décidé de créer leur propre gang à eux autres, qui était le Master B.* [C'est en réaction à la gang à Bélanger qui prenait un peu trop de place] *qu'ils ont décidé de créer cette gang-là, le Master B. C'est là que les bagarres entre Noirs contre Noirs dans la communauté haïtienne ont commencé.* [...] *Là y avait un territoire qui s'était formé à Montréal-Nord. C'est quand on parle de Montréal-Nord souvent, quand tu vas entendre les jeunes, y va t'dire :* « Montréal-Nord y compte pas Saint-Michel », *malgré que le quartier Saint-Michel on l'identifie souvent à Montréal-Nord, mais Saint-Michel n'était pas impliqué. Quand on parle de Montréal-Nord, quand un jeune te parle de Montréal-Nord, il parle surtout, disons... Henri-Bourassa et Lacordaire aller jusqu'à Langelier et Maurice-Duplessis.* [...] *C'est à peu près ce territoire-là... eux autres les gars de Master B. y disaient... que les gars de Bélanger ont pas le droit de venir icitte. Si on les voit icitte* [y vont y goûter].

Cette reconstitution des événements qui a précipité la création des gangs de rue composées en majorité de jeunes d'origine haïtienne est très éclairante. Il nous est possible, entre autres, de replacer ces événements dans le contexte social de l'époque. Le tournant des années 1980 est, en effet, marqué au Québec par les grands débats sur la question des immigrants « illégaux ». Les tensions sont perceptibles au sein de la population en général qui se sent dépassée par cette crise sociopolitique de l'immigration. Un discours déguisé à tendance xénophobe et raciste se fait entendre dans certains milieux sous la forme de prétendues histoires drôles.

Quant à l'année 1982, qui est citée comme le moment où apparaît un nouveau type de gang, elle correspond historiquement au début de la récession. Partout en Occident, semble-t-il, il s'agit d'une date déterminante dans la transformation de la structure organisationnelle des bandes de jeunes. Aux États-Unis, la violence (meurtrière) et les activités reliées aux drogues dures sont alors en pleine escalade dans les milieux des gangs de rue des ghettos et des quartiers d'immigrés (Moore, 1993). En France également, le tournant des années 1980 et l'entrée dans une période économique plus difficile constituent pour les bandes de « jeunes de la cité » un moment de rupture avec le passé.

> Les années 80 constituent un changement historique. La génération des « frères aînés » disparaît de façon brutale, la crise économique, le chômage modifient profondément la vie des plus jeunes ; la « sortie » de ce groupe de pairs devient difficile. [...] Dès le début des années 83, la génération des jeunes [de la cité] se trouve face à une situation caractérisée par l'absence de référents parce que les frères aînés ont quitté la cité. [...] Les enjeux socioéconomiques, les difficultés d'accès à des ressources financières et à une reconnaissance sociale s'accentuent pour les jeunes et pour leur famille. Face à ces situations et à la méconnaissance des effets de la drogue dure, la nouvelle génération de jeunes sortis du système scolaire, « pris dans les murs » du quartier, s'implique davantage dans la revente et dans l'utilisation de celle-ci. Cette introduction de la drogue avait été réalisée par les frères aînés (Bordet, 1998 : 31-35).

Au Québec, l'éclosion des activités reliées aux drogues dures parmi les bandes de jeunes a été plus tardive. Il faut attendre la fin des années 1980 pour voir le trafic du crack se répandre parmi certains groupes de jeunes, en particulier des communautés noires anglophones. Au sein de la communauté haïtienne, il n'y a pas à l'époque de véritable tradition de consommation ni de vente de stupéfiants. Aussi les jeunes se tournent-ils plutôt vers d'autres formes de criminalité. En tête de liste des premières initiatives « criminelles » apparaît l'extorsion ou le « taxage », qui signifie littéralement payer une « taxe de passage » sous forme d'objet de valeur ou d'argent. Si la pratique du taxage s'est répandue comme une traînée de poudre à l'école et dans la rue parmi les milieux marginaux de tous âges, et qu'elle soit encore bien présente de nos jours, elle ne constitue toutefois que le premier échelon des activités lucratives des bandes de jeunes. Dès le début des années 1980, les premières gangs de rue menées principalement par des garçons d'origine haïtienne ont tôt fait de découvrir d'autres créneaux d'activités criminelles aux possibilités financières plus grandes. Parmi ces activités, il y a le vol à l'étalage, le vol par effraction, la fraude et le proxénétisme. Le trafic d'armes et de drogue à petite échelle s'ajoutera peu à peu à la criminalité naissante de ces bandes de jeunes.

Laissons l'ancien leader de gang poursuivre l'historique des gangs de rue tel qu'il l'a vécu.

Le style vestimentaire

Au commencement on pouvait pas identifier [les gars de gang] *en tant que tels. Souvent on regardait le gars, sa façon de s'habiller… Par exemple, les gars de Montréal-Nord dans le temps y connaissaient pas ben ben encore le rap et tout ça, qui était pas encore arrivé à Montréal. Ils s'habillaient plutôt du style baggies..* […] *Mais quand les gars de Bélanger y sont arrivés… avec un style de jeans, des Lee,* […] *fait qu'à ce moment-là, quand tu voyais quelqu'un avec un Lee, tu te demandais :* « *C'est-tu un Bélanger ?* » *Le monde se posait la question pareil :* « *C'est-tu un gars de Bélanger* » ? […] [Mais à la longue] *on connaissait certains* [d'entre eux]. *On connaissait ceux qui venaient souvent dans le quartier pour faire des troubles. À partir de ce moment-là, ceux-là on pouvait les pointer du doigt… pour dire :* « *Lui, lui, lui, ce sont eux qui font les troubles.* » *C'est venu au point que quand on voyait quelqu'un avec un Lee, on disait :* « *C'est-tu un Bélanger ?* »… *Mais on pouvait pas vraiment dire :* « *C'est un Bélanger.* » […] *Mais il faut dire aussi que, dans ce temps-là, tu regardais souvent des films américains qui montraient la guerre des gangs… qui avait aux États-Unis, les problèmes de gang qui avait dans des quartiers… Les jeunes y'ont voulu se donner la même image… Y'ont comme créé un genre de… modèle* [qui] *est encore là. Fait que quand les Bélanger sont venus, y se sont plus embarqués dans le modèle* [américain]… *Ils disent bon :* « *Nous autres, on va prendre tel territoire* ».

Les modèles criminels

On veut des territoires, pourquoi ? Pour rien ! Je sais pas si tu comprends ce que je veux dire, on met un territoire mais jusque-là y a pas de trafic de drogue, y a rien de ça qui se passe. Dans les journaux, le monde y disent [le contraire mais c'était pas ça]… *Au commencement y'avait pas encore ni de trafic de drogue ni… de prostitution qui étaient entrés en ligne de compte. Mais à force d'embarquer dans la gang… avec les bagarres avec les Bélanger… à force de s'affronter, ces jeunes-là y'ont commencé à penser à créer des choses un peu plus criminalisées* […] *du genre proxénétisme et tout ça…*

C'est sûr que l'idée vient pas comme ça [du ciel]. *C'est comme, il y avait déjà des gars qui étaient assez âgés, qui étaient peut-être pas dans une gang,* [mais] *qui faisaient leur business à l'extérieur. Ils étaient peut-être tout le temps au centre-ville à faire du proxénétisme et… puis ils arrivent dans le quartier* [avec] *des beaux chars. Fait qu'à ce moment-là,* [ils] *parlent avec les gars qui étaient dans les gangs : « Vous êtes une gang, vous êtes capable de faire des choses… »* […] *C'est cette image-là* [de réussite qui te frappe,] *parce que tu vois, moi je me rappelle, quand j'avais 13 ans à peu près, 13-14 ans, pis on voyait quelqu'un, un gars que je connaissais dans le quartier qui, lui, était un Black Power. Ça faisait un bout de temps qu'on l'avait pas vu. Il avait comme disparu et il revient dans le quartier un jour, pis y'était assis dans une belle Cadillac bleue. À ce moment-là… lui, bon, y descendait pis tu voyais que, dans notre tête à nous autres, c'était : « Lui, il a réussi ! » Fait qu'à ce moment, lui, quand il te parle, il te fait savoir… que « vous êtes capable vous autres avec ». À ce moment-là ces gars-là, y te rentrent la philosophie, la philosophie du genre… « quand t'es noir, il faut bouger, il faut faire des choses si tu veux pas te retrouver dans les appartements comme ta mère »… Là, la philosophie* […] *a commence à te rentrer dans la tête…*

[Le gars y t'explique que] *tu dois bouger parce que — c'est toujours la même philosophie que les jeunes y gardent jusqu'à maintenant aujourd'hui — malgré qu'on va à l'école, malgré que l'on fait ci… parce que ces gars-là, que je te parlais, ce sont des gars, la majorité déjà qui sont au cégep ou… whatever qui ont décidé d'abandonner l'école pour aller faire cette vie-là, y disaient toujours bon : « Malgré que tu vas à l'école ou quoi que ce soit, tu auras jamais ta chance. » Pis y te donnaient des preuves souvent concrètes, y disaient : « Ah ! regarde ton père, regarde ta mère, qui ont peut-être des diplômes… mais regarde où ils se retrouvent : dans des appartements… et ils peuvent même pas se procurer un super char comme que j'ai là et tout et tout et tout… Puis pendant ce temps le Blanc lui il l'a. » C'est à ce moment-là que les jeunes ont commencé à créer des choses, à faire des choses plus criminalisées…*

[Parce que] *les parents on les prenait pas comme des bons modèles, en tant que tels, nous autres les parents c'était l'échec.* [...] *C'est un échec parce que souvent tu regardes ton père qui se lève le matin, pis qui va travailler dans une manufacture, qui lève des boîtes et tout ça... et surtout la majorité, certains c'était des professionnels qui eux étaient professeurs à l'université ou quoi que ce soit... Mais ces professionnels-là y vivaient pas dans nos quartiers.* [Dans notre quartier le modèle du parent, du père, entre autres,] *c'est un modèle d'échec, parce que nous autres on le voyait comme un échec, parce que, dans le fond, c'était un échec...* [Mais maintenant que j'ai vieilli,] *je le vois différemment un peu même si j'ai toujours conscience que c'est un échec. Parce que, il faut dire par exemple qu'ils avaient pas le choix non plus, parce qu'ils venaient d'arriver pis souvent ils avaient aucun papier. Comme mon père, je me rappelle qu'en même temps qu'il travaillait y fallait qui aille à l'école pour essayer de devenir quelqu'un demain... Fait que dans ce temps-là lui on le voyait presque jamais.* [...] *Tu voyais... ton père qui rushait comme ça,* [tu voyais] *ta mère qui s'occupait des enfants, dès fois elle aussi elle était obligée d'aller travailler dans une manufacture, c'est pour ça que souvent les jeunes... y vont te dire : «Moi je préfère crever que de travailler dans une manufacture.» Souvent le père y se plaint de mal de dos devant un jeune, aussi tu vois que c'est tout à fait un échec.* [...] *Fait que le jeune... y sait en même temps, il sait qu'il y a une autre alternative, l'autre alternative c'est celle des gars qui arrivent avec des beaux chars dans le quartier, qui leur donnent à eux une alternative. Y disent : «Soit tu peux... devenir proxénète, soit tu peux être dealer de drogues...»*

Nous reparlerons en détail, plus loin, des questions de style, de territoire et de la logique des activités criminelles. Nous souhaitions ici laisser une grande place à la parole de l'un de nos tout premiers collaborateurs de recherche sur le terrain, car elle permet de bien situer, de l'intérieur même, le contexte historique qui a vu naître et se transformer la philosophie d'action des gangs de rue. Le tableau qui a été brossé est valable pour toute la décennie 1980, même s'il est incomplet. Au cours des années 1990, le profil des bandes de jeunes ainsi que leur composition se diversifient énormément. Bien que la « philosophie » de base de ces groupes reste foncièrement la même, on constate qu'il existe depuis les dernières années une coupure de plus en plus marquée entre les pratiques criminelles et les pratiques identitaires des jeunes. De plus, la coupure entre la tête dirigeante des gangs et les soldats de la base s'intensifie à mesure que la criminalité devient de plus en plus dure et organisée.

Plusieurs groupes-satellites marchent sur les plates-bandes des gangs plus anciennes qui relèvent aujourd'hui probablement plus du mythe que de la réalité. Les affrontements entre gangs de différentes allégeances ethnoculturelles font également partie dans certains quartiers des nouvelles réalités des jeunes des milieux marginaux.

Dans les chapitres suivants, nous examinerons, de l'intérieur et dans une perspective d'ensemble, les dimensions structurelle, symbolique et personnelle qui sont à l'œuvre dans la transformation des milieux marginaux des jeunes d'origine afro-antillaise à Montréal. Pour l'instant, retenons surtout que les années 1980 ont constitué un tournant dans la philosophie d'action de ces jeunes qui décident de se regrouper en bande. Un jeune homme de 22 ans, qui a également connu cette époque par l'entremise de ses frères, nous résume ce changement de cap qu'a constitué le passage de la conscience raciale à la criminalité.

[Avant] *le Blanc avait toujours cette image d'intouchable. Tu touchais un Blanc, c'est comme si tu touchais à tout le système. Parce que son père aurait pu être un policier. Son père a peut-être quelque chose de grand alors que toi tu étais pauvre. Fait qu'on savait que 90 % des cas, un Noir ses parents c'est du monde des manufactures, des affaires... du genre. Fait que le Blanc avait une image d'intouchabilité. C'est pour ça que... à notre âge, la frustration que les Noirs avaient, très souvent ils finissaient par se la passer entre eux. Parce que s'ils frappaient un Blanc, il fallait que tu cours vite. Tu le battais, mais tu t'en allais. Puis ça sera à pas se faire prendre. [...] Vous savez, avant c'était de la délinquance. Maintenant c'est tout simplement de la criminalité. [...] Les jeunes, ils croient au système du crime. Avant, les jeunes ils étaient dans les gangs. C'est-à-dire que ce sont un groupe de gars qui sont ensemble, qui faisaient des affaires pour survivre. Mais maintenant les gangs font ça que dans le but de devenir des vrais gangsters. Vous voyez ils voient un film comme* Al Capone, Menace II Society, *ils s'identifient à ces gens-là et ils veulent partir leur propre affaire. Ils veulent... devenir riches.*

L'exaspération de la jeunesse noire : un problème de société

Avec les années 1990, la conscience raciale des jeunes d'origine afro-antillaise est loin de disparaître. Au contraire, elle s'intègre et s'affirme de plus en plus dans un ensemble de discours et de pratiques qui s'affichent sur la scène publique. Cette prise de conscience traduit un senti-ment d'injustice et d'inégalités sociales. Elle conduit à la révolte une jeu-nesse exaspérée par les iniquités du système. Elle légitime, aux yeux de certains, le modèle déviant de réussite du gangster qui défie la loi des Blancs. À un extrême, les effets de la conscience raciale entraînent la constitution d'un noyau dur d'irréductibles qui rejettent avec véhémence tout ce qui est imposé par « l'ennemi blanc ». À l'autre extrême, les traits de la « négritude » se diffusent dans toute la société comme l'avant-garde des nouveaux styles et modèles de la jeunesse. Dans tous les cas, la scène locale québécoise joue dans l'ombre de la grande scène internationale nord-américaine. Les feux de la rampe sont à cette époque braqués sur la réalité des jeunes des ghettos des métropoles des États-Unis.

Le début des années 1990 a été riche en événements spectaculaires qui ont propulsé à l'avant-scène médiatique les tensions sociales qui exis-tent entre la majorité blanche et la minorité noire. Si ces tensions ne sont pas nouvelles, la tournure du débat public qui s'engage à ce moment prend une ampleur jusqu'alors inégalée au Québec. Les leaders et les membres des communautés noires décident en bloc de lever le silence et affichent publiquement leur exaspération surtout face au sort que la société réserve à leurs jeunes. Les assassinats de Marcellus François et d'Anthony Griffin dans le cadre d'opérations policières ratées ont été au nombre des déclencheurs de la levée de boucliers au sein des commu-nautés noires. Les rapports entre la police et les membres des « minori-tés visibles » sont montrés du doigt comme étant la démonstration qu'il existe une justice différente selon le type de citoyen (Douyon, 1993).

Toutefois, de tous les événements qui ont fait parler d'eux à l'époque, il y en a un qui a été unanimement décrié autant par les lea-ders des communautés noires que par la population en général, soit celui que l'on a appelé les « émeutes de la Plaza Saint-Hubert » en 1992. Les actes de violence et de saccage commis dans cette rue commerciale de Montréal cet été-là ont été interprétés sans réserve par tous les « experts » comme le signe d'un profond malaise au sein de la jeunesse noire, en particulier d'origine haïtienne. La nature des gestes accomplis et la riposte médiatique qui s'en est suivie ont érigé ce « malaise » en un problème de société. Du jour au lendemain, des commissions tempo-raires, une commission publique, des chercheurs et des intervenants en tous genres ont tenté de comprendre cette jeunesse noire qui était autre-fois vue comme un groupe négligeable ou négligé selon le point de vue.

Les événements de la rue Saint-Hubert se sont déroulés en deux temps. Tout d'abord, le soir du 19 juillet 1992, une quarantaine de jeunes ont été arrêtés lors d'une « mini-émeute » qu'a provoquée l'interruption d'une danse par des coups de feu. On a alors rapporté des dégâts représentant plusieurs milliers de dollars. Puis, le 13 septembre suivant, dans le même secteur, des jeunes ont récidivé. Ces derniers se sont révoltés violemment parce qu'ils n'avaient pas été admis à une fête dansante qui affichait complet. Dans leurs élans de colère, des jeunes ont pillé des commerces, saccagé des véhicules et brutalisé des passants. Il n'en fallait pas plus pour alerter l'opinion publique.

Ces jeunes sont clairement identifiés comme étant d'origine haïtienne. Ces deux événements rapprochés ne peuvent être l'effet du hasard. Il se passe quelque chose avec la jeunesse haïtienne, mais quoi ? Les éditoriaux de toute la province se posent la question. Voici le genre de réflexions que l'on a pu lire dans le quotidien *La Presse* deux jours après ce dimanche soir fatidique :

> Que se passe-t-il avec les jeunes d'origine haïtienne ? Ils sont baignés dans le même univers de déprime, de décrochage et de chômage que toute cette génération. Même si cette crise frappe plus fort quand on est membre d'une communauté visible, elle n'explique pas pourquoi les jeunes Haïtiens explosent et pas les autres.
>
> Ces sursauts de violence ne sont pas prémédités, ne sont pas politiques, ne sont même pas des émeutes raciales, car ils ne semblent pas être déclenchés par une injustice ou un incident raciste. Quoiqu'on peut voir là l'imitation maladroite d'un comportement plus américain qui ne se justifie pas à Montréal.
>
> On semble plutôt être en présence d'une expression de frustration gratuite, un peu comme si progressivement, ça devenait une façon de passer son samedi soir. Cela ressemble hélas plus à une mode qu'à une crise intercommunautaire.

Au lendemain de ces événements fâcheux, ce ne sont pas seulement les jeunes qui sont publiquement interpellés, mais aussi l'ensemble de la communauté haïtienne. Le président de la Fraternité des policiers et policières de la CUM de l'époque interprète ces incidents comme « un signe de violence gratuite » qu'il impute en partie à la facilité à obtenir une libération conditionnelle : « Je me demande, dit-il, où sont les parents de ces jeunes-là. Il va falloir aussi que les parents et les leaders des communautés s'impliquent partout dans la société. Il va falloir une réflexion et une réévaluation dans l'ensemble de la société sur cette violence, et des prises de position de la part des décideurs. Rien n'est fini, ce n'est pas un portrait très rose » (cité dans Forest et Lamon, 1992). La police n'est pas la seule à s'inquiéter. Les leaders de la communauté, qui sont pris à partie par un peu tout le monde, cherchent également des explications. Un des réflexes est de blâmer des groupuscules de jeunes « malappris » qui « manquent de valeurs sociales » et dont « il faut isoler les délinquants ». On déplore que ces événements ternissent la réputation de l'ensemble de « la communauté noire ». Certains pensent même que « c'est presque trop tard pour régler les choses » *(ibid.)*.

Les événements de la rue Saint-Hubert en 1992 ont notamment eu pour effet de transposer à l'échelle de la société la « crise identitaire » qui frappe une certaine jeunesse haïtienne en mal d'affirmation. Cette réalité ne concerne plus seulement une communauté et ses membres, mais toute la société. Le branle-bas de réflexions et d'actions qu'on observe par la suite a toutefois peu de répercussions à long terme aux dires des principaux intéressés. En effet, si l'on voit affluer de toutes parts les projets qui s'attaquent aux différentes dimensions des problèmes de la jeunesse d'origine haïtienne, plusieurs jeunes des milieux marginaux disent que ces projets ne les préoccupent pas. Ils ont l'impression que ces derniers servent davantage les intérêts d'une classe de leaders vieillissants qui veulent les mettre à l'écart de la communauté. Ces leaders communautaires, pensent-ils, se seraient empressés d'agir dans le seul but de profiter de l'argent que les gouvernements leur offraient. Aussi les jeunes qui se perçoivent comme les boucs émissaires de ce nouvel engouement sociocommunautaire pour les problèmes de la jeunesse haïtienne se sentent rejetés à la lisière de la communauté et de la société. Ni dans l'une ni dans l'autre ils ne se sentent à leur place et acceptés à leur juste valeur. Il est en ce sens symptomatique, croyons-nous, que les bandes de jeunes se multiplient à partir de cette époque au lieu de décroître.

Pendant ce temps aux États-Unis

On ne peut, par ailleurs, comprendre entièrement les « émeutes » de la rue Saint-Hubert sans les replacer dans le contexte de la scène internationale nord-américaine. En avril 1992, la région de Los Angeles est prise d'assaut par les émeutes raciales. L'acquittement des policiers qui ont sauvagement battu un automobiliste noir sous l'œil de la caméra a semé la révolte au sein de la population noire et hispanophone. La tombée du jugement a exacerbé des tensions anciennes entre les représentants de l'ordre et certains groupes de la population. Les gens ont vu dans ce jugement une légitimation de la brutalité policière comme moyen d'appliquer la justice, en particulier dans les quartiers chauds de la ville. Le déclenchement de la révolte a été automatique. Aux premières lignes des émeutiers, on retrouvait plusieurs jeunes membres des gangs de rue. Un grand nombre en ont profité pour régler de vieux comptes entre eux, mais aussi pour tirer profit du chaos qui régnait dans toute la région afin de saccager et de piller des commerces. Certes, les jeunes marginaux n'ont pas été les seuls agitateurs de cette révolte populaire. Par contre, ils étaient probablement plus que les autres conditionnés à se jeter dans la mêlée. En effet, immédiatement après la révélation publique de ce que l'on a appelé l'« affaire Rodney King », un discours clamant la vengeance s'est mis à circuler dans ces milieux.

La chanson *Cop Killer* du chanteur rap Ice T a été vue par plusieurs comme une des bougies d'allumage des émeutes de Los Angeles. Cette chanson explosive est une véritable invitation à tuer un policier. Son refrain ne dit rien de moins que « *Die, die, die, pig, die / Fuck the police for Darryl Gates / Fuck the police for Rodney King / Fuck the police* ». À la suite des émeutes, le président George Bush, le vice-président Dan Quayle et le candidat démocrate à la présidence Bill Clinton ont été parmi les premiers à condamner la musique d'Ice T. Dès son lancement, le disque avait fait l'objet d'un boycott sans équivoque par la droite américaine et par les forces de l'ordre de plusieurs villes. Il faut dire que le chanteur n'y va pas de main morte. « Avant d'amorcer la chanson *Cop Killer,* Ice T [fait] de vive voix un succulent préambule : "Ce disque est dédié à quelques-uns de mes amis personnels : la police de Los Angeles [*sic*]. Il est dédié à tout policier qui a abusé de quelqu'un, en le battant ou le blessant parce qu'il a les cheveux longs, parce qu'il écoute la mauvaise sorte de musique, ou encore parce qu'il n'a pas la couleur appropriée. Pour faire payer tous ces [maudits] policiers, j'aimerais en amener un dans un stationnement et le tirer en pleine figure" (traduction bien sobre de *shoot his mother fuckin' face*) » (Brunet, 1992).

La flambée d'inspiration créatrice des chanteurs rap ne s'est pas éteinte avec la fin des émeutes. En fait, ils ont été nombreux à se servir de ces événements pour faire passer leurs messages de révolte contre le système, tout en continuant à faire l'apologie d'une vie de crime et de dépravation sexuelle. Le rappeur Willie D a même lancé la chanson *Fuck Rodney King*. « Ce dernier rappeur, radical s'il en est un, critique l'auto-mobiliste noir battu sauvagement par quatre policiers de Los Angeles parce qu'il a tenté d'apaiser la foule au plus fort des émeutes sanglantes dans cette ville » *(ibid.)*.

Il est certain qu'un style musical, aussi provocateur soit-il, ne peut être tenu pour seul responsable de l'explosion de violence durant les émeutes de Los Angeles. L'histoire de ces événements est avant tout liée au contexte social et urbain extrêmement tendu qui existait dans cette région entre les différentes couches de la population et les forces de l'ordre. L'affaire Rodney King a été seulement la goutte qui a fait débor-der le vase. Elle a servi ni plus ni moins de justification à l'expression sur la place publique de la colère et de la frustration accumulées depuis plu-sieurs années. L'histoire de ces émeutes est également celle de la mise en scène à la face du monde de la violence des milieux de la rue. Les émeutes ont été jusqu'à un certain point la catharsis de cette violence qui fait rage au quotidien. Or, c'est ce monde de la rue et de violence quotidienne que chante le rap. Les rappeurs sont aujourd'hui les prin-cipaux porte-parole de la jeunesse des ghettos. Leurs chansons agissent un peu comme le cri de ralliement de ces jeunes. Elles légitiment une vision de l'action et de la réalité des jeunes exclus du système dominant. La violence et la criminalité ont été longtemps la voie royale préconisée par les rappeurs pour en finir avec cette exclusion.

Les émeutes de Los Angeles ont fait des vagues à travers toute l'Amé-rique. De petits soulèvements ont eu lieu dans différents coins des États-Unis ainsi qu'à Toronto. Quant aux scènes de violence qui se sont dérou-lées dans la rue Saint-Hubert à Montréal, même si elles ne sont pas structurellement liées au contexte sociopolitique qui est à l'origine des émeutes de Los Angeles, elles ne le sont pas moins liées sur le plan de l'émotion et sur celui de l'expression. Dans le feu de l'action, les prota-gonistes ont été conditionnés par le souvenir récent de ces modèles de révolte spontanée. Durant un moment, ils ont pu s'identifier à cette jeu-nesse des ghettos qui manifeste contre son exclusion et la répression policière. Ils ont veillé à leur manière à affirmer leur différence sur la place publique.

Les modèles d'action de ces jeunes sont les mêmes que ceux de leurs pairs américains. Les images de violence et de provocation du rap font en effet partie de leur univers de référence. Ils se reconnaissent dans cette microculture du monde de la rue, quand ils n'en sont pas carrément des émules. Pour plusieurs jeunes qui ne se sentent à leur place ni dans la société ni dans la communauté, l'identification à l'univers culturel transnational du monde de la rue devient leur principal repère sociopersonnel. Des événements comme ceux de la rue Saint-Hubert ont ainsi pu permettre à certains d'entre eux de « se réaliser » un instant dans le spectacle de l'action.

Les jeunes d'origine afro-antillaise ne sont certes pas les seuls à avoir déjà manifesté par un appel à la révolte leur existence sur la place publique. Les émeutes de jeunes surgissent en effet sporadiquement un peu partout dans les grands centres urbains. Elles font presque partie des événements prévisibles de notre société, même si chaque fois qu'elles arrivent, tout le monde semble surpris. Nous n'avons qu'à nous souvenir des émeutes de la Saint-Jean à Québec en 1996 et 1997, celles des « festivités » de la conquête de la coupe Stanley dans la rue Sainte-Catherine en 1993 ou encore, en mars 1999, de l'émeute contre la brutalité policière au centre-ville de Montréal. Tous ces événements ont fait la une des journaux. Ils ont fait couler l'encre de la plume des éditorialistes qui cherchent toujours à comprendre pourquoi de tels soulèvements de violence se répètent. Mais lors d'aucun de ces événements l'identité des principaux responsables n'a été aussi clairement révélée et prise à partie que lors des émeutes de la Plaza Saint-Hubert. Dans ce cas, l'origine haïtienne des jeunes constituait le dénominateur commun à partir duquel la recherche d'explications débutait. La différence ethnoculturelle était désignée comme partie intégrante du problème. Les événements en cause étaient d'autant plus inexplicables qu'ils étaient extraits d'un contexte sociologique plus large dans lequel nous aurions pu les situer. Ils étaient vus comme des actes de violence gratuits que seuls des délinquants endurcis étaient capables de commettre. Une fois identifiés, les coupables ne pouvaient qu'être condamnés. En cela, il est intéressant de constater que si, lors des émeutes de la place d'Youville à Québec, les jeunes marginaux du centre-ville ont d'abord été reconnus comme les principaux instigateurs, par la suite toutes les explications ont ciblé une poignée de jeunes individus venant de l'extérieur de la ville. Finalement, c'était toute la jeunesse — marginale — qui était responsable, et non un seul groupe de jeunes en particulier. Cela n'a jamais été le cas des événements de la rue Saint-Hubert, qui restent à jamais gravés dans la mémoire collective comme étant la faute des « jeunes Haïtiens ».

Il existe plusieurs jeunesses et le traitement que la société réserve à chacune d'elles varie, entre autres, en fonction de son étrangeté. Ce qui est loin de nous ou ce que l'on connaît mal fait toujours plus peur que ce qui est familier. Il est toujours plus facile, en fin de compte, de jeter un blâme sur une personne qui est différente et dont on se méfie par méconnaissance. Lors des émeutes de la rue Saint-Hubert, la différence ethnoculturelle des jeunes identifiés comme étant les fauteurs de troubles allait accroître l'incompréhension. Les événements étaient d'autant plus incompréhensibles que l'on découvrait presque du même coup l'existence d'un pan entier de la jeunesse québécoise que l'on feignait jusque-là d'ignorer en parlant de lui strictement comme des jeunes Haïtiens, c'est-à-dire des jeunes étrangers. La médiatisation à outrance de ces émeutes et de la recherche d'explications aura au moins eu l'avantage de nous faire découvrir que les problèmes que vivent ces jeunes sont aussi des problèmes de notre société. Ces jeunes sont « étrangers » parce qu'on les connaît mal et non pas parce qu'ils vivent ailleurs. Le malaise de ces jeunes est également le malaise de notre société.

Des modèles américains

Au quotidien, les modèles identificatoires des jeunes sont très diversifiés. Il existe dans la société des modèles généraux qui sont partagés ou du moins connus par la majorité des jeunes et des modèles qui sont spécifiques de certains groupes de jeunes, modèles qui les distinguent en fait de leurs pairs ou des autres groupes de la société. Les tendances de la mode font partie de ces modèles spécifiques qui servent à distinguer les groupes de jeunes entre eux. Ces tendances ne sont pas fixées à jamais et varient constamment en fonction des influences du temps présent. Nous avons vu précédemment que c'est surtout dans les années 1950 que les cultures des jeunes commencent en Amérique à rompre avec l'orthodoxie des valeurs anciennes et à se détacher du giron culturel de l'univers des adultes. C'est à partir de cette époque également que les traits des cultures des jeunes se transforment en de véritables produits de consommation. La jeunesse devient même un des principaux étendards de cette nouvelle société de consommation.

Dans les années 1950, les modèles culturels de la jeunesse noire américaine sont très influencés par l'ensemble du mouvement de lutte sociale et politique pour la reconnaissance des droits civiques des Noirs. La conscience raciale et culturelle fait partie intégrante de l'affirmation identitaire de cette jeunesse, peu importent les milieux auxquels elle appartient. À l'avant-scène du mouvement de lutte pour la reconnaissance des droits civiques, il y a à l'époque plusieurs leaders charismatiques qui servent de modèles. Martin Luther King et Malcolm X, pour ne nommer que les plus connus, sont au nombre de ces chefs de file qui guident les actions de la jeunesse noire durant ces années. Sur la scène locale, d'autres figures de proue (souvent les leaders des lieux de culte) incarnent au quotidien le leadership de ce mouvement de contestation sociale et d'affirmation identitaire. Dans la foulée de la reconnaissance politique des droits civiques des Noirs américains en 1964, le mouvement *Black is beautiful* connaît une expansion fulgurante au sein de la société. D'une part, le nouveau statut accordé aux personnes noires déplaît à une certaine partie de la population ; d'autre part, les gains obtenus lors de la signature de la loi sur les droits civiques sont jugés insuffisants par la majorité des principaux intéressés.

Les luttes raciales se radicalisent après les assassinats de Malcolm X en 1965 et de Martin Luther King en 1968. La disparition de ces modèles charismatiques donne un nouvel élan à l'action politique de factions extrémistes comme les Black Panthers. La violence est alors perçue par plusieurs comme l'unique moyen pour le peuple noir américain d'acquérir son indépendance. Plusieurs pans de la jeunesse noire en Amérique, ainsi qu'au Québec, comme nous l'avons vu, s'identifient aux actions de ce nouveau terrorisme urbain. Sans être des membres en règle de ces organisations clandestines, plusieurs jeunes s'inspirent de ce « pouvoir noir » pour légitimer le radicalisme de leurs revendications ou pour expliquer leurs propres actes de violence dirigés, soi-disant, contre le « système blanc ».

À la fin des années 1960, deux tendances extrêmes issues des mouvements d'affirmation identitaire de la jeunesse noire se répandent dans la société américaine. D'un côté, il y a le mouvement *Black is beautiful* qui favorise une démocratisation de la mode « afro » au sein de plusieurs groupes (de jeunes) de la population : nous pensons ici non seulement à la coupe de cheveux du même nom mais aussi à un ensemble de pratiques culturelles — vêtements, musique, danse, démarche, langage, etc. — qui, une fois récupérées, peuvent être converties en autant de biens de consommation de masse. De l'autre, on observe un durcissement des démonstrations de violence. Cela va des agressions armées aux actions de désobéissance civile. Le geste du Black Power lors des Jeux olympiques de Mexico en 1968 sert de tribune internationale à l'expression de la révolte qui anime la jeunesse noire américaine. L'image des trois athlètes noirs américains sur le podium, avec le poing ganté rivé vers le ciel, alors que l'on joue l'hymne national de leur pays devient un des symboles les plus percutants de cette violence sociale et de la volonté d'affirmation de la jeunesse noire.

Durant les années 1970, les valeurs pacifistes du mouvement *Black is beautiful* continuent à cohabiter au sein de la société américaine avec l'appel à la violence des groupes extrémistes. L'émancipation du peuple noir constitue une lente marche vers le *mainstream* social ; par contre, elle ne peut se réaliser sans une rupture radicale avec les institutions en place. À un extrême, il s'agit de diluer les différences dans la masse anonyme du melting-pot américain ; à l'autre extrême, il s'agit d'affirmer l'autonomie sociale et culturelle de la vie des ghettos. Encore aujourd'hui, les tiraillements entre ces deux extrêmes sont décelables dans la dynamique d'action des jeunesses noires et immigrantes non seulement en Amérique, mais aussi ailleurs. Le dilemme est de savoir s'il faut s'affirmer en devenant un citoyen pareil aux autres ou si l'affirmation de son identité implique à tout prix la reconnaissance de son droit à la différence. Dans le cas des jeunes des ghettos, la question ne se pose même pas puisque leur exclusion du système dominant semble acquise à tout jamais.

C'est dans un tel contexte de valorisation de sa différence que va apparaître dans les ghettos américains à la fin des années 1970 le premier embryon social de la culture musicale rap. En juillet 1976, dans le Bronx, à New York, « la communauté prépare une *block party* ».

> Le principe est simple : on ferme les deux côtés de la rue avec des barrières et un service de sécurité, on branche les éclairages et la sono sur un lampadaire dont on détourne le courant, et on fait payer un faible droit d'entrée pour que les gens du quartier viennent faire la fête, loin des lumières de la ville. Le DJ arrive : c'est le personnage clé, le héros de la nuit. [...] Pour animer la soirée, il est accompagné d'un MC, le

« maître de cérémonie », celui qui, avec son micro, va accompagner le programme du DJ. Son rôle ? Balancer quelques mots d'encouragement, exhorter la foule à danser. En cette période où la disco inonde les ondes de la FM américaine et se déverse sur les enceintes des clubs branchés de Manhattan, les ghettos noirs inventent une autre musique. Le DJ, qui connaît son public, s'est aperçu depuis longtemps que ce qui faisait vibrer la foule, c'était le *break,* le passage rythmique où tout disparaît au bénéfice du *beat,* du tempo nu. […] Le DJ réinvente les morceaux en mixant ces *breaks* entre eux afin de garder les danseurs sous pression. L'espace sonore libéré, le MC en profite pour étoffer ses interventions. Bientôt, ce ne sont plus de simples onomatopées, mais des textes rimés (Cachin, 1996 : 14-16).

Une nouvelle culture de la rue est née. Elle puise ses influences dans la contestation raciale mais aussi dans les *sound systems* jamaïcains. « En Jamaïque, la musique se colporte avec ces discomobiles aux haut-parleurs énormes qui, d'un bout à l'autre de l'île, jouent et font circuler les tubes reggae du moment. Depuis les années 1960, les *sound systems* inondent la Jamaïque, et des *toasters* s'emparent du micro pour raconter des histoires sur fond de faces B […] Le parallèle avec les *blocks parties* new-yorkaises qui ont marqué les débuts du rap est évident », sans compter que « les premiers DJ stars américains » étaient d'origine jamaïcaine (*ibid.* : 17).

Le rap est une sous-division de ce que l'on désigne comme le hip-hop, un mode de vie dont la musique est la partie émergée de l'iceberg. En plus des DJ, qui fournissent les musiques, et des MC, qui débitent des textes, le hip-hop regroupe des disciplines comme la danse — le breakdance — ou la peinture — le graffiti ou le tag. Sans oublier un code vestimentaire qui a essaimé dans le monde entier, les casquettes et les vêtements de sport devant une bonne part de leur popularité aux rappeurs et à tous les acteurs de l'univers hip-hop (*ibid.* : 21-22).

Les textes des premiers disques de rap sont plutôt anecdotiques. Ils « occupent l'espace avec des rimes matérialistes *(J'ai des chaînes en or, des costumes en cuir, beaucoup d'argent et des filles à la pelle)* ou vantardes *(Je suis le meilleur rapper, j'écrase la concurrence, mon style est unique)* » (*ibid.* : 24). En 1980, on voit apparaître les premiers exemples d'un « rap militant, politiquement engagé ». Les textes sont en « porte-à-faux avec les raps joyeux et insouciants des groupes qui commencent à se faire un nom ». « Le Ku Ku Klan est sur le toit/Apprenant à ses enfants à se servir d'une mitrailleuse », chante alors le MC Brother D. La détérioration des conditions de vie dans les ghettos et l'exclusion de plus en plus accentuée des populations marginales durant l'ère Reagan contribuent à la radicalisation du phénomène rap. Boycottée par la plupart des chaînes de radio, la musique rap n'en devient pas moins une gigantesque industrie. Les jeunes rappeurs se font les producteurs de leur musique et en viennent à brasser des millions. New York est à l'époque la capitale de cette nouvelle musique. Les tentatives de récupération commerciale du phénomène rap ne résistent pas à la percée d'un style de rap toujours de plus en plus revendicateur qui raconte le côté sinistre du monde de la rue. La drogue — le crack —, la violence et la vie criminelle constituent des thèmes récurrents de ce rap au dessein toujours plus radical. Le style de vie de plusieurs rappers est associé à cet univers de violence et de criminalité. Ils seront nombreux à être arrêtés pour possession de crack ou pour crimes violents. Les nouveaux héros du rap connaissent une mort prédestinée en tombant sous le feu des balles.

Les années 1990 ont été marquées par l'avènement du gansta rap. Ce nouveau courant, qui marque la radicalisation extrême du rap, est venu de l'autre côté des États-Unis, soit des quartiers chauds de Compton et South Central, à Los Angeles. Une des chansons éponymes de ce nouveau courant est *Gansta Gansta* du groupe NWA. Celle-ci ne dit rien de moins que ceci : « Prendre une vie ou deux, c'est bien ce que je fais / T'aimes pas comment je vis ? Alors, va te faire foutre / C'est une gang, et j'en fais partie […] / Est-ce que j'ai l'air d'un modèle à suivre ? / Pour un jeune qui me respecte / La vie est rien d'autre que des garces et de l'argent ». Un des détonateurs pour le groupe NWA fut « la chanson-scandale *Fuck tha Police,* où les rappeurs s'attaquent verbalement aux forces de l'ordre, qui accumulent les bavures et les délits de faciès dans les quartiers noirs, par ailleurs sans cesse survolés d'une nuée d'hélicoptères munis de phares puissants. L'ambiance de chaos et de guerre civile qui hante les morceaux de NWA […] révèle la face sombre et ultra-violente de l'Amérique noire » (Cachin, 1996 : 52-53).

Le gansta rap est né, et les récits de *drive by shootings* (assassinats de gangsters rivaux à l'arme automatique depuis une voiture) ou de deals dans les rues délabrées de Compton vont devenir la nouvelle norme d'un rap musicalement plus mélodique et accessible que celui de New York, mais lyriquement plus menaçant (*ibid.* : 52).

Le phénomène social du gansta rap a connu son apogée avec les émeutes de Los Angeles en avril 1992. Au lendemain de ces événements, les gangs de la ville ont signé une trêve éphémère, symbolisée par l'enregistrement d'un disque « où figurent des rappers *bloods* et *crips,* des deux grands gangs rivaux » (*ibid.* : 53).

Par opposition à ce rap radical qui fait l'apologie de la violence comme seul moyen d'affirmation sociale, un autre rap, prêchant celui-ci la non-violence, commence à se faire entendre et à gagner des adeptes dans les milieux noirs. Déjà, en 1989, un collectif de rappeurs réuni sous la bannière du Stop the Violence Movement publiait un livre intitulé *Overcoming Self-destruction* après qu'un concert à Long Island eut viré à l'émeute (*ibid.* : 45). Au Québec, les principaux groupes commerciaux de rap ont pris ce tournant non violent. En outre, ce rap se fait de plus en plus en français. Or, jusqu'à tout récemment, les groupes de rap québécois, pour la plupart des amateurs, chantaient presque exclusivement en anglais et reprenaient les mêmes thèmes de violence calqués sur la vie des ghettos américains. Le phénomène de la récupération commerciale du rap n'est pas étranger à l'expansion de ce nouveau courant qui préconise une attitude pacifiste et responsable de la part des jeunes de toutes origines. L'explosion commerciale de ce rap aux desseins non violents s'inscrit par ailleurs dans le contexte d'une réaction aux différentes émeutes de 1992 dont les jeunes Noirs et les gangs des ghettos ont été désignés comme étant les principaux instigateurs.

Au Québec comme aux États-Unis

L'évolution des styles et des tendances qui servent de modèles à la jeunesse noire du Québec est étroitement liée à ce qui se passe aux États-Unis. À vrai dire, les modèles noirs typiquement québécois n'existaient pas, ou du moins n'étaient pas reconnus par les jeunes, il y a encore quelques années à peine. Le milieu des années 1990 constitue en cela un point tournant avec la reconnaissance sur la scène publique québécoise de plusieurs jeunes célébrités de la diaspora africaine dont la majorité est d'origine haïtienne. Cette reconnaissance sociale représente en soi un pas important dans la promotion de nouveaux modèles significatifs auxquels les jeunes Noirs peuvent s'identifier. La consécration internationale de ces jeunes issus de la diaspora africaine n'est certainement pas étrangère à leur passage subit au rang de vedettes locales québécoises.

Le phénomène est toutefois nouveau, car l'identité sociale et ethnoculturelle de ces vedettes locales a toujours posé problème aux yeux de la majorité de la jeunesse noire. Plusieurs leur reprochaient soit d'agir en Blancs en allant même jusqu'à ridiculiser les Noirs, soit de ne pas être de vrais Noirs mais plutôt des mulâtres, soit d'être considérés comme des Québécois ou des Canadiens quand les choses allaient bien et de redevenir des Jamaïcains ou des Haïtiens quand les choses se gâtaient. Bref, leur identité raciale ou ethnoculturelle était loin de faire l'unanimité. De plus, pour plusieurs jeunes d'origine haïtienne, l'identification à des modèles d'émulation haïtiens a été longtemps embrouillée par les images presque exclusivement négatives qui étaient diffusées sur Haïti et sur leur communauté. Il n'était pas rare qu'un jeune s'identifie à une autre nationalité que la sienne pour éviter d'être associé aux aspects négatifs de son identité d'origine. Nous connaissons ainsi plusieurs jeunes Haïtiens qui ont préféré se construire un réseau social anglophone pour éviter justement d'être identifiés à leur pays d'origine.

À vrai dire, les jeunes Noirs ne faisaient pas vraiment d'efforts pour chercher des modèles québécois, puisqu'ils trouvaient tous les « héros » qu'ils voulaient chez nos voisins américains. L'espace médiatique québécois est branché sur les États-Unis. La télévision, les journaux et le cinéma fourmillent de vedettes noires américaines auxquelles les jeunes d'ici s'identifient. La réussite sociale de ces célébrités est d'ailleurs sans commune mesure avec celle des vedettes locales du Québec. Les jeunes n'ont qu'à syntoniser une chaîne de télévision anglophone pour regarder des émissions où les personnes noires sont les principales vedettes. Des feuilletons entiers, des *sitcoms* sont consacrés à la vie de familles noires bourgeoises et de leurs enfants. Pendant ce temps, au Québec, les personnages noirs dans les feuilletons sont presque toujours à l'arrière-plan, sinon associés à des stéréotypes humiliants pour les gens de ces communautés. Il est facile de comprendre pourquoi les modèles d'émulation des jeunes Noirs du Québec sont américains. Deux types principaux de modèles se dégagent, lesquels représentent chacun à leur manière la réussite sociale. Le premier type de modèle est celui de la vedette sportive ou artistique. En tête de liste arrivent les multimillionnaires du basket-ball qui est le sport de prédilection de cette jeunesse noire. La faible diffusion de ce sport au Québec est d'ailleurs vue par plusieurs jeunes talentueux comme un obstacle à leur plan de carrière à titre de joueurs professionnels. L'image de la vedette constitue essentiellement un modèle d'intégration positive qui s'affirme à l'avant-scène du *mainstream* social. Il s'agit d'un modèle rêvé — *l'American dream* — qui s'ennoblit de la fascination qu'exerce la vie de vedette.

L'autre type de modèle qui gagne dans les années 1980 certaines factions de la jeunesse noire est celui du gangster-héros. Il s'agit d'un modèle fortement inspiré par les images que véhiculent les médias préférés des jeunes, soit la musique (le rap), les clips et le cinéma (la vidéo). Ce modèle du gangster-héros est un autre type de *success story* au dénouement souvent tragique mais valorisé. Cette histoire est celle du petit gars du ghetto qui parvient à sortir de la misère en devenant une personne à la fois enviée et crainte dans son milieu. Il vit dans la luxure et a un accès en apparence illimité aux biens de consommation qui constituent autant de preuves de sa réussite. Mais, par dessus-tout, il a ce qui lui manquait le plus lorsqu'il était pauvre, soit le respect. Le gangster-héros du ghetto vit dans un monde de violence et il s'impose dans celui-ci comme une figure dominante. Son destin est de mourir dangereusement de toute façon, aussi est-il préférable qu'il prenne lui-même les rênes de celui-ci. Ce nouveau héros a également une image d'invincibilité. Il essuiera plusieurs coups très graves avant de tomber, si jamais il tombe. Les armes à feu représentent le symbole de la puissance dans cet univers de violence. Ils sont des instruments indispensables pour acquérir le respect de sa personne au sein du milieu de la rue. Sans sa bande et son revolver, le gangster-héros du ghetto n'est plus rien.

La figure du gangster-héros auquel s'identifient certains jeunes est un modèle aussi bien de réussite que de contestation de l'ordre établi. Choisir la voie du crime, c'est s'en prendre directement au système social qui nous rejette. Le gangster du ghetto adhère aux valeurs de la société de consommation, sauf qu'il cherche à déjouer les façons conventionnelles de s'en procurer les biens. Il sait qu'il n'a pas d'autre choix. Le système l'a condamné au bas de l'échelle sociale et il doit aller à l'encontre de celui-ci s'il veut se hisser dans la pyramide du pouvoir, d'où l'importance qu'il accorde à l'exhibition des signes de richesse qui prouvent aux yeux de tous qu'il a réussi à s'affranchir du destin que lui réservait la société. Les breloques en or, les vêtements griffés, les voitures de luxe sont autant de démonstrations qu'il n'est plus un valet du système mais un « prince ». Du petit vaurien qu'il était, il est devenu un caïd du quartier craint et respecté.

Même si le modèle du gangster-héros est avant tout un modèle d'action, il n'en constitue pas moins une abstraction de la réalité que s'amusent à copier certains jeunes. Il favorise un style de comportement que les jeunes simulent à leur façon. Comme tout modèle, il implique une distance entre la représentation et la pratique. Dans ce cas-ci, il possède de plus une part d'irréalité qui le relie à l'univers médiatique duquel il a émergé. Jouer aux durs, jouer aux gangsters, c'est un peu comme jouer à la vedette. Un jeu auquel plusieurs n'hésiteront pas à jouer pour de vrai.

Le modèle de la vedette (sportive ou artistique) et celui du gangster ont en commun d'être de type compétitif. Ce sont des modèles de réussite et de réalisation qui impliquent un surpassement de soi au sein des systèmes de compétition que sont le *star-system* et le crime organisé. Les bandes de jeunes sont un peu comme des équipes sportives qui se disputent un championnat. L'enjeu de ces luttes est le pouvoir et le respect, l'un n'allant pas sans l'autre. Chaque équipe porte ses couleurs et s'identifie à un territoire. Les membres ont des rôles précis à jouer et des positions à tenir. En fait, la principale différence entre l'esprit de la bande et celui du sport, c'est que, dans le premier cas, lorsqu'on est mort ou éliminé, on ne peut plus jamais jouer. Pour sa part, le héros sportif renaît à chaque partie, peu importe le résultat de la veille.

La figure du jeune gangster-héros des ghettos emprunte également beaucoup aux modèles sportifs. Les pièces de l'habillement (les baskets, la casquette, le pantalon, le paletot, etc.) sont presque toutes des pièces de tenue sportive. On porte cependant cet habillement de façon nonchalante, comme si l'on était sur la touche ou que l'on venait de passer une rude épreuve. On porte également des vêtements amples qui ne sont pas sans rappeler la tenue de certains prisonniers, vêtements qui ont aussi l'avantage de faciliter la dissimulation autant de sa personne que d'un objet tel qu'une arme. L'idée de la feinte et de la menace est un attribut important du costume que revêtent les jeunes des bandes, qui jouent en quelque sorte le rôle du gangster. Parce que, avant d'être des criminels, ils ont tous un peu joué à les imiter.

Le style bad

Le modèle de la gang, c'est d'abord un style de comportement. Jouer aux gars et aux filles de gang aujourd'hui, cela signifie adopter une certaine façon de bouger, de s'habiller, de parler et de se tenir en groupe. Il y a les « min » et les « wannabe » *(I want to be)*; ceux qui servent d'exemple et ceux qui les copient. Mais par leur style « bad », les jeunes des bandes cherchent d'abord à impressionner. Le plus souvent, au départ, il s'agit d'une histoire de séduction et d'affirmation de son identité entre pairs plutôt que d'une histoire de criminalité. Plusieurs filles nous ont avoué être charmées, voire fascinées, par le style de leurs pairs masculins ou le style bad tout court. Une jeune fille de 14 ans nous a expliqué qu'il n'est pas facile de distinguer juste par sa démarche un membre d'une gang des autres jeunes qui lui ressemblent.

Tu peux pas dire vraiment comme ça [juste en le voyant marcher s'il fait partie d'une gang.] *À part si tu connais la personne, mais tu peux pas dire comme ça, mais moi… des fois quand je doute, parce que des fois là, ils se promènent tout le temps avec quelque chose sur eux. Soit que tu vois qu'ils sont de même. Avec leurs mains toujours en dedans, ou bien soit que tu vois ils marchent tout le temps croche là. Ça m'énerve quand je vois les gars marcher. Ils marchent puis le pied en l'air puis ah… on dirait qu'ils dansent, mais… je les regarde marcher, puis on dirait qu'il y a quelque chose de lourd, je suis sûre que c'est leur 12 ou bien je sais pas quoi. Je suis sûre qu'ils ont quelque chose. Puis… moi des fois c'est comme ça que je le remarque. T'sais le gars est de même, puis il marche tout le temps de même, t'sais. Tout le temps, tout le temps, ça m'énerve. Je comprends pas comment ça se fait que quand j'étais petite, je marchais de même. J'étais en quatrième, non en cinquième année, puis… à cause que les gars commençaient à marcher de même, je marchais de même aussi. Maintenant moi je marche comme ça, mais ça dépend comment je…* [elle se lève et fait quelques pas] *comme là je te le dis, je marche normalement. Je te le jure. Je te le jure, je vais marcher d'une façon convenable, t'sais je vais pas marcher t'sais trop exagéré là. Je suis pas en parade de mode t'sais.*

Une jeune fille de 15 ans nous raconte qu'elle était attirée par les Bad Boys et qu'elle a été fière à une certaine époque d'être elle-même une Bad Girl.

Comme [en ce moment] *j'essaie de m'éloigner, mais l'année passée, ça m'intéressait vraiment* [les gangs]. *T'sais c'était comme… c'est encore comme ça. Quand je vois quelqu'un qui a une allure un petit peu bad, t'sais je fais hou! Là je suis tout intéressée. Sauf que je le sais que la plupart du temps le monde qui ont l'allure bad, en tout cas, tous ceux que j'ai connus qui avaient une allure bad, ils faisaient des affaires croches. Vendre de la drogue, des choses comme ça. C'est pas toujours… vrai que la personne fait du mal… t'sais qu'elle va mal te traiter. Comme les gars de Bad Boys, ils étaient super gentils avec moi. Sauf que peut-être qu'ils voulaient m'initier à la prostitution. T'sais moi je m'en suis sortie. Puis j'ai pas eu le choix, parce que c'est mon centre d'accueil qui m'ont obligée à… arrêter de les voir ou m'empêcher de sortir pendant X temps là. Puis… je leur en suis tout le temps reconnaissante, parce que peut-être que maintenant je ferais le trottoir ou que je serais droguée à mort t'sais.*

Elle poursuit plus loin :

Peut-être que les territoires vont encore se diviser en plus petits. Alors il va avoir encore plus de gangs peut-être ou je sais pas. Je sais pas. Je sais pas. Ça c'est leur mentalité. Moi je suis pas dans cette mentalité-là. Puis comme j'ai déjà été en dedans… tout le monde me dit que j'ai changé en bien. Que j'ai pris de la maturité. Que j'ai ci, que j'ai ça. Mais moi j'ai pas vraiment vu de diffraction à part que… avant je passais, là j'étais là : « Viens là! Nous on est bad! On est min! On est ci, on est ça. » J'étais fière d'être une petite Bad Girl, puis de me tenir avec des Bad Girls. Puis d'être backée, si j'avais des problèmes… j'avais juste à aller chercher mes gars, puis ils allaient le faire pour moi. Maintenant je suis plus comme ça. Je me tiens… pas avec du monde à problème. Normalement j'ai moins de problèmes qui m'arrivent, fait que j'ai pas besoin de monde à problèmes pour venir me défendre contre les problèmes que les autres [m'ont créés].

Un garçon de 16 ans parle également de l'importance de l'image que procure la gang. Il prétend aussi qu'il peut reconnaître un gars de gang à sa seule façon de marcher.

[Les gangs, c'est] pour se faire reconnaître. Pour avoir une image t'sais. Puis maintenant je vois que j'avais pas besoin de ce qui m'arrive là. Mais quand je regarde, ma gang m'a aidé un peu. […] T'sais comme moi je reconnais facilement [un gars de gang]. T'sais, une personne qui marche comme ça. Je pense pas [qu'une personne qui sait pas] qu'elle va facilement [la] reconnaître. Moi je vais dire « lui c'est une gang ». Un gars de la gang, t'sais, c'est pas facile. Mais pour moi, comme j'ai vécu avec eux, je connais plus facilement ça.

Mais il ne faut pas toujours se fier aux apparences, nous dit une jeune fille de 15 ans en parlant d'elle et de ses ambitions futures.

Moi je veux finir mon secondaire. Puis je vais essayer de prendre un autre cours de Maths 536, pour… être meilleure, puis après ça je vais aller au cégep, juste le temps qu'il me faut pour faire mon droit. Mais à l'école là, qu'est-ce que j'aime le plus. Genre mettons qu'on parle des gangs, juste pour mettre le sujet là, parce que comme on dit là, pour les gangs, le monde quand ils voient les gangs [y s'imagine des choses]. *T'sais genre, moi j'aime ça m'habiller comme ça. Mais ça veut pas dire que je suis dans une gang.* […] *Mettons qu'on voit une fille là… qui est habillée comme ça, t'sais tu vas dire automatiquement:* « Ah c'est une Bad Girl », *puis toute. Mais moi ce que j'aime là, ce que j'aime c'est donner… comme cette image là, c'est comme, genre, je mets mes gros running shoes Nike avec mes pantalons, t'sais en plastique, mon gros chandail, ma casquette toute, puis j'aime ça. Là je marche dans la rue, le monde ils font:* « Hein, as-tu vu? » *t'sais. Moi je dis pas que j'aime pas ça, mais t'sais là le monde ils se font comme* [des idées sur mon compte]. *Mais là t'sais ils me voient entrer sur les bancs de l'école, t'sais. Fait que ça leur fait comme hein? T'sais parce que le monde y pensent… c'est ça, le monde y pensent… que tous ceux… qui sont, mettons, qui sont habillés d'une telle façon.* [Ils les] *identifient à telle chose, genre, qu'ils vont pas à l'école. Mais c'est ça que je veux enlever. T'sais, c'est pas parce que tu t'habilles d'une telle façon, c'est pas parce que tu écoutes telle musique que t'as pas de but dans la vie. T'sais moi j'en ai un but de la vie. Je veux aller à l'école. J'aime ça l'école. T'sais puis ça m'empêche pas nécessairement d'aimer ce genre de musique là.*

Une fille de 16 ans nous rappelle, quant à elle, que l'on entre dans la gang d'abord pour faire partie d'un groupe et non pas parce que l'on veut faire des activités criminelles. Même si, un jour ou l'autre, on n'y échappe pas :

Quand quelqu'un va dans une gang, je pense pas qu'il pense aux actes criminels. Surtout il pense à une appartenance à un groupe, puis de se penser… heu… tough parce que je suis dans une gang. Pour avoir du support, du backing d'une certaine façon. Pour se défendre de situations quelconques. C'est sûr qu'ils pensent pas aux actes criminels. Mais c'est sûr qu'il y aura des actes criminels à faire. Pour que tu entres, l'initiation, dans la gang, il y a des choses que tu dois faire. Parce qu'une gang ça marche pas sans argent, sans drogue. Heu ces choses-là. C'est sûr qu'il y a toujours des actes criminels qui vont revenir. Mais la personne qui entre là-dedans, la première fois, la deuxième semaine, la troisième semaine, elle pense pas à ça. C'est après, au bout du compte, [que tu] oublies la situation, que tu commences à voir, hey wo! ça commence à être grave. Mais quand tu t'en vas dans une gang, la plupart du temps tu peux plus en sortir. Tu joues à une espèce de jeu. Ils te font faire des choses en premier, sans mal, sans t'en apercevoir. Puis toi si tu veux sortir, ils vont te dénoncer. T'as pas le choix. D'habitude le monde qui entre dans une gang, c'est volontaire. Ils te forcent jamais. Mais comme je te dis, tu penses jamais aux négatifs qui vont venir.

C'est cette « espèce de jeu » qu'est la gang que nous allons tout au long de cet ouvrage chercher à mieux comprendre. Il importe en fait de replacer ce jeu dans son contexte. Aussi faut-il distinguer entre le style proprement dit de la gang et les actes criminels que celle-ci peut commettre. Aux dires des jeunes eux-mêmes, il semble qu'ils sont d'abord plus attirés par le style particulier — c'est-à-dire bad — de la gang et par l'espace à la fois de protection et de socialisation qu'elle constitue que par la criminalité qui y est rattachée.

Nous conclurons cette section sur les styles et les modèles qui stimulent les jeunes à faire partie de gangs de rue ou à imiter leurs pairs des gangs de rue en ajoutant un mot sur la dimension transnationale des microcultures des jeunes.

La dimension transnationale des microcultures de la jeunesse noire

Le style bad et le modèle du gangster-héros ne sont que des exemples d'influence parmi les plus prisés par les jeunes d'origine afro-antillaise des milieux marginaux. Ces modèles ou ces styles ne se trouvent cependant pas seulement dans ces groupes marginaux, étant répandus dans la jeunesse noire en particulier ; ils sont aussi adoptés par la jeunesse en général de toutes les origines. Nous avons brossé à gros traits un tableau de certains modèles d'émulation à caractère marginal des jeunes Noirs en Amérique du Nord, le Québec inclus. Certes, il existe d'autres modèles que ceux dont nous avons parlé, mais ils ne sont pas prédominants. Notre intention était moins de présenter un éventail exhaustif de ces modèles que de les situer dans leur contexte.

Les réalités des jeunes Noirs du Québec sont branchées sur celles de leurs pairs américains. Nous avons dit en parlant des jeunes d'origine haïtienne à Montréal qu'ils étaient encore, jusqu'à tout récemment, peu enclins à s'identifier spontanément à des modèles haïtiens. Nous devrions préciser qu'il s'agit de modèles contemporains, car parmi les jeunes qui connaissent l'histoire d'Haïti, nombreux sont ceux qui trouvent une source d'inspiration chez les bâtisseurs de l'indépendance politique de ce pays. Toutefois, la plupart de ces jeunes ne sont pas très fiers des images de violence et de pauvreté que l'on véhicule sur Haïti. Pour contrer ces images négatives, plusieurs ont cru important de nous souligner qu'il y avait aussi des riches en Haïti, des quartiers chic et des coins de pays enchanteurs. Ainsi, comme on le verra plus loin, la « fierté haïtienne » s'exprime, dans la bouche de la majorité de ces jeunes, tel un slogan publicitaire qui se sert d'une image (ou d'un contenant) sans vraiment renvoyer à ce qu'elle signifie ou à son contenu. Cette fierté n'en est pas moins réelle. Des choses se sont passées depuis l'époque où des jeunes préféraient mentir sur leurs origines pour ne pas se sentir dévalorisés. Parmi celles-ci, mentionnons l'apport de la dimension transnationale des modèles des jeunes qui se mêle dans le cas présent aux réalités de la diaspora haïtienne. Les nouveaux modèles qui font la fierté internationale des jeunes d'origine haïtienne ne proviennent pas d'Haïti mais de la diaspora, qui est devenue au point de vue du poids politique le dixième département de ce pays.

L'émergence sur la scène mondiale d'un « groupe américain » composé en majorité d'artistes originaires d'Haïti, tels que les Fugees, a agi chez plusieurs jeunes comme un stimulant pour la reconnaissance pleine et entière de leur identité d'origine. La fierté haïtienne des jeunes est un peu à l'image de cette consécration internationale. Ces nouvelles vedettes font le pont entre la réalité du jeune en contexte d'immigration et le rappel positif de ses origines. Elles apportent de la profondeur à un sentiment d'appartenance habituellement vidé de son sens. Cette profondeur est donnée par la dimension transnationale des cultures des jeunes. Elle s'articule dans le cas des jeunes Haïtiens avec les réseaux étendus de la diaspora. Cette nouvelle fierté haïtienne permettra aux jeunes de renouer sans honte avec les styles musicaux de leur pays, notamment le *compas*. Cette musique qu'ils associaient auparavant à leurs parents (mais qu'ils écoutaient quand même sans trop l'avouer) fait aujourd'hui partie de leur discographie. Elle pourra se faire entendre dans les fêtes entre une chanson rap et une chanson reggae.

On ne peut comprendre l'espace identitaire sociopersonnel des jeunes d'aujourd'hui sans tenir compte de la profondeur apportée par le caractère transnational des cultures des jeunes. Cette profondeur se déploie en partie ou en totalité par rapport à l'horizon géoculturel des fondations identitaires. C'est dans l'articulation de cet horizon et de cette profondeur que se découvre la « verticalité stratifiée » de l'espace identitaire sociopersonnel. Cette verticalité fait référence, dans notre schématisation, à un ordre d'importance variable en fonction des différents statuts qui régissent les processus personnels d'identification multiple au sein d'une société complexe comme le Québec. La relativité des points de repère au sein de l'espace identitaire sociopersonnel est telle que celui-ci se modifie constamment selon les situations et les données temporelles. La dimension personnelle de cet espace identitaire implique, par ailleurs, une certaine autonomie entre les différents espaces, tandis que la dimension sociale et culturelle implique pour sa part une certaine interdépendance (synchronique et diachronique) entre ces mêmes espaces.

Notre présentation s'est délibérément centrée sur les formes extrêmes des modèles qui dynamisent l'espace identitaire des jeunes d'origine afro-antillaise des milieux marginaux à Montréal. Entre ces formes extrêmes, il existe d'autres modèles qui jouent également un rôle déterminant. En fait, la logique intrinsèque de ces différents espaces est animée par les tiraillements entre plusieurs pôles de référence, dont certains peuvent se situer à la marge et d'autres, plus au centre. Chez la plupart des gens, la « géométrie variable » de leur identité sociopersonnelle procède par un équilibrage entre ces différents pôles de référence. Des influences déviantes sur le plan des comportements peuvent par exemple être tempérées par des modèles plus conformistes. Les lignes de conduite morale varient d'une personne à l'autre en fonction entre autres des ancrages normatifs des modèles de référence. Un homme peut être un « bandit » dans la société et agir à la maison en père de famille « exemplaire » qui se soucie des traditions.

Les modèles des jeunes sont à un moment ancrés dans la tradition et à un autre branchés sur la vie actuelle. Ils sont rarement tout à fait déviants ni tout à fait conformistes. L'espace identitaire est peuplé de ces différents modèles qui orientent les comportements et qui semblent parfois s'opposer les uns aux autres. La dynamique de ces différents modèles est aussi constituée autour de ces oppositions. Du moins, c'est le propre des courants de la mode chez les jeunes de se départager entre eux par rapport aux signes qui les opposent et qu'ils ont hérités de leurs prédécesseurs. Nous ne pouvons pas, par exemple, comprendre le point de passage entre le rap violent et le rap non violent sans nous replacer dans le contexte qui annonce la « génération X » et la montée de l'islamisme chez les jeunes Noirs en Amérique.

Malcolm X et la nation de l'Islam gagnent du terrain à une époque où les ghettos sont ravagés par le crack et que la violence urbaine est à son summum. Les jeunes ont d'abord retenu l'image de violence qui est accolée à la vie de Malcolm X. Ils s'identifient à la fois à l'ancien délinquant et à l'homme qui n'a pas hésité à utiliser des armes à feu pour défendre ses convictions. Mais, paradoxalement, en adhérant à la philosophie de l'islamisme noir, ces jeunes sont en porte-à-faux par rapport à cette violence qui marquait leur ancienne vie. Ils détournent la violence dirigée contre eux et leurs « frères » vers le système. Ils deviennent, au propre et au figuré, les gardiens du désordre qui menace le ghetto et leurs frères non convertis.

Au Québec, nous constatons un phénomène comparable surtout chez les jeunes Noirs anglophones. Le symbole de Malcolm X gagne en popularité au moment même où le crack devient de plus en plus présent dans les milieux marginaux. À cette époque, soit à la fin des années 1980, le crack se substitue peu à peu au *ganja* — le cannabis — comme produit de prédilection du trafic de drogue. Le *ganja* était quant à lui associé au rastafari et au reggae, qui s'inspirent de la Bible et qui préconisent une libération pacifique des « chaînes de l'esclavage mental ». Le crack et la violence qu'il génère dans les milieux ont pour leur part été des détonateurs de la génération X, dont Malcolm X est l'un des principaux symboles et dont ils ne découvriront que plus tard le sens réel de son appartenance à la nation de l'Islam. Pour plusieurs jeunes, le passage des années 1980 aux années 1990 est marqué par l'abandon des idéaux pacifistes et l'adoption de la violence comme modèle d'action. Le mouvement politico-religieux de l'islam noir s'est peu à peu répandu parmi les jeunes d'origine haïtienne. Ces derniers ont néanmoins été influencés par les symboles mêmes qui sont à l'origine de l'expansion de l'islam chez leurs pairs anglophones et américains. Ils sont marqués par le passage d'une génération *soft* un peu *peace and love* incarnée par le style reggae et rastafari à une génération *hard* — « X-trême » — incarnée par le rap et plus particulièrement le gangsta rap.

Le passage d'un style à l'autre, d'une culture musicale à une autre ne signifie pas le dénigrement de l'ancien style. En fait, ces univers musicaux coexistent ; ils se répondent et s'entremêlent pour créer une nouvelle scène culturelle. Le rayonnement de cette scène a souvent une envergure internationale, mais c'est au niveau local qu'elle se déroule au quotidien. Au Québec, on ne peut comprendre l'émergence des scènes locales des cultures des jeunes de la diaspora africaine sans tenir compte du bouillonnement régional des « musiques du monde ».

Le Québec, avec sa situation linguistique particulière et son caractère pluraliste, est un lieu privilégié pour l'essor des musiques et des cultures « du monde ». Depuis l'Expo 67 jusqu'au festival Nuits d'Afrique, en passant par la Superfrancofête en 1974 et les « tam-tam du mont Royal », la musique et les rythmes d'inspiration africaine n'ont cessé de gagner en popularité dans toute la société. L'ossature rythmique de ladite musique du monde est en grande partie fondée sur les musiques de la diaspora africaine (à la fois du continent et de l'Amérique), sur lesquelles se greffent les harmonies des musiques sud-asiatiques et de l'Europe médiévale.

La pénétration et l'influence de cette musique sur les marchés ne sont pas étrangères à l'espace grandissant qu'occupent sur la scène locale les musiques hip-hop dont le rap fait partie. L'effet de cette commercialisation se fait sentir également sur les thèmes musicaux de ces groupes qui visent à rejoindre un public élargi. Le style *(soft)* « pacifiste » est plus vendeur ou accrocheur que le style *(hard)* « délinquant ». En atteignant l'espace public, ces musiques autrefois essentiellement marginales trouvent un contexte normalisateur à partir duquel elles peuvent s'exprimer et s'émanciper. Certains n'hésitent pas à parler de récupération commerciale. Mais, dans l'ensemble, ce nouvel espace public qui est occupé par les musiques et les pratiques culturelles prisées par les jeunes de la diaspora africaine est vu par ces derniers comme une formidable occasion de sortir de l'ombre de la marginalité sociale et d'afficher leurs talents aux yeux de la majorité. Bref, la scène de musique locale qui est branchée au Québec sur les « cultures du monde » s'avère pour les jeunes des milieux afro-antillais un lieu inespéré d'expression qui facilite peu à peu la normalisation sociale de leur style.

CHAPITRE 3

Les « parades » de la gang

Au cours de notre recherche sur le terrain, nous avons rencontré des jeunes qui entretiennent différents types de rapports avec les milieux marginaux tels que les gangs de rue. Si nous faisons abstraction d'une étude que nous avons préalablement menée dans la communauté haïtienne, pour laquelle nous avons rencontré des jeunes de divers milieux (Perreault, 1997), l'ensemble des jeunes qui composent le corpus de données de la présente recherche ont noué des liens quelconques, soit par leur parcours de vie, soit par leurs fréquentations, avec les milieux marginaux. Pour certains jeunes, ces liens sont plus ténus ou lointains ; pour d'autres, il s'agit d'un engagement total dans la dynamique de la criminalité. Un garçon nous dit de façon presque fataliste, comme s'il n'y avait plus rien à faire pour changer cela : « Je suis un criminel. » La forme que peut prendre le rapport avec les milieux marginaux est variée et, comme nous l'avons dit, chaque jeune a une représentation particulière de ce rapport. Or, de manière générale, nous constatons que plus un jeune est enclin à se présenter comme un membre ou un ex-membre d'une gang de rue, moins en réalité il est vraiment engagé dans un processus de criminalité. L'inverse est aussi vrai : plus un jeune a un dossier criminel chargé, plus il est réticent à se définir comme un membre d'une gang de rue. Cette situation s'explique par le fait que, comme nous le verrons, la gang s'avère dans certaines situations un obstacle à la réalisation des crimes plutôt qu'un agent facilitant. Cela dit, plusieurs jeunes qui ne craignent nullement de se dévoiler dans une entrevue affirment sans hésiter qu'ils font ou ont fait partie d'une gang de rue. C'est en fait le cas.

Nous avons rencontré des jeunes qui sont loin des gangs, des sympathisants, d'anciens membres, des membres actifs, des jeunes qui ont été engagés dans un plus ou moins grand nombre d'activités criminelles. Nous avons également rencontré des jeunes qui disent avoir été des victimes des gangs du temps qu'ils en faisaient partie, des leaders et des « soldats ». Pour la plupart, ces garçons et ces filles étaient âgés de 13 ans à 22 ans (voir l'annexe pour avoir plus de détails sur la composition de l'échantillon). Cependant, peu importent leur âge ou leurs liens véritables avec les milieux marginaux, tous avaient la même vision relativement aux raisons qui motivent un jeune à faire partie d'une gang de rue. Ces raisons ou ces justifications, qui sont au nombre de quatre, se présentent dans l'ordre suivant : la gang est un groupe d'amis qui partagent des réalités et des problèmes semblables ; la gang constitue une nouvelle « famille » qui comprend le jeune et qui peut l'aider ; l'union de la gang représente une défense personnelle ; la gang constitue une occasion de faire de l'argent. Chacune de ces raisons en appelle d'autres, mais ce sont celles-ci que les jeunes mentionnent le plus souvent. Il faut ajouter que si les jeunes sont capables de préciser les raisons qui les poussent vers les gangs, ils sont aussi capables en général de reconnaître les limites de ces raisons. Avec le recul, plusieurs jeunes déconstruisent une à une chacune de ces justifications en montrant comment, en fait, il s'agit soit de demi-vérités, soit de mensonges qui cachent d'autres intentions. Or, une fois qu'ils ont pris conscience de ces dernières, il est souvent trop tard pour échapper à la situation.

La critique que font eux-mêmes les jeunes de la gang souligne l'importance de distinguer entre la représentation et la pratique, entre le discours justificatif et la réalité des faits et des événements. Comme nous le verrons plus loin, cette distinction entre l'ordre du discours et les modèles d'action est l'un des moyens que privilégient les leaders de ces groupes afin de soumettre les autres membres ou les futurs adhérents à leur autorité.

Dans les pages qui suivent, nous examinerons tour à tour chacune des quatre raisons pour lesquelles un jeune en vient à faire partie d'une gang de rue. Nous nous pencherons à la fois sur les discours et sur leurs limites, tels qu'ils sont exprimés par les jeunes eux-mêmes.

La gang : un groupe d'amis qui partagent les mêmes problèmes

L'explication la plus commune, et probablement la plus vraie dans un sens, est que la gang constitue pour le jeune un espace de résolution de problèmes. La gang est dans ce cas représentée comme un groupe d'amis qui ont des réalités et des problèmes communs. Ces problèmes sont la plupart du temps très circonscrits : menace de l'extérieur à l'endroit de sa personne, incompréhension des parents ou du système, besoin d'argent ou de filles, etc. Cette vision de la bande comme un lieu où l'on peut résoudre ses problèmes transcende les trois autres justifications les plus souvent avancées. « C'est parce la gang te permet de résoudre tes problèmes qu'elle devient ta nouvelle famille. C'est parce qu'un de tes principaux problèmes est la menace des ennemis extérieurs que la gang constitue ta meilleure protection, et c'est parce que la société ne te garantit aucune job et que tu es dévalué à cause de tes origines que la gang te permet d'accéder aux biens qui autrement te seraient inaccessibles. »

Les jeunes aiment souligner à propos de l'appartenance à une gang la présence d'affinités entre ses membres. Au nombre de ces affinités, l'idée que les jeunes d'un même groupe vivent les mêmes problèmes est très répandue. La représentation du rôle des amis est de plus fortement associée chez les jeunes d'origine haïtienne à celle de la résolution des problèmes. Lorsque nous demandions naïvement à quoi servent les amis, la majorité répondait spontanément : « À nous soutenir et à nous aider quand on a des problèmes. » Cette présence des amis, lorsque l'on a vraiment besoin d'eux, était pour plusieurs ce qui permettait de distinguer les « vrais » amis des « faux ». Cette distinction qualitative quant à la sincérité des amitiés semblait, en définitive, rendre caduque la représentation de la gang comme un groupe d'amis qui est là pour aider. Les jeunes qui avaient vécu des problèmes graves avec leur gang étaient souvent les premiers à dire non seulement que les prétendus amis n'étaient plus là au moment où ils avaient le plus besoin d'eux, mais aussi qu'ils étaient devenus au fil du temps et des événements leurs principaux ennemis. Le sentiment de trahison revient souvent dans la bouche des

jeunes, qui avaient au départ investi dans des amitiés qui se sont finalement retournées contre eux. Lorsqu'il s'agissait de déterminer les principaux ennemis des gangs, plusieurs mentionnaient les autres gangs (et
la police), tandis que quelques-uns évoquaient les membres de leur
propre gang. Les limites des amitiés à l'intérieur de la bande sont posées
par les intérêts supérieurs de la gang et des sous-groupes.

Cela dit, l'appartenance à une gang se définit autour d'un réseau
d'amis. L'authenticité de ces amitiés ou la tournure que celles-ci pren-
dront par la suite importent peu au moment des premiers rapproche-
ments avec la gang. « Tu es à la bonne place. Tu n'as rien à craindre, aussi
longtemps que tu es un des nôtres. » L'engagement dans la criminalité
ou la délinquance transforme cependant peu à peu les formes de l'amitié. Les dispositions amicales entre les membres sont supplantées dans
l'action par la répartition des rôles. Les règles ne sont plus les mêmes
lorsque l'ami devient un « partenaire ».

Mais une gang de rue, c'est d'abord un groupe d'amis ; sinon, dit un
jeune homme, ce sont des personnes qui ont de « la difficulté à s'intégrer parmi d'autres personnes ».

*Bof, une gang de rue, [pour] moi c'est un groupe de personnes, tu com-
prends, qui ont décidé de former un groupe. Puis ils deviennent une gang. Tu
comprends. Ils sont tous des amis, ou sinon [ce sont] ceux qui ont de la difficulté à s'intégrer parmi d'autres personnes, donc ils cherchent la sécurité.*

Au commencement, il y aurait donc les amis et il y aurait un problème à régler. Or, la plupart du temps, ce problème est une menace
extérieure, en général un autre groupe de jeunes, contre lequel il faut se
défendre, comme l'explique un jeune homme de 19 ans :

*C'est comme tu t'en vas à l'école, puis quand tu t'en vas à l'école puis
tu as un problème, t'as un problème. Puis t'as des amis, puis là ton ami, ton
ami là il prend pour toi... Il te défend. Puis il va faire ci, il va faire ça [et]
pour ça toi [tu vas faire partie de la gang].*

Une jeune femme de 22 ans, qui a déjà fait partie d'une gang, dit à
peu près la même chose. Une gang, c'est d'abord un groupe d'amis qui
se tiennent ensemble et qui sont appelés à défendre un des leurs :

*Parce que je me dis [au début c'est] justement ce besoin de se retrou-
ver entre... en groupe. Souvent, des fois une gang de rue, c'est un groupe
d'amis qui commencent à se tenir ensemble, puis tranquillement pas vite,
ça devient qu'un bat l'autre parce qu'il a attaqué son ami. Puis ça commence comme ça là, t'sais.*

En règle générale, tout cela se fait de manière progressive. Un ancien membre d'une gang, âgé de 25 ans, raconte que personne ne l'avait vraiment approché pour faire partie de sa gang. En fait, la gang s'est créée naturellement, entre amis, pour répondre à leur besoin de sécurité :

Toi tu es avec la personne, tu vois la personne, tu dis que bon, toi tu dis bon, t'es mon ami. Nous autres c'est un groupe qu'on fait pour... comme pour protection ensemble... on se protège nous autres. T'sais, on s'entraide, on est tout le temps ensemble. On dit bon, là puisque... c'est pas une approche, on dit, puisqu'on est des amis, ça se fait tout naturel. [...] C'est des groupes d'amis. Mais avec le temps ça l'a changé. Comme nous autres... [si j'ai fait partie d'une gang,] c'était parce que moi je trouvais que c'était bon d'être ensemble [entre] nous autres. Parce que on se connaît, on parlait, on se tient, je trouvais que c'était bon. Mais si j'ai un problème, si je suis attaqué par quelqu'un là dans la rue, je pense que j'ai un back-up. [En fait] ouais, c'était plus la sécurité entre nous autres là.

Selon un autre garçon, la gang est au début un groupe d'amis qui se sentent bien ensemble et qui, peu à peu, se voient accoler de l'extérieur l'étiquette de gang. Une fois qu'ils sont identifiés comme une gang de rue, ils n'auraient parfois plus le choix de jouer le jeu jusqu'au bout :

Bof, [au début, c'est] peut-être pas appartenir à une gang [qui compte], c'est plus juste comme avoir des amis qui s'occupent... qui sont comme lui comme, se tenir ensemble. Des amis qui pensent la même chose là. C'est plus ça [qui est en] première place. Premièrement c'est qu'il est avec du monde là, des amis, qu'il se sent bien avec eux autres là. Puis comme sur les intérêts communs. Il y a la langue, peut-être les autres peuvent l'influencer à faire d'autres affaires, des choses comme... petits mauvais coups. Mais bof le but pour moi personnellement c'est d'être en amis, d'être une gang d'amis ensemble là. Puis ça peut... du jour au lendemain, ils peuvent commencer à faire des petites affaires, des petites choses, par-ci, par-là. Ou bien peut-être... heu... peut-être le fait... qu'une autre personne décide que ça c'est une gang là. Je veux dire il faut le prendre là, puis ils vont se décider : « Ah bon, on est une gang [ça fait qu'on va agir comme] une gang. » [C'est ça, au début on est un groupe d'amis puis d'autres personnes] de l'extérieur [nous poussent à nous transformer en gang de rue]. C'est comme, il faut que ça arrive [parce] qu'on est souvent ensemble là. Comme des fois, au terrain de basket là, il peut y avoir comme... des petites chicanes puis toute ça, comme on est toujours ensemble là, on va comme... on va pouvoir se défendre ensemble. Mais lui il va dire : « Ah ! ça c'était la gang de toute Montréal-Nord, eux autres là… *il faut toujours qu'ils* [contrôlent] *les tournois de basket là. » Puis là ben…* *depuis qu'on* [s'est battu]. *Ils disent : « Ah ! ça c'est la gang de telle place ;* *ça c'est telle gang* [de Montréal-Nord]. » *Ça fait qu'à la longue, bof… on* *va comme… le fait d'être toujours ensemble là, on va se dire : « Ah ! on est* *une gang, c'est ça. »* [Puis des fois on prend l'étiquette, mais] *ça dépend.* *Des fois là nous autres on peut presque faire exprès de faire des mauvais* *coups. Ben juste le fait qu'on nous traite de ça, ben… ça peut nous rester* *comme une étiquette, on est une gang.* [Pis on accepte l'étiquette] *si on la* *veut. Ben si on l'accepte pas là, ils vont nous traiter de gang pareil.* [Ça nous oblige pas à faire des mauvais coups]. *Ben* [n'empêche que] *des cer-* *taines fois, on peut* [en faire], *ça peut arriver là.*

L'idée que la gang se formerait à partir d'un étiquetage extérieur est assez répandue, du moins lorsqu'il s'agit des bandes moins criminali-sées. Un garçon de 14 ans, qui dit agir parfois comme confident auprès des gars des gangs de rue du fait qu'il est proche d'eux sans être un membre en règle, raconte également que lui et sa bande de copains ont été étiquetés comme gang à la suite d'un conflit à l'école et qu'ils ont adopté par la suite le nom qu'on leur avait donné.

Ce qui arrive, nous autres les Noirs, on aime ça se regrouper. On se *regroupe toujours. Veux, veux pas,* [il est difficile de nous] *éparpiller. C'est* *ça. Je veux dire on aime ça se regrouper. Là en se regroupant il faut qu'on* *se différencie. Mais quand la différence se fait, là souvent… toute personne* *ne peut pas être d'accord de la différence. Bon, un conflit est éclaté. Une* *gang est faite. Des fois c'est des gangs qui se font former, puis* [d'autres fois] *c'est pas eux qui vont former, c'est d'autre* [monde]. *Comme moi… j'al-* *lais à l'école privée. Puis… on se tenait toujours ensemble. Puis il y a un* *conflit qui s'est passé. Quelqu'un a déclaré qu'on était une gang à l'école.* *Puis c'est pas nous autres qui a décidé qu'on était une gang. Les autres ont* *déclaré ça. Fait que qu'est-ce qu'on a fait. On a gardé le nom qu'on était* *une gang à l'école. Fait que c'est comme si c'était une gang qui restait à* *l'école.*

Si dans les deux derniers témoignages les deux garçons admettent avoir déjà fait partie (en quelque sorte par procuration) d'une gang, aucun des deux ne s'est toutefois enlisé dans la criminalité. En fait, il fau-drait pouvoir distinguer entre la gang criminalisée et la gang d'amis qui n'est pas criminalisée ou qui l'est moins. Un garçon de 13 ans, au « dos-sier délinquant » déjà passablement chargé, parle de la gang organisée comme de « l'affaire des fous », pour dire que lui n'en a jamais été membre même s'il reconnaît avoir sa gang d'amis pour se défendre.

Ben… on pourrait dire [que j'ai jamais été membre] *des gangs comme* [ceux] *qui se tirent dessus,* [mais que je suis] *comme avec une gang avec mes amis puis toutes.* [J'étais pas dans une gang organisée.] *Non, pas l'affaire des fous là. T'sais* [seulement] *une petite gang, si tu as un problème, on va régler avec elle. Plus des affaires comme ça.* [Le genre de problème comme] *il vole ta blonde ou… heu… je sais pas moi. Si on va dire qu'il y en a un qui… on va dire il y a du monde qui voulait battre mon ami. Fait que on va le protéger. On va se battre contre eux.* [On est solidaires.]

L'esprit de solidarité qui caractérise la gang peut toutefois jouer des tours. Il est préférable d'en être conscient dès le début, car après il sera trop tard, explique un garçon de 18 ans qui est un membre actif d'une gang criminalisée.

Ouais, il y a une bonne solidarité [au sein de la gang]. *C'est pour ça que… t'sais quelqu'un… un gars de gang, si il se réveille pas… il va jamais sortir de la gang. Tu comprends. Parce que pour lui c'est important là d'avoir ses chums à côté lui parce qu'il se sent fort. Tu comprends. Il faut que tu aies une tête sur les épaules pour dire : « Non, eux autres là, non. » Tu comprends.*

C'est un peu la situation vécue par un garçon de 17 ans, qui est un membre actif d'une gang de rue depuis sept ans et qui, même s'il le voulait, se dit incapable de laisser tomber ses amis.

Ben c'est pas une question que je trouve ça cool [d'être dans la gang,] *mais c'est une question que quand… t'sais on a parti la gang, c'était toutes… t'sais des amis à Montréal-Nord. Les événements qui se passent maintenant, c'est pas* [vraiment] *pour ça que je volais. Mais… c'est plus que je suis déjà dans la gang. T'sais je suis pas pour débarquer de même. Parce que j'ai des amis qui sont là-dedans, t'sais j'aimerais pas ça…* [En fait,] *ouais je peux sortir de ma gang. Je peux sortir de ma gang aujourd'hui, je peux dire à mes amis : « Bon les gars là, t'sais oubliez-moi, je sors de la gang. » Mais ça va pas me faire du bien. Parce que je vais tout le temps me dire, je vais recevoir, je parie que je vais recevoir un téléphone, que un de mes amis s'est faite tirer puis toute ça. Imagine je débarque de la gang, puis j'entends que un de mes amis s'est faite blesser, t'sais. J'aimerais pas ça. Puis je vais être obligé de rembarquer dans les choses.* [Parce que] *ça fait… une affaire comme sept ans que je suis avec mes amis, puis ça me tente pas de les lâcher là.* [En fait,] *ça fait sept ans que je suis dans la gang.*

Mais, ben avant ça, t'sais avant qu'on forme la gang… t'sais on se connais-
sait. On se connaissait déjà, mais c'est pas toutes les gars. Mais… il y avait
la moitié des gars que je connaissais assez bien quand j'étais plus jeune.

La difficulté à sortir de la gang n'est pas toujours une question de
décision personnelle. Encore faut-il qu'on laisse partir le jeune sans faire
de problème. Les amis du début peuvent même devenir des ennemis.
Plusieurs jeunes filles ont fait allusion à l'hypocrisie qui existe entre les
membres de la gang. Comme nous le verrons, ce sentiment est probablement particulier aux rôles ambigus que certaines jeunes filles sont
appelées à jouer dans la gang. Une jeune fille de 15 ans fixe ainsi les
limites de la solidarité qui unit la gang :

Comme mon amie Cynthia est sortie facilement [de la gang]. *Mais*
sûrement si tu veux sortir d'une gang, ben ça va pas bien, parce que tu sais
des secrets avec eux. Alors ils croient sûrement que si tu sors, ils sont quand
même assez paranoïaques. Alors ils croient que si tu sors, ben tu vas aller
essayer de les stooler ou des affaires comme ça. Alors tu risques d'avoir des
petits ennuis puis mourir même. […] [Dans la gang,] *il y a une grande*
solidarité. [En fait,] *il y est censé en avoir une. Mais des fois… s'il y a de*
l'hypocrisie entre amis, il peut en avoir dans une gang aussi. Il peut avoir
untel qui aime pas beaucoup celui-là. Les autres qui sont dans la même
gang que lui, [font semblant qu'ils] *l'aiment. Sauf que dans le fond ils l'ai-*
ment pas beaucoup, t'sais. Il me semble que c'est la même chose partout.

Une jeune fille de 14 ans, qui a vécu toutes sortes de péripéties mal-
heureuses avec les gars de gang qui l'ont conduite en centre d'accueil,
fait quant à elle une distinction entre les vrais amis, soit ceux qui sont là
pour nous aider quand on a des problèmes, et les autres, soit ceux qui
ne pensent qu'à nous utiliser dans leur propre intérêt et qui disparais-
sent aussitôt qu'on a besoin d'eux.

Moi quand j'étais à l'extérieur, je me sentais bien avec beaucoup
d'amis. Ah, c'est le fun. Ah comme si j'étais ben, si j'appelle ma gang… puis
ah wow ! Puis… dans le fond quand tu regardes bien là, c'est pas comme
des vrais amis là. Les vrais amis qu'il me reste là, c'est ceux qui ont vrai-
ment été mes vrais amis depuis… même quand j'avais des problèmes, jus-
qu'à maintenant que je suis dans un centre. Parce que je vois que les vrais
amis là, même si tu es dans le trouble, ils vont t'aider pareil. Tandis qu'il y
en a c'est juste O.K., « *veux-tu faire ça, veux-tu faire ci* », *ils te font faire*
plein de mauvais coups, dès que tu te fais pogner, « *ah je te connais pas* ».
[…] [Avec toute ce que j'ai vécu] *j'en retiens* [que dans mes amis de la

gang] *il y en a qui sont hypocrites. Qui sont pas capables de tenir compte que quand on a besoin d'eux, qui soient là, t'sais. Mais non, eux autres c'est… O.K. quand tout va bien, on est là avec toi. Mais quand tout va mal, c'est « mais excuse-moi, moi j'ai mes problèmes aussi qui m'attend ». C'est pas comme ça que ça fait, si tu veux devenir ami avec quelqu'un là, O.K., oui c'est vrai, il y a des [amis] mais à un moment donné ton ami là, […] je sais pas, ta meilleure amie, ou bien je sais pas… une près de tes amies, je sais pas moi. Ça serait bon que tu prennes ton temps t'sais. Puis que tu poses pas, que tu poses des questions, mais tu le laisses parler avec toi puis… t'essaies de [l'écouter] et si tu as des conseils à lui donner de lui donner. Moi je suis une fille de même. Même moi qui ai des problèmes, mais j'aime ça donner des conseils t'sais. Mais je suis pas du tout fière, même des amis que j'ai eus. À part de quelques-uns. Mais je suis pas du tout fière de mes amis.*

Les amis du début peuvent même parfois devenir nos principaux ennemis, surtout quand on essaie de couper définitivement les liens avec eux et que nos intentions ne semblent pas tout à fait claires à leurs yeux. Un garçon de 19 ans, qui a longtemps côtoyé les gars d'une gang et qui a été approché à plusieurs reprises pour faire partie de leur groupe, parle de cette ancienne catégorie d'amis comme de ses ennemis actuels. Il se sent menacé par le fait d'avoir refusé de faire partie de leur gang. Il a peur que l'on se « révolte » contre lui, si jamais les choses tournent mal et que l'on pense que c'est de sa faute.

Moi je considère que j'ai des ennemis parce que avant là j'avais une catégorie d'amis tu vois, parce que ce qu'ils font, moi… moi j'accepte pas ça, tu vois. Moi j'ai dit souvent oui pour mes amis, il fallait que vous changiez de voie, parce que si vous changez pas [ça peut juste aller de mal en pis]. C'est qu'à l'époque je faisais partie d'une gang, moi… avec qui… on peut pas rester amis, tu vois. C'est comme ça on a perdu le contact, mais je considère que j'ai des ennemis parce que ils peuvent se révolter contre moi, tu vois. Si il y a quelque chose qui s'est passé ou quoi, ils peuvent dire que c'est moi qui est allé raconter à la police. Parce que je voulais pas faire partie de la gang, tu vois. C'est dans ce sens que je considère que j'ai des ennemis.

D'ordinaire, les ennemis de la gang sont évidemment à l'extérieur de celle-ci et non pas à l'intérieur. Mais dans ce cas aussi, les limites de la gang en tant qu'espace de résolution de ses problèmes sont dénoncées par plusieurs jeunes. Une jeune fille de 16 ans se fait philosophe et s'interroge de l'extérieur sur le véritable sens de l'entraide dans la gang et sur la capacité réelle de chacun à « se défendre soi-même ». Au moment de notre rencontre, son ami venait d'être assassiné quelques jours plus tôt, assassinat inutile, disait-elle :

Ben moi premièrement je viens de perdre un ami samedi, [c'est à cause du] phénomène de gang qui est mort. Heu… c'est difficile parce que les gangs je trouve ça… Ça me dérange pas quelqu'un qui est dans une gang. Il peut être dans une gang, mais… il suffit que c'est des amis. Puis il y a un problème, ils s'aident entre eux. Puis ils ont pas besoin de s'entretuer ou d'être dans une gang pour se penser tough, ça vaut rien. Se penser tough, c'est d'être soi-même, d'être capable de se défendre soi-même. Puis… heum… de surpasser les obstacles de la vie soi-même. Surtout… c'est pas d'avoir de l'aide de tes amis qui sont dans une gang, mais pas besoin de faire des conneries pour enlever la vie de quelqu'un, battre quelqu'un à mort.

Les réflexions de cette jeune fille posent bien les limites de la gang comme espace de résolution de problèmes. Lorsqu'elle se définit strictement au point de vue des amitiés, la gang constitue un lieu où les jeunes peuvent s'entraider. Par contre, lorsque la gang est engagée dans l'action spécifique qui la définit comme gang, elle devient un lieu potentiel de création de problèmes personnels pouvant conduire à la mort violente. La notion de « problèmes » change selon les types d'amis, comme l'explique une jeune fille de 17 ans en parlant de son expérience :

Parce que mes amis étaient toujours là pour moi. Je pouvais les appeler à n'importe quelle heure, et puis je dis j'ai un problème. Ils vont faire leur possible pour m'aider, mais par contre, ma mère [c'est pas pareil]. Peut-être qu'elle était pas là pour moi, mais ma mère c'est une femme qui me ferait pas mal. […] Je me suis dit ça. Et puis je sais ça. Mais mes amis par contre oui. Parce que, ce qu'ils font… ils le font pour l'intérêt. […] Le genre d'intérêt, c'est comme si ils ont un problème pour aller se battre, ils vont m'appeler. C'est l'intérêt parce qu'ils savaient que moi je m'en foutais, j'avais pas peur, même […] si j'avais le plus grand, le plus fort devant moi, si je dois frapper, ben si je dois mourir, je vais mourir. L'important c'est que je frappe. Je me sens bien. Et mes amis, ils avaient peur, la peur. C'est pour ça qu'ils m'aidaient quand j'avais des problèmes, mais ça, ça m'a pris du temps avant de comprendre.

Il y a toujours au sein de la gang une interface entre le bien et le mal. Faire le bien pour soi et entre amis est la clé qui justifie l'appartenance à la gang ; faire le mal contre un ennemi désigné est la clé unificatrice (qui fait la force) de la gang. La devise des trois mousquetaires « Tous pour un, un pour tous » caractérise bien le leitmotiv de l'appartenance à la gang et de l'action de celle-ci, qui se situe à l'interface du bien et du mal. Un garçon de 16 ans exprime l'ambiguïté qui existe entre ce qu'il appelle la « bonne » et la « mauvaise façon » d'agir pour « se faire reconnaître ».

[Une gang,] *c'est comme un groupe d'amis qui se connaissent quand même depuis un bon bout de temps. T'sais parce que on fait pas une gang avec du monde qu'on connaît pas. Puis c'est comme... eux autres ils veulent construire, ils veulent reconstruire quelque chose, ils veulent se faire reconnaître. De la mauvaise puis de la bonne façon t'sais. Puis ils agissent puis il y en a qui font des mauvais coups [pour se faire connaître]. Mais ils se font connaître, puis le monde commence à parler d'eux autres puis ça commence ça.*

Le besoin de reconstruire quelque chose et celui d'être reconnu par ses pairs et par les autres, peu importe la façon, sont au cœur de la dynamique de l'affirmation identitaire sur laquelle se fonde l'appartenance à la gang. Dans les mots des jeunes, l'importance accordée à l'identité sociopersonnelle se traduit souvent par le « respect » de sa personne. Un ancien membre d'une bande, qui est âgé de 19 ans, explique ce qu'est une gang :

C'est un genre de groupe d'amis qui se tiennent ensemble. Qui font du trouble pour se faire respecter. Ou pour faire du mal, je sais pas pourquoi. Ou faire parler un peu d'eux. Des choses comme ça.

L'ambivalence entre le bien et le mal, entre la source du problème et sa résolution, telle qu'elle est représentée par la gang, se mêle avec les ambivalences du processus de construction de l'identité sociopersonnelle. L'espace de la gang en tant que lieu de résolution des problèmes devient un point de reconfiguration de l'espace identitaire. Ces deux espaces s'articulent autour des mêmes ambivalences à l'égard de la reconnaissance des siens et des autres, entre ce qui départage l'intérieur de l'extérieur à la fois de soi et de sa gang.

La gang, une famille ?

L'image de la gang comme une famille n'est pas nouvelle (Brown, 1978). Cette image découle de l'idée que la gang est un lieu où l'on est compris pour ce que l'on est et où il est possible de résoudre ses problèmes entre pairs. La réciprocité et l'entraide qui caractérisent la famille sont ainsi reprises pour représenter la dynamique interne de la bande.

La définition de la gang comme une famille est aussi liée à l'idée que la gang constitue la meilleure réponse aux problèmes familiaux que vivent les jeunes. La famille naturelle est vue comme la source première des problèmes personnels du jeune et la gang se présente comme la nouvelle famille qui est capable de l'aider à surmonter les problèmes en question.

La représentation de la gang comme une famille procède par métonymie. La famille d'origine, lieu supposé de résolution des problèmes, est plutôt considérée comme la source de ceux-ci, alors que la gang, en se proposant de régler ces problèmes, incarne le rôle délaissé par la famille tout en s'identifiant à celle-ci. Le principal point de friction des jeunes dans leur famille se situe à la croisée des valeurs privées familiales et des valeurs publiques de la société. L'espace privé et ordonné de la famille n'accepte pas d'être envahi par le « désordre » de l'espace public social. Aussi le jeune est-il contraint de ne pas franchir la frontière qui sépare le domaine privé du domaine public ; son champ d'action doit rester en deçà de cette limite. Il est chargé de reproduire au niveau social les valeurs privées qui ont cours dans l'espace familial. De même, il se doit de ne pas apporter à la maison les pratiques sociales associées au désordre public. Idéalement, la famille souhaiterait qu'il y ait une continuité entre les valeurs privées de l'espace domestique et les valeurs publiques de l'espace social.

Lorsqu'il existe en contexte d'immigration une rupture entre les valeurs de la famille et celles de la société, les jeunes se sentent déchirés quand ils sont forcés d'assumer les rôles différents, voire opposés, qui leur sont proposés par les modèles familiaux et les modèles sociaux. Pour composer avec cette déchirure sur le plan des valeurs, ils essaient du mieux qu'ils peuvent de développer un double registre identitaire qu'ils adoptent séparément selon les déterminants contextuels de l'espace privé ou de l'espace public qui est en cause. Lorsque les jeunes réussissent à passer d'un espace à l'autre sans trahir aucun de leurs modèles identitaires, cela ne pose pas en général de problème grave. Un jeune peut passer du domaine privé au domaine public dans le respect le plus complet des valeurs familiales. (Ce jeune ne se retrouve habituellement pas dans les milieux marginaux tels que les gangs de rue.) Ou bien, il peut agir d'une manière au sein de la famille et d'une autre dans la société, tout en sachant préserver une distance suffisante entre ces différentes façons d'être qui empêchent l'espace privé familial d'être contaminé par les pratiques de l'espace public social.

Les principales difficultés surgissent pour les jeunes lorsqu'ils ne réussissent pas à franchir, sans conserver leur espace identitaire socio-personnel intact, la frontière entre le domaine privé de la famille et le domaine public de la société, autrement dit lorsque les rapports d'identité sociopersonnelle sont altérés par le passage du privé (familial) au public (social), et réciproquement. À moins qu'ils ne choisissent le statu quo et ne se plient à l'ordre familial, les jeunes qui vivent une telle situation sont appelés à court-circuiter, sinon à contourner, le mur érigé par le domaine privé de la famille. Quoi qu'ils fassent qui déroge aux valeurs familiales, cela les entraîne dans une dynamique d'exclusion. Or, pour certains, l'impossibilité de sortir intacts du cadre privé de la famille constitue une source de motivation pour gagner un nouvel espace privé de pratiques. Cet espace pourra être la gang de rue. Par exemple, la gang servira parfois de refuge aux jeunes fugueuses. Mais, plus que tout, la gang se révèle comme un espace de pratiques privées prenant la forme d'une nouvelle famille capable d'assurer le passage avec succès au sein de l'espace public. Non seulement la gang reprend les images de la famille, mais elle se présente comme un autre modèle d'intégration au système de valeurs (de puissance) de la société. Elle se dévoile à la fois comme le complément et l'inverse de la famille traditionnelle. D'une part, elle prétend être une « famille » capable de régler les problèmes dont la source est la famille naturelle ; d'autre part, elle prétend pouvoir conjuguer les valeurs de l'identité d'appartenance avec les valeurs de la société, ce que la véritable famille arrive difficilement à faire autant sur le plan moral que sur le plan socioéconomique.

Nous avons dit que plusieurs jeunes expliquent leur entrée dans une gang comme une conséquence de leurs difficultés familiales. Les jeunes disent en effet trouver dans la gang le soutien, la compréhension et la vie sociale qui leur manquaient dans leur famille. En ce sens, la gang constituerait avant tout une solution aux problèmes du jeune, comme l'explique un jeune homme qui a longtemps côtoyé ces milieux :

Le plus souvent c'est drôle à dire, mais [la gang] *ça fait partie de la solution du jeune. Parce que le jeune comme je te l'ai déjà dit, le jeune se sent plus accepté avec ses copains que d'être dans la famille. Fait que pour lui, son refuge c'est ses pairs.*

Voici de nouveau comment un garçon de 18 ans décrit le contexte qui l'a amené à faire partie d'une gang de rue :

[Je suis entré dans] *une gang dans mon cas, parce que j'avais une mauvaise relation avec mon père. Puis chez nous ça marche que mon père, c'est lui qui dirige tout. Tu comprends. Fait que si tu as une mauvaise relation avec mon père, il va s'arranger pour que les autres [dans la famille] t'ayes une mauvaise relation avec eux autres aussi. Tu comprends. Fait que là t'sais comme moi j'étais un bon bout de temps en chicane avec mon père. Fait que j'étais tout le temps dans ma chambre, tout le temps tout seul. J'étais isolé des autres. De mes sœurs et de mes frères. Tu comprends. Puis quand t'es dans une gang de rue ben, t'es avec tes chums. Puis là eux autres ils te valorisent, tu comprends. Ils disent : « Ah, t'es correct, t'sais. Il faut pas que tu écoutes ton père. Nous autres on sait que t'es bon. Tu comprends. T'as du potentiel. » C'est comme ils sont en train de te faire un lavage de cerveau, mais sans [que tu] t'en rendes compte, tu comprends. Ils te valorisent, te valorisent, puis là toi tu penses, ah eux autres c'est des vrais chums, parce que ils te valorisent comme ça. Tu comprends. Tandis que chez vous, le monde ils ont tendance à t'abaisser. Tu comprends. Fait que là [eux autres] ils te redonnent confiance en toi, mais pour que tu ailles [agir] à leurs dépens. C'est comme pour que tu ailles faire des choses pour eux, tu comprends. Fait que là moi j'étais avec mes chums, on s'amusait bien, tu comprends. Il y avait deux-trois filles. On sortait dans les partys, puis... on s'amusait entre nous autres, tu comprends. Puis moi j'aimais ça. Mais jusqu'à ce que je me rends compte que la façon dont ils nous valorisaient c'était à leurs dépens, pour que je puisse faire les choses [pour eux]. Tu comprends.*

Rappelons que cette entrevue s'est déroulée en centre d'accueil. Il y a de fortes chances que la prise de conscience de ce garçon sur les réelles intentions de la gang à son endroit soit motivée par sa situation de « prisonnier victime » de ses actes délictueux. Seule cette distance réflexive lui permet de jauger de manière critique la dynamique de la gang dans laquelle il était engagée. En effet, lorsque l'on est totalement dans la gang, il n'est pas possible de prendre conscience du « lavage de cerveau » que celle-ci nous fait subir. On agit alors par empathie ou de façon autonome avec le seul désir de s'affirmer comme un membre envié et à part entière de la « famille ». L'idée qu'en appartenant à la bande on devient un membre de la « famille » est diffusée tel un slogan qui transcende toutes les autres représentations de la gang.

Un jeune homme proche des milieux marginaux explique ce que signifie le fait d'appartenir à une gang :

Ça signifie pour un jeune comme si il sent qu'il a une nouvelle famille.

Il se sent accepté. Et il passe de beaux moments avec ses amis. C'est comme ça. Ça arrive souvent comme ça. Le gars il se sent pas rejeté par ses amis. Ils ont du plaisir, ils sont ensemble. Puis ils ont les filles [...] *Ils forment un groupe uni dans leur sens à eux autres. Car, pour eux autres avant tout, ils sont une famille. T'sais. Personne peut venir leur faire du mal.*

L'image de la famille peut même devenir une façon de présenter la gang aux jeunes pour qu'ils adhèrent à celle-ci. Du moins, les plus vieux qui incarnent le rôle de « grands frères » sont en meilleure posture pour vendre l'idée aux plus jeunes de la gang comme étant une grande famille protectrice. Un garçon de 17 ans, membre actif d'une gang de rue, nous dit comment s'est réalisée son introduction dans sa bande. Il profite alors de la question qui lui est posée pour faire une critique des médias qui, selon lui, connaissent mal la réalité des gangs de rue. Or, si l'on se fie à son commentaire, les dynamiques d'action des gangs de rue sont motivées par des rivalités anciennes entre les bandes de différents quartiers plutôt que par les activités criminelles proprement dites. Ce sont ces vieilles rivalités qui entretiennent le feu de la guerre entre les gangs et qui, par effet d'entraînement, n'offrent pas d'autre choix à leurs membres que de se jeter dans la mêlée.

[Nous dans notre gang on n'a pas recruté personne, parce qu'on était] *toutes les petits de Montréal-Nord. C'est qu'il y a plusieurs… dans les gars de Master B qui y avait des petits frères, des choses de même. Puis c'est ça. T'sais c'est les petits qui se tenaient dans le parc. Puis nous autres on se tenait dans le parc, puis… c'est ça. Les gars qui nous ont demandé si on aimerait ça faire partie de leur… comme de leur famille, puis toute ça. So… on a fait partie de leur famille. Mais… sauf que t'sais, dans notre quartier, c'est comme si… bon disons, dans notre quartier il y a un gros* [problème avec quelqu'un d'un autre quartier,] *on va aller dans l'autre quartier, disons dans une fête, une affaire de même. So… on va aller frapper un gars. So… le gars va dire O.K., ben les gars sont cinq-six. Ils font leurs tough. Y disent : « Je vais aller chercher mes gars aussi. » Puis ça commence tout le temps* [de même]. [...] *Parce que les journalistes ils mentent comme parfois, c'est des histoires de crack, des histoires de territoire, des histoires de prostitution. Il y a aucune chose de même. C'est pas vrai. C'est toutes des choses comme… t'sais des choses que tu as entendues. Ah, j'ai entendu que… t'sais que tu as dit telle, telle chose sur moi. Puis le gars il va sortir son arme, bang, il va te tirer pour a rien. C'est pas qu'il y a pas d'affaire de… crack, ni de shit, ni de shit de même.* [Mais c'est] *parce qu'il y a du monde, c'est ça qu'ils veulent entendre, tu comprends. T'sais ils disent comme ça, comme… au fond t'sais cette année, on a pas entendu les gars de BO, mais les gars de CDP. T'sais, ils ont fait quelque chose, on aimerait ça entendre ça. So… ils inventent des histoires, tu comprends. Puis quand le monde ils écoutent ça, t'sais comme disons les journalistes, c'est ça qu'ils vont marquer dans le journal, parce qu'ils ont pris ces informations-là. Mais pourtant il y a rien de ça. Tu comprends, je veux dire, c'est toutes des revanches, des revanches, des revanches. Parce que cette guerre là t'sais, entre Pie-IX puis Montréal-Nord, ça fait longtemps* [que ça existe]. *Pis je pense que ça va être là pour longtemps. Mais pour l'instant ça se calme parce qu'il y a beaucoup de gars qui sont en dedans pour l'instant. Ils font du temps.*

Selon le raisonnement de ce garçon, les gangs sont animées au départ par un système de vendetta. Les activités criminelles se greffent par la suite, elles ne seraient pas préexistantes dans cette logique sans issue de la vengeance. Les jeunes sont appelés à se joindre à la « famille » de la gang qui se constitue autour du mythe unificateur de l'appartenance au quartier. Une généalogie fictive se crée avec le quartier éponyme auquel la gang s'identifie et est identifiée. Les liens au sein de cette famille sont renforcés par la menace des autres familles qui marchent sur les platebandes du territoire identitaire virtuel que représente leur quartier. Le quartier est ici un territoire virtuel dans la mesure où il définit avant tout une filiation avec les « ancêtres » de la gang et où il lui prête en quelque sorte son nom de famille : les « BO Gars de Montréal-Nord », les « CDP de Saint-Michel », etc. C'est moins le territoire proprement dit qui est en jeu que la filiation mythique que la gang entretient avec celui-ci. La filiation avec le quartier est la base de l'esprit de famille qui relie la gang. Les rapports d'identification au territoire se transforment cependant lorsqu'ils sont déterminés par la dynamique des activités criminelles. Nous y reviendrons plus loin dans le chapitre 4 consacré à l'évolution de la logique territoriale des bandes et à la place qu'y occupe progressivement la criminalité.

La gang comme espace de protection

Lorsque la gang est vue comme un lieu de résolution de ses problèmes, le problème le plus souvent cité est le besoin de protection. Ce

besoin de protection est également ce qui confère à la gang son caractère familial. La gang constitue un refuge au sein de l'espace public au
même titre qu'une famille qui se doit de prendre soin des siens. Bien que
l'idée de devoir se protéger est le plus souvent associée à la menace que
représentent les autres gangs, la notion de protection a en fait de multiples connotations. Le jeune pourra vouloir se protéger de sa famille,
comme il pourra chercher à renforcer ses défenses personnelles pour
affronter les aléas de la vie quotidienne. L'esprit de solidarité qui anime
la bande ainsi que l'appui du groupe agissent comme de formidables
mécanismes de renforcement de la confiance en soi. Aussi dit-on souvent d'un jeune sans sa gang qu'il n'est plus la même personne, qu'il est
vulnérable et sans défense.

La gang devient pour le jeune une « parade » dans le double sens
courant du verbe « parer », soit « paraître », ou orner pour obtenir une
belle apparence, et « se défendre », ou éviter un coup. Elle est tout autant
un « paraître » qu'un « pare-être ». Dans les deux cas, la parade que
constitue la gang agit sur le renforcement de l'estime de soi, une estime
de soi fondée sur le respect de sa personne et tributaire du soutien de ses
compagnons. La parade esthétique propre au style de la gang conforte
les assises de l'identité personnelle, tandis que la parade protectrice
donne de l'assurance dans l'action parmi ses pairs et la société. Une
jeune fille de 15 ans explique qu'elle ne sait pas vraiment ce qui l'a poussée vers la gang :

Je voulais [faire partie d'une gang] parce que je sais pas : pour la protection. [Pour] être fort, tu ne m'approches pas sinon… parce que je suis
dans une gang.

Un garçon de 16 ans à qui l'on a demandé pourquoi un jeune tient
absolument à faire partie d'une gang a répondu :

Premièrement, ça serait peut-être pour… l'apparence. Deuxièmement,
ça serait peut-être pour la protection là. Mais si on l'a obligé, t'sais. [On
peut obliger quelqu'un à faire partie d'une gang ?] Pas nécessairement,
mais s'il connaît les gars ça fait longtemps ; t'sais, il rentre dans la gang sans
même le savoir. Puis des fois ils peuvent même être d'accord pour te faire
entrer là dans la gang par exemple.

Comme nous l'avons vu précédemment, l'espace de protection que
forme la gang est habituellement présenté comme une offre difficile à
refuser (soit entrer dans la « famille ») lorsque la bande existe déjà ou
qu'elle est constituée exprès parce que l'ennemi est nombreux et qu'il se

fait de plus en plus menaçant. Dans ce deuxième cas, on ressent en général le besoin de se regrouper dans une bande pour se protéger des autres
bandes qui cherchent à imposer leur domination. C'est l'une des façons
les plus communes d'expliquer la genèse de la gang. « On n'avait pas le
choix. Il fallait défendre notre peau. » Voici comment un jeune homme
de 20 ans explique la naissance de sa gang. On lui demandait alors si les
jeunes des gangs étaient influencés par les modèles (vidéo, musique,
etc.) américains.

Oui les modèles les influencent. [Mais] *nous autres, c'est pas à cause
que les Américains là-bas ils ont des gangs que nous autres, on est... un
groupe. C'est pas à cause d'eux autres. C'est parce que nous autres... on en
avait à l'école* [des gangs avec qui on faisait des fois] *des affaires ou soit
qu'on a grandi ensemble. On a grandi ensemble puis la vie* [a fait que] *c'est
quand on a commencé à aller dans une fête à Saint-Michel, puis là il y a
quelqu'un* [qui s'est battu avec un] *de nos amis, puis ils ont pas aimé ça.
Ses amis étaient là, puis ils nous ont frappés. Puis là on a décidé qu'on faisait une gang.* [On avait été attaqués] *par les membres du CDP.* [Puis le
groupe a décidé de se transformer] *en gang de rue.* [On s'est appelés]
K.S.F. [Ça veut dire] *Killer Street Fighter.*

Parfois l'attaque s'avère la meilleure défense. Une jeune fille de
17 ans raconte comment elle a été amenée à former sa gang de filles :

*Nous, on a pas fait une gang à cause d'un gars. On a fait une gang
parce qu'il y avait une fille, il y avait des filles de Rivière-des-Prairies qui
me détestaient. Et puis elles sont descendues à mon école, elles étaient dix
filles pour moi, juste moi. Et depuis ce jour-là, je me suis dit, mais vu que
elles elles sont dix, ça vaut même pas la moitié. Alors moi je l'ai montré, j'ai
fait une gang de trois et puis ça va valoir peut-être plus qu'elles sont. Et c'est
ça qui m'a amenée à faire une gang. La fille ben dix contre moi, c'est sûr
qu'elles allaient gagner, hein. Alors ben... elles m'ont battue ce jour-là. Bien
battue. Je suis arrivée chez moi, j'étais en sang. Et ce jour-là, ben ça m'a
révoltée. Toutes mes amies quand elles m'ont vue, elles m'ont vue de même,
elles étaient vraiment étonnées.* [...] *Elles ont dit : « Qu'est-ce que tu penses
faire maintenant ? On fait-tu une gang contre elles, on va les battre. » Moi
au début c'était pas une gang qu'on voulait faire. On s'est dit : « On va se
mettre ensemble, on va aller les battre. » Là on est descendues à l'école R.
Là j'ai été chercher une de ces filles... Elles étaient pas là. Avec la rage que
j'avais, il y en avait une qui était armée* [...] *mais pas moi. Parce que moi,
moi ça me passait pas dans la tête d'être armée. On est descendues à*

Rivière-des-Prairies. On les a battues, bien battues. Et depuis ce jour-là, on s'est appelées une gang. On s'est dit : « On est de la gang. » C'est ça qui a amené à être une gang. C'est comme ça que ça a commencé. Mais il y avait pas d'affaires de garçons. Après on a fréquenté des gars des gangs. [Puis] *on a fini* [par] *former une autre gang.*

Toutes les semaines ou presque, des groupes se forment dans le but de se défendre contre un adversaire jugé menaçant. Il s'agit la plupart du temps d'une bande d'amis qui s'improvise gang de rue à la suite d'une série d'événements fâcheux. Le groupe se donne un nom et calque les comportements de ceux qui étaient au départ leurs ennemis. En général, l'existence de ces gangs improvisées est de courte durée. Elle répond au besoin immédiat de se rassurer mutuellement. Elle permet à ses membres de rassembler leurs forces et d'affronter leurs problèmes communs. Une fois ces objectifs réalisés, la gang se dissipe. Elle redevient la bande d'amis du début alors que chacun de son côté poursuit son petit bonhomme de chemin. Mais il arrive aussi, parfois, que la petite gang, qui ne voulait au départ que se protéger des autres gangs, progresse vers la criminalité. Elle joue le jeu de la gang de rue et elle y prend goût. La gang est alors appelée à grossir ses rangs pour se mesurer aux autres bandes puissantes du quartier. C'est un peu l'histoire du K.S.F. qui, au moment de notre recherche, était une nouvelle gang de rue en pleine montée dans le secteur de Montréal-Nord.

Il est par contre plus fréquent que les petites bandes passagères se fassent récupérer par les plus grosses gangs du quartier. En fait, les membres-vedettes des gangs de rue savent reconnaître les meilleurs éléments parmi tous ceux qui s'amusent à jouer les durs. Habituellement, ils cherchent à convaincre les leaders de ces petites bandes de se joindre à la grosse gang. Ils font comprendre à ceux-ci qu'ils ont plus à gagner avec la grosse gang qu'avec leur groupe. Cela arrive souvent, par exemple, aux bandes de filles. Elles se font courtiser par les gangs de garçons qui leur font miroiter des avantages autant sentimentaux que financiers. Leur adhésion reste toutefois conditionnelle à certaines obligations, comme nous le verrons plus loin.

La structure de la bande se transforme lorsque cette dernière n'est plus vue seulement comme un espace protecteur, mais aussi comme un moyen de faire des gains personnels.

Quand les amis deviennent « partenaires »

Si l'on fait abstraction de la violence qui est associée au phénomène des gangs de rue et qui fait couramment la une des journaux, l'image la plus répandue à propos de ces groupes de jeunes est celle de l'argent. Les jeunes feraient partie d'une gang avant tout pour les avantages qu'ils en retirent. L'attrait financier est le symbole le plus évocateur de ces avantages. En fait, les jeunes racontent qu'ils sont plutôt intéressés par ce que l'argent procure que par l'argent lui-même. Or, l'argent est d'abord ce qui donne un accès privilégié au pouvoir et au respect qu'il confère.

La dimension pécuniaire est mentionnée en dernier par les jeunes quand ils parlent des raisons de faire partie d'une gang. La question de faire de l'argent est ce qui distinguerait le plus la simple bande d'amis des gangs engagées dans la criminalité. La manière de gagner cet argent est aussi associée à l'image de violence qui est accolée à la gang.

La raison la plus souvent évoquée de recourir à la gang pour s'enrichir est l'absence d'autres moyens. Les jeunes n'auraient pas le choix d'avoir recours à des moyens illégaux ou marginaux s'ils veulent devenir quelqu'un de reconnu et de respecté au sein de la société. Il y aurait, nous dit un jeune homme, une corrélation entre le taux de chômage élevé et la criminalité.

[Les gangs de rue, c'est] *juste que c'est pas quelque chose qui peut disparaître. Tu comprends. Mais on peut, je sais pas, l'adoucir. Je sais pas. Écoute, si le taux de chômage baisse, O.K., je suis sûr qu'il y aura moins de personnes qui font partie d'une gang. Parce que souvent, ben écoute, si le chômage est en haut, ça amène le crime. Tu vois, ça amène le crime.* [Et si le taux de chômage baisse, ça veut dire que la criminalité va baisser aussi.] *Et puis il y a certaines personnes qui sont dans des gangs qui peuvent aider pour trouver des idées. Une seule personne peut pas trouver les idées.*

La participation à une gang permettrait de lever les barrières discriminatoires du système et de devenir des gagnants. Les jeunes ne veulent surtout pas être des « perdants » comme leurs parents, qui ont tout donné, jusqu'à leur santé, pour ne rien recevoir en retour. Les activités criminelles de la gang sont ainsi excusées par l'idéologie d'exploitation dont ils seraient victimes. Elles représentent une réaction normale à leur état de citoyen de second rang auquel ils se sentent condamnés.

Un jeune garçon de 14 ans d'origine haïtienne qui est né au Québec nous parle des difficultés qu'a vécues un de ses amis, difficultés qui ne lui auraient pas donné d'autre choix, selon lui, que de vendre de la drogue pour survivre :

[Les gens y voient] *souvent* [le côté négatif des gangs,] *mais il y a beaucoup de choses positives dans une gang. Parce que… ce que la société voit pas, c'est que quand il y a une gang qui s'est formée, c'est pas nécessairement dans le but de faire du mal. C'est juste que ç'a adonné comme ça, parce qu'ils avaient pas le choix. C'est comme je connais, j'ai un ami, depuis treize ans son père l'a abandonné. Il veut rien savoir de lui. Lui, il a pas le choix. Il faut qu'il survive. Puis là c'est comme la société lui, il vient d'Haïti. Il a pas décidé comme la société. C'était… il est trop exigeant avec lui. Fait que là ça le pousse à se révolter. Fait que lui qu'est-ce qu'il fait ? Il faut qu'il survive. Il a pas le choix d'avoir d'autres situations. De faire un deal.*

En fait, toujours selon ce jeune garçon, le principal problème des jeunes d'origine haïtienne à Montréal serait d'ordre pécuniaire :

[Notre principal problème, c'est] *le revenu monétaire.* [...] *Parce que moi je le ressens personnellement.* [...] *C'est parce que personne nous donne de l'argent, mais qu'est-ce que tu fais pour avoir de l'argent ? Il faut que tu ailles faire des deals, il faut que tu ailles faire des* [coups]. *Puis ça t'amène… heu… à fréquenter pour en avoir… tu vois, à fréquenter des gangs, parce que tu vois qu'eux autres ils font de l'argent. Fait que tu vas faire de l'argent avec* [eux autres].

Si la gang de rue se distingue des autres types de bandes par ses activités criminelles, celles-ci ne constituent cependant qu'une part négligeable de ses occupations régulières. C'est parce que la gang se comporte au quotidien en groupe d'amis à peu près comme les autres groupes qu'elle réussit à se maintenir en nombre et dans le temps. Une jeune femme de 22 ans qui a déjà appartenu à une gang explique qu'il y a plusieurs bonnes raisons de faire partie d'une gang :

T'sais [dans la gang] *il y a un fun quand même. Il y a un certain esprit de famille là que tu retrouves. Là t'sais, il y a les fêtes aussi. Tu sais que tu as quelqu'un qui va te soutenir. Puis t'sais c'est quand même un feeling qui est bon.*

Lorsque les activités criminelles entrent en ligne de compte, les amis ne sont plus seulement des amis mais des « partenaires » *(partners)*. En général, le nombre de partenaires qui sont nécessaires pour réaliser un coup est réduit au strict minimum, à moins que l'effet de groupe ne s'impose. Dans tous les cas, comme nous le verrons plus loin, il s'agit de considérations d'ordre stratégique.

Il faudrait pouvoir distinguer entre la bande de copains avec laquelle on a du bon temps et les partenaires avec lesquels on fait des affaires. Un jeune homme de 18 ans fait la distinction entre ces deux types d'amis :

Les gangs d'amis c'est plus, t'sais, des copains que tu vas « chiller » avec. Parce que moi j'ai deux [gangs]. *J'ai tellement d'amis… Ben j'ai des amis* [qui sont comme] *vraiment mes amis puis j'ai des partnès t'sais. Des partnès c'est plus pour faire du business, des affaires comme ça. Des amis il y a ceux-là pour faire du business aussi, mais c'est vraiment les partnès que je considère là. Il y en a d'autres ben que c'est plus pour chiller avec eux autres, t'sais. Parce que quand tu entres dans une gang, c'est plus pour faire de l'argent. Puis… heum, il y a la notion de… d'avoir le pouvoir, toute ça là. T'sais genre… les femmes là, c'est comme ça pleut là. T'sais c'est comme si mettons tu marches dans la rue puis tu es dans une gang là, les filles capotent. Là t'sais : « Ah, tu es dans une gang. »* [Les femmes,] *elles t'admirent là, c'est ça que j'ai remarqué là.* [Mais] *c'est plus un pouvoir illusoire là parce que ça fait pas longtemps. T'sais ça dure… ça peut durer longtemps mais ça dure… t'sais, les problèmes qui viennent là aussi. Des amis, t'sais, c'est comme… admettons t'es avec tes amis… tu pognes des filles autant* [que tu veux,] *mais t'sais c'est genre, sauf que tu as moins de problèmes si tu es tout seul. Quand tu es avec des amis, t'sais tu peux fumer un splif* [un joint] *de temps de temps.*

Argent, pouvoir et filles, tels sont les trois sons de cloche aux résonances presque identiques de la dynamique d'action marginale de la gang constituée de partenaires.

En entrant dans la gang, on mettrait en quelque sorte le doigt dans l'engrenage, et il serait extrêmement difficile de se dégager, explique une jeune femme de 22 ans :

Parce que des fois [il y a] *le besoin justement d'appartenance, de se sentir compris. Ben* [dans ce temps, la gang,] *c'est une solution parce que là tu sens que t'appartiens à quelqu'un… que t'appartiens à quelque chose, puis tu t'es compris, puis tu as ta place. Que ta place est là. Puis d'un autre côté c'est pas bon* [la gang,] *parce que justement ça peut devenir pire que ce que tu étais. Là, t'sais, ça donne… c'est comme si c'est un engrenage que tu te prends dedans. Puis après, t'es plus capable de t'en sortir. Puis à la place de diminuer, ça l'augmente, ça l'augmente, ça l'augmente. Puis à un moment donné t'es plus capable. T'es pris là-dedans. T'sais, t'es carrément* [pris].

Un garçon de 16 ans qui a déjà appartenu à une gang de rue utilise l'image de la « chaîne de bicycle » pour décrire cet engrenage que constitue l'engagement dans la gang.

C'est comme une chaîne de bicycle, t'sais. Tu fais le premier mauvais coup, puis des amis vont te rappeler à retourner, tout le temps autour, tourne, tourne, tourne, tourne... ça arrêtera pas juste que quand tu t'fasses pogner. Puis quand tu te fais pogner, la chaîne casse. Heum, mais ça peut toujours tourner un peu... T'sais comme si tu la répares, elle va toujours tourner.

Dans les chapitres qui suivent, nous chercherons à mieux comprendre la dynamique de cet engrenage particulier qui caractérise l'engagement dans une gang.

Pour terminer ce chapitre, nous avons choisi un extrait d'une entrevue avec un jeune homme de 22 ans qui résume bien les raisons qui sont les plus souvent évoquées de faire partie d'une gang et que nous venons sommairement de décrire. Mentionnons que nous nous situons encore ici sur le plan du discours et que dans la pratique les choses ne correspondent pas forcément toujours à cette réalité idéale de la gang.

[Le jeune fait des deals avec la gang, il reçoit son cash.] Et en même temps il a la protection de la gang. Il a une oreille attentive qui est là pour lui quand il a besoin de parler. Parce que les gars de la gang, vous savez, quand vous avez des problèmes, ils sont toujours là pour vous écouter. Parce qu'ils ont tous... ils ont aussi le même problème que toi. Vous trouvez une oreille attentive à vos problèmes. Vous trouvez un jeune qui s'identifie, qui s'habille comme toi, vous parlez de la même manière, puis vous avez les mêmes intérêts. Alors vous venez à vous sentir comme une famille. Et la gang pour toi devient ce qu'il y a de plus important. Et c'est pour ça que quand vous voyez que une gang se bat. Des fois ce sont des gangs entre cousins. J'ai déjà vu des cousins se poignarder, parce qu'ils étaient dans différentes gangs. C'est-à-dire que la gang devient même un peu plus importante que la famille d'où ils viennent pour certaines gangs.

La gang quand t'as pas d'argent, les gars de la gang vont te « tchéquer » de l'argent. Ou sinon ils vont... ils disent : « Ah, t'as pas d'argent, O.K. la prochaine... la prochaine deal qu'on va faire t'es dedans. » T'as pas de dame, ils vont te tchéquer une dame de la gang. Ou sinon si c'est juste du sexe que tu as de besoin, inquiète-toi pas les gars de la gang ils en ont toujours. Tu veux sortir, ils vont sortir avec toi. T'as de la protection. Quand tu as un problème à la maison, tu peux aller leur en parler. Ton prof t'énerve, te fait chier. Les gars de la gang vont aller démolir son auto pour toi. Alors la gang tu sens que c'est l'endroit que tu as tout ce que tu veux. T'es bien. Vous dormez dans la même maison. Tout le monde c'est à peu près pareil. Vous vous saoulez ensemble. Puis envoyez donc. Alors que ces gars-là c'est vraiment une attache plus fort que ta famille.

Nous verrons plus loin que la représentation n'est pas toujours conforme à la réalité. Si le discours des jeunes est véridique lorsqu'ils décrivent l'idéologie qui sous-tend l'action de la gang, il n'est pas rare toutefois que cette action se retourne contre les principaux protagonistes et qu'elle n'atteigne pas son but. En fait, le discours justificateur de la gang est en grande partie fondé sur une identité en déficit de sens. Or, dans le concret, on constate que la gang réussit rarement à combler ce déficit, du moins également pour l'ensemble de ses membres.

CHAPITRE 4

Territoires, quartiers
et citoyenneté urbaine

L a dynamique de violence dans les milieux marginaux, tels que les
gangs de rue, est fortement associée à l'identification à un territoire.
Nous avons déjà entrevu ce fait dans les différents témoignages où les
jeunes distinguent clairement les bandes rivales selon leur quartier d'appartenance. En passant d'un quartier à un autre, en franchissant à peine
quelques rues, des jeunes risquent leur vie parce qu'ils sortent des limites
de leur territoire. Aussi petite que soit la distance qui les sépare dans la
ville, celle-ci semble souvent suffisante pour que des jeunes qui viennent
des mêmes milieux de vie et qui partagent souvent la même origine
deviennent des frères ennemis prêts à s'entretuer pour « survivre » et
sauver leur honneur.

Un garçon, animé par un sentiment confus de vengeance envers
ceux qui ont tiré sur lui, nous explique comment il est lui-même peu fier
de devoir tirer sur son « frère ». Aussi commence-t-il par dire que lui et
sa bande ne recrutent pas de nouveaux membres. En fait, s'ils doivent
tirer sur leur prochain, c'est avant tout pour une question de survie. Il

aimerait bien que tout ce cirque s'arrête, mais il avoue qu'il ne voit pas comment cela serait possible :

Nous autres [notre gang] *on recrute personne. Parce que… c'est vrai que je suis dans une gang, mais je suis pas vraiment fier d'être dans la gang, parce que dans un autre sens, si je regarde bien… je tire… sur mes frères dans un autre sens. Les gars sont pareils comme moi. Ils ont la même couleur que moi, puis ils sont du même pays que moi. So… je vais pas recruter du monde, t'sais je vais pas dire à* [quelqu'un] *: « Viens donc, viens, viens, embarque dans la gang, puis on va aller tirer… disons les gars sur Pie-IX. » T'sais parce que dans un autre sens, moi je suis là-dedans, j'aimerais que ça finisse. J'aimerais ça que ça arrête. Puis c'est sûr que je vais jamais arrêter de faire des coups, des choses de même, mais l'histoire de tirer sur, t'sais sur les mêmes… t'sais mes frères disons… Non, je suis pas fier pour ça.*

[Aussi, toute cette histoire de protection du territoire,] *c'est pas vraiment important… parce que de l'autre côté comme de notre côté, c'est que tu te dis dans ta tête, t'sais : « Je suis obligé de tirer mon ennemi pour survivre. » Parce que tu sais jamais, tu peux dire bon… parce que regarde, il y a des hauts puis des bas dans une guerre de gangs. Comme ça peut être relax, comme après six mois, puis au septième mois ça commence à tirer des coups de feu. Tu comprends, so… tu peux pas savoir. Tu peux jamais savoir.*

Nous ne pouvons, une autre fois, qu'être troublés par une telle réalité. Or, à moins de nous intéresser strictement à la logique des activités criminelles qui est derrière ces enjeux territoriaux, il est extrêmement difficile de trouver une explication rationnelle à cette violence meurtrière. Cette violence frappe d'autant l'imagination qu'elle nous paraît irrationnelle et gratuite.

Dans ce chapitre, nous approfondirons la notion de territoire telle qu'elle est vécue et représentée par les jeunes d'origine afro-antillaise des milieux marginaux. Nous examinerons le territoire tour à tour sous l'angle de la construction d'un espace identitaire et sous l'angle de la dynamique des activités criminelles.

Quartier d'appartenance et citoyenneté urbaine

Si, de l'extérieur, la violence associée à la dynamique territoriale des jeunes des milieux marginaux échappe à l'entendement, de l'intérieur elle semble tout aussi inexplicable. « Ils s'haïssent et ils savent pas pourquoi », constate dépitée une jeune fille de 16 ans proche du milieu des gangs de rue.

Ils sont ennemis pour rien. Comme, admettons, la gang de Pie-IX avec la gang de Rivière. C'est toutes des mêmes types de gangs. Puis ils écoutent tous… le même genre de musique, puis ils font toutes les mêmes affaires, mais ils se haïssent, puis ils savent pas pourquoi. Puis ils se battent, mais ils savent pas pourquoi.

Il y a un côté fataliste dans le constat de cette violence, comme il y a un attachement inexprimable qui lie le jeune à son quartier. « Je ne peux rien y faire, la violence existe et je dois composer avec. C'est mon quartier, un point c'est tout ; c'est là que je me tiens, c'est là que vivent mes amis. » Nous apprenons finalement peu de chose du discours des jeunes sur le territoire de la bande, mis à part qu'il correspond dans la majorité des cas au quartier d'appartenance des jeunes. Parfois ce territoire peut être plus circonscrit. Par exemple, un garçon disait : « Ça va d'une rue à une autre, ou d'un centre d'achats à un autre ou d'une discothèque à une autre ». Mais, en règle générale, le territoire de la bande correspond au quartier où le jeune habite. « Le territoire d'une gang, c'est son milieu, son quartier », a dit un autre garçon dont les mots résument bien la pensée de la majorité. Par contre, la plupart du temps, le champ d'action principal de la bande se confine dans un secteur délimité et dans des lieux de rassemblement très précis.

À vrai dire, il n'y a rien d'incompréhensible à ce que des jeunes d'un voisinage se tiennent en groupe, aient des affinités et s'adonnent aux mêmes activités. Le contraire serait plutôt inquiétant. En fait, là où cela devient plus incompréhensible, c'est quand des jeunes sont prêts à s'entretuer au nom de cette identification au quartier. S'il s'agissait d'une guerre de territoire entre des bandes criminelles, nous n'aurions pas à chercher midi à quatorze heures pour trouver une explication à cette violence. Sauf qu'ici les enjeux débordent considérablement le champ habituel des rivalités pour le contrôle des activités criminelles. Certes, ces activités ont un rôle important à jouer. Cependant, nous ne sommes pas, du moins pas encore, face à une situation semblable à la « guerre » des bandes de motards qui sévit au Québec depuis 1995. À l'exception d'une poignée d'individus qui ont des intérêts immédiats à retirer du contrôle des activités criminelles sur un territoire, la question des rivalités entre jeunes d'origine afro-antillaise de quartiers différents relève de pratiques identitaires qui ont très peu à voir avec la criminalité.

Le territoire, « c'est de l'or », explique un jeune homme de 20 ans membre d'une gang de rue :

Pourquoi [c'est important de défendre son territoire,] *parce que le territoire, par exemple, si il est à Montréal-Nord, pour lui Montréal-Nord, c'est à lui. C'est son territoire à lui. C'est son territoire à lui, c'est très important... c'est... comment je pourrais dire ça ? c'est de l'or. C'est de l'or, d'autres gangs ont pas le droit de venir là-dedans.*

Aussi est-il naturel que l'on veuille défendre un bien aussi précieux. Défendre son territoire, « c'est le respect », a dit un jeune homme de 19 ans. Un garçon de 14 ans a dit quant à lui que si tu dois défendre ton territoire, « c'est pour faire honneur à ton nom. Une fois qu'on a eu ce territoire, ça devient naturel. Tu vas prouver que le territoire appartient à ces gars-là. » Aussi, ajoute-t-il, le territoire est délimité « par rapport au quartier ».

C'est l'espace qu'ils occupent. Si mettons c'est le parc, dans un coin du parc. Bon eux autres, c'est le coin du parc. Ce coin du parc là, ça leur appartient. [Ça appartient à] *personne d'autre. Tu peux passer. Jouer, ça ne dérange pas. Mais tu sais que... si tu passes par là, tu vas les voir là.*

Le lien entre la bande X et un certain espace Y associé à un quartier semble avoir une importance pour ce jeune garçon qui dit côtoyer les milieux des gangs sans toutefois en faire partie. Ainsi, il avait pris la peine de nous expliquer qu'il pouvait parfois s'identifier à un quartier juste pour s'auréoler de la réputation que l'on accole aux jeunes de ces quartiers.

Ça arrive souvent [que je m'identifie à mon quartier]. *Mais* [je sais pas] *pourquoi. Des fois je sais pas, je dis tout le temps Montréal-Nord. J'aurais pu être déjà à Saint-Michel. Mais c'est juste une habitude qu'on a pris. Comme Montréal-Nord a une certaine réputation, puis tu tiens à la garder. On a la réputation d'être* [meilleurs au basket]. [...] *Moi je viens de Montréal-Nord, mais pas de Pie-IX. Fait qu'il peut arriver que je dise que je suis un gars Pie-IX. Parce que Pie-IX a la réputation, eux autres, dès qu'ils arrivent dans une fête, on va dire, je donne un exemple, il y a de la brutalité. C'est pas qu'ils vont faire du grabuge, mais le monde ont tellement peur d'eux. Fait que là je peux arriver, puis dire : « Ah je suis un gars de Pie-IX, si tu fais pas ton respect, je vais écraser ta tête ». Ben* [je dis ça plus] *pour une niaiserie que pour d'autre chose. C'est pas dans mes pensées. Comme je suis toujours moi au basket. Ben je dis, je viens du Nord. Parce que le Nord on est meilleurs au basket. T'sais c'est toujours comme ça. Mais c'est pas comme si je vais arriver pour me battre : « Ah, je suis un gars de Pie-IX, un gars de Nord. » C'est juste par amusement.*

Si certains n'hésitent pas à dire qu'ils viennent d'un autre quartier pour le seul plaisir de s'ennoblir de sa réputation, d'autres ne pourraient pas le faire, même s'ils le voulaient, tellement leur quartier leur colle à la peau. Du moins, c'est la situation que semblent vivre un gars de Parc-Extension et sa gang.

Ah, je suis fier ! Je suis fier ! [de m'identifier à mon quartier] *quand je vais* [quelque part]. *Non,* [en fait] *ça se voit. Si, admettons, je sors,* […] *on s'en va dans une fête. Je me dis toujours ça : « Comment ils font pour le remarquer ? » Ils disent que la façon qu'on danse, ou la façon qu'on* [se tient, ça se voit]. *Mettons les autres gars de Saint-Michel, Montréal-Nord, ils viennent et puis, même si il y a tous des gars là, dès qu'on rentre, les filles disent toujours : « Bon, ça c'est les gars de Parc-Ex. » J'arrive pas à comprendre, même ma sœur dit ça.* […] *Ma sœur, elle, habite toujours loin de nous, juste à Saint-Léonard. On a été dans une fête* [avec]. *Pis ses amis arrivent, ils disent : « C'est tu des gars de Parc-Ex ? » Ah, elle dit : « Pourquoi ? » Ils disent : « Ils ont un style particulier. » Parce que tous les gars* [de Parc-Ex, on se fait reconnaître]. *Ouais, j'arrive pas à comprendre, dès qu'on rentre quelque part, ils disent : « C'est des gars de Parc-Ex ». Je sais pas si c'est écrit dans nos fronts ou si c'est écrit quelque part : « c'est des gars de Parc-Ex ».*

Chaque gang de chaque quartier se caractériserait par un style particulier. Ce style peut être bâti sur une réputation ou être naturel, comme il peut être forgé de toutes pièces par la bande. La constitution de ce style local s'inscrit au sein d'une dynamique interactive avec les modèles identitaires dominants qui ont cours à la fois sur la scène régionale et sur la scène internationale. Non seulement les bandes des différents quartiers se démarquent entre elles par certains traits, mais elles empruntent la plupart de leurs marqueurs identitaires au même réservoir culturel transnational qui est surtout, comme nous l'avons dit, américain. Ainsi, les noms imagés des gangs sont souvent tirés du nom d'un groupe de musique ou du titre d'un film ou d'une chanson rap. Dans la définition de leur identification commune, les membres de ces bandes choisissent également des signes empruntés aux bandes éponymes américaines qui leur servent de modèles. Au début des années 1990, les principales bandes de chaque quartier ont choisi de s'identifier à des « couleurs » comme cela était l'usage aux États-Unis. Selon la bande, les jeunes arborent un mouchoir blanc, bleu, noir ou rouge. Or, afficher sa couleur comporte une part de risque, comme nous l'expliquait un membre d'une gang : « Moi je suis un mouchoir rouge, si je m'en vais sur le territoire, disons, de Pie-IX, ils vont me tirer. »

L'époque où les bandes s'identifiaient clairement à des signes distinctifs connus de tous semble toutefois révolue. Le côté provocant de cette visibilité avait sa part d'inconvénients. Les membres étaient plus faciles à repérer non seulement par les bandes ennemies, mais aussi par la police. Par contre, les gangs ont pu tirer profit de la confusion qui règne autour de cette identification arbitraire basée sur la couleur des mouchoirs. Le port du mouchoir n'était pas propre aux jeunes des gangs de rue. Il s'agissait d'un style à la mode que suivaient plusieurs jeunes. Parmi eux, il y en a qui s'amusaient à confondre leurs pairs. Certains ont même payé cher leur affront et goûté à la médecine des bandes de couleurs rivales qui, se méprenant sur leur identité, leur ont flanqué une raclée. En fait, la couleur du mouchoir en est venue à la longue à désigner le quartier d'appartenance de la gang. Sans faire partie de la bande, plusieurs jeunes affichent ainsi les couleurs de leurs quartiers, comme l'explique une jeune fille de 16 ans :

[Avec les couleurs, il y en a qui veulent] *comme juste* [faire] *voir d'où est-ce qu'ils viennent. Comme il y a du monde encore qui viennent comme d'habiter à Pie-IX, mais t'sais ils font pas partie de la gang de Pie-IX. Mais ils vont porter le bandeau bleu pour* [montrer] *qu'ils viennent de Pie-IX.*

La confusion entourant l'identité de ceux qui font partie de la gang et de ceux qui n'en font pas partie a pu entraîner la création de signes plus discrets entre les membres. Toutefois, il est certain que la diversion occasionnée par cette confusion a été profitable à certaines personnes. Agissant avec plus de discrétion, celles-ci pouvaient recourir à cette diversion comme couverture afin d'exécuter leurs propres coups en toute impunité. Comme nous le verrons, le succès de plusieurs opérations criminelles est basé sur la discrétion et la complicité d'un petit nombre d'individus. En ce sens, la visibilité de la bande peut s'avérer un obstacle à la réalisation des gros coups, à moins qu'elle ne serve délibérément à brouiller les pistes.

Par ailleurs, les jeunes ne font pas que porter les couleurs de leurs quartiers, ils s'avisent de marquer le territoire des signes de leur présence. Inspirées encore une fois à l'origine par leurs pairs américains, les bandes utilisent les graffiti comme une forme de langage scripturaire.

> Le contenu des graffiti des gangs est en général logique : il est conçu pour communiquer des messages spécifiques sur l'identité du groupe, sur les alliances conclues par la gang et sur les membres de celle-ci. Les graffiti contiennent souvent des marqueurs géographiques spécifiques [...] Et alors que certains graffiti sont destinés spécifiquement à être des marqueurs territoriaux, cela n'est pas le but exclusif ni même le but principal des graffiti des gangs contemporaines (Hutchison, 1993 : 163).

Considérés comme une forme de vandalisme par la majorité de la population, les graffiti sont utilisés par les gangs avant tout en tant qu'écriture codée. Elles s'en servent pour annoncer leur présence, leur passage dans le quartier ou pour défier l'ennemi. Les graffiteurs forment souvent un sous-groupe spécifique au sein de la gang. En général, ce sont les nouveaux membres ou les artistes de la bombe aérosol qui héritent de la mission de faire les graffiti.

Au fil des années toutefois, plusieurs graffiteurs ont acquis leur indépendance par rapport aux milieux des gangs de rue. Ils agissent comme des groupes d'artistes autonomes qui rivalisent entre eux en s'appropriant une partie de l'espace public. Les graffiti sont en fait devenus aujourd'hui un véritable art de la rue que l'on expose jusque dans des galeries de New York. Parallèlement à cette consécration artistique, on observe, d'une part, une certaine uniformisation du style des graffiti et, d'autre part, une quête d'originalité dans les messages et les signes. L'espace urbain devient dans ses replis l'enjeu de luttes d'expression créatrice où s'affronte le marquage stylisé des identités. Apposer sa marque sur le territoire constitue pour la personne et pour son groupe un acte de revendication du pouvoir de la rue.

Un membre d'une gang a dit que pour lui les graffiti représentent « le respect ». Aussi, lui et sa bande ne faisaient des graffiti que dans leur quartier. Le même commentaire a émané d'un autre membre, pour qui les graffiti ont pour fonction de signifier que le territoire appartient à sa gang.

[Notre territoire,] c'est Montréal-Nord. Il est important d'avoir un territoire, si là tu marches, si c'est là que tu dois rester et si c'est là que tu as formé ton affaire. [Aussi] il est important de défendre son territoire, [parce] que tu ne laisses pas n'importe qui venir monter dans ton territoire, puis faire faire les commandes. [...] Notre territoire, ça commence comme,

tu marches et si tu vois dans le territoire qu'il y a comme des gens, qu'il y a quelqu'un d'autre qui arrive, qui essaye de te dire : « On marche ici, je suis un gars de Saint-Michel et puis ce territoire-là, je le tiens ». Tu vois, non, tu vas pas le laisser. Parce que le territoire à toi, tu dois le tenir très bien. [Mais si je vais à Saint-Michel, c'est pas important que je laisse ma marque] *parce que si tu laisses tous ces indices-là, c'est facile à se faire repérer.* [...] *Les graffiti jouent le rôle* [de dire] *comme c'est « à nous qu'y appartient ce territoire-là ». Puis c'est nous qui doit rester là-dedans.* [Les graffiti sur les murs,] *ça joue comme disons le rôle* [de dire] : *« C'est nous autres ». C'est notre marque. C'est notre signe qui est là.*

Un garçon a dit des graffiti qu'ils étaient la signature des gangs. En les voyant, « dépendant du secteur dans lequel le graffiti est fait, on sait qu'on est plus dans notre secteur ou qu'on est dans le secteur de X ou Y ». Mais, souligne un garçon âgé de 17 ans, « pour des personnes, les graffiti c'est pas juste une affaire de gang ».

C'est plus des affaires personnelles. C'est juste pour montrer ton nom, t'sais. Tu fais comme ta marque à quelque part pour montrer que tu étais là. Ou bien pour... être connu. Comme admettons que je m'appelle Pomme, t'sais. Admettons que je fais un graffiti, j'écris Pomme, admettons dans le quartier Nord. La personne va dire : « C'est qui ça, Pomme ? » J'ai écrit Pomme dans le quartier Sud : « C'est qui ça, Pomme ? » J'écris Pomme au quartier Est. Dans le quartier Ouest : « Qui ça, Pomme ? » T'sais il y en a qui savent pas que je suis Pomme. Sauf qu'il y en a qui vont dire : « Ah oui oui, j'ai déjà vu ça à quelque part » t'sais. Ça va comme faire Pomme, Pomme, Pomme... puis là admettons il va entendre quelqu'un parler, il va dire : « Tu connais-tu Pomme ? » « Ah oui oui, je connais Pomme. » Mais dans le fond, t'sais il va dire : « Oui, je connais Pomme », ben parce qu'il a vu mon graffiti à quelque part. C'est comme... juste pour se valoriser, pour montrer qu'on est quelqu'un [d'important].

Peu importe qu'il s'agisse « des affaires personnelles ou des affaires de gang », les jeunes multiplient les points d'ancrage qui les rattachent à leur quartier d'appartenance. Celui-ci devient le territoire virtuel de leur citoyenneté urbaine qui s'affiche sous les traits d'un style local particulier. Ce territoire leur appartient et personne ne peut le leur enlever.

Je dois vous dire que je connais plein de gars qui se sont retrouvés quasiment... heum... à recevoir des dizaines de coups de couteau pour défendre un territoire. Moi je suis attaché à Saint-Michel. J'ai fait toute la... toutes les histoires que je vous ai racontées à partir de mes dix ans, je les ai faites à Saint-Michel. C'est-à-dire que je suis vraiment attaché à ce quartier. Je sais que c'est mon quartier, personne peut me l'enlever. C'est sûr que si un gars vient me dire: « Tu mettras plus les pieds à Saint-Michel. » Il rit de moi. C'est impossible qu'il me dit ça, parce que il va se passer de quoi. On vient à s'attacher à notre quartier. C'est-à-dire que quand maintenant d'autres gars de d'autres quartiers viennent dans notre quartier, on les regarde bizarrement. Qu'est-ce qu'ils viennent faire ici? C'est quoi leur problème? Ils ont leur quartier. Pourquoi ils restent pas chez eux?

La rue est un lieu de pouvoir et d'affirmation identitaire, aussi peut-il être dangereux pour un jeune qui ne détient pas la bonne « citoyenneté urbaine » de circuler dans le quartier, qu'il soit membre d'une gang ou pas. Si la personne n'est pas du quartier, il est préférable qu'elle connaisse des gens et qu'elle prenne certaines précautions.

Oui, on peut circuler librement [dans cette ville], *mais c'est que si vous êtes pas du quartier, au début, le monde est pas sympathique. Si vous êtes pas du quartier, vous êtes mieux de connaître des gens. Si vous êtes pas du quartier, vous êtes mieux de sortir avec la fille la plus laide du quartier. La plus laide, parce que dès qu'elle est belle, puis un gars la désire, puis c'est toi qui marches avec, tu vas t'attirer des problèmes. C'est aussi simple que ça. C'est-à-dire que un autre prévient les autres, parce que nous on s'est fait dire qu'on est nos maîtres dans nos propres quartiers. Alors c'est une façon dans le fond de redistribuer la haine. Vous savez, c'est comme... heum... l'opprimé... vous savez la personne qui se fait opprimer va toujours opprimer quelqu'un d'autre. Il faut qu'il se trouve quelqu'un à opprimer, lui. Il est frustré au départ. Il faut qu'il opprime quelqu'un en ce moment, sinon, il va éclater. Il se sent opprimé.*

Un garçon de 14 ans qui est proche du milieu des gangs sans en faire partie explique comment il a déjà risqué sa peau juste parce qu'il se promenait dans un autre quartier ou côtoyait des membres de différentes bandes.

[Tout dépendant de ton degré de relation avec une gang, tu peux être en danger.] *Je vais te donner un exemple. J'avais été* [à une place] *avec... heum... dans ce temps-là, j'étais avec les gars... je marchais souvent avec les gars de B. Puis les gars de B avaient des problèmes avec les gars de CDP. Puis on avait été à une sortie, puis j'avais été avec les copines des gars de B, puis ma copine aussi était dedans. Puis c'est arrivé* [je sais pas de quelle] *manière. Les gars de CDP sont partis puis ils ont tiré les gars de B. Ça l'aurait pu être moi. Parce que moi j'étais avec eux autres. Puis ils ont tiré un gars de B. Mais là lui, il était blessé. Puis après ça, ce qui est arrivé, eux autres sont partis en auto. Puis moi j'étais dans l'auto avec eux autres au début. Puis après ça j'ai dit : « Je vais amener les filles chez eux. » Là ce qui est arrivé. C'est que les gars de CDP ont suivi les gars de B, ils ont tiré l'auto dans laquelle que j'étais. Mais quand eux autres, ils voyaient ça, je vais te dire que [c'était devenu dangereux pour moi]. Un autre exemple. Parce que à un moment donné, j'étais souvent avec les gars de Parc-Ex. Puis à un moment donné ils m'ont vu avec les gars de Pie-IX. Puis quand le monde ont déclaré que j'étais un gars de Pie-IX, ils voulaient me faire la peau. Puis là j'ai dit : « Ben écoute si tu crois que je suis un gars de Pie-IX, viens le jour, viens me chercher. » Là finalement, c'est d'autres gars qui ont dit que non, non, lui c'est un gars [de Montréal-Nord] ç'a pas de sens. C'est des situations [comme ça que je vis]. Ce sont des histoires de même.*

Dans un tel univers de violence, fondée sur les rivalités entre les bandes des différents quartiers, on peut imaginer qu'il peut s'avérer parfois dangereux de déménager. Un garçon de 17 ans raconte les scénarios que peut se faire un jeune obligé de s'exiler dans un autre quartier à cause de ses parents.

Admettons le jeune là, il habite admettons dans le quartier Pie-IX. Il déménage à Rivière-des-Prairies. Sans même le vouloir, c'est ses parents qui déménagent. Là on va lui demander, admettons, dans le quartier de Rivière-des-Prairies : « Où est-ce que tu habitais ? » Le gars il dit, j'habitais dans le quartier de Pie-IX. T'sais, ils peuvent lui chercher des comptes pour ça. Comme lui, il peut dire : « Non, j'étais pas dans rien » t'sais. Sans même le vouloir comme il peut dire : « Oui, j'étais dans quelque chose mais c'est fini. » T'sais. Comme tu peux jamais savoir comment la personne va le prendre. Mais t'sais admettons le gars, il déménage, puis il dit aux gars de Pie-IX : « O.K., moi je vous quitte parce que je déménage » t'sais. Ou bien il peut comme rester avec les gars de Pie-IX. Jamais être à la maison, toujours être dans son quartier Pie-IX, de peur que les gars de Rivière le prennent puis [le battent] tout dépendant.

Par contre, l'identification d'une gang à un quartier est telle que pour sortir de la bande un jeune n'aurait parfois pas vraiment d'autre choix que de quitter son quartier, dit un jeune homme de 19 ans proche de ces milieux.

Je pense que si on peut sortir [de la gang] c'est de laisser le quartier.

Qu'on aille vivre dans un autre quartier. Mais ils peuvent toujours garder le contact en cas mais, ils peuvent déménager, tu vois. Puis m'amener à un autre secteur. Mais ils peuvent le bousculer aussi, tu vois. Ils peuvent le déménager, aller dans un autre secteur. [En fait,] *c'est difficile de sortir d'une gang.*

L'image du territoire devient pour certains une véritable obsession. Après avoir fait l'étalage d'une série de noms de gangs de rue qu'elle connaît, une jeune fille de 15 ans s'interroge crûment sur cette obsession de vouloir protéger à tout prix son territoire.

J'en connais beaucoup [de gangs]. *Je connais B.B.S. C'est… heum… ah, je me rappelle plus du nom. Il y avait CMB, Cash Many Brothers, ça c'est ça que ça veut dire. Il y avait CDP, ça c'est Crack Down Posse. J'en connais. Je peux pas toutes les dire. Il y a BP, Brooklyn Players, ça c'est les gars qui habitent dans Brooklyn. Genre, il y a un secteur à Montréal, à Saint-Léonard, genre côté de l'école Saint-Antoine… sur Robert là et Viau, genre, de gros buildings là. Saint-Antoine de Saint-Exupéry à Saint-Léonard. Il y a un bout où c'est genre des gros blocs, Brooklyn Players, c'est pas vraiment des gangs. Ils sont pas là pour respecter leur territoire comme les autres. Ça je trouve ça complètement stupide d'ailleurs, respecter son territoire. On est pas des chiens, t'sais.*

La jeune fille poursuit plus loin en citant en exemple l'embarras dans lequel se trouve quelqu'un qu'elle connaît qui, en déménageant, est passé dans un camp adverse.

Les principaux ennemis d'une gang, [c'est] *une autre gang. Il peut avoir d'autres gangs à Rivière, mettons dans un même territoire, alors sûrement que eux ils vont être alliés, fait qu'ils protègent le même territoire, parce que je sais pas c'est quoi l'idée, mais tous ceux que j'ai parlé qui étaient en gang, leurs buts c'était aussi de protéger leur territoire.* « *Hé, moi j'habite à Rivière.* » *Il y en a un qui a déménagé puis qui est rendu à Saint-Michel. Il fait dur maintenant. Il protège Saint-Michel, puis avant il était contre Saint-Michel. Parce que Rivière puis Saint-Michel sont pas mal contre l'un contre l'autre.*

L'avenir en dehors de la gang ne serait en fait possible que dans la mesure où l'on réussit à se faire des amis au sein de toutes les bandes. Du moins, c'est le témoignage que livre un ancien membre de gang de rue âgé de 18 ans qui dit s'être promené de ghetto en ghetto.

J'ai déjà habité dans Pie-IX, Brooklyn, tu connais Brooklyn? Viau à côté de Saint-Ex. J'ai déjà habité trois ans à Brooklyn. Cinq ans à Pie-IX.

Puis là, ça fait six ans à Laval, Saint-François. Ça c'est des ghettos en ghettos. Brooklyn, c'est un ghetto. Pie-IX c'est un autre ghetto. Brooklyn il y a une gang. Pie-IX il y a une gang. Laval il y a une gang. Ghetto en ghetto, fait que je pense que c'est pour ça, ça l'a beaucoup joué aussi dans le fait que t'sais, comme je me suis intégré dans une gang de rue, parce que depuis que je suis tout petit, [je me promène de] *ghetto en ghetto, tu comprends.*

[Sauf que j'ai pas changé de gang à chaque fois que j'ai déménagé.] *C'est comme je fréquentais toujours du monde des gangs. Tu comprends. J'étais à Brooklyn, mes amis c'était toutes dans BP Brooklyn Players. Brooklyn Pass. Là je suis rendu à Pie-IX là, il y a CDP, BBS. Je connais tous les gars de CDP, BBS. Là je suis rendu à Laval, c'est les gars de Laval. De Saint-François, SF Posse.* [...] *Ça me dérangerait pas plus que ça, parce que je connaissais tout le monde. Partout où est-ce que je vais, je connais tout le temps tout le monde. J'en connais plein plein. Je connais presque le trois quarts de Montréal. Parce que t'sais comme... tu fais des deals avec du monde. Tu rencontres du monde dans les fêtes, dans les baskets. Tu comprends. Tu connais plein de monde. Maintenant là je peux aller dans n'importe quel secteur. Même si je faisais partie d'une gang, je peux aller dans n'importe quel* [quartier]. *Je peux aller à Rivière, aller t'sais comme avec les gars de Bad Boys. Pie-IX, avec les gars de CDP. Dans Brooklyn, parce que j'ai des amis dans chaque gang. Tu comprends. Maintenant* [on m'associe] *pu* [à une gang en particulier].

Naviguer d'une bande à l'autre est un privilège qui n'est toutefois pas donné à tout le monde. Dans le cas de ce garçon, il s'agit d'une personne ayant un sens aigu de l'entregent et des affaires. Aujourd'hui, il opère de façon indépendante sa propre *business*. Il a compris l'importance d'établir des alliances avec le plus grand nombre de partenaires pour mener à bien ses affaires. Il vient lui-même d'un milieu assez aisé, son père étant un entrepreneur qui a réussi. À un autre moment, il a cité l'exemple des grosses gangs qui établissent des alliances avec les bandes criminalisées comme les Hells Angels ou des bandes américaines.

L'appât du gain est souvent plus grand que les rivalités territoriales fondées uniquement sur l'identification à un quartier. Un petit nombre de jeunes seulement réussissent à tirer leur épingle du jeu lorsqu'ils en sont à cette étape. Pour la majorité, leur destin est de finir avec les marques de leur quartier accolées à leur personne tel un stigmate qui ne s'efface jamais. Certains ne survivent même pas à cette étrange guerre basée sur l'honneur et la défense du territoire et, par extension, de son identité d'appartenance. La logique de cette guerre échappe à une majorité de jeunes. Questionnée sur l'importance pour les gangs d'avoir un territoire, la jeune Myrlande a répondu presque mécaniquement : « Ouais, ça doit [l'être] pour eux. J'ai vu que c'était important. Par exemple, si tu étais un gars de Pie-IX, tu mets les pieds à Montréal-Nord, tu te faisais automatiquement descendre. Quelque chose du genre. » Les guerres entre gangs sont importantes parce qu'elles existent, mais elles demeurent à toutes fins utiles inexplicables pour les personnes en cause. Un jeune homme de 22 ans exprime son sentiment de répugnance devant le caractère insensé et incompréhensible de ces guerres meurtrières.

Personnellement il y a juste un gars que je connais qui est mort. C'était le gars de Rivière-des-Prairies qui… je le connaissais pas. Je l'avais vu à l'école. On s'était parlé mais c'était pas vraiment de l'amitié, mais ça m'a quand même fait de la peine qui soit mort dans ces conditions. Parce qu'il défendait quelque chose qui était pas à lui. Vous voyez ce que je veux dire. Il défendait un quartier. Il représentait Rivière, il était les gars de Bad Boys, nanananna. Mais qu'est-ce que ça te donne, Rivière est pas à toi. Vous voyez ce que je veux dire. Et il est mort pour ça. Et le gars qui l'a tué, je le plains lui aussi. Parce que sa vie est gâchée, en défendant un quartier. Vous voyez ce que je veux dire. […] Je sais pas qui qui l'a tué. Mais je sais que c'était juste un intérêt de quartier. Vous voyez. Ils s'aiment pas parce que l'un sort de là et l'autre sort de là. Puis… parce que en réalité, personnellement, j'ai jamais su qui qui a tué Cristal. Mais sincèrement je le plains. Je le plains d'avoir tué quelqu'un pour ça. Si il aurait tué quelqu'un pour de l'argent, j'ai rien contre. « I'm a moneymaker. » Puis là je le sais ce que c'est quand toi tu as ta business, tu veux pas que personne y touche. C'est sûr que c'est la loi de la jungle. L'argent, c'est la loi de la jungle. Tout le monde veut de l'argent. Tout le monde pourrait faire n'importe quoi pour l'avoir. Mais tu tues pas un gars de ton quartier. C'est aussi simple que ça.

Au moins, s'il était mort pour de l'argent ! Plusieurs jeunes sont morts ou ont été blessés gravement sans raison particulière. Ils ont fait les frais de jeux de guerre dont ils ignorent les enjeux véritables. Mais aujourd'hui, de plus en plus, derrière chaque bagarre pour l'honneur et le quartier se trament des enjeux économiques de nature criminelle. Ces enjeux ne concernent cependant directement qu'une poignée d'individus qui récoltent la grosse part des bénéfices. Ces individus entraînent par contre dans leur foulée l'ensemble des jeunes de ces milieux marginaux qui agissent comme subalternes dans les opérations ou comme complices par association. Ces autres jeunes sont indispensables à l'accroissement du pouvoir de la bande. Ils héritent même très souvent du rôle le plus actif lors de la réalisation des coups. Dans ce cas, les plus vieux protègent les arrières — le *backup* — des jeunes et leur font comprendre, entre autres, qu'ils courent moins de risque vis-à-vis de la loi étant donné qu'ils sont mineurs et qu'eux ne le sont plus.

La dynamique territoriale des gangs de rue est inséparable des enjeux criminels. Toutefois, ces enjeux ne constituent que la partie visible de l'iceberg. La plupart des jeunes sont entraînés dans le sillage de ces activités après avoir fait certains détours. Au nombre de ces détours, il y a la quête d'un espace identitaire original et d'un groupe d'appartenance. Or, une des caractéristiques de l'appartenance à la bande est d'articuler son registre identitaire avec celui de l'identité ethnoculturelle. Chaque bande réinvente en quelque sorte sur le territoire de la citoyenneté urbaine une nouvelle manière de vivre et d'exprimer son identité d'appartenance. Elle offre aux jeunes la double possibilité de conquérir une identité de citoyenneté et d'affirmer leur identité d'origine. Il s'agit toutefois dans les deux cas d'une identité morcelée et rapiécée en faveur des intérêts dominants de la bande qui deviennent l'enjeu de luttes territoriales contre d'autres bandes. L'esprit de ces luttes s'inscrit au cœur de la dynamique communautaire de la bande et départage les identités d'appartenance. Aussi est-il significatif que la plupart des principales bandes rivales aient certaines affinités ethnoculturelles. Comme s'il était plus facile de lutter contre les autres semblables que contre les autres éloignés.

Dans la section qui suit, nous discutons de l'évolution de la dynamique délinquante (et criminelle) des gangs de rue en essayant de comprendre comment des jeunes de mêmes milieux et souvent de mêmes origines en sont venus à se détester au point de vouloir s'entretuer.

De la défense du territoire aux activités criminelles

Le sentiment d'appartenance que les membres des gangs de rue éprouvent pour le territoire du quartier est en général antérieur à leur entrée dans la bande. En fait, une des raisons pour lesquelles on entre dans une gang plutôt que dans une autre est que cette gang est active dans le quartier auquel on s'identifie. C'est un peu comme si l'on décidait de joindre les rangs d'un commando dans le but de défendre l'intégrité de son territoire. Les leaders des gangs savent pour leur part exploiter les liens émotifs que les jeunes entretiennent avec leurs différents milieux de vie afin de les gagner à leur cause. La gang de rue s'affaire ainsi à combler de sa propre expressivité les vides identitaire et communautaire qui se manifestent chez le jeune en quête de sens et de sensations fortes.

De la maison à l'école

Chaque personne établit depuis son giron familial les points de repère de son espace identitaire. Lorsque l'enfant grandit, son territoire personnel s'étend en général de la maison à l'école. C'est dans les limites de ses principaux trajets quotidiens qu'il tisse ses premiers réseaux d'identification en dehors de la famille. « Ma maison », « ma rue », « mon école », « mon parc », « ma paroisse », etc., constituent un continuum usuel pour beaucoup d'enfants lorsqu'il s'agit de déterminer les lieux d'appartenance à partir desquels ils construisent leurs réseaux d'amis et de connaissances. Plus tard, l'image du quartier en vient chez plusieurs à englober l'ensemble de ces références spatiales autour desquelles se définit une identité locale commune. Plus précisément, le quartier correspond ni plus ni moins dans les représentations des jeunes au secteur de leur voisinage qui est délimité par leurs parcours quotidiens entre les différents endroits où ils ont l'habitude de se tenir. La référence au quartier est avant tout symbolique et non pas spécifiquement géographique. Le quartier est d'abord celui où l'on a grandi.

Le territoire d'une gang, c'est un quartier. C'est le quartier où est-ce qu'on a été élevé, quoi. C'est ça le territoire. [Le territoire,] c'est sa demeure, quoi. C'est là qu'il peut faire toutes ses choses à lui. C'est lui [le maître]. Ici, c'est sa maison. T'sais, tu viens pas là pour faire des choses. C'est à lui.

Le territoire de la gang devient par extension sa demeure. Aussi, dit un autre jeune homme proche des milieux des gangs, si ce territoire est grand, les membres qui vivent à proximité les uns des autres peuvent constituer des sous-groupes. Le premier noyau territorial de la bande (d'amis) s'établirait en quelque sorte autour du secteur résidentiel immédiat du jeune.

Ben comme, si ils ont un grand territoire, ils peuvent [avoir des sous-groupes dans la gang;] *ça dépend où est-ce qu'ils habitent là. Eux autres là, si ils ont un grand territoire, puis tu as des petits secteurs, t'as tes places puis tout ça...* [Les sous-groupes,] *ça dépend, comme j'ai dit, de leur habitation. Comme ça se peut... quand ils sont un peu plus proches, ils vont se tenir plus souvent ensemble qu'avec les gars des autres membres du groupe là.*

Pour la majorité des jeunes, leur quartier d'appartenance est le quartier où ils ont bâti leurs premières amitiés. Même si plus tard ils déménagent, ils continueront à s'identifier au quartier de leur enfance ou au quartier où ils ont grandi. Certains individus pourront alors profiter de ce lien privilégié et sentimental que le jeune établit avec son quartier d'appartenance afin de le convaincre de participer aux activités de la gang.

Mais c'est à l'école, et en particulier au secondaire, que les véritables clans semblent se former. La plupart des jeunes prétendent que, lorsqu'ils étaient enfants ils avaient des amis de différentes origines. En fait, les critères raciaux ou culturels ne paraissaient pas avoir d'importance à leurs yeux à cet âge. Cependant, lorsqu'ils arrivent au secondaire, le marquage des groupes est très visible. Les Latinos, les Asiatiques, les Arabes, les Québécois, les Noirs, etc., occupent tous un coin différent de la cafétéria et de la cour de l'école. Les petits nouveaux n'ont vraiment pas le choix d'aller vers « les leurs » ou de s'isoler des autres. C'est aussi dans les parages de l'école que se créent très souvent les premiers liens formels avec les gangs. L'identité d'appartenance locale est alors renforcée par les traits communs de l'identité ethnoculturelle. Les jeunes revendiquent dorénavant non seulement leur place dans le quartier, mais l'originalité, voire la supériorité, de leur identité ethnoculturelle.

Une jeune fille de 17 ans au tempérament rebelle, qui dit détester l'école en raison des problèmes qu'elle a avec les autres élèves, nous raconte son passage au secondaire :

Quand je suis arrivée ils m'ont mise... à l'école normal là. J'avais 11 ans... je pense... J'ai fini mon primaire, je me souviens pas vraiment, mais j'ai fini mon primaire à l'âge de 11 ans. Et puis c'est à partir de là que vraiment tout a commencé dans ma vie que l'école était rien. Au primaire, j'aimais bien l'école parce que quand tu es jeune tu vois pas les mêmes choses. Les amis sont pas pareils du tout. Parce que au primaire, t'as pas d'amis qui vont t'inviter à fumer un joint dehors, du tout. Mais au secondaire, c'est vraiment différent, la vie au secondaire. Je fumais pas de cigarettes quand j'étais au primaire.

Mes professeurs [eux] m'aimaient toujours. J'ai toujours été le chouchou de tous mes professeurs. J'ai jamais de problèmes avec mes professeurs. Ça c'est quelque chose que… je dois dire, j'ai jamais eu de problèmes. Au contraire, ils m'ont toujours aidée pour aimer l'école. Ils ont fait leur possible, mais ils ont vu que dans mes yeux c'était écrit négatif.

Non. Mon grand problème, c'était avec les élèves de l'école. [Avec] celles qui étaient pas mes amies. La première fois que je suis entrée au secondaire, pour en venir, c'est ça qui m'a marquée, parce que la première fois que je suis entrée au secondaire, je me suis battue la première journée de l'école. Parce que c'était rendu que les Jamaïcaines m'aimaient pas. Elles trouvaient que moi j'étais différente des autres filles, et puis le fait que je suis haïtienne, il y avait… il y avait quelque chose qui disait les Haïtiennes et les Jamaïcaines s'aimaient pas. Et puis moi j'étais une fille très indépendante. J'aimais pas rire avec personne. Quand quelqu'un, j'aimais pas ta face, je riais pas avec toi. C'est tout à fait normal. Et puis la première journée de l'école, je suis entrée en classe. Il y a une fille qui m'a piétiné les pieds. Et puis je lui ai dit de me dire excuse. Alors elle m'a répondu, si tu veux que je te dise excuse, sors dehors avec moi. Là ben moi comme je voulais pas me rabaisser, j'aime pas qu'on me donne des défis. Ça je lui ai dit, après l'école. Si tu te sens vraiment tough, ben on se rencontrera. Et puis vraiment, après l'école, Madame elle est venue. Elle m'a provoquée et puis là ça a commencé. Depuis ce jour-là j'ai été marquée. Puis je me suis dit, c'est la guerre… avec les filles de l'école. On se battait presque à chaque fin de semaine. À chaque fin de semaine, vendredi après l'école. C'était ça les règlements de l'école. C'est pour ça que j'aime pas l'école. À chaque fois que j'entrais à l'école, il fallait que je me batte. Et puis c'était rendu que le fait que moi que je me battais, et puis je gagnais souvent, alors toutes les filles comptaient sur moi pour me battre. Quand une fille avait problème, ben j'étais la première qui a été appelée.

Le chemin qui conduit de la maison à l'école est souvent celui qui mène de la bande d'amis à la gang plus belliqueuse. À partir de ce moment, la notion de territoire se transforme et prend la dimension d'intérêts particuliers à défendre. Au cœur de ces intérêts qui peuvent

faire l'objet de disputes, il y a la reconnaissance et le respect de son identité sociopersonnelle (à la fois locale et culturelle). Comme la jeune fille
de l'extrait précédent, on n'entend pas se faire « piler sur les pieds » par
le premier venu sans exiger des excuses de sa part. L'univers de l'école se
révèle pour plusieurs jeunes un lieu privilégié de renforcement de sa différence. On prend conscience de sa différence en même temps que de
celle de l'autre. Pour la majorité des jeunes, cette étape de leur vie se
passe sans véritable problème. Les ajustements se font sans heurt et les
rapports avec les autres deviennent en général une source d'enrichisse-
ment personnel. Pour d'autres, par contre, cette prise de conscience
s'avère plus orageuse. Les événements les précipitent alors dans un cul-
de-sac qui ne semble pas leur donner d'autre choix que de réagir violemment. La constitution d'un petit clan pour affronter l'ennemi étranger est un réflexe familier.

Tous les groupes qui se forment à l'école en vue de se défendre
contre un groupe adverse ou d'attaquer celui-ci ne finissent pas en gangs
de rue. La plupart de ces bandes réunies sous l'effet de la colère du
moment ont une existence éphémère. Une fois la rage dissipée, la bande
se défait ou redevient un groupe d'amis comme les autres. Il arrive
cependant que la bande prenne un tournant plus délinquant. Elle décide
alors de s'en prendre à d'autres groupes ou à d'autres individus sans raison apparente. Elle peut également choisir d'utiliser la terreur qu'elle
suscite comme arme d'extorsion. Les premières expériences de taxage
ont souvent lieu à l'intérieur ou dans les parages de l'école. Or, lorsqu'une bande se pose aujourd'hui comme la menace de l'école et des
alentours, elle a en fait très peu de modèles à suivre autres que ceux des
autres gangs qui existent dans le quartier ou la ville. Ainsi, son évolution
dans la délinquance a de fortes chances d'être inspirée de ces autres
gangs dont la réputation n'est plus à faire. Lorsque des jeunes décident
de « taxer », ils ne font que répéter ce que d'autres ont fait avant eux. Ce
phénomène du taxage (qui a parfois des allures d'épidémie) n'est toutefois pas très ancien. Il prend son envol à un moment où la définition
des territoires n'est plus seulement reliée à une question de reconnaissance respective des identités communes, mais aussi à une logique pécuniaire et matérielle. Ce tournant vers la criminalité, les bandes de jeunes
des milieux marginaux d'origine haïtienne l'ont pris au début des
années 1980.

De l'identité d'appartenance à la criminalité

Nous avons déjà abordé la généalogie des gangs de rue d'origine haïtienne. Pour ce faire, nous avons principalement repris l'historique que nous avait dressé l'un de nos premiers informateurs sur le terrain. Nous parlons de « gang haïtienne » par commodité, parce que la majorité de ses membres sont de cette origine, mais nous sommes conscients qu'il s'agit en fait de groupes plus hétérogènes qu'on n'aime le laisser croire.

Pour l'instant, reprenons les principaux éléments de cet historique des gangs de rue tel que décrit par une personne qui a vécu cette période de l'intérieur (d'abord par l'entremise de son grand frère, ensuite à titre de chef de gang).

Le récit de notre informateur fait surtout mention de deux étapes décisives dans la constitution de la dynamique actuelle des gangs de rue. La première étape correspond à la période précédant l'année 1982 ; cette période est en quelque sorte celle de la prise de conscience de son identité raciale, alors que les luttes sur le territoire prennent l'allure d'affrontements entre groupes de Blancs et groupes de Noirs. La deuxième étape, qui a débuté autour de 1982 avec l'arrivée dans le quartier de quelques jeunes qui ont connu le milieu des gangs de New York (la notion d'émissaire venu de l'extérieur mérite d'être soulignée), est marquée par le début des affrontements entre Noirs et par le détournement des enjeux de leurs luttes vers des intérêts lucratifs.

Cette représentation des événements semble en grande partie exacte. Il y a lieu, par contre, d'ajouter qu'au cours de la décennie 1980 les jeunes de ces milieux marginaux ont commencé à revendiquer avec force leur identité ethnoculturelle. Ainsi, lorsque les bandes ont entrepris leur aventure dans la criminalité, il n'était pas rare que celles-ci aillent jusqu'à l'autre bout de la ville pour défendre leur intérêt et leur honneur. La conscience de son identité raciale est suivie dans le temps par une série d'affrontements avec des groupes de Noirs anglophones qui habitent principalement dans l'ouest de l'île. Les matchs de basket-ball, les fêtes et les sorties à la discothèque sont autant d'occasions de rencontres entre les groupes qui tournent parfois au vinaigre. Les histoires de filles et de fierté mal placée sont souvent au cœur des querelles. Au fil du temps, on n'attend plus les occasions impromptues pour s'affronter. De part et d'autre, on pousse l'audace jusqu'à

aller défier l'ennemi sur son propre territoire. De ces guerres de territoires sont nés les premiers découpages des districts des gangs de rue.

La rencontre tumultueuse des gangs de Noirs de l'Ouest (en majorité d'origine jamaïcaine) avec celles des Noirs de l'Est (en majorité
d'origine haïtienne) est aussi marquée par une guerre d'intérêts.
Des deux côtés, les activités criminelles commencent à prendre une
plus grande place. La séparation des territoires est devenue en grande
partie synonyme de la division des principaux créneaux d'activités
criminelles. Alors que dans l'Ouest les jeunes Noirs acquièrent de
l'expérience dans le trafic de drogue, dans l'Est ils se familiarisent avec
le proxénétisme. De part et d'autre, l'extorsion et le vol par effraction
tiennent le haut du pavé dans les activités des gangs, et pour le reste
chaque gang se spécialise dans un champ en particulier. À la fin des
années 1980, surtout avec l'essor du crack dans les milieux noirs anglophones, les bagarres entre les jeunes de l'Ouest et ceux de l'Est deviennent plus sporadiques. Dorénavant, la priorité des gangs est la conquête
d'un marché local. Les ennemis se retrouvent dans la même cour. Chacun doit veiller à protéger ses intérêts avant qu'un plus malin ne réus-
sisse à prendre le contrôle des activités sur le territoire. Les jeunes d'un
même secteur et de la même origine se battent pour les mêmes intérêts
lucratifs. C'est à ce moment que la notion de territoire rime de plus en
plus avec celle du contrôle des activités criminelles au sein des milieux
des jeunes. La violence dans les quartiers augmente aussi à cette époque.
Le trafic d'armes s'ajoute aux autres activités criminelles des gangs de
rue que sont le vol, le proxénétisme et le trafic de drogue — l'ordre étant
variable selon les groupes.

L'organisation des groupes de même que la délimitation des territoires sont plus ou moins spontanées et improvisées. Les ancrages des
gangs de rue se situent dans le prolongement du sentiment d'appartenance que les jeunes éprouvent pour leur quartier. Une généalogie se
crée à partir des deux premières grosses bandes de jeunes d'origine haïtienne à avoir sévi dans les quartiers au tournant des années 1980-1990.
Ainsi, des groupes revendiquent le Master B comme étant la première
gang et d'autres, les Bélanger. Dans les principaux secteurs où l'on
trouve une forte concentration de population d'origine haïtienne, des
bandes se forment : Parc-Extension, Saint-Michel, Montréal-Nord et
Rivières-des-Prairies. Dans le sillage de ces bandes, d'autres sont mises
sur pied, notamment à Laval, sur la Rive-Sud et à Saint-Léonard.

Il est intéressant de noter, par ailleurs, que les principaux axes de circulation des bandes sont limités à quelques artères importantes ou voies de métro, soit le boulevard Pie-IX, de Laval jusqu'au sud en direction du fleuve (vers La Ronde et la Rive-Sud); le boulevard Henri-Bourassa, de la station de métro du même nom jusqu'à Rivière-des-Prairies, en passant par Montréal-Nord; et la «ligne bleue» du métro de la station Snowdon (secteur des Noirs anglophones) jusqu'à la station Saint-Michel (au sud de laquelle se situe le quartier du même nom), en passant par la station Parc (du quartier Parc-Extension). La circulation d'un secteur à un autre constitue, nous l'avons vu, un des enjeux des guerres territoriales. Or, l'objet de ces contrôles territoriaux, outre les questions d'honneur, relève surtout d'une mainmise sur les activités criminelles et sur les «filles». L'attention portée aux filles n'est évidemment pas vertueuse; elle est reliée à des intérêts financiers : les activités de prostitution et de proxénétisme sont parmi les plus lucratives de ces milieux.

Si l'organisation des gangs de rue était à l'origine très peu structurée, elle est plus ou moins forcée de se structurer davantage avec le temps. La multiplication des groupes, les rivalités et les alliances entre les bandes, la spécialisation accrue des activités criminelles ainsi que la répression policière sont au nombre des éléments qui ont fortement contribué à la structuration des gangs de rue. Il faut par contre préciser qu'il s'agit d'une structure de type pyramidal. À la base, les principaux acteurs sont plus ou moins à la merci de ceux qui, d'en haut, s'efforcent de tirer les ficelles. La plupart des jeunes qui sont happés par l'univers des gangs de rue connaissent peu, du moins au début, la hiérarchie qui existe dans leur gang. Ils sont conscients qu'il y a des grades à obtenir, mais dans bien des cas ils ne connaissent pas les principaux commandants. Dans les gangs plus importantes, ils doivent répondre à un «sous-chef» qui, lui-même, doit répondre à un plus haut gradé. À mesure que l'on monte dans l'organigramme relié à la planification des activités criminelles, on constate que le fossé entre la base et la tête dirigeante s'accentue.

Comme nous l'avons déjà dit, l'effet du nombre, à moins qu'il ne soit désiré, nuit à la réalisation des activités criminelles. En étant plus nombreux, on devient forcément plus faciles à repérer. Aussi, de plus en plus on s'organise en cliques. Au sein de chaque gang, il y a toujours des jeunes plus intrépides et plus délinquants qui préfèrent organiser leurs coups sans se préoccuper du reste de la gang. Non seulement ils peuvent œuvrer dans une plus grande quiétude, mais leurs bénéfices sont plus gros. En opérant en petite équipe, on n'est alors pas obligés de partager les gains avec l'ensemble de la gang.

Laissons un jeune homme nous expliquer comment il a vu et compris le passage des bandes qui défendaient des intérêts raciaux aux bandes plus récentes qui agissent surtout par cliques :

[Les rivalités entre Noirs et entre Haïtiens,] *ça c'est quelque chose qui a commencé c'est avec les gars de F, à l'époque… X family ; les gars de Family. On les appelait Famille. C'est les gars de Pie-IX. Puis il y avait aussi les gars de Brooklyn. Puis il y avait aussi les gars de B. Puis il y avait aussi, à l'époque, une gang qu'on appelait Cobra. Ça c'est une gang qui était mélangée de Latino-Américains. Puis il y avait les Todo Loco, c'est-à-dire c'était tous des races des minorités. Mais il y avait un problème. Quelle gang était la meilleure ? Là les Montréal-Nord, les B, disaient qu'ils étaient les meilleurs. Ceux de Pie-IX, Family, disaient : « Non, non, Family c'est le best, on bat plus de Blancs que vous autres. » Là vous vous retrouvez avec les Latinos de [l'école] Lucien-Pagé, qui vous disent : « Non, non, non, non, non, les Locos, on bat plus de Blancs que vous autres. » Alors il vient à se créer une rivalité, à savoir qui qui est plus fort. Alors quand il y avait des fois des Blancs à battre, des gangs poussaient d'autres gangs pour se dépêcher d'aller les battre. Est-ce que vous avez déjà lu Astérix ? Ils se mettent tous à courir pour battre les Gaulois, pour les Romains. Alors c'est comme ça que ces gangs-là faisaient. […]*

Oui. Comme je disais, il a eu presque pour dire [dans le temps] un genre de séparation. C'est-à-dire… heum… le point commun [les Blancs] avait disparu. À force de vouloir se vanter qui était le meilleur, le meilleur, « I'm the best. Non, I'm the best », il vient que les gangs ont commencé à s'entretuer entre eux quasiment. C'est-à-dire qu'il y avait les gars de Demolition qui descendaient à Montréal-Nord, qui faisaient des ravages. Puis des gars… les gars de Montréal-Nord eux autres ils descendaient maintenant à Parc-Extension puis envoye donc, puis ça l'a continué jusqu'à maintenant… Les gangs… ils ont oublié pourquoi ils avaient créé leur gang. Ils ont oublié les valeurs qu'ils avaient. Mais entre-temps il y avait la pauvreté aussi, alors il y avait les business qui s'en venaient. Là je vous parle des plus vieux. Alors il y avait des intérêts monétaires en jeu. Les intérêts des filles. Et tout ces choses-là qui… a amené que les jeunes aujourd'hui, on a cette mentalité-là : s'entretuer, puis sans même une raison bien précise. Mais tout ça a commencé par une rivalité des vieux. Parce que vous savez, la rivalité qui existait entre Saint-Michel, Pie-IX ensemble; ben on va dire le quartier Saint-Michel avec Montréal-Nord c'est une riva… c'est une rivalité qui est là depuis très longtemps. Ça remonte en 89. C'est-à-dire… heu… même un petit peu avant ça. C'est-à-dire les gars de Master B à l'époque se battaient contre les gars de Family. Puis ça continue encore. Mais c'est juste que les gangs ont changé de nom. Mais tous ces gars de gang-là ce sont les petits frères de ces vieux. Parce que très souvent, ces vieux-là [y pouvaient toucher aux petits,] *mais jamais à leurs petits frères. Mais entre-temps, nous autres les petits, on les regardait faire ces gars-là. On les admirait parce qu'ils étaient tough. Alors notre rêve, c'était de faire la même chose qu'eux pour que les autres petits viennent nous admirer, comme nous on admirait les plus vieux. Alors on a commencé la même chose. Aussi simple que ça.*

C'est à peu près [comme ça à la longue qu'un gars de qui habite Saint-Michel ne pouvait plus aller à Montréal-Nord]. *Mais il y a aussi* [quelque chose] *de psychologique… Parce que on se rappelle aussi qu'à l'époque… quand tu frappais un Blanc, la police te prenait. Quand tu avais martelé un Blanc, tu pouvais recevoir des grosses peines de prison. Il y avait du monde qui faisaient des six mois, presque des un an. Alors que quand tu battais un autre Noir, tu fais un mois ou deux. Vous voyez ce que ça crée psychologiquement dans notre tête. C'est-à-dire que…* [c'est quelque chose que j'ai] *vérifié parce que personnellement je peux vous dire, j'ai un de mes amis qui lui il a battu un Blanc, puis laissez-moi vous dire battre, c'était même pas le mot. Il a fait huit mois de prison. Alors que son cousin a martelé un Noir. Il l'a martelé. Il a fait trois mois. Tu vois la différence. Et laissez-moi vous dire que les deux gars qui se sont fait battre étaient à peu près dans le même état.*

Ça ouvre [donc] *une porte* [à marteler d'autres Noirs]. *C'est à peu près la même chose qui se passe aux États-Unis. C'est comme… tu bats un de tes frères tu souffres moins que quand tu bats un Blanc. Parce que vous savez le Blanc toujours, même si on les martelait, on les battait, mais le Blanc avait toujours cette image d'intouchable. Tu touchais un Blanc c'est comme si tu touchais à tout le système, hein. Parce que son père aurait pu être un policier. Son père a peut-être quelque chose de grand alors que toi tu étais pauvre. Fait qu'on savait que dans 90 % des cas, un Noir ses parents c'est du monde des manufactures, des affaires du genre. Fait que le Blanc avait une image d'intouchabilité. C'est pour ça que… à notre âge, la frustration que les Noirs avaient, très souvent ils finissaient par se le passer entre eux. Parce que si ils frappaient un Blanc, il fallait que tu coures vite. Tu le battais, mais tu t'en allais. Puis ça sera à pas se faire prendre. Alors qu'avec les Noirs t'avais le moins peur.*

Maintenant, [il y a la prostitution, la criminalité, la revente de drogue, sauf] *qu'on peut plus mettre ça comme gang. Parce que il y a une évolution qui s'est passée. Les médias bien sûr, ils l'ont pas remarqué, parce qu'ils regardent juste du côté de la violence. Mais il y a un côté organisé maintenant de tout ça. C'est plus pareil. Vous savez maintenant ce qui se passe, c'est que… ça marche par cliques et non par gangs. C'est-à-dire que les gangs maintenant, maintenant c'est comme… ce sont plus des gangs. Ce sont des gars de quartier qui se tiennent ensemble. C'est-à-dire, ils ont un même système que nous on a eu quatre ans auparavant. Mainte-nant ça marche plus du genre que une clique va sortir ensemble. Par exemple, vous arrivez dans une fête maintenant, vous allez voir des petits groupes de gens, mais ce sont pas des gangs. Ce sont juste des trips, des gars qui se tiennent ensemble, qui se tiennent les coudes, qui font de la business ensemble, qui… qui vendent de la drogue ensemble, tu vois ce que je veux dire. Qu'ils ont les femmes qui dansent pour eux, des affaires comme ça. Puis ces gars-là ils se tiennent… ils se tiennent entre eux autres, c'est-à-dire que tu touches à un, lui il fait juste appeler les autres gars ; ils vont plus faire comme avant les gangs, tirer en public, des choses comme ça. Non. Ils vont se mettre des masques, puis le soir ils vont régler leur problème. Vous savez… maintenant le pouvoir est encore plus grand qu'aupara-vant, parce que avant* [quand] *les gangs faisaient des crimes, c'était pour se valoriser vis-à-vis des autres. Mais maintenant, vous entendez toujours qu'il y a du monde qui se font poignarder, piquer, et on sait toujours pas c'est qui. Vous voyez, on peut même pas l'associer à une gang. On sait pas qui qui le fait. Ce sont des choses indépendantes maintenant qui se font. Ça veut dire que maintenant c'est la criminalité. Vous savez, avant c'était de la délinquance. Maintenant c'est tout simplement de la criminalité que les jeunes ils ont. Maintenant les jeunes, ils croient au système du crime. Avant, les jeunes ils étaient dans les gangs. Vous voyez. C'est-à-dire que ce sont… un groupe de gars qui est ensemble, ils faisaient des affaires pour survivre. Mais maintenant les gangs font ça que dans le but de devenir des vrais gangsters. Vous voyez ils voient un film comme* Al Capone, Menace the Society, *des choses comme ça, ils s'identifient à ces gens-là et ils veulent partir leur propre affaire. Ils veulent… il veut devenir riche en faisant ce qu'ils font là présentement. C'est-à-dire qu'ils sont prêts à écraser n'importe qui qui se trouve dans leur passage où il y a une gang.*

L'évolution des guerres raciales entre bandes au phénomène actuel des « cliques » de criminels est marquée par plusieurs transformations de la notion de territoire. Alors qu'à l'origine le territoire est rattaché à des formes de revendication de son identité d'appartenance, il devient par la suite de plus en plus synonyme de contrôle des activités criminelles. Au point qu'aujourd'hui le territoire se révèle une notion sans véritable signification autre que pragmatique lorsque vient le moment d'exécuter des coups en petite clique. S'il importe de bien connaître le territoire et les lieux des opérations criminelles, il n'est pas de mise par contre d'être associé à ces crimes ni à ce territoire. Sur ce plan, la réussite des affaires criminelles exige souvent une extrême discrétion ainsi qu'une planification minutieuse.

Au début, il y aurait la délimitation des territoires. Questionné sur l'importance de défendre son territoire, un jeune homme a répondu :

Comme on sait tous, toute guerre, toute révolution a été basée au niveau des territoires. Où ce qu'on gère nos choses. Parce que sur ces territoires-là, tout ce qui s'y passe, tout ce qui y est fait, il veut avoir une part du butin. Donc, il faut que les limites soient définies.

Or, ce butin, il serait constitué surtout des filles du quartier, si l'on se fie à la réponse d'un autre jeune homme à la même question :

Il est important de défendre son territoire, pour les autres c'est comme si bon, eux autres, ils viennent du Nord, bon. Le Nord c'est à nous autres. Il faut le défendre. Les filles qui sont là qui ont été élevées ici, dans le Nord, sont à nous autres. C'est comme ça que ça marche, ça marche souvent comme ça.

Enfin, il y aurait des secteurs plus payants que d'autres et il est nécessaire de les reconnaître, précise, en réponse à la même question, une jeune femme :

Ben parce que justement, tu as besoin de pouvoir. Si il y a un secteur qui est plus enrichissant que d'autres. Fait que tu veux… mettons comme la drogue, mettons si tu vas dans le quartier de l'ouest de la ville, tu sais que c'est fort là. Il y a plein de rues, que en un jour, tu fais 300 $ facilement dans une journée. Fait que c'est sûr que les autres gangs veulent avoir cette rue-là. C'est du cash vite rapporté, mais là, l'autre il veut pas la laisser, parce que lui c'est sa petite vache grasse.

En se spécialisant, les activités criminelles se confinent de moins en moins dans des territoires précis, cherchant plutôt à s'étendre. Elles impliquent également de moins en moins l'ensemble de la bande. Elles reposent dans les mains d'un petit nombre d'individus qui savent profiter de la présence de la gang sans pour autant redistribuer à tous les membres la part individuelle qui leur revient. Il s'agit très souvent, dans ce cas, de jeunes criminels aguerris qui, indépendamment de leurs origines, trament des coups avec d'autres organisations ou réseaux criminalisés, en général plus anciens et plus puissants, pour arriver à leurs fins, c'est-à-dire faire toujours plus d'argent.

Alliances locales et réseaux internationaux

Nous ne pouvons nous pencher sur la dynamique criminelle des gangs de rue sans tenir compte des nouvelles réalités locales et internationales auxquelles ces dernières font face.

Lorsqu'il s'agit d'activités criminelles, les acteurs opèrent le plus souvent en petite clique. Au sein d'une gang, nous a-t-on plusieurs fois répété, il y aurait toujours un petit nombre d'individus plus « criminalisés » que d'autres. Ce sont ces personnes, en général, qui entretiennent l'image violente de la bande et qui exécutent les gros coups. Ils peuvent jouer autant un rôle de leader qu'un rôle de subalterne. Dans les deux cas, en avançant en âge et en évoluant dans le monde du crime, ils établiront de nouvelles relations. Le milieu carcéral est particulièrement propice à ce genre de liaisons criminelles. Par exemple, deux ennemis dans la rue peuvent unir leurs forces en prison afin de se protéger d'autres groupes qui cherchent à imposer leur loi à l'intérieur des « murs ».

Par ailleurs, en vieillissant, les membres des gangs deviennent de moins en moins visibles. Cela ne veut pas dire pour autant qu'ils aient délaissé la criminalité, même si la chose peut se produire ; ils ont plutôt compris l'importance d'agir dans la clandestinité. S'ils choisissent de poursuivre leur carrière de criminel, ils œuvreront soit au sein d'une organisation plus structurée, soit seuls, soit dans une petite clique de deux ou trois « partenaires ». Ils pourront dans tous les cas continuer à entretenir des liens avec les gangs de rue.

Le passage à la criminalité d'un petit nombre d'éléments des gangs de rue a néanmoins des répercussions sur la structure de ces groupes.

L'influence de ces éléments peut jouer sur différents plans. Ils peuvent, par exemple, chercher à prendre le contrôle de la bande, essayer d'engager celle-ci dans des formes particulières d'activités ou établir des liens avec d'autres groupes de criminels. Bref, ils peuvent contribuer à transformer la bande, qui était au départ peu structurée, en une organisation criminelle aux ramifications complexes et étendues. C'est ainsi que des alliances inattendues entre des membres de groupes criminels, vus habituellement comme des rivaux, ont été récemment mises au jour par les corps policiers. Des membres (ou d'anciens membres) de gangs de rue d'origines culturelles différentes établissent des liens entre eux afin de développer leurs activités liées au trafic de drogue. Ou encore, d'autres deviennent des hommes de main des bandes de motards criminalisées afin d'exécuter les plus sales besognes. Toutes ces alliances locales participent, directement ou indirectement, à la structuration pyramidale des activités criminelles dans les gangs de rue.

Paradoxalement, le système judiciaire contribue à étendre les ramifications des gangs de rue. La déportation des individus les plus « criminalisés » vers leur pays d'origine est l'un des derniers moyens utilisés pour contrer l'expansion de la criminalité au sein de ces milieux. Or, le résultat de ces déportations n'est pas toujours celui que l'on escompte. Ainsi, nous savons que plusieurs de ces jeunes qui sont forcés de retourner dans leur pays d'origine vont tout faire pour revenir (illégalement) au Québec. En fait, nombreux sont ceux qui réussissent cet exploit. Lorsqu'ils regagnent leurs anciens milieux, ces jeunes emmènent la plupart du temps avec eux de nouvelles relations et de nouvelles expériences de criminalité. Le chemin du retour passe très souvent par les États-Unis. Par ailleurs, quand ils étaient dans leur pays d'origine, ils ont pu s'engager dans la criminalité locale. Il faut savoir que beaucoup de ces jeunes n'ont comme véritable expérience de « travail » que leurs connaissances en matière d'activités criminelles. Aussi peuvent-ils partager leur savoir-faire avec des groupes ou des individus qui cherchent à s'organiser criminellement dans un pays en « reconstruction » comme Haïti.

Enfin, lorsqu'ils reviennent au Québec, ces jeunes sont riches de liens internationaux. Ils sont alors en mesure d'aider les bandes locales à prendre de l'expansion. Ainsi, en fin de compte, la déportation n'aura servi qu'à étendre et à fortifier les réseaux locaux et internationaux des bandes. Le scénario se répète lorsque ces mêmes jeunes se retrouvent entre les mains de la justice. Ils sont renvoyés dans leur pays

d'origine et, tôt ou tard, plusieurs réapparaissent sur la scène locale québécoise, armés d'une plus vaste expérience criminelle et d'un esprit toujours plus vindicatif.

Le constat d'échec de la déportation comme solution pénale est,
selon nous, un bon exemple qui doit nous forcer à réfléchir à des
moyens autres que strictement répressifs de se mesurer au problème des
gangs de rue et de la criminalité chez les jeunes d'origine étrangère.

CHAPITRE 5

Violence et souffrance : quelques itinéraires typiques

L'image populaire associée au phénomène des gangs de rue est celle de la violence. Les médias nous servent régulièrement, et de manière éclatante, cette violence afin de vendre des exemplaires ou d'accroître le côté sensationnel des bulletins télévisés. Les témoignages des « victimes » comme ceux des « experts » consultés ne font en général que corroborer les craintes que suscite au sein de la population la médiatisation de ces actes violents, qui paraissent d'autant plus graves et incompréhensibles qu'ils sont souvent décrits comme des actes gratuits et immoraux. Le regard qui est alors posé se concentre presque exclusivement sur le côté spectaculaire et insensé de cette violence : « Une fusillade au coin d'une rue fait deux victimes innocentes », « Un jeune garçon sans histoire est poignardé à mort durant une fête », « Une jeune fille est violée par plusieurs membres d'une gang », etc. Chaque fois que ce type de nouvelles fait l'objet des manchettes, nous ne pouvons faire autrement que d'être alarmés et, jusqu'à un certain point, de nous sentir menacés. La représentation que nous nous faisons de la violence s'arrête habituellement à l'image troublante de ces actes odieux qui dérangent la tranquillité des citoyens ordinaires. Comme s'il n'y avait de violent que la force d'impact des coups portés. Comme si la violence se réduisait aux actes commis et perceptibles et ne comprenait pas les contextes desquels elle émerge. Les actes décrits comme violents, ceux-là même qui font couramment la une des journaux, ne sont en fait très souvent que la partie visible de l'iceberg. Or, aussi longtemps que notre vision du phénomène de la violence se limitera à l'aspect spectaculaire des problèmes, notre compréhension risquera d'être incomplète, voire biaisée. La violence la plus percutante n'est pas toujours la plus dévastatrice ni celle qui fait le plus de mal. Aussi faut-il chercher à la comprendre depuis sa source et dans sa globalité.

Une violence fondatrice

Loin d'être inhumaine dans son essence, la violence serait plutôt fondatrice du social, de la culture et du sacré (Freud, 1951 ; Girard, 1972 ; Maffesoli, 1984). « C'est la violence qui réunit les hommes », résume de façon lapidaire Sofsky (1998 : 12).

> La violence demeure omniprésente. Son règne est coextensif à l'histoire du genre humain, du début à la fin. La violence crée le chaos, et l'ordre crée la violence. Ce dilemme est insoluble. Fondé sur la peur de la violence, l'ordre crée lui-même à nouveau peur et violence *(ibid.)*.

Il n'y a pas lieu ici d'entreprendre une réflexion philosophique sur le caractère humain et universel de la violence. Notre intention est uniquement de soulever l'importance de nous ouvrir à une perspective plus large que les seuls faits et gestes perçus habituellement comme violents. La violence ne peut être comprise que par l'ensemble des dynamiques qui la constituent et par lesquelles elle s'exprime et se réalise. En ce qui nous concerne, c'est surtout dans les rapports à l'identité et à la souffrance que nous avons essayé de comprendre les dynamiques de la violence. Il ne peut y avoir d'idée de la violence sans une forme quelconque de souffrance qui l'accompagne. La violence n'existe que parce que, d'une part, elle présuppose une souffrance qu'elle engendre et que, d'autre part, elle est l'expression d'une souffrance qu'elle cherche à atténuer. On ne peut expliquer la violence en faisant abstraction de la souf-france qui est à sa source et dont elle est la conséquence. La violence est aussi créatrice de liens. Elle réunit par affinité les personnes qui la subis-sent et qui cherchent à s'en protéger. Devant l'ennemi et l'adversité, le groupe trouve sa raison d'être. La violence entraîne un rapport d'iden-tité avec soi et avec les autres. Elle est un marqueur identitaire qui se manifeste tel un cri tantôt que l'on étouffe, tantôt que l'on pousse. Elle peut être tout autant inhibée qu'exhibée. Mais lorsqu'elle est partagée, elle devient un lieu commun des représentations à partir duquel les actions et les pratiques prennent un sens. Les dynamiques de la violence s'inscrivent dans le continuum de la souffrance et de l'action. L'une et l'autre sont deux pôles indissociables du cycle reproducteur de la vio-lence structurelle (ou institutionnelle) et de la violence comme mar-queur identitaire.

Les formes d'expression de la souffrance et de l'action sont les deux fils conducteurs qui ont guidé notre compréhension de la violence qui se dégage de l'ensemble de notre corpus de données. En examinant la violence sous l'angle de la souffrance, nous cherchions non pas à voir des victimes dans ceux et celles que l'on accuse à tort ou à raison d'être les responsables de cette violence, mais à éviter de céder à la tentation facile de focaliser notre interprétation sur la nature des gestes perçus comme violents. Au-delà de la perception et des évidences, il s'agit de se pencher sur les racines du mal et de décoder le langage de la violence tel qu'il s'ex-prime chez les jeunes des milieux marginaux et tel qu'ils le vivent. Il s'agit de comprendre comment la violence s'articule avec une certaine logique culturelle et sociale, et comment les actes violents cachent d'autres enjeux fondamentaux de la réalité des personnes et des groupes. Il est tout aussi biaisé d'approcher l'auteur de gestes violents comme une vic-time que de le considérer comme la seule explication de cette violence. La violence s'inscrit toujours dans un contexte, et c'est celui-ci que nous avons d'abord et avant tout essayé de comprendre. Aussi, on ne peut expliquer la violence sans faire référence aux modèles qu'elle reproduit. Or, la violence est le modèle d'action par excellence des jeunes qui gra-vitent dans les milieux des gangs de rue. Elle place les conduites de la bande autour d'un noyau commun d'identification. Les jeunes des gangs de rue s'approprient les modèles de violence produits par la société du spectacle et de l'objet en les adaptant à leur réalité et en les instituant comme marqueurs identitaires de leur appartenance commune.

Dans ce chapitre, nous examinerons de plus près comment cette violence est vécue par les jeunes qui la commettent et la subissent. Nous tenterons plus particulièrement de dégager les écarts qui peuvent exister entre le discours et la pratique. Si la violence est un modèle qui trouve sa cohérence dans un discours justificateur partagé par l'ensemble des individus du même groupe d'appartenance, force est cependant de constater que la réalité ne correspond pas toujours à l'idéal que l'on s'était forgé. Un univers souvent inconciliable sépare le discours de la pratique lorsqu'il s'agit d'expliquer les tenants et les aboutissants de la violence. Entre l'idéal d'une violence qui répare les injustices sociales, économiques et familiales et les conséquences réelles de cette violence chez les personnes qui y recourent quotidiennement, il existe un fossé énorme que nous avons essayé de comprendre. La pratique se révèle, semble-t-il, rarement à l'image du discours justificateur de la violence. Or, le défi a consisté pour nous à traduire dans le concret la parole que nous avons recueillie. Autrement dit, il s'agissait de passer de la parole à l'acte, de voir en quoi le discours normatif de la violence à l'intérieur des gangs de rue ne correspond pas toujours à la réalité sur le plan individuel. Pis encore, la violence qui est bénéfique pour le groupe se retourne très souvent contre ses membres et ses sympathisants.

Dans ce chapitre, nous visons à dépasser le discours assez stéréotypé sur les « parades » de la gang et sur le territoire pour nous situer davantage sur le plan de l'expérience subjective des jeunes. Nous examinerons, dans ce contexte, quelques « postures » personnelles ou itinéraires individuels face au vécu de la violence et de la souffrance : en d'autres mots, nous rendrons compte de différentes façons de vivre personnellement la violence et la souffrance dans le milieu des jeunes marginaux. Nous aborderons des situations somme toute assez communes, même si elles sont moralement insoutenables, telles que le viol collectif ou l'épreuve initiatique du coup de couteau à asséner. Nous entrerons également dans l'univers de jeunes qui se sentent coincés par la violence qui les a d'abord attirés et motivés à se joindre à une gang de rue. Nous verrons alors qu'il n'est pas toujours aussi facile qu'on le voudrait de sortir de ces milieux violents. Nous nous pencherons de plus sur des postures extrêmes ou limites par rapport à la gang. En un certain sens, nous nous situerons à ce moment dans les marges de ces milieux marginaux. Dans un cas, nous pénétrerons dans le monde fabuleux d'un jeune criminel d'expérience qui prétend toujours agir à la périphérie de la gang sans jamais toutefois s'encombrer de celle-ci. Les péripéties que ce dernier nous raconte prennent dans sa bouche l'allure d'un véritable scénario de film d'action dont il est le maître d'œuvre et le principal personnage. À l'autre extrémité, nous entrerons dans l'univers personnel désagrégé d'une jeune fille qui se sent rejetée par sa gang et par sa famille. Dans ce cas, nous sommes placés devant l'expression la plus éloquente de la souffrance qui se dissimule derrière la violence de l'isolement et du rejet. Il s'agit d'une posture extrême qui se démarque de l'ensemble des autres histoires de vie que nous avons recueillies lors de la réalisation de cette recherche. Cette histoire d'exception n'en demeure pas moins révélatrice de l'importance que revêt sur le plan personnel le soutien du groupe. Elle nous questionne sur la complexité des enjeux autour desquels s'organise la vie au sein des milieux marginaux comme les gangs de rue. Elle montre à la fois le soutien que ces milieux apportent aux personnes qui en font partie et la menace qu'ils représentent pour celles qui souhaitent à tout prix s'en déprendre. Aussi cette histoire nous force-t-elle à nous demander, avant de penser à éliminer les gangs de rue, quelle autre option on peut offrir aux jeunes de ces milieux. La solitude et l'isolement sont-ils préférables à une vie de groupe criminalisé ?

Nous laisserons dans ce chapitre une très grande place à la parole des jeunes. Ces derniers sont mieux que quiconque en mesure de nous parler de leurs expériences personnelles de la violence qui existe dans les milieux marginaux et de la souffrance que cache cette violence. Nous avons rassemblé ces différents témoignages en un même chapitre afin de permettre au lecteur de faire sa propre lecture dialogique de ces expériences humaines. Nous formons le souhait que chacun de nous s'ouvre à la dure réalité de ces jeunes en faisant *tabula rasa* de ses préjugés et en se laissant interpeller par le message personnel que ces jeunes nous adressent. Les histoires, les tranches de vie et les épisodes que nous présentons résonnent en écho entre eux mais aussi avec le reste des témoignages présents dans cet ouvrage. Tous nous entraînent dans l'espace limite qui sépare les représentations de la pratique et du vécu. La reconnaissance de la position limite de certains de ces témoignages est essentielle si l'on veut mieux les comprendre et les relativiser par rapport à nos propres valeurs et à notre propre vision de ces milieux de violence et de souffrance. Il faut jusqu'à un certain point être capable de se détacher de ses propres références pour essayer de se mettre dans la peau de la personne qui nous confie une partie habituellement secrète de son intimité. Il faut aussi, idéalement, se mettre au diapason existentiel de ces jeunes, en situant leurs expériences personnelles respectives dans l'univers global des représentations des différents milieux de vie auxquels ils appartiennent. Il faut enfin être conscient que plusieurs de ces représentations s'entrechoquent et parfois même s'opposent selon les valeurs des milieux (famille, école, Église, etc.) et le niveau d'engagement des individus à l'intérieur de ceux-ci. La personne qui nous parle est elle-même très souvent déchirée par les contradictions des représentations qui l'habitent. Or, la parole qu'elle nous livre est également le reflet de ces contradictions à partir desquelles elle essaie de se situer et d'interpréter ses expériences personnelles.

Toutefois, avant de présenter les différents témoignages des jeunes, nous dirons un mot à propos de la place des garçons et des filles au sein des gangs de rue.

Garçons et filles de la gang : une vision, deux réalités

La différence la plus marquée en ce qui a trait aux expériences personnelles est certes celle qui existe entre les garçons et les filles. La logique de domination de la bande est avant tout masculine. Même s'il y a des bandes strictement composées de filles, la plupart reprennent les modèles masculins. Du Moyen Âge à nos jours, les bandes de jeunes ont constitué pour les garçons un lieu privilégié de démonstration de leur virilité. Les filles sont également présentes dans ces bandes dans la mesure où elles sont des « biens symboliques » convoités et protégés qui circulent comme des objets d'échange.

Il n'y a qu'un pas qui sépare les conduites de virilité de la violence.

La *virilité,* entendue comme capacité reproductive, sexuelle et sociale, mais aussi comme aptitude au combat et à l'exercice de la violence (dans la vengeance notamment), est avant tout une *charge.* Par opposition à la femme, dont l'honneur, essentiellement négatif, ne peut qu'être défendu ou perdu, sa vertu étant successivement virginité et fidélité, l'homme « vraiment homme » est celui qui se sent tenu d'être à la hauteur de la possibilité qui lui est offerte d'accroître son honneur en cherchant la gloire et la distinction dans la sphère publique (Bourdieu, 1998 : 56-57).

Si la virilité occupe une place importante dans la construction sociale de l'identité des jeunes garçons de la gang, il faut cependant constater que les jeunes filles qui gravitent autour de ces garçons sont le plus souvent des victimes de cette virilité. Ici, l'honneur de la jeune fille n'est pas défendu ; il est plutôt vite perdu. Les garçons de la bande s'empressent d'apposer leurs marques sur les filles afin de leur rappeler qu'elles sont leur chose. Les plus jeunes filles, ou les plus vulnérables parmi elles, seront longtemps utilisées comme des pions dans les jeux de domination entre les gangs. À leur insu ou sans qu'elles fassent vraiment partie de la gang, elles pourront être appelées, par exemple, à espionner le camp adverse. Les garçons profitent alors de leur jeunesse et de leur naïveté pour essayer de soutirer des informations sur les activités de leurs ennemis. De leur côté, les jeunes filles se prêtent à ce jeu sans toujours en mesurer les conséquences. Les façons de faire des garçons sont souvent très subtiles, car nombreuses sont les jeunes filles qui nous ont avoué qu'elles ignoraient, jusqu'au moment où leurs problèmes avec les gangs ou la justice ont débuté, que leur petit ami était membre d'une gang. S'agit-il d'un aveuglement de leur part ou d'un mensonge ? C'est difficile à dire. Mais dans tous les cas, on observe que ces jeunes filles sont en état de vulnérabilité par rapport aux garçons de la gang, leur ami de cœur en tête, et qu'elles retirent de minces avantages de leur proximité de ces groupes.

Pour introduire cet univers de violence et de virilité qui caractérise la domination masculine de la gang, nous avons choisi de présenter de longs extraits de l'histoire de Marie telle que celle-ci nous l'a racontée. L'histoire de Marie nous servira en quelque sorte de « version canonique[1] » afin de pénétrer dans l'univers de violence des gangs de rue. Nous examinerons par la suite certains éléments de son histoire à la lumière d'expériences semblables vécues par d'autres jeunes.

---

1. Nous inspirant des travaux de Claude Lévi-Strauss, nous avons montré, dans *Dérives montréalaises* (1995), les avantages qu'il y a à dégager une version canonique ou une sorte de récit prototypal lorsqu'on se trouve en présence de plusieurs récits, comme c'est le cas ici.

Les malheurs de Marie

Nous avons rencontré Marie en centre d'accueil. Il s'agit d'une jeune fille de 14 ans qui est née au Québec d'une mère haïtienne et d'un père martiniquais qu'elle n'a pas vraiment connu, mis à part ce qu'on lui a raconté à son sujet. Marie a été élevée par sa mère jusqu'au moment où elle a eu l'âge d'aller à l'école. À ce moment, sa mère l'a confiée à une de ses amies. Elle l'a envoyée dans une école privée, pour que de son côté elle puisse retourner travailler. La mère de Marie était une danseuse nue qui était prise dans les mailles de la prostitution et des gangs de rue. Il était important pour elle que sa fille ait la meilleure éducation et toutes les chances de réussir. Aussi était-elle prête à se sacrifier pour lui payer ses études et lui donner ce que elle n'avait pas eu.

La mère de Marie est morte du sida à l'âge de 30 ans. Les trois dernières années de sa vie, Marie les a passées à ses côtés. Elle en garde un triste souvenir. Si Marie s'est retrouvée en centre d'accueil, c'est un peu, nous a-t-elle dit, parce qu'elle ressemble à sa mère. On craignait qu'elle ne suive ses traces. Ses derniers démêlés avec les gars des gangs de rue ont convaincu sa tante que c'était la meilleure chose à faire afin de la protéger à la fois d'elle-même et de ceux qui en veulent à sa peau.

Avant que Marie nous raconte ses mésaventures avec les gangs, laissons-la nous parler de son enfance.

Bon... [j'ai été principalement élevée par] *ma mère. Ma mère. Ouais, ma mère, mais... il faut... ben quand j'étais petite... Mais on va dire quand j'avais 6 ans oui, c'était elle. Parce que, t'sais, elle prenait le temps de s'occuper de moi. Mais quand j'ai commencé à aller à l'école, ben là, elle a dit :* « *Ben comme elle va à l'école, je vais en profiter pour aller travailler* », *puis toute ça, t'sais. Mais j'avais du plaisir pareil, mais pour moi c'était ma mère. C'était ma mère. J'ai pris tout ça du côté de maman, je trouve. Je suis comme ma mère. J'ai juste un peu le caractère... un petit peu de caractère de mon père, mais pas à part de ça là.* [C'est] *ma grand-mère* [pis] *ma tante* [qui disent ça]*... Ben j'ai la forme de ma mère. J'ai... la façon de parler de ma mère. Ah, j'ai presque les qualités de ma mère, mais je suis débrouillarde comme ma mère. Mais je suis comme mon père de la façon que je fais de l'étude à l'école. Mais maman aussi était exigeante...*

[Mais] *j'ai surtout passé des mauvais moments avec elle. Quand elle était malade, puis elle pouvait pas marcher ; j'étais obligée de faire... j'étais plus ou moins autonome avec elle. T'sais, je me sentais plus autonome parce que j'étais obligée de faire de la nourriture, de faire le ménage, d'aller à l'épi-cerie pour elle. J'étais presque prête à conduire l'auto pour elle, en tout cas. Mais ma tante, c'est de ça qu'elle a peur aussi. Ma tante, elle sait que c'est ça qu'elle faisait aussi. Elle veut pas que je prenne le même chemin qu'elle.*

Parce que... parce que ça me fait du mal de dire ça là, mais t'sais dans le fond, c'est la vérité. Il faut pas le cacher. T'sais parce que ma mère est morte du virus du sida. Parce que elle aussi, elle [dansait]. *Puis moi, ma mère elle faisait tout pour que je puisse pas prendre de son bord. T'sais elle m'envoyait dans une école... de filles privée... J'allais à l'école. J'étais intel-ligente. Puis elle, c'est comme... je la voyais pas souvent parce que je me faisais garder chez une de ses amies, une de ses meilleures amies. Puis... je la voyais comme à chaque deux mois, peut-être. À chaque deux mois, mais... le temps que j'ai commencé à vraiment la voir beaucoup, c'est quand elle a commencé à être mal... ben... quand elle se sentait mal. Quand ça l'a commencé à se propager en elle, ben... j'ai commencé... bon elle est morte quand j'avais 11 ans et demi. Je m'en allais sur mon 12 ans. J'ai fait à peu près un trois ans... j'ai faite à peu près quatre ans avec elle. Quatre ans à peu près. Quatre ans. Avec elle, puis... Ben dans la même maison, puis on se parlait. J'allais à l'école.*

Je m'ennuie beaucoup [d'elle]. *Mais je dis que si elle était pas morte, j'aurai même pas d'enfance. Elle est pas organisée du tout, du tout. J'aurai pas eu ce problème-là d'influençable parce que... ben il faut dire que j'ai pas continué de vivre le deuil de ma mère. Ça j'ai pas continué. Ma mère est morte, il y a... en* [septembre,] *est morte le* [25 septembre]. *Cette date-là, le 25, ben c'est dans deux jours, je crois. Ça va faire trois ans. Ça va faire trois ans qu'elle est morte. Ouais. Ça va faire trois ans. Puis elle est morte jeune. Elle venait juste d'avoir 30, 30 ou 31. Elle aurait eu 33 ou 34 cette année. Elle est morte jeune pareil...*

[Après que ma mère est morte,] *j'habitais avec ma grand-mère puis ma tante. Ben disons comme si pour aller à l'école, je suis chez ma tante pour mes leçons, puis pour la fin de semaine, comme si je faisais les partys, ben je vais chez ma grand-mère. C'est ça.* [Chez ma grand-mère] *ben c'est plus de liberté... Ma grand-mère ressent comme si c'était ma mère qui était là. T'sais, elle est plus... elle veut que je sois à l'aise avec elle. Elle dit : « Bon, je sais que tu es jeune. Bon, je sais que c'est le party qui existe pour toi. Puis que tu veux être avec tes amis puis tout ça. Tu veux que je te laisse. Fait que fais pas ce que tu veux, il y a des limites. » Mais moi, j'ai plus la liberté trop grande. Je le prends grand. Parce que j'étais chez ma tante, puis j'étais dans* une place fermée. Puis dès que j'ai vu que j'avais l'occasion de… faire ce que je voulais chez ma grand-mère, je l'ai pris en gros au lieu de le prendre petit par petit. Puis là c'est pour ça que je me suis rendue ici [en centre d'accueil].

Nous avons demandé à Marie quelles étaient ces « limites » qu'elle n'a pas hésité à dépasser. Elle nous a alors parlé des événements qui ont précipité son placement en centre d'accueil.

Les limites c'était comme bon il faudrait pas que tu sortes. [Mais] moi j'aime ça jouer au basket. Je suis une fille sportive. Puis il y a comme un terrain. Mais dans le terrain il y a plein de gars. Puis il y a de bons gars, puis il y a de mauvais gars. [Les] mauvais gars, bon mettons… bon… [ce sont] ceux qui veulent être ton père pour des je sais pas quoi là. T'sais. Ou bien ceux qui vont vouloir être ton chum puis après [y vont] vouloir que tu [danses] pour eux. Moi… t'sais, dans ce temps-là, quand j'étais à l'extérieur, chez… j'avais de bonnes notes, t'sais… je savais pas ce qui m'attendait. Puis moi j'étais amie avec tout le monde. Puis je jouais au basket. Puis comme d'habitude, mais… ça l'a commencé comme ça. Mais après, je commençais par dormir à l'extérieur, chez des amies, sans appeler ma grand-mère. Puis après, ça l'a fini que bon… sans ma tante, mais je sais que c'est ma tante qui a faite qu'un de ses amis a porté plainte pour me rentrer en dedans.

Mais à part ça c'est que… mon chum, je savais pas que c'était un gars de gang. Je savais pas. Puis là à un moment donné, ça s'est passé un dimanche soir, vers 8 heures, 6 heures… à peu près, en tout cas, du soir. Puis c'était un baptême d'enfant. Puis il m'a invitée. Il m'a dit : « Viens avec moi. » J'y ai été. Puis là, lui il est sorti, parce que sa tante habitait tout près. Puis là… quand il est revenu, j'ai entendu qu'il est jacké. Son bras… son corps, son estomac toute, t'sais il était toute jacké. Là je l'ai regardé, j'étais pas… j'étais tellement traumatisée, j'étais pas capable de pleurer. Ce gars-là je l'aimais vraiment, t'sais. Il me parlait bien. T'sais il me disait : « Va chez ta grand-mère », puis tout ça, t'sais. Mais moi je l'écoutais pas. [Mon chum] ben [il avait] 14 ans. C'était cet été que ça s'est passé tout ça. Puis ça fait que… du fait que j'ai pas pleuré, Monsieur pense que je suis complice avec les gars. Parce que moi je suis une fille, je connais tout le monde. C'est comme j'habitais à Montréal-Nord, puis je connais tous les gars de Montréal-Nord. J'ai habité à Rivière, je connais tous les gars de Rivière. Je passe souvent à Pie-IX, puis je connais les gars de Pie-IX. Mais je fais mon respect. T'sais… si je vois que je connais… Chaque quartier il y a une

gang… Je veux pas être traître, genre. Comme si, je sais pas, on me dit
quelque chose, puis je vais pas rapporter. Moi je suis pas une fille grande
gueule. Je reste tranquille, parce que je sais que moi, je pourrais avoir…
t'sais avoir affaire dans un… règlement de compte… Puis je me fais tirer
aussi, tandis que je suis innocente. C'est pour ça que je reste tranquille. Mon
chum s'est faite jacker, je lui parle plus. Depuis qu'il a dit : « Bon shit, t'es
complice, tu connais le gars. » J'ai dit : « Oui, je le connais le gars, mais
t'sais, je l'ai connu comme ça. T'sais, j'allais dans une fête. » Il m'a
demandé mon numéro de téléphone. Je lui ai pas donné. Depuis ce temps-
là, je l'ai jamais vu. À part maintenant, t'sais. Dès que j'ai vu qu'il a pensé
que j'étais complice là. Je [me suis] *dit : « Bon, ça c'est pas un… Si c'était*
vraiment ton chum, il t'aurait posé des questions puis il t'aurait dit, ben je
sais pas… » [Il m'aurait laissé une chance de m'expliquer.]

Mais en même temps… ben le chum de ma tante a appelé la police.
Puis moi depuis ce jour-là, ça faisait une semaine que j'étais… comme dis-
parue. Mais moi je savais pas. Ma grand-mère elle le savait où est-ce que
j'étais… ben je lui donnais des fois des petits… un petit coup de fil. Mais
ma tante elle, elle savait rien. Parce que ma grand-mère voulait pas lui dire
que je l'appelais… Je sais pas [pourquoi] *mais ma grand-mère c'est*
comme c'est une dame… Elle se fait du mauvais sang, puis on dirait qu'elle
sent obligée de cacher la vérité pour pas troubler ma tante de son côté. Mais
il faut dire que c'est juste moi qu'elle a ma tante… du côté de sa famille.
Ma mère est morte. C'était sa sœur. Il reste ma grand-mère, moi, mon frère.
That's it. Mais mon frère, je le vois pas souvent. Mon propre frère qui, t'sais,
je le vois pas souvent. [Nous sommes] *pas du même père. Lui c'était un*
autre père. Lui aussi il est mort.

[Puis la police est arrivée, ben] *pas chez nous, ben dans le baptême où*
est-ce que ça s'est passé. C'était à Laval. Puis en même temps, ils m'ont dit :
« Bon… viens témoigner, dire ce qui s'est passé. Qu'est-ce que… d'après
toi, qu'est-ce qui s'est passé ? » Moi, je sais pas. Je dis : « Peut-être que c'est
un règlement de compte, moi je sais pas. » Puis, tandis que mon chum, il a
même pas eu [à témoigner]. *T'sais, je connais* [même] *pas le gars. Le gars*
arrive sur moi. Il m'a demandé une route. Mais je trouve que ç'a pas de
logique. Le gars peut pas te jacker de même parce que tu demandes une
route. Le gars… en disant : « Moi je suis le gars qui va te jacker. Je te
demande… est-ce que tu connais telle route pour revenir à Montréal ? » On
va dire. Là tu me dis non. Là je te jacke. Ç'a pas rapport. Ç'a n'a pas de
logique. C'est pas pour ça que moi je suis arrivé pour te jacker… Mais moi

il faut dire que j'étais comme une proie dans cette affaire-là. Moi je trouve que je suis une proie, comme dit ma tante aussi. Parce que je suis une fille… mon chum c'était un gars de Pie-IX. Pie-IX/Bellechasse. Pie-IX… Mais c'est comme si il était le petit frère de gangs de Pie-IX. Puis dès qu'il arrive du mal à ce gars-là, tous les gars vont se venger pour lui. Mais moi, j'étais comme la proie, parce que les gars de Pie-IX m'ont demandé de danser pour eux. Mais de l'autre bord, les gars de Montréal-Nord aussi. Mais les gars de Montréal-Nord voulaient dire Rivière, toute la gang ensemble…

[Ils voulaient que je danse] *nue puis toute ça. Puis moi j'étais toute… je veux pas t'sais. Moi je suis pas dans cette affaire-là. T'sais. Même si j'étais pas entrée en dedans là, moi… je suis pas une fille… je suis pas une fille ouverte, je suis pas une fille… je suis intime, à part quand je suis avec mon chum, ça me dérange pas. Mais c'est sûr que de montrer mon corps dans la rue juste pour 10 $ ou de je sais pas quoi. Moi, c'est pas mon… c'est pas mon buzz. C'est pas… c'est pas mon côté cette affaire-là. Puis là moi, comme dit mon chum, peut-être c'est parce que les gars de l'autre bord, de, disons Montréal-Nord, sont jaloux que je sors avec. Peut-être qu'ils pensent que je suis avec eux puis que je danse pour eux. Puis moi je sais pas leur histoire. Mais moi je dis juste que j'étais une proie, puis maintenant je suis retournée en centre d'accueil. […] Je suis entrée la même journée. Je suis entrée en centre à l'Escale en attente. J'appelais Steve, ben mon chum, puis il me disait : « Si les gars de Pie-IX te trouvent dans la rue, t'es faite. » Je dis : « Comment ça ? » Il dit : « En tout cas, tu régleras tes problèmes avec eux. » « Mais j'ai pas rapport dans ton histoire. » C'est pas parce que j'ai dit que le gars m'a faite un clin d'œil ou de je sais pas quoi, que ça veut dire que je suis complice. Toi tu refuses de comprendre. On était deux filles à le convaincre. Mais moi je valais rien devant lui. Je valais rien devant lui. Moi… je comprends pas le [gars]. Je dépensais tellement d'argent pour ce gars-là, je lui donnais tout mon argent, tout l'argent qui lui fallait. Qu'est-ce que je reçois en retour ? Pas de conscience du tout.*

[Aujourd'hui] *je suis déjà sortie de ça… Je suis plus en contact avec eux. Je leur parle plus. Mais aussi on va dire, si à un moment donné je prends le bus à l'extérieur, puis je le vois. Je vais pas faire : « Ah Allô ! Comment ça va ? » Non. Je reste dans mon coin. Puis viens pas me parler. Puis je viens pas te parler. That's it, that's all.*

C'est parce qu'elle était prise comme dans un étau entre différentes gangs de rue et que sa peau était mise à prix que Marie s'est retrouvée en centre d'accueil. Du moins, c'est ce qu'elle semble dire. Or, au tout début de l'histoire rocambolesque du *jack* de son petit ami, Marie a expliqué qu'elle ne se doutait pas que ce dernier faisait partie d'une gang. Pourtant, elle savait très bien que plusieurs de ses fréquentations étaient membres de différentes gangs. Elle dit clairement qu'elle connaissait « tous les gars de Montréal-Nord, de Pie-IX », etc. De plus, le *jack* de son copain a eu lieu après d'autres mésaventures qui lui sont arrivées avec son copain et sa gang, dont un viol collectif. Un peu plus loin dans l'entrevue, Marie nous a raconté comment elle avait vécu ces autres événements remplis de violence et de souffrance.

Mais je ne fais pas partie d'une gang. Je me tenais avec eux, mais j'étais pas rendue [à être dans] *la gang… Ben cet été, c'était plus la gang de Pie-IX. Dans le temps avant, c'était CDP, maintenant c'est Pie-IX.* […] *Ben moi… ben mon chum était là-dedans, puis je le savais même pas,* [c'était] *juste pour le fun.* [Puis à Montréal-Nord, j'avais aussi des chums de l'autre gang.] *Ben moi, moi je préfère mieux Montréal-Nord que Pie-IX. Pie-IX sont trop rough, sont trop méchants. Sont trop… sont pas tous méchants, mais t'sais ils sont prêts à voler juste pour avoir une affaire. Mais comme… comment je pourrais dire ça? Ils savent que je sors avec un gars dans leur gang, mais ils, comment je peux dire ça, ils… « Je sors avec toi, puis tu fais partie de la gang O.K. » Puis le reste de la gang veut que tu… veut que, comme ça, que je passe sur toutes eux autres… Je sais pas pourquoi la raison, mais ç'a pas rapport.* [Ça c'est quelque chose qui t'est arrivé à toi?] *Non, ça m'a pas… oui. Non, non, je… je suis tellement rebelle, je suis tellement… même avant. Je suis rebelle encore mais…* [c'est pas] *parce que je sors avec un gars de la gang, que je veux passer toutes eux autres, juste pour… heu… non. Non.* [Mais] *ouais, ils me l'ont demandé. T'sais: « Ah… fourre-moi ci, envoye s'il-vous-plaît. » Ou bien à un moment donné, non, mais t'sais…*

On va dire un exemple… Je dors chez un gars… O.K., puis le gars fait partie de la gang. Mais je dors pas dans sa chambre. Je veux pas dormir dans sa chambre. Parce que je sais qu'est-ce qui va se passer. Puis le gars est laid. Puis il est pas de mon goût. Il est dégueulasse, puis moi je… je suis une fille directe. T'es laid. T'es laid. T'es beau. T'es beau. T'es cute. T'es cute. That's it, that's all. Pose-moi pas de questions, si tu es laid, t'es laid. Viens pas me voir. T'hat's it. Mais là le gars il était laid. Je dis « wow! » mais ah… [je veux pas qui me touche,] *c'est grave. T'es un monstre, va juste* [pas me toucher] *c'est grave. Puis là, ah mais alors je savais pas qu'il fallait que j'aille dormir chez eux. T'sais, c'était… j'étais en fugue comme ben…*

*j'avais pas le choix, t'sais je dis, je vais dormir chez eux. Dors dans ma….
tu vas dormir dans ma chambre. Là j'ai dit :* « Je suis très fatiguée. » O.K.
Je suis très très… j'ai bien [le goût de dormir]*… Je dis :* « Je suis très très
fatiguée. Pense pas qu'il va se passer des choses dans la chambre, O.K. ? Si
c'est ça, tu peux déjà me mettre dehors. » *Moi j'étais prête à dormir dans la
rue… en tout cas, là… moi je dis O.K. Il dit :* « Marie, s'il vous plaît, s'il
vous plaît, s'il vous plaît. T'sais* [j'veux juste] *comme te faire du bien. » Puis
le gars arrête pas de m'emmerder, puis t'es plus capable de dormir là… puis
là j'ai vraiment su c'était quoi une nuit blanche. J'ai vraiment su c'était
quoi. Puis là il dit :* « Marie… toi tu te fous pas de nous, je te laisse pas dormir dans ma chambre. » *J'ai regardé le gars, je me suis levée. Je me suis
assise sur le lit. Je l'ai regardé. T'as vu une larme qui a coulé. J'ai dit… ben
je pleurais pas… j'étais tellement surprise…* [Ben] *ouais, t'as vu une
larme, mais je pleurais pas. J'étais tellement surprise, j'étais toute… c'est
quoi cette affaire-là ?* [Puis je venais pas] *à bout de dormir.* […] *Je crois
que le soleil s'est levé. Puis je suis restée là encore à regarder le gars. Puis le
gars il dit :* « Qu'est-ce que tu attends ? » *Le gars s'est couché.* […] *Comme
j'allais faire un geste* [pour partir]. *Comme le jour est levé, j'ai pris mes
affaires. En plus je me suis habillée, toute habillée.*

[Parce que] *moi dans ce temps-là, j'étais tellement smart ; cet été-là je
me promenais avec quatre pantalons. Ben juste parce que au cas où que tu
te fais violer, le gars va être tanné de descendre des pantalons. Là, j'ai pris
mes affaires, je dis :* « Je m'en vais. O.K. Bye. » *Il dit :* « Non, tu sors pas. »
J'ai dit : « Quoi, je sors pas ? » *Là j'ai ri. Il dit :* « Pourquoi tu ris ? Tu peux
rire… tu peux rire comme tu veux, mais ça veut pas dire de t'en aller. » *J'ai
dit… j'ai dit…* « Mais je veux manger avant. » *T'sais je trouvais une idée,
t'sais je trouvais un truc pour m'en aller… Le gars m'a tenue juste parce
que… j'y ai pas fait* [ce qu'il voulait] *mais… je m'en allais le faire, mais
j'étais… ah… ! C'était dégueulasse, je dis non, je pouvais pas. J'ai regardé
le gars, si je m'étais pas mis à genoux devant ce gars-là, en pleurant, il
m'aurait pas laissée tranquille, puis m'en aller. T'sais quand tu es vraiment
prise là. Je te jure que c'est… c'est ah !… mais le pire c'est que… il a été dire
ça à toute la gang… Il a été dire à toute la gang… à mon chum en plus,
que je lui ai foutu un blow* [job]. *Puis là moi, mon chum :* « Ah yeah ! Tu
as foutu un blow, ça me dérange pas. » *J'ai dit :* « Quoi ? Ça te [dérange
pas ?] »* [À ce moment-là,] *moi je me sentais prise comme dans un… dans
un piège. Mais pas dans un piège, t'sais c'était… ça c'est le barreau, puis toi
tu es en dedans, puis tu peux plus sortir de* [là jamais]. *Puis entourée d'eux*

autres, tu peux plus sortir. C'est comme ça. T'es notre chose. Si on veut, on peut faire qu'est-ce qu'on veut avec toi. J'ai dit… on dirait que c'est ça qu'ils pensaient. Ils peuvent faire qu'est-ce qu'ils veulent avec moi. Mais moi je suis… plus… je suis smart. S'il y a un gars qui veut coucher avec moi, fais ce que tu veux, mais moi, quand je suis contractée, tu peux rien faire. Je m'excuse mais tu peux rien faire. Je restais là puis je regardais là agir… [Parce que] *qu'est-ce que tu penses que tu fais… tu penses que parce que… j'avais peur du gars, parce que le gars est grand O.K. Moi je suis pas folle, O.K. Je dis O.K, je dis au gars : « Je suis vierge. » Oh yeah… ben il dit : « Ça fait pas mal. » Je dis : « Yeah, ça fait pas mal. » En tout cas, ben j'ai rien dit. Je l'ai laissé faire son affaire, parce que… le gars… les douze étaient à côté de moi là. Qui me regardaient. Moi, je ne veux pas pleurer. Je veux juste montrer que je suis une fille… je suis rebelle, puis je suis forte, puis… je suis restée de même, puis après je regardais le gars dans les yeux. Moi j'aime ça regarder les yeux, pour voir comment tu vas réagir. Quand je vois que tu es tanné, là bon t'es tanné là. Goodbye. T'sais. Qu'est-ce que tu penses que je fais… hé, le gars dit là, le lendemain, c'est toujours de même. C'est pour ça maintenant je suis sûre que si je sors dans la rue, ils vont me voir. Mais mon nom va être encore sali. Mon nom là… depuis… Tu vas… tu vas passer à Pie-IX, tu vas dire : « Est-ce que tu connais… » « Ah cette bitch-là. » Mais moi je suis une fille, je m'en fiche. Fais ce que tu veux, moi dans le fond, je sais ce qui s'est passé vraiment. T'sais. Avant je pleurais…*

[Quand les gars ils m'ont fait ça,] *il y en a juste un là… il y en a juste un qui a pas voulu mettre de condom. Puis ce gars-là, j'étais… mais… pourquoi je fais pas ça ? Je me sentais vraiment obligée, t'sais. Vraiment… vraiment… t'sais comme… t'es pas habituée à prendre de la drogue… T'es pas habituée. Même la cigarette. Même la cigarette je peux pas respirer. La cigarette, O.K., ça, ça me dérange pas vraiment. Mais je suis une fille qui fume pas. Je fume quasiment pas pareil. Je vois quelqu'un fumer ça me va… t'sais… je sais pas fumer une cigarette, mais pas… de la marijuana, oublie ça. Fume là… moi je savais pas que c'était de la marijuana, je pensais que c'était des petits papiers là… t'sais… j'ai vu du tabac* [dedans]. *Moi je savais pas c'était quoi. Moi j'étais toute de même… t'sais, ah je suis fatiguée, je… puis je me suis laissé faire t'sais, je me laissais faire, puis j'étais toute… mais ma tête là, mais ma tête est pas là en même temps, t'sais bon… Là le gars qui… il a pas pris de précautions, mais là… une chance que j'ai été traitée pareil. J'ai été traitée… avant… en plus ça s'est passé avant que je rentre. Avant que je rentre. Avant que mon chum se fasse jacker, mais ça c'est passé avant que je rentre… j'ai su que c'était avec lui. Il a mis… en premier il a mis la capote, puis il a dit : « Ah non, j'aime pas ça. J'ai pas… j'ai pas de feeling. » Là j'ai dit… « Moi… moi… moi », j'étais toute buzzée. Moi je comprenais rien de ce qu'il me disait. J'entends : « Wow, wow owow. » Qu'est-ce que tu veux que je dise ? […] Mais je m'en souviens que c'est avec lui [mon chum] que j'avais faite… puis il avait enlevé sa capote. C'est juste ça que je me rappelle. Mais il a pas… il a pas éjaculé… il a pas éjaculé en dedans de moi… Ça… même si je buzzais, ça… c'est comme si c'était un réflexe. C'est ma conscience qui me dit : « Bon ôte-toi… » fais comme si tu voulais plus… puis pousses-toi t'sais.*

[Puis j'avais un test] à subir… C'est pas le sida ni [rien du genre]. C'était rien de grave, mais… c'était un test pareil, mais c'était pas comme… mortel, t'sais du genre que c'était toute restée en moi là. C'est comme c'était un truc hormonal, un affaire de même. Mais j'ai eu des anti-biotiques, puis c'est parti. Je l'ai pus. Mais juste qu'à date je suis pas capable de passer un test gynécologique. Je suis pas capable. Je savais pas si c'est [parce que]… j'ai pas… j'ai pas eu des relations souvent. Ça c'est… je suis pas une fille qui aime ça faire ça.

Triste consolation pour Marie, elle n'était pas séropositive. Il est difficile, avouons-le, en lisant son histoire de ne pas entrer dans le drame de sa courte existence. La mort de sa mère, l'épisode du *jack* de son ami, les abus sexuels qu'elle a subis sont autant de moments pénibles qui nous touchent par leurs souffrances. Chacune de ces souffrances a pour revers une violence tout aussi inexplicable. Si l'on fait exception du décès de sa mère, il est difficile d'expliquer la violence qui anime les jeunes des gangs au point de vouloir poignarder son prochain et violer en groupe sa petite amie. Pourtant, il ne s'agit aucunement d'événements excep-tionnels. En fait, ceux-ci semblent être assez communs dans l'univers de ces jeunes. La majorité des jeunes que nous avons rencontrés connais-sent au moins une personne dans leur réseau d'amis qui a été victime d'actes violents réalisés au moyen d'armes blanches ou d'armes à feu. Plusieurs ont même été témoins de ces actes et y ont été mêlés de près ou de loin. Parmi les victimes, un grand nombre sont décédées ou conservent des séquelles à vie de cette violence gratuite. Une jeune fille nous a dit : « Il y en a juste trois qui sont décédés dans ma gang » !

Comment expliquer qu'une telle violence puisse aujourd'hui faire partie intégrante de l'univers de certains jeunes ? Plus personne ne s'en étonne. Certes, nous pouvons essayer de replacer la signification de cette violence dans le contexte de la société et des modèles spécifiques qu'elle calque. En fait, cet exercice reste incontournable. Nous avons déjà abordé quelque peu ces aspects actuels de la violence. Toutefois, lorsqu'on demande à ceux qui les ont commis ou qui les ont subis d'expliquer la signification des actes violents, on se rend compte qu'il y a souvent de la confusion entre la nature des intentions et la représentation des modèles (et des explications). Des « jeux violents » ont été intégrés à l'univers des jeunes des milieux marginaux sans vraiment qu'ils en incorporent les véritables significations. Une discontinuité existe entre les modèles d'actions violentes et les intentions qui les motivent. Des phénomènes comme le mitraillage à partir d'un véhicule *(drive-by shooting)* sont apparus dans les milieux marginaux sans qu'on puisse les expliquer autrement que par le fait qu'ils existent ailleurs et que cela accroît le pouvoir terrifiant de la gang. Il est difficile, par contre, de dire avec exactitude ce qui animait les premiers jeunes qui ont pratiqué le *drive-by shooting* dans les rues des quartiers excentrés de Montréal. Cependant, une fois le « jeu » commencé, il acquiert sa propre logique d'action. Le dessein de son exécution est compris dans la finalité autonome des règles du jeu.

Les jeunes qui sont appelés à participer aux jeux violents de la gang n'ont souvent, dans un premier temps, d'autre vision que la pratique du « jeu » en tant que tel. La plupart sont motivés par la volonté de s'affirmer en essayant de faire comme les autres. Leur perspective au-delà du but immédiat du jeu est très limitée. Il s'agit en général de se réaliser dans l'action et de s'éprouver par rapport aux autres. Les conséquences des actes ne sont pas toujours mesurées. L'intensité de la scène fige le temps au moment de l'exécution des actes violents. Lorsqu'ils racontent par la suite le déroulement des événements, plusieurs jeunes donnent l'impression qu'ils étaient plongés dans une espèce d'espace-temps irréel. Comme dans un mauvais rêve, les choses défilaient devant eux sans qu'ils puissent les arrêter. Il va sans dire que nous parlons ici uniquement des jeunes qui sont entraînés un peu naïvement ou à leur insu comme figurants dans le dédale des scènes de violence. La situation n'est pas la même lorsqu'il y a préméditation ou lorsque la personne est appelée à commettre de nouveau les mêmes actes alors qu'elle en a assimilé tout à fait les intentions. Le *jack* de l'ami de Marie est un bon exemple d'une situation qui s'est déroulée à l'insu d'une personne, laquelle s'est ensuite retrouvée au centre de la controverse.

L'épreuve du *jack* — du coup de couteau — semble assez commune dans l'univers de violence des gangs de rue. Il peut parfois faire figure de rite initiatique. Si la jeune Marie clame son innocence en prétendant qu'elle est étrangère à la scène où son ami s'est fait poignarder, elle n'en reste pas moins impliquée dans son dénouement. Son rôle d'espionne et sa position incertaine parmi les différentes gangs en ont fait une suspecte idéale dans la recherche d'un coupable. Le jeu de la fille qui connaît tous les gars de gangs, auquel elle se prêtait un peu naïvement, s'est finalement retourné contre elle. Elle est devenue, malgré elle, une des protagonistes de la scène du *jack* qui s'est déroulée devant ses yeux ébahis. Cette scène était en quelque sorte prévisible et son rôle décidé à l'avance, même si elle est sincère lorsqu'elle affirme qu'elle n'avait pas idée de ce qui se passait.

Nous ne connaissons pas les raisons pour lesquelles l'ami de Marie s'est fait poignarder. Nous savons seulement que l'acte a été commis par un membre d'une bande rivale et que Marie connaissait l'agresseur. En fait, les explications de cet acte de violence importent peu. Plus déterminante, cependant, est la portée d'un tel acte quant à la dynamique de la bande et aux significations individuelles de l'appartenance. Autant celui qui commet cet acte de violence que celui qui en est victime sont marqués à jamais par ses conséquences. En donnant le coup de couteau, l'agresseur ne fait pas que marquer le corps de sa victime, il signifie aussi son appartenance à un autre camp. Cette marque le situe à son tour comme une éventuelle victime. Dans ce monde de violence régi par la loi du talion, le camp des agresseurs devient de fait le camp des agressés en puissance. Lorsque le geste d'agression est commandé par la bande, il consolide l'appartenance de ses membres pour au moins deux raisons : parce que l'agresseur démontre par son action une appartenance indéfectible au groupe et que la protection de la bande s'avère dorénavant indispensable à celui qui a commis l'agression ainsi qu'à ses complices par association. En prouvant que l'on est un des leurs, on signifie en même temps sa vulnérabilité face aux groupes ennemis, tout en créant le besoin d'être entouré par sa bande. On se compromet autant à l'intérieur qu'à l'extérieur de la gang.

Interrompons un moment l'histoire à la fois rocambolesque et pathétique de la jeune Marie pour essayer de comprendre la signification du *jack* du point de vue d'une personne qui en a commis un. Les circonstances de cet autre événement violent ressemblent en tous points à celles dont a été témoin Marie. Or, comme pour cette dernière, la jeune fille qui a asséné le coup de couteau ne semble pas savoir exactement ce qui s'est passé au moment de la scène fatidique. Pris dans le tourbillon des événements qui l'ont amené à accomplir ce geste d'une violence extrême, l'agresseur se révèle à nous comme une victime de sa naïveté et de son insouciance. Cherche-t-on à nous berner pour gagner notre sympathie ou est-on vraiment en face d'une pièce écrite à l'avance et dont le sens global de la mise en scène échappe à ses acteurs principaux ?

Le *jack* de Myrlande ou la troublante naïveté d'une jeune fille influençable

Marie nous a raconté qu'elle n'avait aucune idée de ce qui se passait lorsque son ami Steve s'est fait poignarder. Elle ne s'en est pas moins retrouvée en centre d'accueil pour sa sécurité. Mais celui qui commet un *jack* sait-il toujours pourquoi il le fait ? Il semble que non. Du moins, c'est ce que prétend Myrlande, une jeune fille de 15 ans née en Haïti, qui est arrivée au Québec à l'âge de 6 ans et que nous avons également rencontrée en centre d'accueil. Elle y était parce qu'elle avait « jacké » un gars. Les souvenirs qu'elle dit avoir de la soirée durant laquelle ces événements ont eu lieu sont assez nébuleux. Tout se passait dans sa tête comme dans un film au ralenti. Il y avait comme une distance entre le rôle qu'elle jouait alors et la conscience qu'elle avait du personnage qu'elle incarnait.

Myrlande, c'est un peu la petite sœur des gars de gang. Elle a raconté que son père la fouettait régulièrement sur les mains ou sur les fesses à cause de ses mésententes avec sa belle-mère. Aussi dit-elle avoir trouvé parmi sa gang le soutien qui lui manquait à la maison. Au terme de l'entrevue, elle nous a appris qu'elle était enceinte de deux mois et qu'elle comptait bien, pour cette raison, aller vivre en appartement supervisé à sa sortie du centre d'accueil. La venue d'un enfant comportait pour elle un espoir de se constituer une nouvelle famille et d'acquérir une certaine indépendance.

D'entrée de jeu, Myrlande nous a confié un problème qu'elle avait : elle semblait commencer à prendre conscience qu'elle était une jeune fille influençable et que c'était une des principales raisons pour lesquelles elle se trouvait aujourd'hui en centre d'accueil. Myrlande était au premier échelon des membres de la gang. L'histoire du *jack* devait en quelque sorte contribuer à lui faire prendre du galon. Mais sa participation à la gang ne semble pas très claire, même pour elle. Comme Marie, les garçons l'utilisaient pour espionner le camp adverse. Voici quelques extraits de l'entrevue avec Myrlande. Elle nous a d'abord expliqué pourquoi elle était en centre d'accueil.

Ben j'aime tellement le phénomène de gang. Eh ben j'ai… comme j'ai déjà jacké un gars là, parce qu'on m'avait demandé de le faire. Puis je trouvais ça le fun, t'sais. C'est ça. [Le gars est pas décédé.] *Heu… non, il est à l'hôpital. Il est juste paralysé pour l'instant. Ça fait deux mois de ça.* [C'est arrivé] *la fin de semaine.* [Moi] *ça fait un mois et demi* [que je suis ici]. *Avant j'étais en famille d'accueil.* [Après avoir jacké le gars,] *la police m'a ramassée, puis ils m'ont amenée ici.*

[Si j'ai jacké le gars,] *ben c'est parce que je voyais mes amis qui le faisaient. Puis… puis c'est ça là. Je trouvais ça le fun. J'ai dit : « Ah, j'aime ça les phénomènes de gang. Les gars vont me protéger. » Puis toute. C'est ça.*

Non [j'ai pas eu peur de le jacker parce que] *je suis habituée. C'est la première fois* [que je le faisais]. *Mais moi je voyais ça, fait que ça me faisait rien.* [Puis je l'ai jacké] *une fois. Une fois, ben ici là. Ben dans le ventre.* [Le gars m'a pas venue venir,] *non, c'est parce que comme… je me tenais avec les gars de Montréal-Nord. Fait qu'il* [se doutait pas parce que] *je jouais à l'espionne avec les gars de Pie-IX. C'est ça. Puis je sortais avec un des gars de Pie-IX.*

[Les gars eux autres,] *soit qu'ils envoient des filles à faire l'espionne comme moi je le faisais. Ou bien il y a des filles qui dansent. Je sais pas. Des affaires du genre.* [Mais] *moi j'étais pas rendue là.* [Silence] *Ben même si j'étais rendue là, je l'aurai pas fait ça.* […]

[En ce moment,] *je sais pas* [ce qui arrive avec le gars que j'ai jacké]. *J'ai aucune nouvelle. C'est juste que je savais que j'avais des travaux de communautaire à faire. Parce que ses parents m'avaient demandé de l'argent puis… heu… c'est ça. J'ai pas encore fait mes travaux communautaires.*

Un peu plus loin dans l'entrevue, l'interviewer a demandé à Myrlande comment elle s'était fait la cicatrice sur son bras.

Heu… ça c'est quand j'étais en phénomène de gang. Puis j'ai eu ça. Ben c'est les gars qui me l'ont fait. Avec une… cigarette. [Puis ça voulait dire quoi, pourquoi on t'a fait ça ?] *Ben le fun. Je sais pas, pour le fun.* [Ça me dérangeait pas.] *Non. Ben c'est que j'avais bu ce jour-là, fait que… je savais pas ce qui se passait. Fait que… c'est ça.* [C'était l'initiation ?] *Ça doit.*

Plus tard dans l'entrevue, nous avons de nouveau abordé le sujet des gangs de rue en demandant à Myrlande comment on fait pour entrer dans une gang, ce qu'elle faisait dans la gang chaque jour ou la fin de semaine.

Ah ben moi c'était facile. C'est que je peux vraiment pas vous le dire. J'ai juste connu des gars à mon école. Ils m'ont présenté les gars de gang. Moi je commençais à devenir leur amie. Fait que je suis entrée dans la gang comme ça. [...] *Heu ben moi c'est tout… je me tenais presque toujours avec les gars de Pie-IX, pour les espionner, parce que j'avais mon chum aussi… fait que on allait au cinéma, puis on prenait de la drogue. Puis on buvait. Moi j'ai jamais acheté de buzz. Je l'ai toujours eu gratuit. Fait que* [j'avais pas vraiment besoin] *d'argent…* [Les gars de la gang me le donnaient. Tout le monde prenait de la drogue]. [Pour les activités criminelles, j'étais pas vraiment au courant.] *Ben eux autres ils disaient :* « *Ah, j'ai faite une shot à soir* », *puis toute. Mais moi j'avais jamais le temps d'aller faire des shots avec eux. Fait que je sais pas ce qui s'est passé. Ben eux autres* [faire une shot ça voulait dire] *qu'ils allaient voler, genre. Ou bien aller gâter les fêtes. C'était ça leur passe-temps.* [...]

Oh mon Dieu, [dans ma gang] *on était beaucoup.* [On était] *vingt à peu près, on était beaucoup. Il y en a qui allaient en prison… ils se faisaient prendre… Ah mon Dieu,* [il y avait beaucoup plus de gars que de filles]. [Rires.] *Il y en avait, ouais… mais la plupart du temps c'était juste moi la seule fille.* [Les gars] *ils étaient plus vieux.* [Mais je pense aujourd'hui,] *genre, t'sais, qu'il faut pas faire confiance avec quelqu'un qui est dans la même gang que toi. Je sais pas : il pourrait te vendre ou… ce gars-là était* [peut-être envoyé par une autre gang comme moi je le faisais].

Moi, ma gang c'était Montréal-Nord. C'est là qu'ils se tiennent les gars, c'était dans le coin. Mais moi j'allais aussi chez les autres, puis à Pie-IX [faire l'espionne]. [Pour les gars, la question du territoire,] *ça doit* [être important] *pour eux ouais. J'ai vu que c'était important* [parce que] *par exemple, si tu étais un gars de Pie-IX, pis tu mets les pieds à Montréal-Nord, tu te faisais… automatiquement descendre. Quelque chose du genre.* [Quand ils disaient leur territoire, ça voulait dire que] *c'était cette gang-là qui se tient là. Pis t'as pas d'affaires à mettre tes pieds là.* [Les gars allaient faire leurs mauvais coups sur un autre territoire parce que sinon] *tout de suite on va savoir que c'est cette gang-là qu'il l'a fait. Eux autres, ils étaient trop intelligents. Ils voyageaient dans d'autres coins, en groupe là.*

Nous sommes revenus plus loin sur l'épisode du *jack*. Nous avons redemandé à Myrlande de nous raconter plus en détail comment cela s'était passé :

Ah… mon Dieu, c'était difficile. Je sais pas. Je crois que j'avais bu ce jour-là. Fait qu'on m'a dit, Myrlande, si tu veux vraiment être dans la gang, il faut que tu nous montres une preuve que tu es capable de tout faire, que t'es pas caponne. Tu feras ça à l'arme. Moi, je voulais pas me faire passer pour une caponne. Ah, je suis pas capable de faire ça. Fait que je l'ai fait.

C'était dans une fête. C'était le soir On a été dans une fête, puis on a foutu la fête en l'air. [Moi j'étais avec les gars de Guies Step de Montréal-Nord.] *Ah, nous on allait dans n'importe quelle fête.* [Mais] *le jack ça s'est passé à Pie-IX* [entre les] *Guies Step et CDP… […] Parce que je jouais l'espionne moi, fait qu'eux autres ils allaient dans une fête. Moi j'allais dire à eux autres à Montréal-Nord qu'ils allaient dans telle fête, telle fête.* [Ça fait] *qu'on allait les rejoindre. Pis y avait… toujours des bagarres là.* [Le gars que j'ai jacké,] *je sais pas qui c'était… Je sais pas, c'était quelqu'un qui était dans la gang. Pis quand j'ai fini de le jacker, fait que là je me suis mise à crier. Tous les gars qui parlaient de moi là* [ils disaient qu'ils voulaient ma peau]. *Fait qu'on a appelé la police. Puis toute. Il y a une fille à la fête, elle a appelé la police, puis les gars me couraient après, parce que moi j'étais pas capable de courir là. J'étais high dans ma tête là. Fait que c'est ça, on est partis en voiture. Puis c'est ça. Les autres gangs se sont sauvées, fait que la fille a appelé la police. C'est tout. Elle est venue chercher le gars.*

Même s'ils sont décousus, les extraits de l'entrevue avec Myrlande que nous venons de citer montrent bien le flottement qui peut exister, pour une jeune fille, autour du sentiment d'appartenance à sa gang. Myrlande prétend avoir fait partie de la gang, mais elle est par ailleurs incapable de préciser le moment où son entrée s'est concrétisée. À ses yeux, elle aurait fait partie de la bande le jour où elle a commencé à se tenir avec les gars de la gang, qui lui ont été présentés par des garçons de l'école. Pourtant, sa participation à la gang semble toujours conditionnelle. Non seulement elle doit « jouer à l'espionne » auprès des bandes ennemies, mais elle doit aussi subir diverses épreuves sans poser de questions ni trop savoir pourquoi. Elle dira de sa brûlure au bras qu'on le lui a faite pour « le fun » ; c'était peut-être une initiation sauf qu'elle ne le savait pas ! Quant au coup de couteau qu'elle a asséné dans l'estomac d'un garçon d'une autre gang, elle prétend tout bonnement l'avoir fait parce qu'elle « trouvait ça le fun » ! Plus loin, elle a affirmé qu'il était aussi important qu'elle ne passe pas pour une « caponne ». Son honneur en dépendait. Mais quand on examine son histoire de plus près, on se rend compte que ses liens avec les gars de sa bande n'étaient pas clairs. Elle semble plus avoir été manipulée par la gang qu'en avoir vraiment fait partie. On peut même se demander si les garçons de la gang ennemie du « quartier » Pie-IX ne l'utilisaient pas à leur tour pour espionner les gars de Montréal-Nord. De toute évidence, les garçons tiraient profit de sa naïveté et de sa vulnérabilité. Si Myrlande jouait, elle n'était sûrement pas celle qui tirait les ficelles du jeu. Elle agissait plutôt tel un pantin sous la main des garçons. La prochaine étape, si elle ne s'était pas fait prendre, aurait sûrement été son engagement dans l'entreprise lucrative de la danse, même si elle dit qu'elle ne voulait pas le faire. Précisons toutefois que ce ne sont pas toutes les filles qui se retrouvent en situation de domi-nation complète vis-à-vis des gars de la gang. Comme nous le verrons, les filles savent également profiter du rapport de force (inégal) avec les garçons.

L'histoire du *jack* de Myrlande est en tous points comparable à celle qu'a vécue Marie. Même si la participation des deux jeunes filles au déroulement de l'action est différente, chacune d'elles se retrouve coin-cée par sa propre mésaventure à cause du rôle ambigu qu'elle jouait au sein des gangs. Toutes les deux fréquentaient les gars de bandes enne-mies, dont l'une avec le mandat explicite de les espionner. Elles s'enno-blissaient probablement de leurs rapports particuliers avec les membres des gangs, sauf qu'aujourd'hui elles paient le prix de leur audace. Leur histoire respective se termine avec la mise à prix de leur tête, l'une par les gars de son propre groupe, l'autre par les gars du groupe adverse. À première vue, Marie semble davantage être victime et Myrlande, cou-pable. Sauf que toutes les deux paraissent avoir été également bernées. À la fin de l'entrevue, Myrlande nous a dit qu'elle n'était pas une fille violente. Si c'est le cas, on se demande comment elle a pu être capable de poignarder quelqu'un simplement par plaisir.

Mais revenons au récit de Marie et à l'épisode tout aussi injustifiable du viol collectif qu'elle a subi. En abordant la question du viol comme pratique d'agrégation au sein de la gang, notre intention n'est pas de faire d'un cas une généralité, mais plutôt de laisser entendre la voix troublée de celles que l'on n'entend jamais et que l'on a trop tendance à oublier, c'est-à-dire les victimes de ces actes odieux. Il s'agit aussi d'essayer de comprendre, au-delà du pathos et de ce qui est humainement tolérable, la signification que revêtent pour la gang ces comportements délinquants, qui, soulignons-le à gros traits, ne sont pas le propre d'un groupe culturel en particulier, mais sont communs à plusieurs types de bandes masculines (criminelles) qui ont besoin, pour affirmer leur pouvoir, de mettre la femme sous leur joug.

Viol collectif, marquage des corps et preuves de virilité

L'histoire de Marie devient peu à peu insoutenable à mesure qu'elle nous donne plus de détails sur les abus sexuels qu'elle a vécus. La description des différentes scènes est embrouillée par sa réticence à en parler. Elle ressent une honte profonde à cause de ce qui lui est arrivé et ce n'est qu'à mots couverts qu'elle a accepté de nous dévoiler certaines de ses blessures intimes. Il est fort probable que si elle nous a raconté ces épisodes malheureux, c'est parce qu'elle se retrouve aujourd'hui avec toute la bande de son copain à ses trousses. Elle n'a plus rien à gagner à les protéger ; elle a plutôt tout à perdre.

L'image du viol apparaît dans le discours de plusieurs jeunes filles, mais elle est aussitôt éludée. La honte et le déshonneur semblent plus grands que la capacité de parler de ces sentiments. La situation de viol est en fait rarement admise spontanément, ni dans le discours ni dans la pratique, quand on est en cause. D'autant plus que celui qui est tenu pour l'ami de cœur est souvent du nombre des agresseurs. En fait, la participation volontaire ou non de la jeune fille à ces actes d'abus sexuels collectifs n'est jamais clairement déterminée, surtout lorsque cette participation est obnubilée par les prétendus enjeux initiatiques de la scène. Du moins, plusieurs garçons semblent croire qu'il s'agit d'un jeu dont le but est de prouver sa virilité face à ses pairs tout en montrant à la jeune fille qu'elle appartient à la gang. De leur côté, plusieurs filles semblent subir cette scène de manière fataliste, comme s'il s'agissait d'une épreuve inévitable. Elles auraient alors le choix entre réagir comme une proie qui ne veut pas se laisser prendre et rester de glace devant les assauts qu'on leur fait subir. Or, lorsqu'une jeune fille fait partie de la bande ou est en voie d'en faire partie, la deuxième attitude semble être la seule qui convienne. En subissant froidement les sévices sexuels que lui infligent les garçons, elle montre en fait à ces derniers qu'ils ne peuvent véritablement avoir le dessus sur elle, même si elle sait qu'elle restera marquée à jamais par l'odieux de ces actes. Malgré les actes de violence qu'elle subissait, Marie résistait à la souffrance en transformant celle-ci en épreuve de courage. Ainsi, dit-elle : « En tout cas, ben j'ai rien dit. Je l'ai laissé faire son affaire, parce que… le gars… les douze étaient à côté de moi là. Qui me regardaient. Moi, je veux pas pleurer. Je veux juste montrer que je suis une fille… je suis rebelle, puis je suis forte. »

Évidemment, d'autres jeunes filles qui cherchent à se tenir à l'écart des gars de gang réagiront différemment de Marie. Une jeune fille de 15 ans, qui se décrit comme très influençable et qui prétend ne pas vraiment chercher la compagnie des gars des gangs de rue, déplore le « jeu » que ces derniers font subir aux filles. Elle ne comprend tout simplement pas le pourquoi de leur « amusement ».

Moi ben je vais te dire que j'ai des amis de gars. Je leur parle juste au téléphone. Parfois ils disent : « Viens me voir à Saint-Michel », je dis, je dis : « Après, j'arrive ». Je dis que je m'en vais m'habiller. Après j'appelle [pour leur dire :] « Ah, je suis désolée, j'ai quelque chose. » Je fais toujours ça. Parce que… je veux pas dire non que je ne veux pas venir, mais juste… dire que je viens mais j'y vais pas parce que je veux pas venir. Enfin, ils disent d'arriver. Quand tu arrives il y a trois gars, et puis eux autres, ils disent : « Tu sors plus. » T'sais c'est ça, c'est pas… la faute à eux autres, c'est la faute à toi parce que c'est toi qui es allée les retrouver. Si ils disent qu'ils vont venir chez moi, je vais dire : « Viens-t'en. T'es chez moi là. » Je vais te dire : « Viens-t'en. » Moi ça m'est déjà arrivé d'arriver chez quelqu'un puis ils m'ont dit : « Tu sors plus d'ici ». Ah non, ben c'est quand j'étais chez eux, j'étais allée chez [eux autres,] c'est moi la niaiseuse. Là ils ont dit… heum… « Tu vas faire quelque chose. » J'ai dit : « Moi ? » Là il me dit : « Oui. » J'ai dit, j'ai dit : « Vous vous trompez, je suis pas le genre de fille que… vous pensez. » Là ils disent : « Ben… c'est rarement qu'une fille rentre, et puis là qu'elle sort. » J'ai dit : « Ah oui. » J'ai dit : « Moi aujourd'hui je vais sortir. » Là ils ont dit : « Comment tu vas faire pour sortir parce qu'on est plusieurs ? » Ben je m'attendais pas qu'il avait averti ces gars-là. J'ai dit : « En tout cas, le téléphone est là. » J'ai dit : « Même si vous le débranchez, les affaires je vais [m'arranger]. » *J'ai dit : « En plus avant de venir ici, mes parents savaient où est-ce que j'allais, enfin j'ai donné l'adresse. » Ben* [c'était pas vrai, mais] *j'avais peur à mort. Mais je leur ai dit carrément. Mais ils avaient pas le choix parce que j'ai dit que mes parents avaient leur numéro de téléphone.* [Ils m'ont laissée partir.] *Puis après je les ai plus vus. Pas pantoute. C'est pas que je les ai pas vus,* [c'est que] *je leur parle juste au téléphone.*

[Je sais pas pourquoi les gars se mettent en gang juste pour avoir des affaires avec une fille.] *Je sais pas. Mais moi je trouve que pour eux autres c'est un jeu. Parce que il y a des gars, O.K., ils vont dire en plus… que c'est la faute des filles. C'est pas juste la faute des filles. C'est leur faute. Il y a un qui entre dans la chambre… Il a fini. Il sort. L'autre rentre. Je trouve que pour eux autres c'est un jeu, c'est leur amusement. Je sais pas qu'est-ce qu'ils trouvent tant de* [fun là-dedans]. *En tout cas. C'est comme ça* [qui font leurs] *les affaires.* [Pis quand ils le font,] *il y en a qui se protègent. Il y en a qui se protègent pas.*

Les « jeux sexuels » des garçons sont tellement prévisibles qu'elle croit après coup que les filles sont en grande partie responsables lorsqu'elles acceptent l'invitation des garçons. Elles devraient connaître leurs intentions et ne pas tomber dans leurs pièges. Marie aussi se doutait de ce qui pouvait lui arriver. Ne dit-elle pas qu'elle se promenait à une époque « avec quatre pantalons » afin de décourager les gars si jamais l'idée de la violer leur venait en tête !

Une jeune fille de 16 ans fait allusion au viol, mais pour dire que c'était quelque chose qui arrivait à d'autres filles qu'elle, en l'occurrence aux filles blanches. Pour sa part, elle connaissait la réaction des garçons et elle évitait de se mettre dans le pétrin.

Ben je regrette pas [d'avoir été dans la gang,] *puis je regrette en même temps. Un peu des deux. Ben je regrette parce que… je sais qu'il y avait des affaires qui s'est passée. Comme… t'sais c'était… avec comme des Blanches. Les CDP, ils sortent jamais avec des filles blanches O.K. Fait que dès qu'ils voyaient un Noir sortir avec des filles blanches, ils suivaient la fille. Puis soit qu'ils la violaient ou ils la faisaient battre. T'sais. Fait que t'sais moi dans ce temps-là, je me dis, si moi je sortais avec un Blanc, parce que j'ai déjà sorti avec un Blanc. Puis je me dis si un de ces Noirs-là, si ils me verraient avec un Blanc. Puis après ils vont me suivre, puis ou bien ils vont suivre le gars, fait que, t'sais, moi j'aime bien le gars. C'est ça.* [Fait que je me suis arrangée pour que ça arrive jamais.]

Le viol (collectif) ferait partie de la réalité de certaines bandes de jeunes. Par contre, cette réalité est rarement dévoilée, spécialement lorsqu'elle nous concerne. Les filles en parlent de manière générale pour décrier cet aspect moins reluisant des gangs. Cette situation arriverait surtout aux autres, et quand elle arrive, c'est parce qu'on aurait couru après... Les garçons, pour leur part, n'en ont jamais parlé ouvertement au cours des entrevues. Il est vraisemblable que, pour eux, il ne s'agirait pas de viol mais de jeux sexuels auxquels doivent se plier de bonne grâce les filles proches de leur entourage. Le but de ces jeux serait la démonstration de sa masculinité et le marquage des filles.

Les garçons veulent non seulement prouver leur virilité à leurs pairs, mais signifier aux filles qu'elles sont des biens échangeables de la gang. Elles sont la propriété de la bande et non la fille d'un seul gars. Évidemment, la menace ne suffit pas à garder les filles sous leur domination. Les garçons doivent pouvoir leur offrir quelque chose en retour, s'ils veulent entre autres que les filles travaillent pour eux. Ce ne sont pas non plus toutes les bandes de gars qui réussissent à s'entourer de filles et surtout à les garder longtemps auprès d'eux. En distinguant entre les bons gars et les mauvais, Marie nous met la puce à l'oreille quant aux stratégies que ces derniers déploient pour soumettre les filles. Les « mauvais gars », ce sont ceux, dit-elle, « qui veulent être ton père pour des je sais pas quoi là ». Les garçons ne se contentent pas d'être l'ami de cœur, ils cherchent en quelque sorte à « paterner » les filles. Ils jouent le rôle du père ou du grand frère protecteur pour gagner la confiance des filles. Ils leur donnent, tout au moins pendant un temps, l'attention et le réconfort dont elles ont peut-être manqué auprès de leurs propres parents. Aussi, les garçons qui réussissent le mieux à incarner le double rôle du père et de l'ami (ou du mari) sont en général plus vieux que les filles. Les plus jeunes sont pour leur part peu crédibles et ne savent pas trop comment s'y prendre avec les filles. À cet âge, soit au début de l'adolescence, les bandes des garçons seraient plus en compétition avec celles des filles qu'elles ne seraient alliées avec elles. Du moins, plusieurs jeunes garçons nous ont dit qu'il n'y avait pas de filles dans leur gang. Or, ce n'est pas parce qu'ils ne le veulent pas, mais plutôt parce qu'ils ne savent pas comment se rendre suffisamment intéressants, à leurs yeux, pour qu'elles acceptent de les suivre dans leurs activités.

Un garçon nous expliquait qu'il croyait au début qu'il suffisait d'acheter une ou deux robes à une fille pour la satisfaire afin de lui faire

faire par la suite tout ce qu'il voulait. Cependant, il devait rapidement s'apercevoir que les filles exigeaient plus qu'une robe, et que ni lui ni ses amis de son âge n'étaient en mesure de leur procurer toutes les attentions qu'elles requéraient. Aussi, selon lui, seules les gangs de gars plus vieux réussissaient à avoir des filles et à les faire travailler pour elles. Quant à sa gang, le fait de s'occuper des filles exigeait trop d'énergie, aussi les garçons préféraient-ils se consacrer à d'autres créneaux d'activités lucratives que le proxénétisme. Cela n'empêche toutefois pas ces jeunes garçons de s'intéresser aux jeunes filles et de les mettre au centre de leurs priorités, lorsqu'il s'agit de penser aux plaisirs.

Une jeune fille de 17 ans nous raconte, en se basant sur l'histoire de sa copine et des filles qu'elle a connues en centre d'accueil, la dynamique pernicieuse, construite autour de l'argent, qui s'installe parfois entre les filles et les garçons. Ces derniers chercheraient entre autres à tirer profit de la vulnérabilité des jeunes filles en fugue afin de s'enrichir. Il y aurait également une différence, selon cette jeune fille, entre les intérêts des Haïtiennes et ceux des Québécoises.

C'est surtout, t'sais, les filles qui sont en fugue, mais c'est pas la prostitution. C'est plutôt danser. Oui, t'sais, surtout NDL, là le centre le plus fermé. [C'est à] Laval. C'est comme ils sont en fugue, ils se tiennent au métro Henri-Bourassa. Puis là les gars ils sont très là. T'sais, les gars ils sont très là. « Ah, t'as pas d'argent, ah, je vais te faire avoir beaucoup d'argent. » T'sais le mot argent, là, ding, ding, ding, ça sonne. « Ah, je vais te faire avoir beaucoup d'argent. » Tu fais 1 000 par semaine, 5 000 par semaine. Là les filles, ah ouais, 5 000 par semaine. Eux autres, c'est le garde-robe qu'ils pensent. Puis ce qu'ils savent pas, c'est comme [mon amie,] ce que ça fait… quand tu connais des amis, là t'es rendue à danser, puis t'sais elle prenait de la drogue. Là elle a été dans un centre psychiatrique, parce que je sais pas ce qui est arrivé, mais elle a eu vraiment un problème, elle. Là, t'sais, parce que danser est égal à, quand même tu vas boire ou tu vas fumer ou t'sais [prendre de la coke]. C'est sûr, parce que si tu prends pas de drogue, tu vas rester puis tu vas pas danser. Puis moi, je trouve ça que ça c'est une grosse affaire. Comme moi j'ai été en fugue. J'ai jamais dansé. Puis comme il y a eu une [fois, une fille qui était avec un gars qui m'a dit :] « Je vais te faire avoir plein d'argent. » Je dis : « Ouais, t'sais non, c'est pas dans mes valeurs. » Je dis : « Je suis contente d'avoir le [salaire] minimum [plutôt] que d'aller danser. » Vraiment moi j'avais peur, puis c'était pas dans mes valeurs, d'aller me montrer le corps là. Même si j'avais eu le corps pour là, j'aurais pas été. Je préfère trouver d'autre chose qu'aller me montrer, danser là, puis les gars [pour] *qui* [tu danses] *tu dois donner un gros pourcentage aux gars puis tout. Le gars qui paye. Il t'oblige même quand tu le payes à danser, à continuer à aller danser. Il y a des limites à tout.*

[À vrai dire,] *je connais beaucoup plus de Québécoises qui dansent que d'Haïtiennes. Ça c'est dans les deux sens. T'sais c'est comme la Québécoise est en fugue. Envoye donc. La Québécoise aussi, c'est pas juste une question qu'elle est en fugue. C'est : « Ah, je veux faire de l'argent, puis tout, je veux payer mon appartement. Puis je veux avoir les plus belles affaires, puis… »* Ah j'ai eu [une amie blanche,] *t'sais, comme quelqu'un lui a donné l'idée d'aller danser. Son amie dansait. Ben ils l'ont embarquée à aller danser. Moi je trouve que c'est pas plus les Haïtiennes, moi de toute façon je remarque qu'il y a plus de Blanches aussi qui* [dansent] *pour des conneries. T'sais, c'est pas comme si quelqu'un me dit : « Ah, j'ai besoin vraiment absolument d'argent pour mon enfant » ou t'sais des affaires de même, c'est vraiment pour le plaisir. J'ai une de mes amies qui dansait. Elle est à l'école. C'est une Québécoise. Puis elle vient* [me voir] *une journée, elle me dit : « Ah, j'ai acheté une belle chemise de nuit à 150 $. » Je dis : « Moi si je serais toi puis si je dansais, il me semble que je mettrais mon argent à des choses plus importantes qu'une chemise de nuit à 150 $. » J'ai dit : « Pourquoi tu danses ? »* T'sais [elle continuait à aller à l'école puis] *elle dansait.*

La différence entre les Haïtiennes et les Québécoises est mentionnée à plusieurs reprises lorsqu'il s'agit des rapports avec les gars des gangs. Les premières prétendent être plus difficiles à berner, du fait qu'elles connaissent mieux le jeu des Haïtiens. Ainsi, dit une jeune fille de 16 ans en parlant de sa propre expérience :

[Les gars] *m'envoyaient là-bas* [danser même si j'étais mineure]. *Ils faisaient des fausses cartes, puis c'était pas juste moi. On était quatre. Deux Haïtiennes, deux Québécoises. Mais ils aiment plus les Québécoises, plus les Québécoises que nous. Parce que nous on est pas faciles. Tu vas dire à une Haïtienne : « Hé, tu vas danser pour moi, je t'aime, blabla. » Tu penses qu'une Haïtienne va accepter comme ça. Tandis que les Québécoises sont faciles. Je ne sais pas si… c'est parce que elles connaissent pas vraiment les gars haïtiens. Parce que nous on a l'expérience. Mais eux autres ils savent rien.*

Dans les histoires de jeunes filles en fugue qui dansent prétendument pour des garçons, les filles jouent souvent entre elles un rôle d'entremetteuse. Elles sont les mieux placées pour parler de leurs expériences et des bénéfices qu'elles en retirent. Toutefois, pour que les filles « travaillent » pour un garçon ou qu'elles lui donnent sans rechigner une part importante de leur argent, elles doivent sûrement y trouver quelques avantages. Si le garçon prétend offrir la protection, il sait aussi jouer la carte de la séduction pour se faire apprécier de la jeune fille et susciter son désir. Or, dans ce jeu de séduction et d'interdépendance financière, plusieurs jeunes filles ont l'impression d'avoir le meilleur rôle.

À propos des relations garçons-filles au sein des gangs

Nous ne prétendons nullement approfondir ici la psychologie des relations entre les garçons et les filles au sein des milieux marginaux tels que les gangs de rue. Même si nous le voulions, nous ne le pourrions pas étant donné le peu de données réelles dont nous disposons sur le sujet. Néanmoins, il s'agit d'un sujet sur lequel il serait important de se pencher, si l'on veut mieux comprendre la dynamique de ces milieux. Nous avons abordé la question du rôle ambigu que jouent les filles au sein de la gang et dans la dynamique territoriale des activités criminelles. Nous avons alors vu que les filles sont avant tout considérées comme des biens que l'on possède et que l'on peut se partager sans vergogne. Les quelques pistes de réflexion que nous ajouterons ici constituent non pas une explication exhaustive, mais une amorce de compréhension des rapports entre les garçons et les filles de la gang.

Si l'on fait abstraction du phénomène des gangs de filles qui serait, dit-on, en recrudescence depuis quelques années, les jeunes filles seraient nettement minoritaires dans les gangs de rue. La situation n'est pas nouvelle puisque, comme nous l'avons vu, les gangs sont historiquement une affaire de garçons. Par contre, sans la présence des filles dans les parages, ces gangs de gars n'ont pas entièrement leur raison d'être. Les filles seraient des objets à la fois convoités et défendus par les bandes de jeunes célibataires. Mais quels motifs poussent une jeune fille à se rapprocher des gars de gang alors qu'elle se voit accoler la réputation de fille facile ou de fille dont on abuse ? Nous avons noté précédemment que plusieurs de ces jeunes filles sont excitées par l'allure désinvolte des gars de gang. Par leur nonchalance, leur façon particulière de s'habiller, de bouger et de se tenir en bande, ces derniers savent émoustiller l'imagination des jeunes filles. Ils copient le modèle de la vedette indépendante auquel ne peuvent résister certaines jeunes filles. En fait, jusqu'ici, il s'agit de rapports de séduction tout à fait conventionnels entre jeunes garçons et jeunes filles de notre époque. Les garçons convoitent les filles en prenant les airs qui les rendent intéressants aux yeux de celles-ci.

Là où, de l'extérieur, les choses deviennent plus difficilement compréhensibles, c'est lorsque les filles semblent vouloir jouer la carte machiste des garçons et qu'elles se plient à leurs caprices pour se faire accepter d'eux. Derrière le manège de ces rapports de domination se dissimule probablement une logique irrationnelle du désir et de la séduction. On peut supposer que chaque partie trouve son compte dans la présence de l'autre. Cependant, pourquoi les filles accepteraient-elles de poursuivre la relation si elles n'ont manifestement pas le beau rôle?

Un garçon de 18 ans nous a dit du tac au tac : « J'aime ça les femmes moi. Les femmes c'est mon passe-temps. Les fins de semaine, je sors dans les clubs avec deux-trois amies de filles. On s'amuse. » À ses yeux, la « femme » est d'abord un objet de plaisir. Il nous a avoué confidentiellement qu'il avait une agence d'escortes. Ses amies de filles lui payent une partie de son loyer ainsi que ses vêtements. Pour lui, il s'agissait d'une chose tout à fait anodine. Si les femmes sont son « passe-temps », d'autres garçons ont un langage beaucoup moins tendre lorsqu'il s'agit de dire ce que représentent les filles pour eux. Elles sont essentiellement des choses que l'on possède pour son usage, mais dont on ne s'embarrasse pas. Elles sont en ce sens interchangeables. Nous avons vu que plusieurs garçons mentionnaient la possibilité d'avoir des filles (et du sexe) comme une des principales raisons de faire partie d'une bande. Aux dires de plusieurs, un des seuls avantages d'être le chef de la bande serait de pouvoir avoir plus de filles. La polygamie constituerait un des privilèges des « gradés ».

Comment ces jeunes filles perçoivent-elles leur rôle auprès des garçons? Or, parmi les filles qui se sont exprimées sur le sujet, nombreuses sont celles qui semblaient tirer une certaine fierté d'être en quelque sorte les pourvoyeuses des garçons. Le fait qu'elles puissent leur donner ce qu'ils veulent ou les couvrir de cadeaux les mettait à leurs yeux en position de force. En fait, ce sont les garçons qui dépendent d'elles, et non le contraire. Marie n'affirme-t-elle pas avoir été étonnée de l'attitude de son « chum »? Ainsi, elle dit : « Je dépensais tellement d'argent pour ce gars-là, je lui donnais tout mon argent, tout l'argent qui lui fallait. Qu'est-ce que je reçois en retour ? Pas de conscience du tout. » En donnant au garçon tout ce qu'il désire, plusieurs filles croient que ces derniers sont redevables à elles. Elles se mettent alors, pensent-elles, en position de supériorité, du moins en ce qui concerne leur capacité réciproque de combler l'autre. Une jeune fille de 16 ans, qui a aujourd'hui maille à partir avec les gars de gang, nous explique pourquoi elle donnait plus à son ami qu'elle ne recevait de lui en retour.

Il m'a battue. Je l'ai dénoncé carrément à la police. J'appelle la police puis j'avais plein de preuves. [...] Ils l'ont arrêté. Il me doit 1 800 $. Heu heu. [C'est de l'argent que je lui avais] prêté. Mais donné ça se peut pas là. Sinon ça aurait été 4 000, 3 000 $. Mais là il me doit 1 800 $. Plus que ça. Parce que je lui ai acheté des ensembles de Nike pour lui à 600 $ à la Place Versailles. En tout cas. Puis une télévision. [...] [Je lui avais acheté les ensembles] pour son anniversaire. C'était son anniversaire. Mais pas pour rien là. Pour son anniversaire, oui. Parce que lui il m'a donné des nounours. Fait que moi je lui ai donné l'ensemble. Mes trois ensembles. Parce que... je veux montrer, comme moi je suis pas assez... ah... assez plate comme lui. Lui il m'a offert des nounours. Juste trois nounours pour 50 $. Moi je veux lui montrer que je suis plus haute que lui. J'achète des choses de 500 $ puis il s'en va avec 50 $. Puis je dis, j'ai acheté des choses de 50 $, parce que tu m'achètes des choses de 50 $. Il m'a dit : « C'est quoi le rapport ? » Il m'a dit que c'était lui. Mais c'est des choses pour le plaisir. Pour le plaisir, pour le plaisir.

En donnant ce qu'elles ont et, à la limite, en se donnant littéralement corps et âme, les jeunes filles placent les garçons en position de dette vis-à-vis d'elles. Même si, ce faisant, elles jouent le jeu des garçons qui n'espèrent rien de moins de leur part que ce don sans retour, elles ont l'impression d'avoir le dessus dans ces rapports symétriques d'interdépendance où la raison du cœur se mêle à celle de l'argent. Aussi, la séparation entre l'affectif et l'économique correspond respectivement, en grande partie, à la sphère féminine et à la sphère masculine de l'adhésion aux activités de la gang. Du moins, seule une complémentarité dynamique de ces deux sphères permet d'expliquer la persistance des rapports (apparemment) inégaux entre les garçons et les filles. Les attentes exprimées par les uns et par les autres sont différentes, même si les enjeux identitaires profonds sont comparables, pour ne pas dire identiques.

Dans la prochaine section, nous approfondirons, toujours sur le plan de l'expérience personnelle des garçons et des filles qui la vivent, le rôle que joue la violence dans la construction identitaire et la dynamique des milieux marginaux des jeunes d'origine afro-antillaise.

La violence comme marqueur identitaire

La montée de la violence meurtrière chez les jeunes est un problème qui préoccupe l'ensemble de la société. Lorsque des jeunes attaquent d'autres jeunes dans l'intention de les blesser ou même de les tuer, nous n'avons jamais assez d'explications pour rendre compte de la nature insensée de tels gestes. Devant l'impossibilité d'expliquer ces phéno-mènes, tout le monde se met à la recherche de coupables. Au banc des accusés se trouvent évidemment ceux qui ont commis les actes condam-nés, mais également d'autres acteurs que l'on suspecte d'avoir contribué à la réalisation de ces actes à cause de leur présence à proximité de leurs principaux auteurs ou de l'influence qu'ils exercent sur eux. Au nombre des accusés soupçonnés de complicité, il y a d'habitude les médias, l'école et la famille (principalement les parents). Tous reçoivent leur part de blâme. En définitive, c'est la société dans son ensemble qui est criti-quée et c'est l'échec d'un système qui est constaté. Chaque fois que de tels événements surgissent et qu'ils prennent une place importante dans l'actualité, la même rengaine est reprise sans que l'on ait, semble-t-il, progressé d'un pas depuis la dernière fois.

À notre tour, nous ne prétendons pas détenir l'explication magique de la violence chez les jeunes. Cette explication n'existe d'ailleurs pas, alors que chaque situation est particulière. Dans notre recherche, notre attention s'est portée principalement sur la place de la violence dans la construction de l'espace identitaire sociopersonnel des jeunes des milieux marginaux afro-antillais. Nous avons surtout essayé de com-prendre les rapports entre le discours sur la violence et les comporte-ments violents chez les jeunes de ces milieux. Or, on ne peut chercher le sens de la violence sans comprendre l'expression de la souffrance qui y est liée.

Nous avons déjà dit qu'il est commun d'expliquer l'appartenance aux milieux marginaux tels que les gangs de rue comme une des causes de la violence qui sévit au sein des familles. La violence en question n'est pas à proprement parler physique, verbale, conjugale ou parentale, mais plutôt structurelle. Elle peut comprendre, en plus de toutes ces formes de violence, autant l'ensemble des dimensions du contexte de l'immigration, depuis le pays d'origine jusqu'à l'adaptation à la société d'accueil, que les conditions de précarité socioéconomique qui touchent la vie des familles.

La violence structurelle à laquelle les jeunes font le plus souvent référence est une violence d'exclusion. Qu'ils se basent sur les ambivalences des rapports familiaux et des modèles parentaux, sur les difficultés sociales liées à l'immigration et à leur origine ethnoculturelle ou sur l'accès limité aux sphères économique et professionnelle supérieures de la société, la plupart des jeunes des milieux marginaux se perçoivent à partir de leur famille comme étant des exclus du système. À la violence structurelle associée au contexte familial s'ajoute aux yeux des jeunes la discrimination quotidienne rattachée à leur condition de jeunes Noirs dans une société blanche. Leur double statut d'individus exclus et subissant la discrimination ferait d'eux des candidats prédestinés au monde de la délinquance et de la vie criminelle. Dans la mesure où cette délinquance vise à déjouer les règles du système, elle se veut donc un moyen de prendre à leur propre jeu les effets de l'exclusion. C'est parce qu'on ne lui donnerait pas une chance égale de « concourir » comme les autres que le jeune des gangs de rue se voit obligé de « tricher » contre le système.

Rappelons que la gang est souvent présentée par les jeunes comme une réponse aux problèmes familiaux. Elle serait non seulement une conséquence de la violence structurelle qui entoure la famille, mais aussi une façon de remédier à ses effets néfastes. Évidemment, une telle justification n'est que partiellement valable, puisque seule une infime proportion de jeunes se joignent aux milieux des gangs de rue, alors qu'ils sont beaucoup plus nombreux à connaître les mêmes types de violence structurelle. Ainsi, il n'y aurait pas de relation de cause à effet entre la violence structurelle qui marque le milieu familial et l'appartenance aux gangs de rue. Cela nous oblige une autre fois à distinguer entre le discours justificatif des jeunes et la pratique. Cependant, une fois que nous avons reconnu que la famille en soi ne peut être tenue pour seule responsable des gestes accomplis par ses membres, il n'y a pas lieu de se fermer les yeux et de nier l'importance de la violence structurelle relativement aux comportements des enfants. Même s'il est nécessaire de relativiser les répercussions personnelles de cette violence, il faut en déceler les effets qui, eux, sont réels. Nous devons essayer de reconnaître dans les discours justificateurs la part véritable des traumatismes.

Les jeunes expliquent en partie l'actualisation de leur propre violence comme une conséquence des souffrances qu'ils vivent ou qu'ils ont vécues. Il y aurait une transposition des souffrances engendrées par la violence structurelle dans les souffrances provoquées par leurs actes violents. La souffrance éprouvée serait comblée par la possibilité de faire souffrir à son tour. Dans cette dynamique de compensation des souffrances, la gang jouerait un rôle de catalyseur. Elle agirait en quelque sorte comme un canal permettant de transformer un état négatif de souffrance en un état positif. Ce canal permettrait de passer, sur le plan sociopersonnel, du statut de non-être à celui d'être respecté. En ce sens, l'appartenance à la gang peut être vue comme un rite individuel de passage. Toutefois, le caractère liminal de ce passage risque de perdurer à mesure que la personne chemine dans cette « contre-société » qu'est la gang. Au lieu de passer comme prévu d'un statut inférieur de citoyen à un statut supérieur, le membre de la gang reste en marge de la société dont il souhaitait au départ se hisser au sommet de la hiérarchie.

La gang est une contre-société parce qu'elle vise à déjouer les facteurs de discrimination du système et non parce qu'elle s'oppose aux valeurs centrales de la société. On entre crédule dans la gang afin de s'affirmer socialement et individuellement. Mais pourquoi opterait-on pour la gang (et par extension pour la délinquance) et non pas pour un autre moyen de valorisation? Encore faut-il que ces autres moyens existent et qu'ils soient à la portée du jeune. Or, une grande partie de la stratégie (de recrutement ou de marketing, pouvons-nous dire) de la gang consiste à prétendre que ces autres moyens (école, travail, loisirs, etc.) sont truqués, voire inaccessibles, pour un jeune de sa condition, c'est-à-dire immigré, noir et pauvre. La gang se présente alors comme l'unique système réellement accessible. Elle cherche à combler le déficit de sens de l'identité souffrante du jeune. En plus de lui offrir une scène où il peut s'exprimer au quotidien, elle lui fait lorgner l'espoir d'une réussite sociale. Dans le cas des jeunes qui sont issus de milieux aisés, car il y en a, il s'agira très souvent de montrer que l'on peut réussir par soi-même sans l'aide de ses parents (avec lesquels, par ailleurs on pourra être en brouille). Un jeune de 18 ans, qui se trouve dans une telle situation, explique ce que lui apportaient pour lui les « choses criminelles » :

C'est juste… c'était plus pour… heum… pour leur dire [à mes parents] *là que j'avais pas besoin d'eux autres pour… heu… avoir du cash. J'étais capable tout seul. T'sais, c'était moi-même. Puis je sais pas, je me rebellais, fait que là je leur montrais que je m'en câlissais là de l'argent là. Puis que je me câlissais d'eux autres là. Parce que t'sais au fond j'étais à l'aise, j'avais pas besoin vraiment de voler pour avoir du cash. Mais c'était… je sais pas* [une façon de chercher ta couleur ?]. *Ouais, c'est ça là. C'était plus pour leur montrer que je m'en foutais là. Ça escaladait là. Mais je me faisais pas pogner là pour les coups que je faisais, sauf que ben, t'sais, j'ai payé pareil là après là.*

Si l'appartenance à la gang peut être représentée comme un rite individuel de passage, dans la mesure où elle doit théoriquement permettre d'accéder à un rang supérieur, elle n'en constitue pas moins un choix délibéré d'œuvrer en marge du système. La gang est vue, d'un côté, comme un moyen d'intégration et, de l'autre, comme un moyen d'exclusion volontaire. Ces deux voies, en apparence contradictoires, appellent chacune sa propre logique de la violence. Dans un cas, l'usage de la violence est dirigé vers le système que l'on cherche à défier ; dans l'autre cas, il est tourné vers les milieux auxquels on appartient et à la limite contre soi. Le recours à la violence s'avère à la fois une démonstration de puissance et un marqueur identitaire. Ces deux aspects se confondent, mais il y a lieu de les distinguer, entre autres lorsqu'il s'agit de nuancer la part d'individualité dans les actions violentes de la gang. Les desseins du groupe et de ses membres ne sont pas nécessairement identiques, même si de chaque côté on essaie de tirer profit de la présence de l'autre.

Il faut pouvoir distinguer entre la violence exécutée comme pratique individuelle d'agrégation à la bande et l'effet que la gang compte obtenir de l'exécution de cette violence. Par exemple, lorsque Myrlande accepte sous la pression de ses pairs de poignarder un membre d'une bande adverse, elle ne semble pas avoir une vision d'ensemble des conséquences d'un tel acte de violence. Pour elle, ce qui compte avant tout, c'est de prouver qu'elle n'est pas caponne et qu'elle peut faire comme tous les autres. Dans un tel contexte, la « banalité » de l'acte accompli lui fait perdre de vue son côté dramatique. Le « jeu » est amusant car tout le monde autour d'elle semble s'y adonner. En devenant à son tour la principale exécutante de cette violence, elle confirme à son entourage qu'elle fait vraiment partie de l'équipe et qu'elle accepte de respecter les règles jusqu'au bout. L'usage de la violence devient à ce moment un marqueur de son identité d'appartenance à la bande. Cette violence peut, par contre, avoir une autre signification pour la gang. Certes, la personne démontre par son geste violent sa loyauté, mais en même temps elle réaffirme son besoin de ne plus se séparer de la bande afin d'assurer sa sécurité. Elle est prise au piège. Plus tard, elle aura des raisons de recourir à la violence pour sauver sa peau ou celle de ses complices. Par ailleurs, la gang peut vouloir profiter de cette pratique à caractère initiatique pour régler de vieux comptes avec une bande rivale.

L'usage de la violence agit comme un marqueur identitaire à la fois individuel et de groupe. Les deux types de marqueurs n'ont pas tout à fait la même signification. Les enjeux pour la personne et pour la bande ne sont pas systématiquement juxtaposés. Aussi faut-il pouvoir suivre l'évolution de la violence comme marqueur identitaire autant chez la personne que chez le groupe. Les intentions se trouvant derrière les premières expériences de violence sont souvent très différentes des expériences subséquentes. Cela est vrai pour la personne comme pour la bande. Le jeune qui veut être admis dans la gang n'agit pas dans le même dessein que le membre aguerri. La bande qui en est à ses débuts n'a pas les mêmes prétentions à un territoire ou à un secteur d'activité que les bandes plus anciennes. Ces constatations, qui peuvent à première vue paraître anodines, ont toute leur importance lorsqu'il s'agit d'aiguiller les interventions. Il importe alors de tenir compte des niveaux d'engagement de la personne et du groupe dans le processus de la délinquance. Le rapport d'identification à la violence et à sa signification en tant que pratique spécifique est un indicateur clé du degré d'engagement dans la déviance.

Au stade des pratiques d'agrégation, violence et souffrance se confondent très souvent dans leur expression, au point que l'une occulte l'autre, et vice-versa. L'entrée dans la gang est d'ordinaire marquée par des démonstrations de résistance à la souffrance. Qu'il s'agisse d'initiation en règle ou d'épreuves aléatoires, le futur membre doit prouver sa tolérance face à la douleur. Il doit pouvoir la subir sans exprimer sa souffrance. Dans bien des cas, lors de cette première étape, la violence de la gang est tournée contre soi. Myrlande porte sur son bras la trace de la brûlure qu'elle s'est faite « pour le fun ». Un garçon nous a dit, que pour entrer dans sa gang, il a dû serrer dans sa main une pièce de monnaie brûlante qui venait d'être retirée du feu. D'autres jeunes nous ont expliqué que pour faire partie de la gang, il fallait se faire battre sans rechigner par tous les autres membres du groupe. Mais en général, lorsque ces pratiques existent, elles ne sont qu'un pas vers l'agrégation et non un rite définitif d'admission. Nous l'avons vu avec Myrlande qui a dû, dans un autre temps, montrer à sa bande ce qu'elle était vraiment capable de faire.

En fait, il ne semble pas toujours y avoir de véritable rite d'entrée. On observe plutôt un ensemble d'actions par lequel le futur membre démontre à ses pairs son potentiel. La capacité d'endurer la douleur est un premier gage de soumission à la force du groupe. Elle est une marque d'identification accolée par la gang qui relie (ou sépare selon le cas) les individus entre eux. Un jeune homme de 18 ans, membre d'une gang, explique le sens hiérarchique et inégal de l'appartenance à la gang :

Si on est pas sur le même pied d'égalité... c'est parce que... t'as des stades, tu comprends. C'est comme... au début tu rentres, t'es [nouveau,] tu vas te faire initier, tu vas te faire battre, ou bien il va t'envoyer faire quelque chose pour t'initier, tu comprends. Puis après l'initiation, t'es un membre de la gang. Puis si ça fait un an que tu es là-dedans, tu montes de grade. Tu comprends plus, plus, plus, plus. C'est que... si quelqu'un qui a un grade plus haut que toi te dit de faire quelque chose, c'est comme... c'est plus normal que tu sois plus porté à le faire, tu comprends.

L'adhésion et la montée en grade restent toutefois conditionnelles en général à la participation aux scènes de violence orientées vers un agent extérieur, qui peut être par exemple un ennemi à vaincre ou un endroit à cambrioler. Dans ces situations, l'effet catalyseur de la violence commune devient fondatrice de liens entre les différents acteurs. Dans certains cas, le scénario entier de la pièce sera décidé à l'avance dans ses moindres détails ; dans d'autres cas, la scène sera tout à fait improvisée. Chaque fois, par contre, la façon de se comporter du figurant sera garante de son avenir au sein de la gang. Comme nous l'avons vu, une bande entière peut se former à la suite d'une échauffourée avec un groupe rival. Dans d'autres circonstances, un jeune pourra être appelé à se joindre à une gang déjà existante après que des membres de celle-ci auront remarqué sa façon de se battre contre un ennemi commun. Les bagarres sont en effet souvent citées comme la bougie d'allumage de la bande et le critère d'adhésion à cette bande.

La bande se consolide autour de la performance de ses acteurs, d'où l'importance que revêt le spectacle de la violence. L'effet de la violence se dissipe s'il n'y a pas de spectateurs pour la constater. La mise en scène de la violence fait partie intégrante des dispositifs qui permettent de

transformer celle-ci en marqueur identitaire. La présence des spectateurs participe à cette mise en scène. Ils « influent sur le déroulement de
la violence » (Sofsky, 1998 : 103). Ces spectateurs peuvent être présents
« en direct » au moment des événements et stimuler de ce fait les agresseurs, comme ils peuvent assister « en différé » à la scène par la voie des
médias ou des racontars. Dans tous les cas, ils sont des incitations à la
violence spectacle. Cette violence nécessite d'être vue. Il faut montrer ce
dont on est capable. La performance de la violence se transforme en
menace ou en sympathie. L'une et l'autre confèrent le « respect » sur
lequel s'appuie l'idéologie d'appartenance à la bande.

La répartition des rôles dans cette mise en scène collective de la violence n'est pas arbitraire ni égale pour tous. Comme nous l'avons vu, les
filles ont souvent le « mauvais rôle ». Elles sont plus souvent que les garçons appelées à prouver leur fidélité à la bande en se faisant elles-mêmes
violence (par exemple en dansant nue ou en s'adonnant à la prostitution) ou en subissant cette violence (par exemple en étant abusées physiquement ou manipulées socialement). Les filles qui sont réduites à une
figure de dominées sont plus marquées par la violence de la bande que
les agents instigateurs de celle-ci. C'est généralement la même chose
pour les novices — garçons ou filles — qui devront faire leurs preuves :
ils pourront être utilisés plus ou moins à leur insu afin de conforter par
leurs actions (violentes ou délinquantes) le pouvoir de la bande et de ses
leaders. Ils agissent alors surtout comme des intermédiaires à la solde du
groupe. Ils sont des pions transmetteurs par lesquels s'extériorise la violence (hiérarchisée) de la bande.

Mais peu importe qu'elle soit le résultat d'un soldat apprenti ou
d'un combattant aguerri, la violence extériorisée de la bande a toujours
pour cible plus ou moins avouée le système contre lequel elle se rebelle.
L'identification à la bande trouve son aboutissement logique dans la
lutte contre l'ennemi commun qui est le système de discrimination de
la société. La violence en tant que marqueur identitaire de la gang permet de transposer sur le plan social les souffrances personnelles. Or, une
fois que le mode de fonctionnement de la gang a atteint une certaine
autonomie, les mécanismes de transfert de la souffrance personnelle par
la perpétration d'actes violents deviennent pour la plupart inconscients.
Il existe une discontinuité entre l'intention, le discours et l'action, discontinuité dont savent tirer profit les leaders de la bande au détriment
des plus vulnérables.

Mise en scène et escalade de la violence

Ces dernières années, la violence a connu une progression fulgurante au sein de certains milieux de jeunes. Les armes blanches d'autrefois sont périmées ; elles ont été remplacées par des armes à feu. Le trafic d'armes fait partie des activités dans lesquelles s'investissent certaines gangs de rue. Un des résultats de cette nouvelle réalité est que les coups portés sont plus souvent mortels. Mais qu'est-ce qui pousse un jeune à vouloir tuer son prochain, parfois même sans savoir qui il est ? Nous ne pouvons malheureusement pas répondre à cette question ; en outre, chaque histoire est différente.

Notre regard n'est pas focalisé sur un cas en particulier, mais principalement sur le phénomène de la présence des armes de plus en plus meurtrières dans l'univers des jeunes de certains milieux marginaux. Pourquoi décide-t-on à un moment donné de porter une arme à feu et qu'est-ce qui amène ensuite à s'en servir ? Encore une fois, nous ne prétendons pas détenir les réponses à ces questions cruciales, ces réponses variant selon les personnes et les mises en situation. Toutefois, il existe autour des armes des discours et des pratiques qui légitiment aux yeux de certains leur présence et leur usage. Parmi l'ensemble des jeunes que nous avons rencontrés durant la réalisation de cette recherche, près de la moitié croit que le port d'une arme s'avère nécessaire dans certaines situations. Aucun de ces jeunes, par contre, ne banalise cette réalité. Les armes sont vues par la plupart comme un problème, même si d'aucuns disent qu'ils ne peuvent plus s'en passer, surtout pour des raisons de « sécurité ». Puisque l'on est conscient des méfaits des armes et en particulier de ceux des armes à feu, pourquoi leur accorde-t-on autant d'importance ?

Nous savons que les armes sont présentes dans les milieux marginaux des jeunes Afro-Antillais. Certes, elles ne sont pas répandues dans tous les groupes, mais elles font partie de leur réalité. Si l'on fait abstraction des milieux plus criminalisés qui en font le commerce et qui s'en servent pour commettre leurs crimes, il y a lieu de se demander quel rôle spécifique jouent les armes dans l'univers de ces jeunes. Une fois présentes dans leur univers, les armes en tant qu'objets acquièrent leur propre symbolique. Or, le principal symbole qui est véhiculé par les armes est celui de la puissance. L'arme rend plus puissant celui qui la porte. Elle constitue pour lui un moyen d'imposer le respect. Elle lui permet de prendre la place qui lui revient. Elle lui permet d'affronter ses ennemis sans se défiler.

Après avoir dit que porter une arme était « jusqu'à un certain point » important « pour se protéger », que « c'est une sorte de protection », un jeune garçon de 14 ans nous a raconté quelques mésaventures qui sont arrivées à des gens qu'il connaît :

Heum… il y en a un que je sais qu'il a été [jacké,] *ça c'est pour* [une fille]. *Il y en a que c'est une histoire de filles. Heum… le gars a pris la fille, puis elle était pas d'accord. Ce qui a fait, il a donné un coup de couteau. Le gars il a mangé* [un coup de couteau]. *Il y en a qui a mangé* [des balles]. *Il y en a d'autres c'est, ah ils étaient à la discothèque. Ils étaient pas dans leur territoire. Ils ont tiré après eux autres, bon* [ils ont] *mangé une balle. D'autres ont eu des balles perdues aussi. Mais là c'est juste pour imposer. Dire ah… juste pour montrer que tu as une arme. Comme ça. Les autres ils disent : « Viens. »* *Là il y en a d'autres qui font* [leurs braves] *devant lui.* *« Ah, tire-moi, tire-moi. »* *Fait que là qu'est-ce qu'il fait. Lui s'il tire pas, il passe pour un capon.* [Il passe] *pour un lâche devant ses amis. Fait que si il tire il a un avantage, comme il est un gros nègre.* […] [Un] *« gros nègre » ça veut dire comme… « je suis capable de le faire ».* [Ça veut dire] *« me faire respecter ».* […] *Fait que là il est pogné. Puis là, l'autre niaiseux en avant qui fait des gestes, heum, qui se moque. L'autre se moque sur moi. Mais il voit pas que… ce qu'il fait c'était* [de la provocation]. *Fait que là il va le forcer. Il va dire : « Shit, je vais y aller, je tire. »*

Dans la dernière scène, le garçon n'aurait pas d'autre choix que de tirer un coup de feu ; son honneur en dépend. Le côté forcé du recours à la violence est souvent mentionné. Une fois la situation en place, les rôles sont déterminés. Il existe peu de marge de manœuvre : « c'est lui ou moi ». Le garçon ne semble pas avoir d'autres possibilités que d'appuyer sur la détente ou d'asséner un coup de couteau. Il n'est pas question de se dérober. On n'aurait pas le choix d'agir, explique un garçon de 17 ans sur qui on a déjà tiré et et qui a été « obligé » à son tour de tirer sur quelqu'un :

[J'ai jamais descendu personne mais j'ai déjà shooté quelqu'un.] *En tout cas, j'ai jamais tiré quelqu'un de sang-froid… En tout cas, au niveau de gangs, tu peux pas tirer un gars de sang-froid. Quelqu'un qui va dire comme ça : « Ah moi, c'est moi le tough, moi je peux tirer n'importe qui », c'est pas vrai ça. Parce que même quand je marche avec un arme, mon cœur il bat. Parce que t'sais, je suis pas… t'es pas habitué. T'sais, t'es pas habitué à vivre dans ce système-là. Mais tu es obligé de vivre dans le système, tu comprends. Mais si toutefois je vois comme, disons une voiture en train de passer, t'sais je suis sur la rue, j'ai un arme sur moi. Mon cœur il va battre. Parce que je sais que je vais être obligé de tuer cette personne-là. T'sais, je veux pas tuer. Je veux pas la tuer, mais t'as pas le choix.*

Lorsqu'il porte une arme, il a une décharge d'adrénaline. Son cœur bat à vive allure. Un étrange sentiment de puissance personnelle et d'impuissance face au « système » l'envahit. Il n'y a pas d'alternative, il doit tirer, même si c'est malgré lui. Sa volonté ne lui appartient pas totalement, il est sous l'emprise du système de violence, dont il se sent prisonnier. Dans ce système où l'on joue sa vie, les choix n'existeraient pas à toutes fins utiles.

Pour lui, explique-t-il un peu plus loin, porter une arme est une question de vie ou de mort. Il est en quelque sorte le « policier » de sa propre vie :

Je suis tout le temps, tout le temps obligé de porter une arme. Pas le fait pour être tough, c'est le fait pour ma vie à moi, tu comprends. Parce que dans cette situation-là il y a plus en fait de « you know je suis tough », puis toute ça. C'est tu portes un arme pour ta vie. C'est tout. Mais c'est comme si, disons, je suis un policier, je m'en vas ; je me promène sur la rue. Puis que le criminel, t'sais, il me tire pas, je suis obligé de marcher avec un arme.

Un garçon de 18 ans fait également mention de cette absence de choix, une fois que l'on est engagé dans la dynamique de violence caractéristique de ces milieux.

Bof, c'est pas c'est pas plus important que ça [de porter une arme quand on est dans une gang,] *sauf que ça sécurise plus, tu comprends. Fait que, si admettons tu rencontres quelqu'un, t'es tout seul. Puis lui, il a un couteau, puis toi tu as un 9* [mm], *tu comprends. Ça c'est sûr* [que tu vas shooter]. *Ouais, la façon que* [ça se présente] *c'est sûr que tu vas shooter. Ouais. Ouais.*

Si l'on se fie à ces témoignages, les scènes de violence seraient gouvernées par une espèce de fatalité. Les rôles sont déjà écrits et les principaux acteurs ne font que les répéter. Il s'agirait d'un jeu ayant sa propre finalité et ses propres règles auquel certains se prêteraient juste pour faire comme les autres. Du moins, c'est ce que croit un jeune homme de 19 ans proche des milieux des gangs. Nous lui avons demandé s'il pense que des gens font semblant d'être dans une gang. Sa réponse a été quelque peu acerbe :

Oui. Ben, il y a des jeunes surtout quand quelqu'un les ennuie ou [qu'il y a de] *quoi* [qui] *les ennuie, là il dit : « Moi je fais partie d'une gang. Tout le monde le dit, je vais amener toutes mes troupes. » Ou bien il peut proposer que les* [autres] *les battre. T'sais c'est quoi « battre » ? Les battre. Pour qu'il peut shooter, tu vois. Parce que il peut piquer quelqu'un. Tu vois. Mais c'est pas vrai. Il pense qu'il peut faire ça, mais il a une partie dans lui qui lui dit qu'il peut pas faire ça, tu vois. Tout ce qu'il pense dans sa tête, il peut faire ça. Mais il va pas le faire pour de vrai, tu vois. Parce que il peut dire à quelqu'un : « Moi je peux te shooter. » Moi, t'sais, c'est... « Si tu m'embêtais, je vais te tirer », tu vois.* [C'est pour intimider ?] *C'est ça, c'est pour intimider, mais il* [le] *disait pas pour de vrai. Mais... si il disait ça à certaines personnes, ben qui comprennent pas ce qu'il voulait dire, tu vois. Alors il peut... savoir* [que] *c'est vrai parce que c'est comme ça qu'il devient un peu* [capable de le faire]. [Alors] *il perd sa vie pour rien, tu vois. Juste à niaiser, tu vois.*

À la limite, porter une arme serait facultatif. Car, explique un garçon de 15 ans qui n'est pas membre d'une gang, l'identification à une gang constitue à elle seule une « arme » suffisamment menaçante.

[Porter une arme, c'est] *pas vraiment* [important]. [Parce que] *t'sais, mettons, l'arme de la personne c'est... son identification. Comme admettons que tu marches... admettons que moi je marche dans la rue, puis je vois quelqu'un qui a un bandeau rouge. Je vais pas aller l'écœurer parce que je sais qu'il fait partie d'une gang. Si je m'en vas me pogner avec lui, je sais qu'après, moi, je vas* [être dans le trouble]. *Ouais, c'est ça, ils ont tous une identification, fait que... t'sais, si tu vois qu'ils ont pas d'identification, ça dérange pas. Si ils ont une identification... t'es mieux de faire attention, à moins que la gang soit... comment on peut dire ça ? Que personne la respecte parce que c'est une petite gang.*

Pour une jeune fille de 16 ans qui était membre d'une gang, il est au contraire nécessaire de porter une arme : dans un monde où l'on n'est pas sûr de ses amis et de ses ennemis :

[C'est important de porter une arme] *parce que tu peux pas... tu peux pas savoir c'est quand que quelqu'un va te suivre ou... t'sais quand quelqu'un va arriver sur toi, puis qui va dire : « Tourne-toi. » Fait que c'est important* [si] *quelqu'un, t'sais, te touche dans le dos. Tu dis au gars : « Fais gaffe, enlève ton affaire. » Puis tu peux pas savoir si c'est un ennemi ou si c'est quelqu'un de ton ami. La personne est pas supposée comme toucher dans le dos. T'sais comme ça. Tu enlèves ton affaire, tu tires.*

Le seul fait d'être dans la gang accroîtrait le sentiment de puissance individuelle, explique un jeune homme de 18 ans en parlant de sa propre expérience :

Pour moi à l'époque, c'était important [de faire partie de la gang,] *parce que je me sentais plus… quelqu'un d'important, tu comprends. Je me sentais plus fort quand ils étaient là. J'étais fort, tu comprends. Ils me donnaient plus de pouvoir, plus de puissance, tu comprends. C'est comme quand j'allais faire face à des situations, comme si admettons quelqu'un me provoquait, t'sais comme je me sentais plus fort. Parce que j'avais du back-up. Tu comprends. T'sais comme j'étais plus agressif aussi. T'sais comme personne pouvait niaiser avec moi ; là tu niaises avec moi, tu prends une raclée ou bien tu te fais faire d'autre chose* [comme shooter].

L'escalade de la violence chez les jeunes, marquée par le passage des armes blanches aux armes à feu, n'est pas sans lien avec la grande scène médiatique. Même s'il n'y a pas lieu d'établir de façon absolue un rapport de cause à effet entre la violence diffusée par les médias et le comportement violent d'une personne, les jeunes n'en sont pas moins influencés par la forme que revêt cette violence dans les médias.

Plusieurs facteurs contribuent à pousser une personne à commettre des gestes violents. Aucun des jeunes que nous avons rencontrés n'a prétendu être devenu violent en raison des films qu'il voit ou de la musique qu'il écoute. En revanche, plusieurs ont mentionné que ces modèles peuvent inspirer leurs comportements. Après avoir regardé un film, ils pourront essayer d'imiter le héros auquel ils s'identifiaient. Ils voudront se procurer la même arme que lui ou porter la leur comme il le faisait dans le film. Certains films procuraient ainsi un élan — un *drive* — à quelques-uns de ces jeunes en manque de sensations fortes. Ils modelaient leurs comportements violents et leur donnaient une signification commune. Certes, ces jeunes ont déjà des prédispositions à la violence. Le dernier film ou la dernière chanson à la mode n'est que la projection de l'univers de sens auquel ils s'identifient. À leur façon, ils rejouent sur la scène locale des morceaux choisis de cette pièce virtuelle présentée sur la scène médiatique mondiale.

Un garçon de 16 ans qui a été membre d'une gang nous parle des films qui ont été pour lui des modèles :

Ah oui, il y a un film qui est sorti là, le monde en a pas beaucoup entendu parler, [c'est] Black Panther. *Heum… il y a le film qui m'a le plus influencé moi, c'est* Akira. *Il y en a… il y a plein… il y a plein de films. T'sais. C'est comme…* End Clocker, End Buzzenders, End to come,

Menaces pour la société, *tous ces films-là c'est comme... ils influencent un peu le jeune. Le jeune il va pas comme un enfant de trois ans commencer à tirer avec ses mains. Mais c'est comme, ça se passe plus dans sa tête. Il va penser, il va regarder puis il va se dire* [c'est ça qu'il fait]. *Puis un jour, peut-être il va se trouver dans la même situation. Il va foncer dessus, il va faire la même affaire. T'sais. Ça agit plus dans la tête que, t'sais comme* [sur] *la façon* [de faire].

« Le plus souvent, c'est des films qui leur montent à la tête », a résumé un garçon de 19 ans, membre d'une gang, lorsque nous l'avons questionné sur l'influence des modèles américains auprès des gangs. Un garçon de 17 ans, celui qui prétendait ne pas pouvoir se passer d'une arme, a également parlé de l'influence que la musique ou le dernier film peut avoir :

[Les modèles américains, ça influence] *beaucoup. C'est comme si, disons, le gars, t'sais il va voir comme... t'sais il va voir un film disons. T'sais il va voir que le gars il a tiré, le gars de telle, telle façon. Puis il va avoir telle, telle arme dans ses bras. « Il faut que j'aye cette arme », puis il va devenir fou. C'est comme la musique aussi, tu vois. Quand il va écouter la musique, puis t'sais dans la musique ça dit t'sais, « tu tues le gars », puis toute ça, « puis tu as de l'argent ». « Tu fais de l'argent », puis toute ça. Ça influence beaucoup de personnes. Il y a du monde qui veulent être de même. Ils deviennent fous dans la rue.* [En tout cas, moi,] *j'étais influencé par ça. Oui. Je l'avoue.*

Un autre garçon, âgé de 18 ans, estime également que les modèles américains exercent une grande influence sur lui et sa gang. Il va même jusqu'à croire que la réalité des gangs à Montréal existe parce que les jeunes d'ici cherchent à imiter leurs pairs des États-Unis :

Oui, il y a une grosse influence. Comme la musique là, t'écoutes Naze, c'est comme tu es comme eux. Tu vas avoir l'argent. T'sais tu vas avoir l'auto qui roule. Tu comprends. Tu veux te faire connaître. Tu comprends. Ça c'est très [important]. *Les films aussi. Les films de Noirs, de gangs de rue, ah ça influence beaucoup.* [Les modèles américains, ça influence parce que] *eux autres ils prennent ça ben plus au sérieux là. T'sais c'est comme à New York, il y a les Bloods, il y a les Crips puis les... Si tu vas dans un territoire de Crips, t'es mort c'est sûr. T'es mort, t'es mort, tu comprends. C'est ben plus important. T'sais comme nous autres... heum... t'sais les jeunes ici, ils ont plus tendance à imiter les gars des States, tu comprends. C'est pour ça qu'il y a toute ce phénomène de gangs là à Montréal.*

En fait, la situation à Montréal ne serait plus vraiment différente de celle des États-Unis. Comme les Crips, qui portaient originairement un bandeau bleu, et les Bloods, un bandeau rouge, les jeunes des gangs d'origine afro-antillaise peuvent s'entretuer lorsqu'ils vont défier l'ennemi sur son territoire.

Bah, il y a pas vraiment de codes [pour distinguer les gangs]. *Comme moi parfois, t'sais je vais marcher dans la rue, puis je vois un gars, je pense que c'est un gars de gang, mais pourtant c'est pas un gars de gang. Tu le sais pas. D'habitude, t'sais, il y a… comme nous autres on porte un mouchoir rouge. T'sais, dans le temps ça faisait… dans le temps qu'on venait juste d'être formés, on portait un mouchoir rouge, puis… l'autre gang, t'sais nos ennemis, portait un mouchoir bleu. Mais maintenant c'est plus vraiment comme ça.* [Dans le temps] *ça veut dire que si moi, tu vois, je suis un mouchoir rouge, je m'en vais sur le territoire, disons, de Pie-IX, ils vont me tirer.* [Pis si eux autres viennent sur notre territoire, on va faire la même chose.]

À titre d'illustration du cercle vicieux de la violence présente dans les gangs de rue, nous laisserons une fille de 16 ans et un garçon de 17 ans nous raconter leur propre expérience de la violence armée, en apparence gratuite, dont ils disent avoir été victimes. Pour la jeune fille, cette ultime expérience lui a fait comprendre qu'elle devait sortir de ces milieux de violence ; pour le garçon, cette expérience n'a fait qu'accroître son désir de vengeance et le convaincre qu'il ne peut, à court terme, envisager de quitter le milieu des gangs.

« I'm out of this game »

[Quand j'avais 13 ans,] *je me tenais… comme* [avec] *la gang des filles là. T'sais les plus fortes là de l'école. C'est comme on faisait plein d'affaires : on allait voler, on allait* [se battre], *on allait* [faire des mauvais coups]. […] *Puis là finalement, les policiers nous ont retrouvées puis ils nous ont amenées à l'Escale. Puis… à partir de là, ils nous ont donné… heu… chacune une éducatrice, une éducatrice tout ça. Puis là, après ça… ben les affaires… tout le monde est entré chez eux… Puis là comme à l'école ça allait pas… je me suis mis à sortir avec un gars de gang.*

Je savais pas exactement quelle gang qu'il était, mais… je savais qu'il

savait se défendre. Puis c'est comme pour montrer à tout le monde que,
t'sais, je vais le suivre derrière là. Je dis : « Ah, je sors avec un grand, t'sais. »
Tout ça. Puis là je sortais avec. Puis là, à un moment donné, il y avait une
grosse histoire à l'école… comme [avec] *les filles… Ben comme mon ancien*
chum, t'sais, il était dans les gars d'O.G., puis… la fille, elle, son cousin était
dans CDP. Puis là, ça marchait pas. Tout ça. Fait que là, l'ami de mon
ancien chum, il y a [été voir la fille puis il lui a dit :] *« Ton cousin, il est*
dans ci, il est dans ça. » Tout ça, puis là la fille [a pas aimé ça]. *Puis là ils se*
sont chamaillés. La fille et le gars là ils se sont battus. Puis là après ça elle a
dit : « Je vais appeler mon cousin pour toi, nanana », plein d'affaires. T'sais
mais le gars l'a frappée super fort. Il l'a envoyée à l'hôpital. Là les filles elles
ont dit : « Ah, c'est les gars de ton chum, nanana. » Puis là ça l'a commencé.
Toutes les filles voulaient me battre. Fait que j'avais amené full d'affaires.
J'avais des couteaux, plein d'affaires là [au cas] *qu'ils s'en prenaient à moi.*
Là mon chum est descendu à l'école. Puis la journée qu'il est descendu, la
fille les a vus descendre. C'est comme elle est partie appeler le directeur, le
directeur a appelé les policiers. Les policiers nous ont embarqués. Fait que
là, il restait juste moi là dans l'école. Puis moi [j'ai pas pris de chance]. *Fait*
que là, quand je suis revenue à l'école, j'ai amené un marteau. Tout ça dans
mon sac. Puis j'avais une grosse roche là que j'avais bien choisie à terre,
pour [être sûre de pas avoir de] *problèmes* [avec] *eux autres.*

[Un peu plus tard] *j'avais eu une travailleuse sociale. L'éducatrice qui*
me suivait elle m'a donné une travailleuse sociale, puis après ça… je disais :
« Ça va pas là », toute ça. Puis là ma mère, elle m'avait refrappée, mais là
elle m'a frappée avec son soulier à talon. Puis là ça a fait une grosse bosse.
Puis toute ça. Ah là après ça, ben ils sont intervenus. Puis ils m'ont mis dans
un foyer clos. En premier. Mais là pendant ce temps, mon ancien chum,
t'sais il était en centre d'accueil. Parce que quand ils étaient venus me cher-
cher à l'école, il était [déjà] *en centre d'accueil, fait que je l'attendais pas*
vraiment. Il devait sortir au mois d'août. Quand le mois de mai est arrivé,
j'ai eu de ses nouvelles. Ah ! mon Dieu, il est sorti ! Ah, le voilà ! T'sais, je
pouvais parler au téléphone en foyer clos. Puis là je suis sortie. Il est venu
me voir une fois au foyer, mais j'avais même pas le droit de visite. Là après
ça, il est venu me voir tout ça. Là le soir même, j'ai fait une petite escapade
[Rires] *pour aller le voir. Puis là, après ça, je suis revenue. « Tu as fait une*
escapade, nanana. C'est pas bon, tout ça là. » Mais t'sais il m'a pas violée
là. Là après ça, on a fait ça une deuxième fois. Mais là c'était avec une autre
fille du foyer… Parce que on était comme toutes sorties, mais là ils m'ont

pognée moi. Comme moi ça faisait la deuxième fois que je faisais ça. Fait que là ils m'ont envoyée en centre d'accueil. [Mais] parce que mon chum, t'sais, il avait tiré dans le métro. Là c'est comme ils ont su ça... ils ont dit : « Oh, tu [nous as menti]. » Parce que moi je leur avais dit dans mon foyer de groupe que mon chum était à New York. Puis qu'il revenait le 1er août. Mais ils ont su que mon chum faisait partie d'une gang, qu'il sortait d'un centre d'accueil le 1er août. « Tu nous as menti. » Toute ça : « Puis il y a quelqu'un qui a tiré dans le métro, tu sais-tu c'est qui là ? » Je dis : « Non. C'est qui ? » Mais je le savais déjà. « C'est ton chum. Nanana. » Toute ça. T'sais, c'est ma travailleuse sociale. Elle dit : « Pour ta sécurité, tu vas rester ici, parce que tu fréquentes de mauvaises personnes. » Ah... là je l'ai pas pris. Là, la même journée... j'ai essayé de me sauver du centre d'accueil, tout ça. Puis là... j'ai été chez ma sœur. Ma grande sœur. Là les policiers, deux jours plus tard ils m'ont retrouvée. Là après ça, ben ils m'ont dit que j'allais rester un an là-bas là. [Puis] j'ai resté un an. On m'a donné comme une année parce que [à cause de] ce qu'ils m'avaient fait, j'avais essayé de refuguer. Puis là ils m'ont dit que je restais une autre année. Mais là, après ça, quand ils m'ont dit que j'allais rester un autre un an, j'ai faite une autre fugue. Cette fois-là, c'était avec Alexandra, puis tous mes amis. Là on avait fait trois mois dehors.

En premier, on restait en place. En premier, comme on était chez nos amis. Ben chez mon chum, le chum à Alexandra, chez le chum à ma cousine. Puis là c'est comme on était là. Après ça... les policiers, les polices ils ont commencé à appeler là-bas. Là on a changé de place. Après ça on était chez le cousin à mon ancien chum. Les policiers ont commencé à appeler là-bas. On a changé de place. Là on était rendues sur Pie-IX. Là après ça, les policiers ont commencé à faire les alentours de [la place]. T'sais, ils montraient notre photo. « Vous avez pas vu ces filles-là ? » Puis toute ça... La place était tellement petite que c'était... [devenu] trop [dangereux]. Parce que comme gang... t'as peur de marcher dans [la rue] la nuit dehors, parce que t'entends pan ! pan ! Fait que là cette journée-là, à un moment donné, on s'en allait dans l'auto... on s'en allait à une fête. On était avec une gang... une gang adversaire d'une autre [place]. Fait que là, les gars ils ont tiré dans l'autobus après les gars... après qui on était. Puis mon amie là, t'sais, elle a pris le revolver. La balle a pogné la vitre. Mais la vitre est arrivée sur moi. Là elle pensait qu'ils étaient après elle, puis toute, puis là ça paniquait. Puis là après ça ben on est retournées... Après ça, c'est arrivé une autre fois, on s'en allait... on sortait, on s'en allait à Montréal-Nord.

Là ça l'a commencé à tirer là. Pan! pan! pan! Après ça là moi j'ai dit: « *Non! Moi là, c'est fini pour moi, moi je rentre chez moi. Moi je suis tannée.* » *T'sais, déjà je suis asthmatique. J'ai pas le temps pour courir là. T'sais. Moi je rentre chez moi. J'abandonne.* « *I'm out of this game!* »

La loi du talion et de la démesure

[La cicatrice que j'ai sur le bras,] *ça c'est une balle que j'ai reçue l'année passée* [raconte le garçon de 17 ans]. [C'est] *un de mes ennemis de la gang que je te parle depuis tantôt là* [qui l'a tirée]. *C'est au centre-ville que j'ai reçu la balle. Je suis tombé parce que j'étais vraiment saoul. T'sais, je sortais d'un party puis toute ça. C'est ça. Je suis tombé à terre. J'ai perdu beaucoup de sang.* [La cicatrice sur la main] *c'est la même chose. C'est toute l'opération... ils m'ont fait une greffe de peau. Ici, ils ont été obligés de m'ouvrir pour faire... sortir de l'eau. Parce que ça gonflait. Puis ça aurait été fini* [avec] *mes deux artères. Ils m'ont enlevé comme une artère dans ma jambe. Ils l'ont mis dans... t'sais dans mon bras. C'est ça ils m'ont faite une greffe de peau après.* [Là] *moi je fonctionne bien. Mais je suis supposé faire de la physiothérapie. Parce que là, je décolle mon bras plus que ça. Parce que avant, quand je suis sorti de l'hôpital, mon bras il restait de même. C'est moi qui l'a fait... j'ai fait des sports, puis j'ai fait un peu de conditionnement physique. Comme ça mon bras, il s'est mis à fonctionner un peu.*

Ouais [je l'ai venu venir le gars quand il m'a shooté parce que] *c'est un gars* [avec] *qui je me suis battu ici* [au centre d'accueil] *un matin, en 81, 94... Comme je te disais tantôt, t'sais, c'est toutes pour des choses qui ont pas rapport. Comme le gars je me suis battu avec. Je me rappelle on s'est battus ici pour une chicane. C'est à cause qu'on jouait,* [on] *jouait sur un plateau. Je jouais avec un ballon de football, puis j'ai envoyé le ballon de football,* [pis] *ça l'a pogné sur la tête. So... il a commencé à m'injurier, puis toute ça. So... je me suis battu avec. T'sais une bagarre, d'habitude, bon tu t'es battu, puis ça s'arrête là. So... on s'est rencontrés plus tard... comme l'année passée. Puis il est venu, il m'a dit comme ça... t'sais en créole:* « *Tu te rappelles pas de moi puis toute ça.* » *J'ai dit:* « *Oui, je me rappelle de toi.* » *So... il a sorti un arme, t'sais j'étais obligé de courir. Puis c'est là qu'il m'a tiré. C'est toutes des choses que... t'sais, ça l'amène des guerres pour rien.*

Ouais [j'ai un sentiment de vengeance] *parce que moi, quand j'étais à l'hôpital, t'sais j'étais en train de souffrir. Je me suis dit : « Il me faut ce gars-là », même si je le vois, ben... oublie ça, je vais être obligé de... je sais pas. Parce que là, il est en... là j'ai entendu que ce gars-là est en prison. C'est mieux qui reste... pour moi j'aime mieux qui* [reste là] *parce que j'ai entendu qu'il est* [en prison]. *En tout cas, il a faite quelque chose de vraiment dégueulasse. Puis j'aime mieux qu'il reste en prison. Parce que t'sais, c'est vrai, j'aimerais ça... disons qu'il reste quinze ans, vingt ans, s'il le faut. Comme ça là ces années-là, ils vont passer. Puis je vais être un peu plus vieux. So... je vais oublier cette affaire-là, tu comprends. Mais pour l'instant, si je le rencontre, je l'ai encore la revanche en dedans de moi. Fait que si je le vois, tout de suite ce gars-là, j'ai un arme sur moi, je le descends.*

Le côté machinal et omniprésent de cette violence est inquiétant. Certes, il importe de comprendre les significations que revêt celle-ci pour chacun de ces jeunes. Cependant, il faut aussi essayer de démystifier la logique de cette violence en soi. Comment fonctionne-t-elle ? Quelle place occupe-t-elle dans l'univers des jeunes ? Quels sont ses buts et ses principales formes d'expression ? Il faut en quelque sorte se mettre dans la peau du spectateur néophyte qui cherche à comprendre les règles du jeu et le déroulement de la partie. Seul ce regard éloigné, cette perspective d'ensemble peut réellement nous permettre de trouver des solutions de remplacement au jeu de la violence. Un jeu que l'on joue parfois inconsciemment, telle une compétition sportive, avec ses équipes, ses adversaires, ses positions et ses zones de buts. Un jeu dont tout le monde à coup sûr sort perdant.

De la bande d'amis à la clique de criminels

Dans les deux extraits que nous venons de présenter, la dynamique de la violence dans les milieux des gangs de rue apparaît comme un cercle vicieux sans véritable logique justificatrice autre que la loi du talion. Les jeunes qui commettent les actes violents sont souvent les mêmes qui se disent victimes de cette violence. Un peu comme une maladie qui frappe sans avertir, lorsque la violence nous atteint, on n'a pas d'autre choix que de composer avec elle. Cette violence ronge de l'intérieur le milieu des gangs et stigmatise ceux et celles qui en font partie. Si bien que, aussitôt que l'on gagne les rangs de ces groupes, on est marqué par la violence qui les caractérise. On est étiqueté à la fois comme agresseur potentiel et comme victime potentielle. La violence colle à la peau, tel un stigmate qu'on ne peut effacer ni feindre d'ignorer. Or, de plus en plus de jeunes sont conscients du caractère pernicieux de cette violence qui se retourne contre soi. La gang qui, au départ, doit protéger le jeune et l'aider à atteindre ses objectifs se révèle très rapidement une source d'ennui qui peut l'empêcher d'arriver à ses fins. Cela est vrai pour le jeune qui souhaite sortir de ces milieux délinquants comme pour le jeune qui souhaite gravir les échelons de la criminalité. Dans les deux cas, la gang peut s'avérer un obstacle à la réalisation de ses projets. Le jeune qui désire quitter la gang reste malgré tout associé à la violence de son groupe et continue donc à être une cible de choix pour les gangs ennemies. Celui qui désire faire de gros coups d'argent n'est pas toujours libre d'agir comme il le veut s'il y a toujours autour de lui plusieurs membres de sa gang, qui l'empêchent alors d'agir en catimini et en toute impunité. Le repérage de la gang accroît dans un tel cas le risque de se faire prendre. Aussi, nombreux sont les criminels aguerris qui prétendent ne pas agir en gang mais plutôt en petite clique de deux ou trois partenaires lorsqu'ils commettent leurs crimes. La discrétion est un des gages de succès de l'exécution de la plupart des coups importants. Pour cela, la couverture de la gang n'est pas toujours souhaitable.

Arsène Lupin, l'as des cambrioleurs...

Un jeune homme, qui se décrit comme un véritable Arsène Lupin du cambriolage, nous explique pourquoi il a choisi d'opérer en clique au lieu de se joindre à une gang. Nous citerons un très long extrait de son témoignage, à la fois parce qu'il transforme l'image traditionnelle de la criminalité qui est associée aux milieux marginaux des jeunes Afro-Antillais et parce qu'il montre comment, dans son cas, la réalisation minutieusement préparée de ses coups relève d'un véritable scénario de film.

Au moment de l'entrevue, ce jeune homme de 22 ans jonglait avec l'idée de faire un dernier gros coup avant de se retirer de la vie criminelle.

« Un enfant modèle… »

Ah! ma mère était vraiment une femme stricte. C'est comme, par exemple, je pouvais aller à quelque part. On pouvait nous offrir un plat de bonbons, je savais que je levais même pas ma main. C'est comme il fallait que je regarde ma mère, puis si ma mère me disait : « O.K., prends-en un », j'en prenais un. Ça c'est une chose, je le savais tout de suite. Puis si j'allais à quelque part puis cette dame-là avait des enfants, puis les enfants couraient à gauche, à droite dans la maison, puis ils m'appelaient pour aller jouer, je savais que non. Il fallait que je demande à ma mère. Puis malgré ça je savais que je pouvais pas me mettre à courir. C'est comme… je suis vraiment un enfant modèle. Ma mère fait vraiment une belle job avec ça. Mais… heum… ça a changé peut-être à 14 ans. À 14 ans, j'ai eu des idées un peu plus heum… disons que je me disais il y a d'autres façons de faire de l'argent. Il y avait toujours une façon de croche mais je trouvais [que c'était] pas assez.

Ses débuts dans la criminalité

Heu… pour dire j'ai commencé c'était pour un monsieur qui travaillait à [une place]. Heu j'avais des pagets, qui étaient déjà connectés. Puis je les revendais à 100 $ le morceau. Sur 100 $ je touchais 35 $. Puis ça se vendait tellement bien. Puis là j'ai commencé à avoir mon propre paget. Puis… ensuite j'ai eu un deuxième paget. T'sais, c'est comme la tête t'enfle. Je me suis dit un paget pour les partners, un autre paget pour les filles. Heum… puis heum… ça l'a commencé de là. Ensuite… heum… il y a les amis, il y a quoi, il y a l'influence des amis. […] C'est comme il y avait une époque, je me rappelle, c'est… les radios d'autos. […] C'était vraiment relax. C'est comme on choisissait un emplacement. On regardait si il y avait pas de chiens. Puis… heu… si il y avait pas de caméra à l'extérieur. [Lupin poursuit en expliquant en détail comment il procédait.] C'est comme on prenait un endroit où est-ce qu'il y avait pas de pression. […] Puis c'est ça on prenait notre temps, puis là on faisait des jokes. On faisait une ou deux autos. Ça prenait peut-être deux heures de temps. Mais on était vraiment relax. Puis après on partait. Puis on allait les vendre. On avait déjà les acheteurs. […]

Nous on voulait s'en débarrasser. C'est comme on avait pas besoin vraiment de l'argent même, c'est qu'on était pas dans le besoin. C'était

*vraiment pour se payer le luxe, you know, un peu de plaisir. Fait qu'on don-
nait ça. Présentement, heum… you know… je sais pas comment ça vaut
mais… j'ai vraiment fait ça pas longtemps. C'était juste une vague, c'est
pas mes affaires à moi.*

« J'ai jamais été dans une gang »

*[J'agissais] pas vraiment [en gang]. C'est vraiment… heum… solo.
C'est des amis. J'ai jamais été dans une gang. Je suis même pas pauvre. Une
gang… c'est pour les fardeaux de quelqu'un. C'est vraiment comme une
journée c'était des amis qui m'influençaient. C'est comme : « Ça te tente-
tu ? » Puis j'avais le choix. Comme j'ai fait le choix. Je disais « oui ». Puis à
un moment donné, plus de rush. Je pouvais marcher au centre-ville, je
voyais un beau manteau, je dis : « Tiens, j'ai pas d'argent. » Là je pensais,
c'est vrai j'ai faite une radio. Ou j'allais voir deux-trois partners, je dis :
« Bon O.K., on [fait-tu une radio] ? » On allait puis… ça dépend, non c'est
vraiment personne. [C'était pas une gang.]*

« Mon but, c'était de me faire de l'argent »

Honnêtement [j'ai déjà pensé entrer dans une gang], *c'était… après
mon secondaire. J'ai été dans une autre école pour finir mon secondaire.
Puis… heu… je sais pas, je voulais me faire de l'argent puis je connaissais… une gang qui, en tout cas, leur nom résonnait beaucoup dans le
quartier. Puis j'ai pensé à les approcher, mais j'ai jamais fait l'initiative
pour. J'ai vraiment pesé le pour et le contre. Je me dis : « O.K., si je rentre
dans la gang, ils sont peut-être 250 membres. Mais combien se font… combien de membres se fait vraiment de l'argent ? » Il y en a vraiment… il y
avait deux gars ensuite, trois, quatre autres gars, puis le reste c'est comme
ils portaient le nom de la gang. Ils avaient les ennemis des gars qui se faisaient de l'argent. Parce que moi mon but, c'était de me faire de l'argent,
puis arrivé à cet âge-là, je me suis dit non, ça m'intéresse pas vraiment.*

*[Puis] si ils m'avaient approché ? J'aurais pas embarqué non plus.
Parce que mon idée était déjà faite. Ils pouvaient pas m'amener ce que je
voulais. C'est comme si ils avaient été comme une gang là, qui était pas
connue… une gang, you know, qui avait pas d'ennemis… C'est comme à*

un moment donné j'ai formé une gang, mes amis, c'est comme tout le monde qui avait, ils sont pas connus puis on a fait deux ans ensemble là puis mener la très belle vie.

« Une gang, c'est… [comme] une équipe de basket-ball »

[Parce que pour moi], *une gang, c'est… rien de plus que un club de football ou une équipe de basket-ball. C'est un regroupement… d'individus qui partagent les mêmes opinions. Ils ont les mêmes objectifs. Ils veulent atteindre ces objectifs-là en groupe. C'est justement ça un regroupement. Comme là mon* [groupe] *à moi il y avait pas d'affaires de… porter un T-shirt avec notre nom… On voulait pas s'identifier, au contraire… C'était… rien de ça. C'est pas comme une idéologie que le monde a présentement d'une gang… Le but, c'est pas de semer la terreur, c'est juste de… quitter ici même, puis pouvoir revenir acheter ici dans deux ans. C'est comme… juste avoir la gloire.*

[Dans mon groupe, on était] *quatre gars… heum… un qui vient de en dehors de Montréal, qui vient de Québec, un autre d'en dehors de Montréal, qui vient de Terrebonne, puis on est deux d'ici.*

S'armer… « pour aller chercher de l'agent »

[Nous] *par exemple, ça a commencé c'est qu'on s'est donné l'idée que on allait partir un groupe. Puis… heu… bon le but c'était vraiment de faire l'argent. D'investir cet argent, de blanchir cet argent-là pour vraiment aller chercher plus d'argent… puis de mettre fin à nos problèmes, quoi. Fait que on a commencé à s'armer. Pour s'armer il fallait trouver de l'argent. Fait que première chose qu'on a faite c'est… une pharmacie. On est allés chercher le coffre-fort. On avait un information d'un employé qu'on connaissait. On était quatre puis on s'est faite 17 000 $. On a donné 2 000 $ à l'informateur puis on a séparé l'argent. De là, le lendemain tout de suite, on a tous été s'armer. Parce que on avait un arme qu'on a emprunté et qui fallait payer justement.*

[Il nous fallait des armes même si on était pas une gang parce que] *comment veux-tu cambrioler quelque chose si t'as pas une arme? C'était pas dans le but d'aller tirer sur personne, on a pas d'ennemi. C'est juste*

*aller chercher de l'argent de cette façon-là. Fait que… on s'est armés. Puis
on a planifié pour des choses plus gros. On a dit : « C'est quoi l'expansion
qu'on veut faire ? » C'est comme on peut pas se permettre de… de faire des
petits coups comme ça, fait que… on a été chercher un peu de tout. On est
allés à l'extérieur de Montréal. On a été chercher des super blocs à appartements à 600 logements. [On est] allés chercher des 40 000 $…* [Lupin
explique en détail comment lui et ses complices procédaient.]

*Nous notre job, c'était comme… d'arriver au bon moment où est-ce
que tout le monde se pointe, puis ils arrivent pour entrer dans l'auto, les
neutraliser, puis prendre l'argent. Puis… sortir.*

Jamais sans marijuana…

[C'était quand même dangereux, mais] *pour dire franchement* [rires]
*heu… on avait un rituel… Sans mentir je ne pense pas que je l'aurai faite
sans vraiment une forte consommation de marijuana… Je fume très souvent, mais je suis pas quelqu'un qui fume pour aller chercher le trip ou vraiment* [rires]. *Je fume juste pour l'état, I know. Puis je fais mes travaux
comme ça. C'est une autre façon de commencer ma journée. Mais pour ces
choses-là, je ne sais pas, honnêtement pour les autres membres, ouais c'était
plus facile. Pour moi non.*

Ne pas « donner une crise cardiaque à ma mère »

*Parce que une chose que tu penses souvent quand tu fais ces choses-là,
c'est si ça va mal. Puis pour moi la première pensée, c'est si ça va mal, c'est
à ma mère. Puis… heu… pour dire franchement, le type de choses qu'on
faisait pour moi, c'était donner une crise cardiaque à ma mère. Et de là je
me suis dit il y a deux choses : soit je le fais, puis je donne vraiment mon
sang pour ça puis je m'arrange pour qu'on me prend pas, ou je le fais pas.*

« Les gars… je les traitais comme des soldats »

[Pour réussir, il faut que] *tu te fies à ton intelligence. Tu te fies aux
connaissances que tu as acquis. Comme moi je mentirai pas… heu…, les*

gars, c'est comme je les traitais comme si c'était des soldats. Il y a certaines choses, certains outils qu'on utilisait que ils avaient même pas l'idée que j'allais acheter chez le Baron Saint-Laurent, Chasse et pêche, des outils qu'on avait peut-être besoin en cas de telle situation, comme je me rappelle, une fois, on s'est faite justement un... building en Ontario. Puis on nous a poursuivis, puis on était au deuxième étage, puis du deuxième étage... heum... j'avais une petite masse, comme un marteau. Puis... heu... j'ai attaché des câblages... heu... j'ai attaché les câblages puis on a escaladé le mur jusqu'au deuxième étage... On était masqués comme toujours. Il y avait un monsieur — [rires] — justement qui était en train de fumer un joint, you know, puis son auto tournait. Puis là on a pris l'auto, puis... heum... on est partis. Fait que on utilisait nos techniques. Mais c'était vraiment... heum... on étudiait toute chose. Il y avait rien qu'on faisait... ben au début c'est sûr qu'on a fait des choses sur des coups de tête. Mais... heu... par après c'est vraiment on prenait le temps. On s'installait, on prenait quatre-cinq jours d'hôtel. On avait les moyens. C'est comme on venait parce que on avait les moyens. On savait qu'on venait chercher plus d'argent que si on dépensait. Puis on était à l'écart des autres jeunes. C'était vraiment ça le but. C'est comme... les grosses hôtels, Queen Elizabeth, Sheraton, des chambres à 245 $ la nuit là, ça on les avait, c'est sûr les noms... puis c'était vraiment la haute gamme qui était là, fait que nous on passait bien. On était toujours costumés. C'était ça le but interne. On avait nos sacs. C'était comme si on était des voyageurs. Mais nous ce qu'on faisait, c'était nos affaires. C'était comme on venait en business. C'était notre business. Heu... ensuite on a été cherché... heum... des motels, coffres-forts, [des] dépôts de nuit... [Lupin explique en détail l'organisation de ses coups.]

Parce que avec toute l'argent qu'on avait, on s'est équipés. Émetteur-récepteur, ces choses qu'on achetait fréquemment. Heum... on avait les moyens de brûler tout. C'est comme après chaque utilisation, des fois, si on est obligés de quitter une ville comme sur le coup, vite, vite. C'est comme tout ce qu'on avait, on le brûlait. Besoin d'émetteur-récepteur de 200 $ chaque morceau foix quatre. On les brûlait, on avait les moyens. C'est comme on voulait vraiment pas se faire prendre... On engageait du monde pour venir chercher d'un autre à tel point. On quittait rarement, comme si on était en Ontario, on retournait en bus, mais on laissait l'argent dans une case, avec les clés, puis on payait quelqu'un. En général, c'est quelqu'un, comme une fille blanche. On lui payait son voyage à Toronto, puis elle y allait, puis il y avait une case où il y avait de l'argent.

Pas d'intérêt pour le proxénétisme

[Moi j'ai jamais eu de filles qui ont travaillé pour moi pour de la prostitution. Mais] *j'ai… un de mes membres… heu…, lui, il a toujours eu des filles qui dansent pour lui. À part ça, ces choses-là c'est pas mon domaine. C'est comme… j'ai souvent été en position d'avoir des filles qui étaient potentielles pour m'aider, comme mes amis me disaient : « Ah non, je vais rencontrer ta fille, je suis sûr que je peux faire ça avec elle. » Comme ils disent. Moi non. Moi, c'était mon gagne-pain. Il fallait que j'aille chercher mon argent. Il y avait pas une fille qui allait danser pour moi, se prostituer, puis… heum… personnellement c'est comme… aussi j'ai pas d'intérêt. Comme les garçons, ils voient ça aussi comme une autre façon de rencontrer d'autres filles. Comme moi, c'est monétaire, c'est vraiment, c'est vraiment pas sur les filles. C'est vraiment l'argent d'abord pour que je puisse régler mes choses puis… par plaisir. Puis vraiment en bas du plaisir il y a des filles.* […]

Avant de commettre les coups

Honnêtement, la planification jusqu'au jour [que l'on faisait le coup,] *c'est vraiment pas de stress. C'est vraiment à une heure de l'action. Honnêtement, c'est là vraiment qu'on boume, qu'on boume, qu'on boume. C'est bon. Il faut fumer. Dans mon cas personnel, c'est que j'aime pas ce que je fais… Malgré ce que le monde peut penser, je suis un gars qui déteste la violence… Je sais que ce que je fais va marquer les gens. Parce que honnêtement… entre moi et toi, te faire pointer un arme, tu sais pas c'est quoi la réaction. Ça m'est même déjà arrivé que quelqu'un s'est évanoui devant moi. Un homme… Fait que je suis obligé de fumer. Fumer, fumer, fumer, pour aller faire ces choses-là.*

Pendant les coups

Honnêtement [quand je pointe une arme]… [toutes] *ces choses-là c'est… c'est pour moi que je peux dire que c'est stressant, ça se passe vite, mais tu le vois au ralenti. C'est comme je sais ce que je fais. Je me pose même pas d'idée de ce que je fais. Au contraire, je sais ce que je fais puis j'ai même le temps d'analyser ce que je fais,* [par exemple,] *je sais que si je le tiens pas assez avec fermeté… qu'il va pas être intimidé. Je sais que… si je le prends, puis avec ma force je le mets sur le mur, puis s'il sent ma force… il est neutralisé tout de suite. Je sais qu'il faut que je le fais bien… c'est ça il faut qu'on se dise, c'est comme une mentalité de soldat. C'est comme il faut dominer. Il faut entrer puis il faut qu'on prend charge. C'est nous les boss. C'est nous le power. C'est quelques secondes, c'est nous qui va prendre en situation la… journée. […] Pour dire honnêtement il y a une seule fois que j'ai passé près de quinze minutes dans une situation. À part ça là, c'est deux minutes, au plus gros trois minutes. Quand c'est cinq minutes, ça veut dire cinq minutes, t'es mal parti. En cinq minutes, nous il fallait qu'on soit au moins à deux kilomètres de distance du point. Cinq minutes. C'est vraiment il fallait planifier. Ah oui, c'était vraiment trop bien planifié. Il fallait planifier des autos, les sorties. C'est quoi les sorties les plus utiles. Des fois même… je me rappelle, j'ai été obligé de faker un accident. J'ai été cherché quatre gars* [avec deux autos]. [Ils étaient] *supposés de faire un accident… pas à grosse vitesse, mais juste pour qu'ils bloquent la rue. Comme ça il y avait un sens. Puis that's it. C'était le nôtre. Fait que j'avais été avertir un policier qu'ils pouvaient arriver de ce côté-là. Puis je savais qu'une fois que la police allait nous courir derrière à cause d'un accident qui s'est faite après nous, quelqu'un a tourné ; la rue était bloquée…* [soupir].

Heu… *pour dire franchement* [là je te parle pis] *j'ai* [des palpitations] *comme. Je pense au stress. Je sais pas. Là je pense à ça puis honnêtement la meilleure chose pour moi ça serait de fumer mes deux, mes deux, mes deux* [joints]… *parce que c'est comme j'y pense là puis je parle. Donc, tu le constates je bouge, c'est comme fuck !* […]

« T'es… comme un artiste »

[Pour moi] *ces affaires-là c'est vraiment… t'es comme un artiste. Tu veux que ton affaire soit faite à la perfection. C'est sûr que nous on sortait pas puis on allait faire le* [clown] *dehors,* [pour dire :] « On a faite ci. » *Non. Moi je le faisais jamais personnellement, mais certains ouvraient le journal le lendemain pour voir si on en parlait. Mais moi, c'est comme… c'est fait c'est oublié, c'est tout.* [Je veux juste m'assurer] *qu'il y a pas de feed-back. C'est comme au pire tu sais qu'il y a eu telle chose qui s'est passée, c'est quatre, c'est quatre personnes, puis personne sait c'est qui… Pour moi c'est mon bonheur, parce que ç'a été bien fait.*

[Une fois on a failli être dénoncés parce que j'avais] *rajouté un membre, parce qu'on s'est dit qu'on le faisait à quatre. Mais j'avais... un ami qui restait à Saint-Michel, qui avait besoin de meubles pour un immeuble chez eux. Puis j'ai dit : « O.K., on s'en va faire quelque chose de gros. Je t'invite. Tu connais déjà les gars. » C'était des amis, il le savait pas. Puis... une fois que c'est fait, le lendemain, on était supposés de partir pour Québec. On avait un point de rencontre. Il est pas venu. [...] Je prends l'autobus puis je rencontre un Noir, puis il me dit y a : « T'sais, Lupin, heu... tes frasques, j'ai entendu de ton affaire. » Puis je lui ai demandé de quoi qu'il parle. Ben il m'a dit : « Ah, il me l'a dit. Vous avez fait ça », puis il m'a expliqué ce qu'on a fait justement. Moi quand il m'a dit ça, j'ai continué dans l'autobus, puis je suis allé le voir tout de suite. J'ai été chez eux puis il était justement là en train de fumer un joint avec une fille. Puis, sur lui, il avait l'article du journal. Fait que... tout de suite j'ai faite sortir la fille. Puis j'ai commencé à parler calmement avec... j'ai essayé de lui rappeler... ce qu'il a coûté pour venir avec nous... Comment on dit, c'est combien, un engagement comme si un de nous autres... délate, on sait quoi faire. Comme il y a des mesures... puis c'est comme tout le monde le sait. C'est comme il y a pas de limite... Aussi bien sa famille que lui étaient en danger, ça c'était un fait. J'irai pas en dedans pour une tierce personne, j'irai pas mettre ma mère dans une position de... [soupir] K.-O. total. Ma mère n'aurait pas ce chagrin-là à cause que telle personne a été ouvert sa bouche. Puis... je l'ai averti de se la zipper. Présentement si ça arriverait qu'on irait en cour, j'ai brûlé l'article de journal. Puis c'est la meilleure chose que j'ai pu faire. J'ai averti les autres membres. Mais j'ai jamais eu de feed-back. J'ai jamais eu de feed-back.*

« Je suis vraiment comme le... modèle »

[Moi dans le groupe] *j'ai été vraiment celui qui mettait les points sur les règles parce que... je suis vraiment comme le plus modèle. Je tolérais pas comme s'il y a des play-boys dans le coup. Comme se permettre d'aller cruiser une fille quand il sait que cette fille-là sort avec tel monsieur [de peur de causer] un conflit. [...] Je peux pas aller comme blâmer... mettre tous les membres en danger, c'est comme nous quatre on irait régler le problème. [Puis après] on serait comme marqués. On aurait des ennemis. Je voulais pas avoir des ennemis dans le dos. [Moi] je fréquente tout le monde de*

Montréal, Montréal-Nord, Pie-IX, Rivière-des-Prairies. Au contraire, j'ai besoin de certaines personnes dans certains secteurs, parce que je sais qu'ils peuvent m'amener certaines choses que j'ai de besoin...

[Les gars de gang,] ils le font. Ils le font [ce qu'on fait, mais] on a des styles différents... Nous on est pas vraiment dans le style... braquages ou sortir le gun n'importe quand ou pogner des discussions dans les clubs, tirer à gauche à droite, puis s'identifier à ces choses-là. On attirait pas toute cette attention-là. Je dis pas que ce qu'ils font eux c'est mal, mais... c'est leur business. Nous, on avait une différente façon de faire les choses. C'est tout. On voulait pas cette attention-là. [...]

Un rituel particulier

Je suis le seul membre qui prie avant [de faire un coup]. Il y avait un livre que j'utilisais, c'était... Prières et Invocations franc-maçonniques. J'utilisais certaines prières. Il y a aussi un rituel que... [rires] qu'on a aussi... on fume. On fume, mais à un moment donné on fume puis c'est comme on se roule un joint pour tous les membres. Puis arrivés à la moitié, on l'éteint. Puis on le laisse là. Ce qui nous fait dire qu'on doit revenir pour prendre le plaisir d'avoir de fumer ce joint-là. C'est comme on ne peut pas se permettre de pas revenir... Il faut qu'on le termine. On a quelque chose à terminer, on va revenir pour le terminer. Ça, c'est un rituel qu'on faisait tout le temps.

Des connexions avec d'autres groupes criminalisés

Tout le monde savait ce qu'il avait à faire. Puis c'est comme... il y a jamais eu d'incident. Je me rappellerai toujours, c'était la première séquestration. J'ai peut-être freezé, peut-être pendant ouf deux secondes. Ce qui était assez pour laisser l'homme crier pendant deux secondes. Mais tout de suite après j'ai [bruit des doigts] snappé puis je l'ai attrapé, je l'ai neutralisé. C'est comme c'était un vendeur de drogue. C'est autre chose qu'on a fait trop souvent... on a des connexions bien établies... avec des Italiens, avec des Marocains qui ont des cafés puis... certaines personnes qui les fournissent que nous on allait chercher... c'est comme... je me rappelle une fois on a été à Saint-Jérôme. Puis il y avait une livraison de marijuana puis de coke qui était supposée de se faire, il y avait 500 grammes de cocaïne puis trois livres de pot. Sur les trois livres, on avait droit à une livre et demie puis à 100 grammes de coke. On l'a fait. Et tout ce qui touche hors du contrat qui est cocaïne, on le vendait personnel, nous… Puis comme toujours, je sais pas pourquoi, mais… [rires] ces dealers-là ils ont toujours des billets de mille. C'est fucké. Les Italiens… je sais pas, le monde des motards, ils prennent souvent des coupures de mille.

C'est comme moi il y a une époque où j'ai travaillé dans un café… [rires] Pour dire, j'ai servi peut-être deux cafés. Je servais autre chose. Je servais du pot, de la marijuana. On vendait aussi… heu… il y a un temps on a vendu de la cocaïne. Mais on a pas le droit, comme tout le monde le sait, c'est comme on a… on a eu carte blanche pour ouvrir le café à cet endroit-là, puis on l'a… on l'a fait. Mais on a pas eu carte blanche pour vendre de la cocaïne. Ça c'est une autre chose, il fallait qu'on demande comme ça. Fait que on avait carte blanche pour le weed, fait que moi je vendais le weed au monde que je connaissais. Puis la coke je touche pas à ça… À un moment donné j'ai commencé à faire un peu trop d'argent là, puis c'est comme ma paye était divisée. Il fallait que je donne à… au plus haut. Puis à un moment donné j'ai dit, je vais garder mon argent, je vais partir solo. T'sais, j'avais une grosse clientèle. […] Par la suite, on a eu des petits comptes, c'est comme aussi du monde qui te devait de l'argent. Ordinairement c'était du monde qui avait des commerces, donc… il fallait punir la personne puis… heu… you know, nous on pouvait prendre les extras, you know, c'est comme toujours le coffre. Il y a jamais eu d'affaires de… caisses de dépanneur là. Nous autres, c'est le coffre. […]

On avait [juste une] certaine chose à dire comme une phrase. […] Puis il fallait être habillé… chemise, cravate, puis… se pointer sur un café à Saint-Léonard, puis approcher ce jeune homme-là, puis traduire le message…, heu… bouche à bouche. Puis de… juste se retourner puis de partir. C'est tout. Puis on était payés 2 000 $. Si il nous crachait, une claque, rien, il fallait pas réagir. Puis c'est tout. Puis… heu… c'est sûr que tu te dis c'est 2 000 $ facile, mais ces gens-là aussi il faut que tu te dises qu'à un moment donné ils vont te rencontrer. Puis ils vont connaître ton visage… C'est une chose qui m'est arrivée cet été. Mon premier bost de weed, j'ai rencontré ma victime. Heu… [soupir]. Fuck ! [Pis elle m'a reconnu.] […]

Moi ma job, c'est juste faire comprendre au gars que physiquement j'étais plus fort que lui, puis j'avais pas l'intention, puis ça me tentait pas de frapper dessus… Je voulais juste partir avec le weed puis la coke… Puis on est partis et puis… c'était formidable parce que il y avait quelqu'un qui était supposé de nous suivre pendant qu'on faisait ça. Puis il nous a perdus. Pendant qu'on courait puis on avait la drogue dans nos mains. On a vu l'auto qui est arrivée devant nous. Ouf… deux portes se sont ouvertes, comme dans un film de James Bond, puis on est partis. C'était… j'étais content honnêtement parce que j'étais [rires]… ça avait un look James Bond. Je me rappelle ce jour-là, c'est plus ou moins passé, comme j'ai pas de remords pour ces affaires-là : les bost de drogue, non !

[Moi] j'ai jamais fait de sacoche, j'ai jamais volé personne. Je trouve ça ridicule. […] [Sauf une fois] on avait vu une madame avec un manteau de fourrure puis quand elle a ouvert sa sacoche, on a vu au moins trois billets de mille. Fait qu'on s'est dit cette sacoche-là vaut le prix. Je dis : « Écoute… ça va nous prendre quoi, quinze secondes. On va se mettre 1 000 $ chaque. » T'sais, on a vu tout de suite les… « Ah oh fuck it. » Mais… on était déjà dans un endroit public, puis il y avait des caméras à l'entrée et à la sortie. Donc, on nous a vus. On avait pas de masque. A rien. On était juste armés. Parce que une fois qu'on a acheté nos armes, il y a pas une journée qu'on sortait sans arme. C'est surtout comme une des belles choses à Québec, on fouille pas dans les clubs. […] Puis ce qui était bon là-dedans, c'est qu'on avait trouvé les 3 000 $. Il y avait juste 3 000 $. Il y avait peut-être 6 $ de plus. Mais… heum… je suis obligé de dire ça, la stupide elle avait son NIP comme presque tout le monde, puis avec un papier plus loin avec quatre chiffres. Puis je me suis dit, c'est le NIP. On a vidé le compte d'épargne, chèque. On a utilisé la carte Visa qui avait le NIP. Donc tu peux sortir crédit. Puis… la beauté c'est que la madame habitait en… dehors de Montréal…. dans une autre région de l'Ouest canadien. C'était vraiment loin. Elle avait son billet d'avion. Fait que ensuite on a nettoyé toutes les pièces, brûlées. C'est la seule fois que je me rappelle qu'une sacoche a été mise en question.

Il faut dire que, you know… on était toujours dans les gros hôtels, fait que… il y avait un temps c'est, justement, il faut que je parle de ça aussi. C'est… il y avait un temps on faisait des coups pour a rien. C'est comme on rush, on rush, on rush, jusqu'à quatre-cinq vols dans la même journée. Puis… heum… la même journée on était à Montréal, on sortait, on sortait, on faisait juste payer le gaz, puis payer le gaz, puis nerfs sur nerfs, nerfs sur nerfs. C'est juste que… ça c'est juste pour nous payer deux semaines de repos. Mais je trouve que ces deux semaines de repos-là, nous revenaient peut-être à quatre gars, 18 000 $ facilement. [Avec le] 18 000 $ c'est comme [on achetait] *de la marijuana, c'est comme paf! J'ai beaucoup d'amis dans le West Island… J'ai fait de bonnes connexions parce que on en était rendus qu'on achetait à la livre pour consommer. Pour consommer, quatre gars. Consommer… ouf… c'est comme, c'est ben des chiffres. Je bois pas. Fait que mon argent moi, ce que je faisais, c'est que j'étais dans un hôtel. J'étais dans une ville étrangère puis je visitais puis j'essayais d'oublier ce que j'ai fait. Parce que les gars c'est plus facile, c'est comme vraiment une fois qu'on avait fini les actes en général, eux autres ils étaient en train… you know… de parler : « Ah! Tu m'as-tu vu aller, oh! » puis s'en vanter. Puis j'étais tout de suite : « Ah, on est en train de penser à [la prochaine fois]. » Puis « Si ça aurait été moi, j'aurai eu un commerce », you know. Pour moi ma journée est complète. Je rentre chez nous, je veux aller voir ma femme, mes enfants. Puis bang, trois jeunes se présentent là. Ils font mon coffre. You know, ils me braquent une arme, me menacent de mort, me jettent à terre. Qu'est-ce qui arrive maintenant? Avoir 50 ans, j'aurais fait une crise cardiaque.*

« Je suis une bonne personne… plus que la moyenne des gens »

T'sais c'est quoi le pire? Si tu me demandes si je suis une bonne personne, je dirais beaucoup plus que la moyenne des gens. Parce que j'ai un cœur gros comme… heu… c'est juste que ces choses-là, c'est… comme, je peux dire que c'est entre parenthèses, t'es… dans le contexte, t'es dans la réalité des choses. C'est comme je pouvais pas me présenter avec mon arme, puis dire : « Excuse, donne-moi mon argent s'il vous plaît. » Parce que… souvent des fois [...] tu te présentes armé puis que les personnes comprennent pas. Puis c'est comme s'ils veulent voir jusqu'à où tu vas aller, you know! Mais nous on savait qu'il fallait pas se mettre à tirer sur le monde.
En général, il y avait une chose. C'est comme, moi j'avais un 9 mm. C'est comme toujours je rentrais puis il était jamais crinqué, jusqu'au moment où il pousse une résistance, là je crinque. Puis je le fous sur la tête. Mais pas délicatement, c'est vraiment boum puis t'sais c'est en métal, fait que ça fait mal. Là tu penses, puis là c'est là tout de suite [Claquement des doigts] tu vois la sueur du monde couler. Puis là c'est j'ai jamais vu du monde stupide. Un homme, courageux qu'il est, il a été chercher une hache. C'est ça débattu, il a mordu, il a été chercher une hache. Puis… j'ai dit : « Non ». J'ai dit « non, pas question… personne le tire. » J'ai dit plutôt de

courir, mais personne le tire. Ça c'était vraiment une chose qu'on s'est dit. Comme on préfère mieux courir que de tirer. Tu le tires, tu te fais pogner. Ça va être quoi là ? Pense même pas sortir, puis pense même pas à revivre avec toi-même. [...]

« Je vais à l'école... je vais avoir une belle carrière »

Présentement je vais à l'école, je fais tout bien puis je le dis souvent à mon cousin, c'est comme j'ai vraiment pris un [tournant]. *Je lui parle souvent puis je lui dit* [Max], *je sais que je vais avoir une belle carrière, parce que je sais que je vais faire beaucoup d'argent.* [...] *Des fois je pense le soir, le soir je m'allonge, you know, faire quelque chose de bien vite, puis ramasser de l'argent puis essayer de m'éloigner. C'est comme mon but, c'est vraiment de m'éloigner. C'est comme pour moi je serais plus ouvert si je vivais en Haïti... Je sais pas, il me semble que tout ce que j'ai vécu ou tout ce que j'ai fait, je sais que pour moi il me semble que ça serait pas faisable l'autre côté, honnêtement.*

[Lupin poursuit en racontant comment, une fois, il a failli se faire prendre par la police.] *La police de Montréal-Nord nous a suivis. Là je dis : « Oh, il y a quelque chose de... bad. » Là j'ai dit : « Ah, messieurs, c'est le stress. » Arrivés à Saint-Michel, on a vu une auto de police. Là arrivés à Saint-Michel. Puis je connais certains policiers que des fois ils te voient puis... ça arrête, puis ça parle. Puis je voulais pas ça maintenant. Puis on décide de débarquer de l'auto pour entrer chez un des gars qui était avec nous. Puis au moment qu'on débarque,* [...] *peut-être dix secondes, c'est là qu'il y avait peut-être six-sept autos de police. Puis ils étaient tous sortis. Puis c'est comme ça venait puis... je me rappelle j'étais en train de regarder l'auto en arrière puis je voyais la fenêtre puis je me voyais accoté dessus. Puis j'étais en train de pleurer. Je me voyais en train de pleurer en pensant à ma mère. Je dis merde.* [...]

Finalement... les policiers sont repartis mais... ce jour-là, c'est... vraiment le jour qui a balancé ma vie. Parce que trois semaines après j'ai... on a eu une réunion puis j'ai dit aux gars que j'arrêtais. Mais... pour dire franchement j'ai arrêté puis j'ai repris les activités peut-être quatre mois après.

[J'ai décidé d'arrêter après] *avoir vu comment c'était proche de moi, même pour la première fois. D'habitude... je m'en lavais les mains, parce que je pouvais être à Montréal, n'importe où, ou dans n'importe quelle pro-*

vince, j'étais loin. Puis il y avait rien. Tandis que là j'étais à côté. J'avais deux armes sur moi. C'est comme si ils avaient pogné les deux autres gars qui étaient avec moi. Ces gars-là avaient quoi, l'argent sur eux, mais ça veut rien dire. Moi j'avais deux armes, comment je pouvais expliquer ça. J'avais, quoi, les cagoules, les gants de tout le monde, c'est toute moi qui transportais. Fait que je savais que j'allais prendre un gros temps pour ça. Puis je savais que c'était pas une affaire, on parle… maintenant avec les nouvelles lois on parle plus de… un an maintenant, introduction avec arme maintenant c'est automatiquement quatre ans.

Tout le monde, on était tous majeurs. Il y avait pas de mineurs. Au contraire… j'ai jamais rien fait avec un gars mineur. Je fais pas d'activités que ce soit, même une petite deal de 100 $, je négocie pas avec les jeunes. C'est vraiment le monde propre, même je considère jeunes ceux de mes amis, comme j'ai des amis de 19-20 ans, puis je les considère trop jeunes. […]

Pas facile d'aider sa mère

Je peux pas dire à ma mère : « Ben démerde-toi, you know, trouve de l'argent. » C'est comme elle fait ce qu'elle peut. Puis elle a déjà un problème au dos.

[Avec l'argent que je faisais j'aidais pas ma mère,] *mais dans un sens oui, indirectement, en voulant dire que… ma mère commençait à se douter de* [quelque chose,] *parce que ma mère recevait des téléphones. Parce que quand je parlais avec ma mère, soit j'étais en dehors de Montréal. Ça paraissait Queen Elizabeth, grosse hôtel, puis là… ma mère voulait pas de cet argent-là. De l'argent sale. Puis à un moment donné j'ai dit à ma mère : « Écoutez, t'es trop bookée de même, va dans les Caraïbes, you know, je vais te* [payer le voyage]. *» Elle voulait rien savoir. Fait que je pouvais rien faire. Fait que j'ai dit ben je vais faire ça indirectement. Je prenais plus de passes d'autobus de ma mère, je me les payais… Puis je rentrais des affaires indirectement. C'est comme des fois on est à la maison : « Shit, il y a pas de pain. » Là j'allais au magasin, puis là j'achetais 40 $ pain, jambon, whatever, j'amenais ça à la maison. Mais quand je donnais de l'argent à ma mère pour payer le loyer, là elle voulait pas.*

Ma mère a essayé souvent de m'aborder, pourquoi je fais ça ? You know. C'est comme je peux pas dire : « Ah, je fais ça pour ci », je dis… il fallait tout de suite nier. C'est comme : « De quoi tu me parles ! » « Ben non, je fais juste [m'amuser] *avec mes partners. You know, je fais juste le vacarme dans la rue, mais rien d'autre. » Puis jusqu'à un jour que ma mère m'a donné une crise cardiaque. Elle m'a dit : « Je veux qu'on écoute un reportage sur les crimes à la télévision », puis elle m'avait faite regarder. « T'sais, même si tu as une cagoule, puis t'es toute masqué, je vais te reconnaître. » Puis là ça m'a donné un coup dans mon cœur. Puis là je regardais ma mère, souriant, une chance que comme toujours j'étais souriant. Fait que j'ai ri, you know, j'y dis : « Pourquoi tu me parles, you know ? » Puis après je me disais : « C'est vrai que si moi je me vois, est-ce que je peux dire par ma silhouette… [si c'est moi]. […] Parce que tu peux pas aller en cour puis dire ben on voit la grandeur des… des épaules, puis dire c'est monsieur Lupin. Ça marche pas comme ça… Puis… il y avait aussi le fait que on avait beaucoup d'argent. On pouvait avoir un bon avocat. […]*

Un dernier coup avant de se retirer

[Mais aujourd'hui] *on peut dire que je suis dans l'époque du wise man. Présentement je suis à l'école. J'ai vraiment pas le temps pour a rien. Mais… pour dire franchement, j'arrête pas… de penser à… comme on dit, une dernière balade… Il faudrait que je me sorte avec… heu… 250 000 $, peut-être, minimum pour ma tête… C'est comme si ça débouche pas, parce que je sais que je peux déboucher dans ce que j'étudie. Puis je sais que j'ai le talent plus que par-dessus le marché. […]*

Message aux jeunes : « Va chercher une éducation »

[Aux jeunes] *j'ai pas beaucoup de choses que je peux dire à part : « Fais ce que tu as à faire. » Mais une chose est certaine, je l'ai toujours dit : « Va chercher une éducation. » Parce que tu peux sortir, tu peux aller en prison, il peut t'arriver n'importe quoi. Mais si tu es un ingénieur, quand tu vas sortir de la prison, c'est sûr que tu auras pas peut-être… il y a du monde qui vont pas t'ouvrir les portes, mais quand même t'es un ingénieur. Tu sais comment fonctionne ce type de machines. Tu as une connaissance. Donc, la société a comme une dette envers toi, elle a besoin de toi pour un certain fonctionnement. Donc, tu as un acquis. Heum… vraiment aller chercher ça. Persévérer. Parce que il y a rien de facile.*

Les histoires rocambolesques d'«Arsène Lupin» nous amènent à jeter un regard peu coutumier sur la criminalité des gangs. Bien qu'il insiste à plusieurs reprises pour dire qu'il ne fait pas partie d'une gang de rue, on sent que sa carrière de criminel est liée à la réalité de ces groupes. À certains moments, il utilise le mot «gang» pour parler de son groupe qu'il qualifie en réalité de «clique». À d'autres moments, il parle de coups qu'il a faits avec des membres de différentes gangs. Il évoque aussi les sales besognes qu'il a dû faire comme homme de main pour des bandes d'adultes criminalisés d'autres origines que la sienne.

Lupin prétend également qu'il n'est pas violent; par contre, il fait plusieurs fois allusion à la nécessité de recourir à la violence pour sortir de l'impasse ou pour réussir ses coups. En fait, pour lui, dans le meilleur des scénarios, un coup bien préparé exige un minimum de violence. Lorsque la violence devient nécessaire, c'est en général parce que les choses ne fonctionnent pas comme prévu. Les démonstrations de violence se limitent, dit-il, pour lui et son groupe au seul moment de la réalisation de leurs crimes. Ils ne sont pas intéressés, par exemple, à semer la zizanie dans une discothèque afin d'attirer l'attention. En cela, ils se distinguent, croit-il, de la gang typique qui fait de l'exhibition de la violence une de leurs marques de commerce.

Un autre élément troublant du récit de Lupin est l'omniprésence de l'imago maternelle dans ses pensées, en contraste avec l'absence de mention du père. D'entrée de jeu, il présente sa mère comme une figure d'autorité capable d'un seul regard de lui dicter comment il doit se comporter. Le respect qu'il a envers sa mère se traduit chez lui par la fixation de ses limites. D'un côté, il aimerait pouvoir aider sa mère en lui procurant de meilleures conditions de vie. De l'autre, il craint fort de la décevoir et de lui «donner une crise cardiaque» en apprenant qu'il a dépassé les limites qu'elle lui a a imposées. Les «souffrances» de sa mère, rattachées à sa condition de femme immigrante et d'ouvrière, deviennent une de ses principales sources de motivation à réussir par tous les moyens dans la vie, la réussite étant plus ou moins synonyme à ses yeux de possibilité de faire beaucoup d'argent. La peur de lui causer de la peine se révèle en revanche un obstacle important à son engagement définitif dans la criminalité. Son rapport constant avec l'autorité légitime que représente sa mère à ses yeux s'avère en quelque sorte un facteur de résistance (ou de résilience) qui l'amène à penser à sortir du milieu violent du crime ou, à tout le moins, qui l'incite à privilégier dorénavant la voie des études comme moyen de réussite sociale, même s'il sait que ce n'est pas la voie la plus facile pour lui étant donné sa condition de jeune Noir immigrant.

Un autre élément significatif du témoignage de Lupin est son rapport avec le territoire de ses activités criminelles et avec les autres gangs. Lui et ses complices réalisent la plupart de leurs coups en dehors de la ville, voire en dehors de la province. L'idée de territoire est bannie pour eux dans la mesure où elle signifie une forme d'identification qui augmente leurs chances de se faire prendre par la police ou d'avoir des ennuis avec les autres bandes. Ils agissent dans l'ombre et dans le plus grand secret, à l'inverse des méthodes traditionnelles des gangs de rue, qui préfèrent les coups d'éclat. Aussi une gang constitue-t-elle, à leurs yeux, un obstacle à la réussite de leur entreprise criminelle plus qu'une garantie de succès. Par contre, il prend la peine de mentionner qu'il est important pour lui d'entretenir de bons contacts avec toutes les gangs des différents territoires car, dans certaines situations, leurs membres peuvent lui « amener certaines choses » dont il a « besoin ». Dans ce cas, c'est le côté pragmatique de ses affaires criminelles qui s'exprime. C'est pourquoi il est préférable selon lui de faire des gangs de rue ses alliés plutôt que ses ennemis. En aucun temps, la présence des ennemis n'est profitable ni pour les affaires ni pour la survie dans ces milieux de violence.

Certes, le témoignage de Lupin ne peut être généralisé à tous les jeunes. Il représente cependant un bon exemple où la sphère des activités criminelles n'implique qu'un petit nombre d'individus dont les intérêts sont essentiellement pécuniaires. Les risques courus sont réduits au minimum. Tout est calculé dans les moindres détails. Le pour et le contre est pesé avant que l'on décide que l'aventure en vaut le coup. Nous sommes loin ici de la bande d'amis qui décide de devenir une gang de rue pour leur protection personnelle ou de la jeune fille qui assène un coup de couteau dans l'estomac de quelqu'un juste parce que c'est amusant. Cela dit, rien n'empêche la gang de rue improvisée de commettre à son tour des crimes, de s'adonner à du vandalisme ou de verser dans la violence gratuite. La naïveté de la jeune fille n'atténue pas non plus la gravité de son coup de couteau absurde. Cela nous oblige, par contre, à relativiser les niveaux d'engagement personnel dans la criminalité et la délinquance. Les gangs ne sont pas toutes coulées dans le même moule et leurs membres engagés de la même façon.

Les activités criminelles et délinquantes jouent un rôle central dans les milieux marginaux des jeunes Afro-Antillais. Cependant, il faut chaque fois bien évaluer la signification que revêtent ces activités pour la personne et pour le groupe. Or, on constate que les intérêts de la bande et de ses membres ne sont pas toujours identiques. Pour certains jeunes, la perpétration d'actes violents ou criminels peut s'expliquer comme une pratique identitaire leur permettant d'être acceptés par un groupe dont ils idéalisent l'existence. Peu importe leur aptitude première pour la délinquance, une fois qu'ils se sont compromis par leurs actions, ces jeunes n'ont souvent pas d'autre issue que de s'engager dans l'escalade de la violence et de la criminalité. À leur tour, ils attireront d'autres jeunes dans le sillage de la délinquance. Leurs crimes seront de mieux en mieux organisés. Le seul territoire qui comptera à leurs yeux sera celui où se déroulent leurs activités délictueuses. Plus ils progresseront dans la criminalité, moins leurs chances de s'en sortir seront grandes.

« Je pense que c'est moi la plus souffrante à Montréal »

En concluant ce chapitre par la présentation de plusieurs extraits du témoignage singulier d'une jeune fille de 16 ans née en Haïti, notre intention première est de susciter un regard différent sur les balises de l'intervention menée auprès des jeunes des milieux marginaux. L'histoire de cette jeune fille est d'ailleurs très évocatrice. Elle s'est mis à dos à la fois sa famille et son ancienne gang de rue. Elle a déclaré la guerre à l'une et à l'autre. Aujourd'hui, elle est coupée de ses réseaux de socialisation habituelle ainsi que de son enfant. Elle n'a pas vraiment d'autres motivations à vivre que sa lutte contre les gangs de rue qui la menacent et un désir très confus de reprendre un jour son enfant. Après trois tentatives ratées, elle envisage encore le suicide comme une solution définitive à ses problèmes.

Nous devons y regarder à deux fois avant de décider qu'il faut à tout prix sortir ces jeunes de la marge. Que restera-t-il à ces jeunes lorsqu'ils seront coupés de leurs pairs et de leurs milieux de vie habituels ? Qu'avons-nous de mieux à leur offrir ? Notre but est-il seulement de faire de ces jeunes des citoyens rangés et isolés de leurs réseaux d'identification ? Si ce n'est pas le cas, alors sommes-nous en mesure d'être à l'écoute de la souffrance et de la détresse qui sont derrière la violence de ces jeunes qui luttent contre l'exclusion et le non-sens de notre société ?

Je m'appelle Cynthia

[Je suis arrivée à Montréal] *je me souviens pas en quelle année, je devais avoir 11 ans.*

À l'école

[À cette époque, à l'école,] *j'étais… toute seule. Et puis je me chicanais des fois avec des amis… Ben je me chicanais, mais pas vraiment souvent, souvent, par exemple.* [Ben je me chicanais] *pour des petites discussions, je sais pas, avec des Anglais. Ça c'était à l'âge de 10 ans, 11 ans, je pense.* [Des discussions genre] *par rapport au gymnase là. Quand tu fais quelque chose de bien, puis ils commencent par rire de toi.* [Les professeurs, eux] *ben je les aimais pas vraiment… mais je les trouvais corrects.* […] *Parce que moi j'aime pas les professeurs, j'aime pas les professeurs vraiment. Ben* [parce] *qu'ils parlent trop des fois, puis… c'est comme j'aimais leur gentillesse, mais j'aimais pas comme les professeurs. J'aimais juste leurs qualités. J'aime pas ça quand ils me mettent en retenue….* [Pis j'étais en retenue] *à chaque jour. Ça se passait. Pour deux mots.* […]

[Quand j'avais 12 ans,] *ben* [j'avais] *beaucoup* [d'amis]. *J'aimais ça me faire des amis à moi.* [Pis ce qui a changé depuis ce temps-là] *ben, ç'est à cause* […] *des discussions… des problèmes* [que j'ai] *tout le temps, tout le temps* [avec mes amis]. […] *Ah moi j'étais vraiment correcte avec eux. Tous les amis de 12 ans. C'est juste au secondaire. Au secondaire que j'ai eu des amis qui me font des problèmes. Mais au primaire, c'était… jamais de problèmes. Les problèmes que j'avais, c'est… problèmes de chicanes pour rien. Des affaires de gymnase, des problèmes de ballon, des* [affaires comme] *ça.*

Des problèmes familiaux

[À 12 ans, avec mes parents,] *ah non, c'est jamais bien. Ben* [parce que] *pour dire, c'est comme ça, ils font toujours le ceinturon, le spectacle et la rigouase.* […] *Ma mère a acheté* [la rigouase] *en Haïti. Elle l'a toujours. Ça fait cinq ans quand elle l'a amenée d'Haïti.* […] *Des fois j'ai appelé la police.* [Ben j'ai des marques sur] *les jambes là. J'en ai encore là. Regarde.*

[…] *Ben je pensais qu'elle allait céder, je sais pas moi. Une mère qui frappe quelqu'un, sa fille avec une rigouase… C'était en cuir. Moi je trouvais ça pas correct. Pas normal. Pour une mère.* [Même si je l'avais mérité,] *ça vaut pas la peine de recevoir des coups de rigouase. C'était pas une punition ça. C'est de la méchanceté.*

T'sais mes sœurs là… mais c'est nous deux les deux pires. Moi puis une autre [de mes sœurs] *nous, on recevait des coups chaque jour. Parce que on s'en fout, même si elle nous a battues aujourd'hui, parce qu'on avait touché la table, on le refait encore. C'est ça, on s'en foutait.* […]

À 14 ans, j'ai dit ça tout le temps, tout le temps, tout le temps [à ma mère]. *J'ai dit ça même… dix ou vingt fois. J'ai dit : « À un moment donné, je vais devenir grande. Quand je vais avoir 18 ans, tu pourras pas me toucher. Je vais pas rester tout le temps petite, petite. Non. Pense pas me frapper tout le temps, tout le temps. » J'ai dit : « À 18 ans, tu vas voir, quand tu vas me frapper, tu pourras plus me toucher. »* […] *Mais elle continuait. Quand elle frappe trop, moi je m'enfuis de la maison, moi. Je fais trois mois, je rentre. Elle appelle la police. « Ma fille a fait une fugue. Cherchez-la pour moi. » Elle pleure. Quand j'arrive, elle commence à me frapper encore. Je fais une fugue. Elle appelle encore, elle pleure encore. À un moment donné, les policiers se sont tannés. Ils lui ont dit : « Ben, madame, t'appelles tout le temps, puis tu rapportes toujours. À un moment donné, à quelque part, on va s'occuper d'elle. Parce que tu t'occupes pas d'elle. Elle a juste 15 ans, elle a pas le droit de faire ça. » Elle m'a mis dans un centre d'accueil.*

Au centre d'accueil

[En centre d'accueil,] *bien c'est juste que c'est dur. C'est comme à la maison, on peut faire… on peut parler mal, on peut fuguer, on peut tout faire. Mais si au centre d'accueil si tu fais quelque chose de mal, tu passes trois autres jours dans une cellule avec les menottes.* […] *Une fois* [je l'ai vécu]. *J'ai entré en cellule une fois. Quand j'ai frappé M. Laverdure pour coups et blessures… Quand je vais à la toilette, j'ai sonné l'alarme. J'ai dit : « Je veux aller à la toilette. » Il pense que je niaise. « Ah, tu sonnes pour rien. Tu veux pas aller à la toilette. » J'ai dit : « Oui je veux aller à la toilette. » Là ils font venir la police. Après… vingt à trente minutes. Là il arrive : « Ah, c'est pas sérieux, tu veux aller à la toilette. » Moi j'ai dit : « Ben… je vais te montrer c'est quoi aller à la toilette. » Je lui ai donné un coup de pied. Là ils m'ont mis des menottes, ils m'ont enfermée dans une cellule pour deux* *autres, non trois... Il était quatre heures du matin jusqu'à demain à six* *heures.* [Dans la cellule] *j'ai déchiré mes bras. Après ils ont tout enlevé. Ils* *m'ont laissée dans ma cellule toute seule. Pas de lit, rien. J'avais envie de* *dormir. J'ai resté debout. Je pleurais... J'ai arraché mes cheveux. Ah... j'ai* *fait n'importe quoi. J'ai tout fait. J'ai frappé ma tête contre le mur.*

Fugues et gars de gang

[Quand je fuguais, j'allais] *chez des amis.* [...] [Je vis] *bien. Je dors* *bien. Je mange bien. Je regarde la télévision. Je mange quand je veux. Je vais* *dans des fêtes,* [dans des discothèques]. *Mais si j'étais chez nous, j'allais* *pas le faire.* [J'en profitais.] [Je prenais l'argent] *dans une gang.* [J'avais] *plein d'amis. On était six filles... Là la police nous arrêtait les six. Moi, je* *suis sortie. L'autre, elle est sortie. Les gars sont encore en centre d'accueil.* [...] *Là si je fais quelque chose encore, ils vont me mettre en dedans pour* *deux ans. Là je vais rien faire là.*

Mais maintenant je fais plus ça là maintenant. Là je suis corrigée... *C'est parce que j'avais pas beaucoup d'expérience dans la vie. Mais main-* *tenant je vais plus faire ça... faire des fugues là. Ben j'étais avec un gars de* *B.B. Et si maintenant j'ai regretté d'avoir faire tout ça là. C'est un dossier,* *ça. Si tu passes en centre d'accueil, ça c'est un dossier. Pis si je veux faire* *quelque chose, ils vont savoir que j'ai été en centre d'accueil. C'est laid.* *Parce que un dossier en centre d'accueil, c'est pas bon. Ça cause des pro-* *blèmes. Si tu veux trouver un emploi, si tu vas à quelque part. Dès qu'il met* *ton nom dans l'ordinateur, il voit que tu es passée en centre d'accueil,* *puis... quelqu'un qui va en centre d'accueil, c'est quelqu'un qui est vaga-* *bond.* [...]

Racisme et violence

[C'est sûr que j'ai déjà été victime de racisme.] *Comme le petit* *Blanc... comme le petit Blanc de l'école : « Retourne dans ton pays. » Cho-* *colat au lait. Moi je donne aux autres des coups de poing, n'importe quoi.* *J'ai vu les horreurs.* [...] *Est-ce que je suis violente ? Si quelqu'un me fait* *chier vraiment, la personne m'ennuie pour de vrai, là j'appelle la police. Je dis à la police : « Il y a quelqu'un qui m'énerve depuis hier, je vais faire quelque chose avec lui », puis je raccroche. Ils arrivent vite. [Mais] si la personne c'est une fille, j'appelle pas la police, mais si c'est un gars, j'appelle la police. Puis je dis que je fais ça avec lui. [...]*

Solitude et tentatives de suicide

[Le suicide] j'ai déjà fait, c'est avec de l'eau de Javel. Je l'ai bue. Deux ou trois heures avant. Puis après c'était... pas la moitié d'un gallon là... pas vraiment la moitié, mais presque la demie. C'est pour ça que j'ai... été à l'hôpital à cause de ça. [C'est arrivé] deux f... non, trois fois. La première fois c'était chez nous. La police m'a amenée à l'hôpital voir des psychologues. Mais j'avais rien. Ils m'amenaient du lait. J'ai vomi après. La deuxième fois, c'était chez un gars. Puis la troisième fois, c'était à l'hôpital. Heu... j'étais à l'hôpital. Je souffrais après l'opération. J'ai fait une opération à l'hôpital. Je souffrais. C'était mon anniversaire. Personne m'a appelée. Je reste à l'hôpital toute seule... Puis la personne qui m'envoie à l'hôpital, il m'appelle à l'hôpital pour me niaiser. Puis là j'ai monté à la toilette, les affaires qu'on nettoie la toilette. C'est comme de l'eau de Javel, mais c'est plus fort. Je l'ai bu. Après... ils m'ont amenée à l'urgence. J'ai passé trois jours à l'urgence. [...]

La mort comme délivrance

[Dans ma tête,] je m'en fous. Même si je meurs... mais c'est ça que je voulais. C'est la mort que je voulais. Je la cherchais. [...] Tout le monde me dit que quand tu es mort, tu vas rien savoir. Même si le monde parle de toi, tu vas rien savoir. Moi je voulais me reposer. Mais il est pas trop tard pour finir. [...] Il est jamais trop tard pour choisir ça. On sait jamais, il y a toujours des moments dans la vie, on sait jamais. [La mort,] c'est mieux parce que... quelqu'un te fait chier, tu appelles la police, tu portes une plainte. Ça prend... un an maximum pour aller en cour avec cette personne-là. Puis pendant toute cette année-là, la personne commence à t'appeler, il te rencontre dans la rue. Il te fait des menaces. Il te frappe. Il fait n'importe quoi. Puis quand tu appelles la police encore : « Ah, la personne que j'ai porté plainte pour lui, il commence à m'appeler encore. Il fait des

choses… » *et la police te dit : « Ah… fais-la passer… si il fait quelque chose, appelle l'enquêteur. On va s'en occuper de toi. » Puis c'est rien. Là quand tu vas en cour avec eux. Tu prends un avocat. Ça prend dix mille procès pour gagner* [contre] *la personne. Et pourtant c'est toi qui as raison. En tout cas, il y a pas de justice à Montréal.* [Ça fait que] *je la fais moi-même. Quand je trouve pas la solution, moi je la fais.*

Difficile de porter plainte…

[Si je m'en prends à moi-même, c'est] *parce que c'est moins stupide. Si j'ai appelé, je porte plainte pour quelqu'un. Là ça prend un an pour aller en cour. La personne me fait chier. Il m'appelle. Il me fait des menaces, il fait n'importe quoi. La police doit s'en occuper, mais non. Parce que je suis un être humain comme tout le monde. Ils commencent en s'en occuper aujourd'hui. Le lendemain : « Ah, j'ai calmé le monsieur, il va plus t'appeler. Là il va plus t'ennuyer. » Après quelques minutes, le téléphone sonne : « Allô », c'est lui encore. Là tu appelles la police encore. « Ah, appelle l'enquêteur. » Là tu appelles l'enquêteur. « Ah, on va aller l'arrêter. » Ils l'ont arrêté aujourd'hui, ils l'ont relâché demain. Le lendemain il m'appelle. C'est quoi ? Moi si je suis morte, ben il va plus m'appeler. Il va pas me trouver. Il va appeler une autre personne. Celle-là, je pense que ça va être plus pire pour elle.*

Rage intérieure et santé mentale…

[Dans ce temps,] *je pense pas à* [mes parents]. *Moi mes parents là… premièrement je parle plus à mes parents. Je vais chez eux à cause de mon bébé, mais je parle pas avec eux là. Parce que c'est à cause d'eux autres que j'ai pas le droit de toucher l'enfant que j'ai fait. Parce que… j'ai fait des actions de suicide trois fois. Puis j'ai battu quelqu'un une fois. Un policier. Dans un centre d'accueil. Puis j'ai brisé… ma mère j'ai fait quelque chose, j'ai brisé les fenêtres, les portes, tout ça, la télévision… J'ai rencontré cinq ou six psychologues.* [Eux autres y me posent] *plein de questions. Dix mille fois en plus. Savoir si je suis folle. C'est comme aujourd'hui il me dit que… « Comment tu t'appelles ? » « Là, c'est mon nom. » Là demain, il me pose la même question pour savoir si j'allais dire mon nom. C'est comme la chose, je sais pas, pour savoir si je suis folle. Mais… tous les tests que je fais étaient corrects. Je suis pas folle. […] À cause des suicides que j'ai faits. Ils trouvent ça étonnant que… j'ai bu de l'eau de Javel pour de vrai. Ils ont dit que c'était pas correct… Mais c'est juste que… j'ai jamais avoué… que c'est ce que je voulais. Mourir, jamais… jamais [j']ai eu le temps. […]*

On m'a enlevé mon enfant

Parce que j'ai fait un enfant. J'ai pas le droit de le porter. J'ai pas le droit de le toucher. C'est… c'est affreux. [Parce que] *ils m'ont dit que je vais la tuer, parce que j'ai fait des actions de suicide. C'est à cause des choses que j'ai faits. Ils disent que je vais faire mal à l'enfant.*

[Ils m'ont enlevé mon enfant] *parce que j'étais à l'hôpital. Parce que le gars que je sortais avec, le père de l'enfant, on s'est chicanés ensemble. On s'est battus. Moi j'étais enceinte de six mois. Mon ventre était vraiment gros. C'était au mois de juin. Au commencement de juin. Je pense qu'il m'a frappé, il m'a poussé, quelque chose comme ça. Un coup de pied. Moi j'ai fait des pertes de sang. Quand tu es enceinte, t'as pas le droit de faire des pertes de sang. Ça veut dire que le bébé va avoir des problèmes. Ils m'ont amenée à l'hôpital, ils m'ont dit : qu'on va… « On va être obligés d'enlever l'enfant. Parce que… ça se peut qu'il va venir avec un œil, ou… quelque chose d'handicapé. » J'ai dit, ben, de m'amener à l'hôpital. Puis pendant que je suis dans l'hôpital, lui il m'a appelé à l'hôpital pour me niaiser. Puis c'est à cause de lui que je suis à l'hôpital. C'est lui qui m'a frappée. Là il m'appelle à l'hôpital. « Ah qu'est-ce que tu fais à l'hôpital ? » « Ah, je t'ai battu, tu es content hein. Là tu vas enlever ton bébé. Ça serait mieux là qu'il naisse à l'hôpital. » Puis c'était mon anniversaire, personne m'a appelée. Mes parents ils m'ont pas appelée. Ils m'ont dit : « C'est bien pour toi, je le savais. Depuis longtemps que je t'ai parlé. Je te dis que… on va plus chez le gars. Tu nous écoutais pas. C'est mieux pour toi maintenant. Reste à l'hôpital, puis tu vas te corriger. » Puis là j'ai bu l'eau de Javel. Puis j'étais enceinte. On m'a obligée d'enlever l'enfant.*

[Ils m'ont enlevé mon enfant à cause de l'eau de Javel que j'ai bue,] *puis à cause du coup de pied que j'ai reçu. Les deux. Silence. On allait m'opérer d'ailleurs, le 15. Puis j'ai bu l'eau de Javel, environ le 10. On est venu me chercher… ils m'ont trouvée toute. Les gardes. À cause de l'eau de Javel, tout ça là.* […]

Moi j'ai rien fait à un enfant là, c'est mon enfant. J'ai le droit de le toucher, O.K. Mais j'ai pas le droit de… comme le porter pour sortir. Je veux aller à l'école avec. Comme ça tout le monde peut le voir. Mais j'ai pas le droit. C'est la punition à cause du suicide. […]

Maintenant c'est bien. J'habite plus avec mes parents. J'habite toute seule. Je fais ce que je veux. Ben j'habite avec ma sœur. Je fais tout ce que je veux. Si ma sœur appelle… comme quand je sors… je rentre le lendemain. Elle appelle chez nous. « Ah ! elle est partie ce soir, elle n'est pas revenue. » Ben j'ai dit : « Si tu fais ça une deuxième fois là, tu vas avoir des problèmes avec moi. » Elle ne fait plus ça. […]

Avoir mal : prostitution, accouchement et gang de rue

[Mes relations] à l'école secondaire, ben c'était juste [avec] des vagabonds à l'école. Il y a personne dans cette école-là qui est bon. C'est tous des vagabonds, vagabondes. Ça c'est la vérité. Tout le monde le sait. Ils font danser des filles. Ils font de la prostitution. N'importe quoi. [Moi aussi, ça m'est arrivé.] Ben… on m'a pas vraiment forcée. Parce que je voulais… comme je voulais savoir… moi, j'aimais ça apprendre des choses. Comme si tu me dis… « Si je touche ça, tu vas avoir mal. » J'essaie de le toucher. J'aime ça savoir si c'est vrai que ça va faire mal. Je le fais. [Mais] ça [la prostitution] [soupir], j'ai fait ça pas vraiment longtemps, longtemps, longtemps. Parce que la police m'a amenée chez eux. Ben oui, parce que quand tu es mineure, t'as pas le droit de faire ça. Mais eux autres ils m'ont donné des fausses cartes. Les gars de 18 ans.

[Mais] moi j'ai jamais fait ça comme pour moi là. Pour moi jamais. Ça sera juste… quelques fois, mais c'était toujours pour lui. […] J'avais des conditions. Dès que j'arrive, je donne l'argent, puis je dors. C'est ça la condition. Il m'a dit : « Tu donnes l'argent à moi, tout ce que tu veux je te l'achète. » Moi si je veux acheter une robe, dis-lui : « Achète-moi une robe », il m'achète. C'est ça. [Mais] si c'est trop cher, il dit non. Enfin c'est pour ça que j'ai arrêté. Mais c'est pas vraiment pour ça, c'est… pour ça puis parce que la police m'a arrêtée aussi. Ils m'ont amenée chez moi. [À ce moment-là ma mère] a voulu me renvoyer en Haïti. Elle a acheté un billet d'avion, pour m'envoyer en Haïti. Moi j'ai dit non. Elle m'a pas trouvée. Elle était sérieuse. […]

Gang de rue et violence

[Les gangs de rue] *c'est plus ça qui me fait souffrir à Montréal, les gangs de rue.* [Comme] *si il vient devant l'école. Il t'appelle. « Viens ici, mademoiselle. » Là tu vas voir, tu vas avoir des problèmes. Je me suis déjà battue avec un gars... c'est pas vraiment battu. Lui il m'a battue devant l'école. Il m'a rencontrée. Il m'a dit : « Viens me faire des tresses. » C'était des longs cheveux. Moi je suis allée chez lui pour faire ça dans son lit. Là je commence à faire des tresses pour lui, il commence à me toucher tout ça. J'ai dit : « Je veux faire les tresses. Excuse-moi. Là tu vas me laisser partir. » Il m'a dit : « Non, tu vas pas t'en aller. » Il commence à parler. J'ai dit : « Qu'est-ce que tu as ? » Il me dit : « Je suis buzzé. » « Buzzé ? » Il m'a dit : « Je suis buzzé. » J'ai dit : « Je m'en fous que tu es buzzé. Là je vais finir de faire les tresses, tu vas me laisser partir. » Là il voulait pas me laisser partir. Il m'a prise... c'est comme... Il a essayé de me pousser. Il y avait comme un escalier. C'était vraiment haut là. C'était un deuxième étage. Il a essayé de pousser, mais c'est lui qui a tombé en bas. Là les voisins ils ont appelé la police. Là les policiers étaient venus. Non, avant ça. Il avait un fusil. Moi je pensais que c'était un faux. Moi je pensais pas que c'était un vrai. J'ai dit : « Toi tu es ti-cul, tu peux pas avoir un fusil de même, ça marche pas. » Là une affaire, ça s'était passé à la télé.* [...] [Ça fait que] *il a tiré sur moi, tout ça. Ça s'était passé dans un immeuble, c'était toute pété en tout cas.*

[Il m'a pas touchée.] *Les voisins ont appelé la police à cause du feu, du coup de feu qui est parti. Ç'a fait du bruit. La police est revenue. Ils l'ont arrêté. Il a fait six mois de prison. On l'a mis dehors. Là maintenant si il me dit bonjour, on va le mettre en dedans. Il a même pas le droit de me dire bonjour.*

Parce que moi je faisais comme sa blonde. Parce que il me dit : « Viens chez nous. On va regarder un film ensemble. » Puis je dis oui. Mais maintenant je fais plus ça. Je vous le jure là. J'en ai assez. Il volait mon argent. Il volait mon sac d'école. « Viens chez nous. » Vol de passeport. Voie de fait. Ha... [Et tout ça fait partie, ça fait partie] *des gangs ! Des gangs devant l'école. Devant l'école. Toujours. Les mêmes. Le gars qui m'a battue, il est toujours devant l'école. Quand il me voit, si je marche ici, si lui est ici, je monte... c'est comme je monte le trottoir, il descend le trottoir. Il a tellement peur de moi maintenant.* [...]

Mais c'est pas juste moi qu'on a battue devant l'école là. Je connais six filles. Ouais. Six filles. On les a battues devant l'école devant moi. T'as pas le droit de parler de leur mère là. Si tu parles avec un gars, dis jamais le nom de sa mère. Il va te tuer. Jamais. Je pense qu'il y a une fille qui a parlé de ça en riant. Puis ils l'ont pétée avec des coups de pied. Puis l'autre ils l'ont poussée dans l'escalier. Ah ouais… en tout cas. C'est pour ça que j'ai changé d'école là. L'année prochaine je vais aller à [une autre école]. *Parce que il y a pas de vagabonds là-bas, c'est ça qu'on m'a dit. Là je suis dans une école là, c'est plus pire. Ils sont gentils. Mais il y en a deux qui sont pas gentils. Parce qu'ils me connaissent. C'est comme ils ont dit que les filles… sont mal élevées, elles sont… des salauds, n'importe quoi. Ils me traitent toujours de salaud à l'école.* […]

L'ambivalence face à la maternité

[Pour ce qui est de mon enfant,] *j'ai pas besoin là* [de lui]… [Parce que] *ça va… ça va me marrer les pieds là. Parce que moi je marche tout le temps. Lui, il va rester collé à mes fesses, puis moi… ah… tant mieux que ma mère s'en occupe. Parce que moi j'aime ça marcher. Après l'école je vais jamais chez nous. Je rentre à minuit. Je vais chez des amis. Au cinéma. Parce que si il fait chaud, je vais pas rester avec un bébé en dedans là. Mais ma mère là, elle peut s'en occuper. Elle a rien à faire. Elle fait juste de la couture, puis après elle s'en occupe. Mais il va appeler ma mère « maman », hein. Ça tout le monde me dit ça. Je veux pas qu'il m'appelle maman non plus. C'est laid. Maman. C'est laid, ça. Moi, je trouve ça laid, si quelqu'un m'appelle maman là, à 16 ans. Tout le monde va rire de moi là. Ouais. Maman…* [Silence]. *C'est pas bon ça si quelqu'un t'appelle maman. Puis une autre fille de 16 ans qui marche à côté de toi, elle écoute. Ton gars t'appelle maman, puis tu as 16 ans, elle a 16 ans. Elle a pas d'enfant, puis toi tu as un enfant. C'est laid.*

[Donc, si je comprends bien, tu n'aurais jamais voulu avoir cet enfant?] *Je l'ai voulu pour savoir si ça fait mal. Ouais* [quand] *l'enfant, ça va sortir. Qu'est-ce que tu veux, je suis pas sensible. C'est ça le rêve. J'ai dit à mon Dieu : « Je vais avoir mon enfant pour savoir si ça fait mal. » Au lieu de se réaliser… comme… je veux que ça se réalise, c'est tourné à l'envers. C'est pour ça que je prie plus là. Quand je dis : « Mon Dieu, je veux une robe blanche », il me donne une robe verte. Ça sert à rien de dire mon Dieu, mon Dieu, mon Dieu.* […]

En finir avec la souffrance et l'injustice

[Mes tentatives de suicide,] *je ne les ai pas faites pour survivre, je l'ai fait pour mourir. Je savais pas si j'allais avoir des problèmes.* [...] [Les jeunes qui veulent se suicider,] *je leur conseillerai de chercher une solution avant de le faire. Pour pas regretter après. Parce que moi, parce que moi après mes suicides, au moins dix-huit jours à l'hôpital, avec des médicaments, sirops... Ah! moi j'ai passé toutes les misères du monde là. Moi je pense que c'est moi la plus souffrante à Montréal.*

Comment [changer ça]? *J'ai changé... mais le gars qui m'a faite passer toutes ces misères-là, il reste collé à mes fesses. Il m'appelle toujours, puis il me niaise. Il me traite de salope. « Oublie-moi. » Là j'ai dit ça à l'enquêteur, je dis à l'enquêteur : « Si tu l'appelles pas. Tu dis pas à mon ami de me laisser tranquille là. Je vois que tu veux m'accuser pour lui. Moi je veux pas que tu m'accuses pour lui. Ça me dérange pas de me battre avec vous deux. » Il dit : « Ah oui, tu veux te battre avec moi. Je suis enquêteur. » Je dis : « Je m'en fous que tu es enquêteur. » Je dis : « Si tu dis pas à ton ami de me laisser tranquille là, on va faire ça ensemble. » Il m'a dit : « C'est quoi que tu vas faire ensemble? » J'ai dit : « Tu vas savoir. » Il est enquêteur, c'est lui qui arrête les gangs. Si tu es enquêteur, pose des questions. Parle avec le gars sérieusement. Il appelle le gars, il rit. « Ça va? » En tout cas. Moi il y a une fille qui m'a dit ça là. Ça se peut que c'est vrai. Il y a pas de justice. En tout cas. On dit pas ça là. Il y a pas de justice pour les immigrants à Montréal.*

Il y a pas de justice pour nous. Non. Parce que moi j'ai vu ça sous mes yeux là à Pie-IX. Il y a deux Noirs qui se battaient. O.K. Là, la police... [En fait] *ils se battaient même pas. Ils jouent. C'est des gars de 14-15 ans là. Ils jouent* [à se donner] *des coups de poing, des coups de pied. La police était venue, mais non! Ça fait même pas trois jours, j'ai vu deux Blancs qui se battaient pour de vrai. Là la police était venue. Ils ont même pas eu des menottes. Ils ont dit : « Viens, on va se parler là. On va se calmer là. Puis je vais te montrer oui, il faut que tu arrêtes. Fais pas ça dans la rue là. Tu vas avoir un mandat, un ticket. » Quand il y avait deux Noirs qui se battaient, ils ont mis les menottes, en tout cas.*

Cette idée qu'il existe deux justices, une pour les Blancs et une autre pour les Noirs et les immigrants, revient dans la plupart des discours des jeunes d'origine afro-antillaise des milieux marginaux. La gang s'avère pour ces jeunes qui sentent une discrimination à leur endroit un moyen de contrer les injustices du système dominant. Or, comme nous le soulevions précédemment, qu'advient-il lorsque sa gang se retourne, au même titre que le système, contre soi ? Qu'advient-il, de plus, lorsque sa famille, vue comme l'ultime refuge protecteur, semble également être contre soi ? Quelle autre solution que l'isolement reste-t-il à la personne qui se sent coincée entre ces deux portes de sortie qui sont closes ?

C'est à ces questions fondamentales que nous essaierons de répondre dans les trois chapitres qui suivent.

CHAPITRE **6**

Horizon de sens :
le contexte migratoire

Nous avons tous une quelconque idée de ce que signifie immigrer. Partir d'un pays, quitter ses proches pour aller s'établir dans une nouvelle société s'avère quelque chose de troublant. Même celui ou celle qui n'a jamais immigré ou qui n'est pas fils ou fille d'immigrants peut imaginer les difficultés et les angoisses qui sont attachées à ce recommencement dans la vie d'une personne. Par contre, nous avons trop souvent tendance à concevoir l'immigration comme un événement bien balisé dans le temps. Sans y prêter vraiment attention, nous la réduisons à l'étape de transition qui sépare l'immigrant de son point d'origine depuis la décision d'émigrer jusqu'à son installation dans la terre d'adoption. Certes, nous sommes conscients que l'immigration est un processus complexe aux ramifications diverses, mais nos représentations de ce processus se limitent en général à cette période de transition très circonscrite. Du moins, les discours personnels sur l'immigration portent davantage sur les motifs du départ, sur les anecdotes concernant le déplacement et l'arrivée et sur les difficultés de l'installation que sur

l'ensemble des aspects et des circonstances qui concourent à l'adaptation de la vie à une nouvelle société. Peut-être s'agit-il d'une omission
bien involontaire qui amène les gens à distinguer la période d'adaptation du processus d'immigration lorsqu'ils sont appelés à parler de leur
propre expérience. Cela n'empêche pas que cet oubli transparaît à
d'autres moments, entre autres quand nous essayons de comprendre les
problèmes courants de la vie d'un immigrant.

L'immigration, un processus incertain et prolongé

La compréhension de la complexité du processus d'immigration
échappe en grande partie même aux personnes qui la vivent. De plus,
chaque histoire d'immigrant est singulière. Chacune charrie sa part de
rêves et d'incertitudes. Les craintes et les désirs personnels se mêlent aux
projets à court et à long terme. Au départ, tous ont en commun de vouloir améliorer leur condition. On immigre pour le mieux et non pour le
pire. Aussi, entre les attentes du début et la réalité, le désenchantement
est parfois très grand et difficile à vivre.

Si le processus d'immigration est lié au contexte de l'émigration, son
sens véritable se révèle seulement au moment de l'adaptation à la société
d'adoption. Les conditions de l'arrivée, les modalités de l'installation et
le contexte sociopolitique de l'accueil sont déterminantes pour l'avenir.
Ce n'est pas du tout la même chose d'immigrer dans tel pays plutôt que
tel autre. Les immigrants ne sont pas tous non plus considérés partout
de la même façon. Ils sont étiquetés en fonction de leur statut. Ainsi, certains groupes sont jugés plus assimilables que d'autres en fonction de
leurs origines socioéconomiques et ethnoculturelles. Le succès de l'immigration relève en grande partie de l'ensemble de ces facteurs conco-
mitants. L'immigration est de plus un processus qui s'étire dans le temps.
Si bien que certains enfants d'immigrants héritent, parfois à leur insu,
de la tâche de poursuivre et d'accomplir ce processus même lorsqu'ils
sont nés dans le pays d'accueil. Un peu comme si l'étiquette d'immigrant
était indélébile et se transmettait de génération en génération jusqu'au
moment où elle se dilue dans la masse incolore de la population.

Pour une majorité d'immigrants, l'immigration est d'abord une
stratégie familiale. Lorsqu'une personne immigre seule, c'est habituellement pour aller rejoindre un ou des membres chers de sa famille ou

dans l'espoir que ceux-ci viendront la retrouver dans un avenir rappro-
ché. À son arrivée, elle pourra être accueillie et aidée par des connaissances du réseau familial. Plus tard, elle rendra la pareille à des compatriotes qui cogneront à sa porte. Dans tous ces cas, la réunification
familiale fait partie intégrante du processus d'immigration. L'immigration n'est jamais parachevée aussi longtemps que l'on est séparé de ses
proches ou qu'on les sait en danger à l'endroit où ils sont. Les angoisses
individuelles liées à l'immigration vont donc se prolonger et s'accroître
à mesure que s'éternisent les séparations involontaires des siens.

Le rappel de ces généralités sur le processus migratoire avait pour
but de mettre en perspective les caractéristiques de l'immigration haïtienne au Québec. Si les histoires d'immigrés varient d'une personne à
une autre et d'un groupe à un autre, elles partagent néanmoins quelques
similarités. L'erreur, encore une fois, serait de considérer l'exemple d'un
groupe comme une exception ou seulement par les traits qui le distinguent des autres.

À l'image de la population du Québec, la composition des diverses
communautés ethnoculturelles est très hétérogène. La communauté
haïtienne ne fait pas exception. L'hétérogénéité est dans ce cas marquée
historiquement par différentes vagues de migration. Le profil socioéconomique des immigrants haïtiens a changé au fil des ans. Au tournant
des années 1960, les premiers arrivants étaient surtout des professionnels indépendants qui répondaient à une demande de main-d'œuvre
spécialisée. Leur adaptation à la société québécoise s'est faite pour la plupart d'entre eux sans trop de peine dans la mesure où ils comblaient des
besoins très précis au sein de la population active. Avec les années 1970,
les filières de l'immigration haïtienne se sont cependant diversifiées. La
situation politique et sociale désastreuse en Haïti a été pour plusieurs
personnes une incitation à l'émigration. Parmi celles-ci, un grand
nombre appartenaient aux couches moins aisées et scolarisées de la
population. Elles ont été accueillies au Québec comme des immigrants
en provenance d'un pays francophone, alors que dans les faits il n'était
pas rare qu'elles ne parlent que créole. L'intégration de ces nouveaux
immigrants à la société québécoise ne fut pas aussi facile que celle de
leurs prédécesseurs. Ils ont buté contre plusieurs obstacles que dres-
saient sur leur chemin certains groupes de la société qui connaissaient
mal leurs intentions et qui se montraient peu favorables à leur installation dans le pays. Les attitudes discriminatoires à leur égard étaient

accentuées par le fait qu'ils représentaient le groupe d'immigrants le plus important en nombre à une époque où la société québécoise entrait en période de récession. Or, nous savons que les immigrants sont souvent parmi les premiers ciblés lors de la recherche de boucs émissaires face aux problèmes sociaux. Les discours sont d'autant plus vindicatifs et teintés d'émotions irrationnelles lorsque les « étrangers » désignés comme responsables se démarquent de la majorité par des traits culturels ou raciaux particuliers, ce qui était alors le cas des personnes d'origine haïtienne.

À partir des années 1970, les immigrants en provenance d'Haïti sont entrés au pays pour différents motifs. Dans la tourmente sociopolitique de la fin du régime des Duvalier, plusieurs ont été reçus à titre de réfugiés. Un grand nombre sont entrés dans le pays, pour leur part, en suivant des parcours qui faisaient d'eux des « illégaux » face aux lois de l'immigration. Pour des raisons humanitaires, la régularisation de leur statut d'immigrant a été rendue possible en 1981 grâce à l'entente Couture-Cullen, du nom des ministres provincial et fédéral de l'Immigration de l'époque. Cette entente, a-t-on besoin de le préciser, a suscité de virulents débats au sein de la société qui n'ont rien fait pour améliorer les rapports entre les immigrants haïtiens et le reste de la population.

Depuis les années 1980, l'immigration haïtienne est surtout composée de personnes qui viennent ici dans le cadre des programmes de réunification familiale et de parrainage. Néanmoins, devant les exigences élevées des lois de l'immigration, plusieurs personnes doivent avoir recours à des stratagèmes pour pouvoir entrer et rester dans le pays. Si bien que chaque histoire d'immigration comporte presque toujours ses secrets et ses non-dits, dont certains affectent parfois les enfants.

Les silences et les mystères entourant l'immigration sont nombreux. Dans le cas des enfants qui immigrent seuls ou sans leurs parents, il n'est pas rare qu'ils ne connaissent pas la raison exacte de leur départ. Plusieurs croient qu'ils vont seulement faire un voyage et qu'ils reviendront très bientôt auprès de leurs amis et de leur famille. Parfois, on ne leur dit même pas à l'avance qu'ils doivent partir ni où ils vont. Certains enfants ont l'impression d'être expédiés dans un autre pays. Un jeune garçon de 16 ans nous a expliqé qu'il a été comme « jeté à l'aéroport ». Voici comment il raconte cet épisode qu'a constitué pour lui l'immigration :

Moi je suis arrivé à 8 ans. [Avant de partir,] j'ai dit à mes amis là-bas :

« *Je vais vous rapporter des affaires, des souvenirs* », *parce que pour eux autres, j'étais vraiment le gars le plus chanceux de la terre. Aller au Canada, puis je leur avais dit que je prenais les démarches pour continuer à être avec eux autres,* [pour rester] *dans leur entourage. Puis, rendu au Canada, ben, c'était plus difficile. C'était pas ce que je pensais.* [...] *Non, pas* [du tout]. [Quand] *je suis arrivé au Québec, t'sais comme... mon oncle m'a accueilli. Et puis j'étais tout seul; je suis arrivé tout seul* [en avion]. [...] *Une personne, t'sais, m'a comme jeté à l'aéroport* [en Haïti]. [Quand] *je suis arrivé à Mirabel, mon oncle m'attendait.* [...] *On m'a jamais expliqué pourquoi* [je suis venu au Québec]. *C'est comme ça. Je pense à peu près* [que c'est] *parce que c'était riche, puis qui avait beaucoup plus de chances de survie puis... du point scolaire aussi.*

Un autre jeune homme nous a parlé de façon presque identique des souvenirs marquants de son départ d'Haïti, il y a déjà près de vingt ans :

Bon le premier jour que je suis venu ici, j'ai trouvé ça bizarre à cause que [...] *je savais pas c'était quoi la neige. Puis... j'ai trouvé ça très bizarre avant de m'habituer avec ça là.* [Quand je suis arrivé,] *j'étais pas seul; j'étais avec une de mes tantes.* [Je me souviens,] *j'étais jeune,* [j'avais 7 ans,] *puis j'étais chez nous. Puis qu'est-ce qui est arrivé, ma matante est venue me chercher. Une soirée, elle a dit à ma mère de m'habiller à cause que je partais. Moi je voulais pas partir là; je savais pas où est-ce que j'allais. Et là qu'est-ce qui est arrivé... ma matante m'a... je me suis habillé, tout ça et puis là on est partis. Puis j'avais une petite mallette là, tout ça dans les mains. Puis j'ai* [reconnu] *l'aéroport. Et puis... on a pris l'avion.*

Un autre garçon de 21 ans, qui est arrivé au Québec à l'âge de 8 ans accompagné de sa mère, de ses frères et de ses sœurs, nous a expliqué qu'il avait appris seulement la veille de son départ qu'il partait pour un autre pays. La nouvelle l'avait excité au point de l'empêcher de dormir :

Il faut dire que je l'ai su la veille avant de partir. On dormait pas du tout. Je veux dire on pensait plus... on pensait pas à nos amis... on pensait pas à nos [parents] *qu'on allait laisser. On pensait pas à... on pensait juste que... on va voir... heu... un gros pays... je veux dire un pays là où est-ce qu'on peut voir du nouveau. Là où on peut aller à l'école normalement.*

Les souvenirs de jeunesse liés à l'immigration ont presque tous un côté anecdotique. Ils font référence ordinairement à la courte période de transition qui marque la prise de conscience du passage d'une société à une autre. L'hiver québécois est très souvent mentionné comme l'élément déclencheur de cette prise de conscience. Il est également l'élément auquel on semble avoir le plus de difficulté à s'habituer. Par ailleurs, la représentation des souvenirs associés à la transition au Québec prend chez plusieurs la forme d'un moment rêvé. Un « rêve » auquel on est parfois très mal préparé. Une jeune fille de 16 ans nous a expliqué :

Ben quand je suis arrivée, je suis arrivée ici avec des shorts. T'sais en plein hiver. En camisole comme, en plein hiver. [Rires] *Je savais même pas c'était quoi de la neige, t'sais. T'sais je voyais ça à la télé en Haïti. Mais je me disais, bon c'est pas vrai. Je disais, c'est juste les films t'sais. Fait qu'arrivée à Montréal, il faisait super frette là. Je gelais. Je voulais pas sortir de la voiture. J'ai passé à peu près trois mois chez moi sans sortir. Il y avait de l'école. J'ai pas pu aller à l'école. Parce qu'il faisait trop froid. Jusqu'à maintenant t'sais, l'hiver là c'est pas vraiment mon rêve.*

Au-delà de l'anecdote, la mauvaise préparation au froid hivernal s'avère parfois presque dramatique :

[Quand je suis arrivé au Québec,] *c'était le 23 décembre.* [Mon oncle et ma tante] *m'ont amené ici, puis là j'ai eu, j'ai eu beaucoup d'argent. T'sais c'est comme… ils m'ont donné… ils m'ont tout donné… toutes les affaires que même je trouvais comme on pourrait dire un peu insignifiantes. Je savais pas pourquoi. Un manteau puis des affaires comme ça. Puis… une semaine après j'étais comme avec un gros manteau.* [Je dois dire que] *moi je pensais t'sais comme que la neige, c'est quelque chose qui faisait que le pays reste chaud. Je sais pas. Je trouvais ça drôle, mais t'sais comme… moi quand je suis arrivé, je me rappelle : c'est comme, je me lève, puis je m'en vas dans la neige, puis même sur le gazon, je passe sur le gazon, puis le gazon est rempli de neige. Puis j'avais… j'étais en short. Puis après, on pourrait dire cinq minutes, j'ai compris. J'ai compris quelque chose ; j'ai compris à quoi ça servait le manteau. Puis depuis ce temps-là j'ai pris mes leçons. Mais même là, t'sais comme souvent je me suis évanoui à cause de cela, parce que j'étais tellement pas habitué à cette température-là. Puis je marchais comme pour aller à l'école. Puis je sais pas, j'avais froid. Puis je voulais tellement arriver vite à l'école, puis je m'évanouissais, puis je sais pas comme, par miracle, je me retrouvais à l'école. J'étais couché sur le banc de l'école. Sur un banc en avant, devant la secrétaire là. On me disait qu'on m'avait pris là. C'est comme la police était venue, puis il m'avait apporté à l'école.*

Les anecdotes sur l'hiver et la neige ne manquent pas quand il s'agit de parler des difficultés d'adaptation lors de l'arrivée au Québec. Un peu comme si l'adaptation se réduisait à une question climatique. Plusieurs jeunes nous ont même demandé ce que signifiait le mot « adaptation »

lorsque nous leur demandions de nous raconter comment s'était déroulée leur adaptation à la société québécoise. De toute évidence, outre
la référence aux clichés relatifs au climat, les enjeux complexes de l'immigration et de l'adaptation échappent à la conscience immédiate de
la majorité de ces jeunes. Ces enjeux ne peuvent en fait être rattachés
à aucune tranche de leur vie en particulier. Lorsque ceux-ci se révèlent
et qu'ils sont traduits en mots, on dénote la plupart du temps une certaine distance critique de la part de la personne qui les exprime. Dans
ce cas également, la nature de ces enjeux reste assez floue. Elle n'est
liée qu'accessoirement et qu'après coup aux événements qui servent à
illustrer son point de vue. Par exemple, avec le recul un jeune homme
de 22 ans met en doute l'authenticité des images de son arrivée au Québec dont il se souvient. Aussi a-t-il l'impression qu'il a peut-être été
trompé dès le départ :

> En partant d'Haïti, j'ai pleuré parce que t'sais je voulais pas partir.
> Mais en arrivant ici [...], comme je voyais que les gens avaient l'air d'être
> accueillants à l'aéroport, je me disais : « Mon Dieu, je suis peut-être tombé
> dans un paradis. » C'est comme... il faisait pas froid, vous voyez ce que je
> veux dire, les rues étaient propres. Les gens avaient l'air d'être assez bien.
> Parce que vous êtes un enfant, vous êtes qu'un enfant, sauf qu'en grandis-
> sant, ouf... vous finissez presque par détester cet endroit. C'est-à-dire
> l'image que vous avez en entrant, en sortant de cet avion-là, vous voyez les
> femmes qui vous sourient, les messieurs qui vous disent : « Monsieur, je vais
> vous aider. Ah, mon petit bonhomme ! » Et ils touchent les cheveux : « Ah,
> mon petit frisé ! » Ils font des blagues comme ça avec toi. Vous voyez même
> pas un sens raciste derrière tout ça. Puis en grandissant, je sais pas moi, le
> système te fait des affaires. Tu vois comment la police vous traite, puis tous
> les gens, puis vous venez à vous demander si ces gens-là vous détestaient pas
> dès le début [...]. Puis que si ils vous ont certainement ouvert la porte, der-
> rière vous ils l'ont fermée, puis c'était l'enfer.

L'impression (paradoxale) d'immigrer dans un paradis est mentionnée par plusieurs. Un jeune homme de 29 ans, quant à lui, conserve
après plusieurs années une image positive et assez claire de son expérience migratoire, même si à un moment il compare son traitement à
celui d'un esclave :

> [J'ai immigré,] je m'en rappelle, c'était un 29 août 1982, puis... j'étais
> accompagné de... mes parents puis... de mes sœurs et mes frères qui sont
> venus. Puis l'adaptation ça s'est faite assez vite, mais je m'en rappelle

encore. […] *J'y pense des fois, une fois de temps en temps.* [Et ce qui me vient encore en tête, c'est] *surtout quand… il fallait faire des prises de sang. T'sais eux autres ils ont… comme leur médecin en Haïti. Puis pour arriver ici, ils t'envoient chez leur médecin à eux puis… on te passe des prises de sang, pour savoir si tu es malade. Il faut que tu sois en bonne santé. C'est comme des esclaves.* […] *Ben je pense que moi j'avais tellement envie de venir à Montréal qu'on disait que c'était le paradis. Puis pour moi j'ai pas été affecté* [positivement ou négativement]. *Moi j'étais plus content de venir à Montréal. C'était pour moi c'était une joie totale puis c'était mon rêve.*

À moins qu'ils ne posent un regard critique d'ensemble, les jeunes prétendent en général avoir été affectés positivement par l'immigration. Quand ils disent cela, par contre, ils font surtout allusion à l'absence de problèmes majeurs qui découle du voyage migratoire proprement dit, soit depuis leur départ d'Haïti jusqu'aux premiers jours suivant leur arrivée au Québec. Un jeune homme de 26 ans, qui affirme avoir été marqué positivement par l'immigration, résume ainsi son expérience :

J'avais quatre ans [quand j'ai immigré. J'étais accompagné] *de ma mère et de ma sœur mais pour moi, c'était comme si qu'on… qu'on partait en vacances, ou quoi que ce soit. Étant jeune, les lourdeurs de l'immigration j'ai pas eu à les vivre. Donc, il y a certaines choses techniques… heum… où est-ce que j'ai pas eu… que j'ai pas compris à l'époque, ou quoi que ce soit. Pour moi, on s'est déplacés. Puis on est venus. Puis on… on habitait à Montréal.*

Les jeunes se réfèrent également aux avantages socioéconomiques que leur procure la société d'accueil par rapport à leur pays d'origine. Certains signalent aussi le climat politique comme étant plus favorable au Québec. Bref, la plupart ont une vision contextuelle et utilitariste de l'immigration et de l'adaptation en tant qu'événements. À cause de cela, lorsqu'ils en parlent, leur expérience personnelle revêt presque strictement un caractère instrumental. Un autre exemple est donné par ce jeune qui dit avoir été surtout marqué par les premières fois qu'il a pris le métro à Montréal :

Ben j'ai commencé ici puis je prenais le métro, je voyais ça bizarre parce qu'en Haïti il y avait pas de métro. Puis on allait toujours en autobus; en bus, puis il y avait plein de monde dans le bus. Puis… en arrivant ici je voyais le métro et… j'avais l'impression… comme que je me promenais en dessous de la terre. Puis c'était comme un rêve. Un rêve!

Nous pourrions ainsi continuer indéfiniment à étaler les fragments de souvenirs que les jeunes retiennent de leur immigration. Un tel exercice nous en apprendrait par contre très peu sur l'expérience personnelle que ces jeunes ont vraiment vécue. L'expérience migratoire prend toutefois un sens autre lorsqu'elle est vécue à un âge plus tardif ou lorsqu'elle est associée à des formes quelconques de trauma qui perdurent. Les jeunes qui ont immigré à l'adolescence sont en général plus conscients de ce qui leur arrive, bien qu'ils ne soient pas nécessairement mieux préparés. Pour la plupart, ils connaissent mieux les motifs réels de leur immigration. Ils se rendent compte plus concrètement des effets directs de l'expérience migratoire sur leur vie. Ils peuvent plus facilement comparer leur situation d'aujourd'hui avec celle d'avant. Leurs références au pays d'origine sont plus nombreuses. À l'inverse, leur connaissance du pays d'accueil et de ses institutions est souvent biaisée ou déficiente, et cela leur est parfois préjudiciable. Pour toutes ces raisons, l'immigration constitue pour ces jeunes un événement personnel marquant. Dès les premiers jours de leur installation dans le pays, ils se doivent d'assumer le poids de leur identité d'immigrants. Dans bien des cas, cette immigration tardive comporte sa part de difficultés qu'ils arrivent plus ou moins bien à surmonter. Les retards scolaires sont souvent mentionnés comme une source importante de frustration. Dans certains cas, les jeunes ont la certitude que leur reclassement à l'école s'est fait contre eux de façon arbitraire, sans que l'on ait tenu compte véritablement de leur bagage scolaire.

Je suis arrivé ici à 13 ans. [...] Ah... c'était très dur. Surtout du côté... surtout... heu... du côté scolaire. Parce que là-bas, il... parce que là-bas j'avais réussi mon secondaire 2, j'étais admis en 3. Et puis... arrivé ici on m'a mis en 1. Tu vois, en pensant que le nombre de temps que je suis allé à l'école pour... c'est comme si j'avais redoublé les deux années. C'était comme un peu dur. Je suis arrivé, j'étais arrivé ici au mois d'octobre. Il faisait froid sur Montréal. Puis c'est ça. Il faisait froid.

Outre les contrariétés inhérentes au choc migratoire, ce sont les ruptures associées à l'expérience de l'immigration qui semblent occasionner les plus grands traumas chez les jeunes, peu importe leur âge à leur arrivée. Plusieurs ont précisé, par exemple, qu'ils trouvent très difficile d'avoir été séparés de leur mère surtout, mais aussi d'autres membres de leur famille de qui ils étaient très proches. Certains continuent d'entretenir des rapports avec ces personnes en leur écrivant ou en leur téléphonant à l'occasion, alors que d'autres ont perdu tout contact. Lorsqu'elle est associée à des séparations douloureuses qui persistent, l'immigration est souvent vécue plus difficilement par les personnes. Elle devient même parfois une explication plausible de leur marginalité ou de leur comportement délinquant. Ainsi, un jeune garçon qui est arrivé au Québec à l'âge de 6 ans, après avoir été adopté par des parents québécois aisés, nous a dit n'avoir jamais accepté le fait d'être séparé de sa mère biologique. Il était en centre d'accueil au moment où nous l'avons rencontré. Selon lui, cette séparation expliquerait en partie l'origine de ses frasques. Ses nouveaux parents ont beau lui donner de l'affection et des biens, ils ne peuvent combler le vide qu'a créé en lui la rupture avec sa mère. Aussi croit-il qu'une partie de ses problèmes aurait pu être évitée si sa mère l'avait suivi au Québec. Il en fait même le reproche à ses nouveaux parents, qui ont pourtant adopté aussi une de ses sœurs de deux ans plus jeune que lui. En fait, il n'a jamais accepté que ses parents adoptifs essaient de remplacer sa mère naturelle avec qui il a vécu pendant six ans. L'adaptation pour sa jeune sœur aurait été, prétend-il, plus facile du fait qu'elle ne se souvient pas vraiment de la vie avec leur mère en Haïti. Voici comment il a vécu la séparation d'avec sa mère et sa situation particulière dans sa nouvelle famille :

J'avais de la misère à dealer avec [le fait que mes nouveaux parents] *étaient blancs, puis ça... me jouait dans moé parce que t'sais, quand tu es habitué de vivre avec juste des Noirs là, tu viens ici, tu vis avec des Blancs. Fait que là, ça change toute, parce qu'ils ont pas la même façon de voir que tes parents... que tes vrais parents, t'sais. C'est tes parents adoptifs quand même, ils prennent soin de toi mais ils ont pas la même notion t'sais... parce que moi j'avais une mère, puis... j'ai eu une mère adoptive ici. O.K., mais elle... parce qu'elle a essayé de me donner de l'affection comme une mère, comme toutes les mères du monde. Sauf que ça marchait pas parce que moi j'avais déjà une mère. Puis moi t'sais, je voulais pas me séparer. Je pouvais pas concevoir d'avoir une autre mère, parce que j'en avais déjà eu puis elle a été bonne pour moi, puis les autres je m'en foutais, t'sais. C'était comme j'ai une mère, puis toi tu es rien d'autre qu'une personne qui m'a adopté puis... heum... t'sais c'est comme... je te donnerai pas plus qu'une personne normale que je connais, t'sais c'est comme... tu pourras pas... heu... faire la même chose que ma mère. J'accepterai pas ça là. Fait que c'est comme... on se chicanait tout le temps pour a rien. T'sais, je faisais des conneries là. J'arrêtais pas. Je sais pas,*

*je me battais à l'école ou je volais des affaires. T'sais je sais pas. J'ai fait plein
de conneries là quand j'étais petit.*

Si l'on fait abstraction de son adoption par des parents blancs d'origine québécoise, l'histoire de Thomas n'a rien d'exceptionnel. Pour plusieurs jeunes, l'immigration signifie une séparation souvent définitive
d'avec un ou des parents proches. Il peut s'agir des parents biologiques
ou des personnes qui ont été dans les premières années de vie de l'enfant les principales figures parentales. Pour ces jeunes, l'événement qu'a
constitué l'immigration éveille surtout les réminiscences de cette séparation. Même lorsque dans l'ensemble ils évaluent positivement les effets
de l'immigration sur leur vie, leurs représentations restent empreintes
du sentiment qu'ils ont vécu une perte irréparable qui les rend individuellement plus vulnérables au monde extérieur. Les rapports avec leurs
nouveaux parents (ou tuteurs légaux) sont souvent affectés par l'impression d'être des enfants de second rang par rapport à leur ancien statut familial. Par exemple, lors de situations conflictuelles avec l'autorité
parentale, certains déplorent que leur véritable mère ou père ne soit pas
là pour venir à leur rescousse. Un jeune homme de 19 ans qui est venu
au Québec rejoindre son père explique une telle situation en se référant
implicitement à sa propre expérience :

*C'est parce que la plupart des jeunes, s'ils ont des problèmes, c'est avec
leurs proches c'est tout, [c'est-à-dire] avec leur père [ou avec] leur mère.
Mais… il y a des jeunes qui vivent avec leur père, et il y a aussi des jeunes
qui vivent avec leur mère et leur père. Quand un jeune vit avec leur père,
juste leur père, puis sa belle-mère [qui est] avec lui, [et que] son père a
décidé de le mettre à la porte, il a pas quelqu'un qui pourrait le défendre,
comme sa mère, tu comprends. Mais quand un jeune habite avec son père
et sa mère, si son père décide de le mettre à la porte, sa mère peut dire à son
père qu'il pourrait pas aller à la porte [parce que] sa mère peut déménager avec lui. Tu comprends.*

Si l'immigration peut représenter un gain au point de vue socioéconomique, elle est également vue par plusieurs jeunes, qui ont été
séparés de l'un ou l'autre de leurs parents, comme une perte sur le
plan personnel. Le vide créé par l'absence de l'un des parents naturels ou des deux ressort surtout dans les moments de nostalgie, mais
aussi lorsqu'il s'agit de surmonter les difficultés de la vie. En fait, c'est
souvent dans les moments difficiles, où la personne se sent isolée de sa
famille ou du reste du monde, qu'elle prend pleinement conscience de

son identité d'immigrante. Les images de l'immigration sont transposées dans des contextes ou des événements très précis qui ont marqué dans l'espace et le temps cette transition identitaire. Pour plusieurs personnes, la représentation du processus de l'immigration se réduit à ces images ayant une très forte teneur émotive. Ces réminiscences surgissent habituellement à l'esprit après coup, soit lorsque la personne est placée concrètement devant la signification de sa différence identitaire. Cela peut se passer au sein de sa famille, mais le plus souvent cette prise de conscience se produit lorsque la personne est appelée à faire ses premiers pas de citoyenne au sein de la société. Pour les jeunes immigrants, c'est dans la grande majorité des cas à l'école qu'a lieu ce moment déterminant de la construction de l'identité, plus spécialement lors du passage au niveau secondaire qui correspond aussi à l'entrée dans la période de l'adolescence. Il existerait en quelque sorte chez ces jeunes une correspondance chronologique entre la naissance de leur identité de citoyens et la prise de conscience de leur statut d'immigrants.

Il n'est pas obligatoire d'avoir immigré pour faire face à une telle situation. Les jeunes, fils ou filles d'immigrants qui sont nés au Québec, passent également par les mêmes étapes. Dans leurs cas, cette situation est parfois plus difficile à vivre, car l'immigration n'est associée à aucune image personnelle spécifique. Il s'agit d'une réalité qui les dépasse. L'étiquette d'immigrants leur est accolée arbitrairement sans qu'ils puissent s'en départir ou l'assumer totalement. Le vide de l'expérience migratoire est chez eux d'autant plus grand que la plupart connaissent très peu la petite histoire de l'immigration de leurs parents. Ils sont ni plus ni moins des immigrants par procuration. Ils vivent leur parcours d'immigrants à partir de la société où ils sont nés et où ils ont grandi. Tout se passe sur place, dans leur tête. Pour ce faire, chacun d'eux se crée autant que possible une migration imaginaire qui le relie à son pays d'origine et qui le sépare du reste de la société d'accueil. Les conditions de réalisation de ce voyage mental dépendent grandement du type de rapports que ces jeunes entretiennent avec la culture de leurs parents et avec les institutions de la société d'accueil. La vision que chacun possède de la fondation de son identité d'immigrant (ou d'étranger dans ce pays) est également influencée fortement par les images que véhiculent les pairs de leur entourage à propos de la société et de leur origine commune. En fait, leur immigration constitue moins un aller simple d'un pays à un autre qu'un aller-retour constant entre deux cultures et l'idée qu'ils se font de chacune d'elles. Dans ce va-et-vient perpétuel entre des univers culturels souvent opposés, dans lesquels les jeunes ne se reconnaissent pas du tout ou qu'en partie, plusieurs choisissent en cours de route de se réfugier dans leur propre espace culturel. Cette autre culture ou microculture, qui puise à différentes sources d'inspiration, devient pour certains jeunes leur seule et véritable « terre d'accueil ». C'est à partir de cet espace propre d'identification que ces jeunes construisent leur parcours d'immigrants qui les relie tantôt au pays d'origine de leurs parents, tantôt à l'univers culturel nord-américain.

Le processus migratoire de ces jeunes à la fois d'ici et d'ailleurs est d'autant plus complexe qu'il prolonge le parcours incertain et en partie secret de leurs parents, et qu'il s'inscrit dans un univers transnational où des éléments de la diaspora haïtienne se mêlent à la culture des jeunes Noirs d'Amérique.

Toutefois, peu importe qu'ils soient nés au Québec, en Haïti ou dans un autre pays, une fois qu'ils ont mis en évidence les anecdotes de l'immigration (que celle-ci soit réelle ou imaginaire) et de l'adaptation, les jeunes en général plus tard, avec le recul, se font une idée du processus migratoire et de la vie qui les attendait dans la société d'accueil.

La réussite sociale à tout prix

Pour les parents, l'intégration à la société d'accueil est d'abord considérée comme un avancement socioéconomique et non comme une adaptation aux modèles culturels dominants. Les enfants trouvent pour leur part difficile de combler les attentes de leurs parents en se fondant uniquement sur l'exemple que leur fournissent ces derniers. En effet, les parents sont rarement des modèles de réussite enviés par leurs enfants. À tout le moins, les conditions précaires de leur existence découragent les enfants de vouloir être comme eux. Aussi sont-ils persuadés de l'importance de changer certains modèles d'éducation qui leur paraissent désuets s'ils veulent avoir la place qui leur revient au sein de la société. Les limites des modèles parentaux sont ainsi fixées par les barrières que leur impose la société.

L'obligation de réussir à tout prix poussera certains jeunes à contourner les obstacles que ces modèles érigent contre leur intégration sociale. En fait, ce qui change fondamentalement, c'est l'idée que l'on se fait de l'intégration. Si les parents enseignent aux enfants qu'ils doivent jouer le jeu du système en allant au bout de leurs possibilités, les jeunes constatent que dans bien des cas les efforts supplémentaires ne sont pas suffisants et qu'ils doivent trouver d'autres moyens s'ils veulent réussir. Aussi apparaît-il comme plus avantageux pour certains jeunes de déjouer les règles plutôt que de s'y conformer. Ils sont prêts en ce sens à agir contre la volonté de leurs parents dans le but de réaliser ce qu'ils leur demandent de faire. D'où l'importance que ces jeunes accordent à la distinction entre l'identité haïtienne plus conformiste à la maison et l'identification haïtienne plus marginale dans la rue.

La plupart des jeunes s'efforcent de ne pas mêler ces deux espaces de pratiques identitaires. Ils se plient, bon gré mal gré, à l'autorité parentale de la maison et ils inventent leur propre espace d'autonomie à l'extérieur. Les valeurs culturelles et les objectifs d'intégration socioéconomique qui sont véhiculés dans ces deux espaces de pratiques identitaires sont sensiblement les mêmes. Seuls diffèrent vraiment la mise en forme de ces pratiques et les moyens d'intégration qui sont préconisés. Sur ce point, les espaces de la maison et de la rue sont diamétralement opposés. Contre l'ordre privé de la maison se dresse le désordre public du monde de la rue. Lorsqu'on passe d'un espace à l'autre, les comportements peuvent changer du tout au tout. L'enfant discipliné à la maison peut devenir le garnement qui sème la pagaille dans le quartier. L'adhésion à une gang de rue ainsi que les pratiques criminelles seront vues comme une autre forme d'intégration sociale. La gang se révèle un nouvel espace privé de pratiques à partir duquel on redéfinit ses rapports avec la société. Elle constitue pour certains un modèle de réussite sociale plus accessible que celui des parents. Un jeune homme de 22 ans, qui est sorti depuis peu du milieu de la rue, nous explique sa vision de la situation :

On voulait tous devenir riches. Parce qu'on croyait plus au système du travailleur. Parce que quand votre mère est ouvrier, votre père est ouvrier lui aussi, puis que vous voyez que chaque matin ils se lèvent, ils vont travailler, ils passent la journée. Ils sont fatigués après ça. Ils commencent à se faire vieux. Ils ont des problèmes de dos, tous ces problèmes-là. Puis vous voyez que ils peuvent même pas avoir du chômage. Il faut qu'ils se battent pour avoir leur chômage. Puis que le jeune, lui, il veut avoir de l'aide sociale parce que c'est comme ça qu'on va faire qui travaille, puis qu'on refuse de lui donner ce qu'il veut. On refuse même de… ils ont des problèmes pour avoir des prêts et bourses, tout ça. Le jeune finit par s'identifier puis il se dit

« *non* ». « *Je m'identifie à l'Américain, moi. L'Américain il sait comment aller chercher son argent.* » *Alors je vais aller le chercher.* [...] *C'est comme moi très jeune, je me suis identifié à ce système-là. Parce que je voyais que ma mère travaillait dur, puis je voulais pas travailler dur comme ma mère. Parce que je savais qu'un jour, excusez-moi l'expression, mais que le système m'enverrait chier quelque part. C'est ça qu'ils font. Alors moi je me suis dit, je vais travailler haut maintenant. Mais je vais être un [big shot,] c'est-à-dire mon argent je vais aller le faire puis toutes les moyens vont être bons pour que je le fasse mon argent. Je me fous du système. Je me fous de savoir ce que les gens en pensent. Quand je vais être riche, ils vont me respecter. Parce que vous savez, il y a... il y a les hommes politiques, puis les hommes qui sont très vus dans la société, ce sont les plus gros criminels et ils sont respectés. Ils sont invités dans les plus gros banquets. Quand ces gens-là sont des gens très vus, très respectés, tout le monde leur donne la main, tout le monde veut les connaître. Mais pas personne veut savoir d'où ils ont eu leur argent. Alors nous, on s'est dit, tiens on va faire la même chose nous autres avec.*

Peu importe si l'on se fout du système, il est primordial que celui-ci nous respecte. Ainsi ajoute-t-il :

Le respect est important. Le respect c'est ce qui primordialise dans toute notre façon d'agir. C'est pour ça qu'on va à l'école. C'est pour ça qu'on vise pas des petits métiers. On vise des gros métiers bien respectés dans le système. Pour que le système vient nous respecter. Parce que avant on voulait se faire respecter par le système en ayant des armes, en faisant peur aux Blancs.

La quête du respect par tous les moyens possibles est ce qui gouverne ces jeunes qui sont tiraillés par leur exclusion du système et leur volonté d'en faire partie à titre de « gagnants ». L'argent est le symbole le plus puissant de ce système de valeurs. C'est grâce à lui que le respect est possible. Dans ce domaine, il n'est plus question de Noirs ni de Blancs. N'existe que la couleur de l'argent. Une jeune fille de 17 ans nous parle de cette version pécuniaire et incolore du respect :

J'ai dansé il y a un an [...] *pour de l'argent justement. C'est l'argent qui mène le monde. Si t'as pas d'argent, t'es rien.* [...] *Je vais te donner un bon exemple : je connais... un gars de gang. Lui c'est un grand gars de gang, tu comprends. Il est populaire partout à Montréal. Mais par contre, il a de l'argent. Il rentre en dedans maintenant asteur, il entre dans la prison, il peut s'en sortir à cause de quoi, parce qu'il a de l'argent. Mais un gars que*

la police dit que c'est… c'est : « Il est noir, il est ci, il est ça. » C'est ben beau
qu'il est noir. On s'en fout qu'il est noir. Mais il a de l'argent. C'est l'argent
qui fait le respect. Le fait que tu sois noir, que tu sois blanc, si t'as pas d'ar-
gent, t'es rien. C'est ça que je me dis.

Pour gagner le respect, il est parfois essentiel de procéder contre sa
volonté. À la limite, il faudra accepter la contrariété du moment pour
récolter les fruits de la « gloire » anticipée. La même jeune fille nous
raconte comment le sentiment de honte qui l'a envahie lorsqu'elle a
dansé nue en public pour la première fois s'est transformé en une prise
de conscience de sa vraie valeur (marchande) :

Oui, parce que… c'est quand même dur danser. Se mettre nue, c'est
très dur. Quand tu sais que tu dois te mettre nue devant toutes ces popula-
tions. Et peut-être qu'ils te respectent guère. Alors ça c'est dur. Parce que
c'est pas tous les hommes qui te respectent. Mais une fois que tu brises la
glace, ç'a plus d'importance quand on voit l'argent. Au début, c'est sûr, tu
vois pas l'argent parce que tu sais pas combien tu peux faire. Tu vois ta
valeur qui s'abaisse à l'instant même parce que tu vas te mettre nue devant
tout le monde, hein. Pour moi, c'était comme… me rabaisser la première
fois. Mais après quand j'ai vu le montant d'argent qu'un homme pouvait
donner pour… pour juste une danse qui dure deux minutes. J'ai vu ma
valeur. Et je compte pas faire ça toute ma vie, franchement.

C'est le système qui pousserait les jeunes à recourir à des moyens
illégaux pour faire de l'argent. Ainsi est-il courant de dire que l'on a tout
essayé avant d'avoir recours à ces moyens extrêmes. Le système ne donne
pas le choix aux jeunes. Il n'est pas compréhensif envers la minorité,
souligne le jeune homme de 22 ans qui s'est exprimé précédemment :

Si le système avait été un petit peu plus compréhensif envers nous là, la
minorité, il y aurait pas eu le problème des gangs. Parce que vous savez il y
a des gars qui sont entrés dans les gangs et qui ont commencé à faire des
deals, c'est pas parce qu'ils ont pas cherché de job. C'est pas parce qu'ils ont
pas cherché de faire quelque chose de bon de leur vie. Mais on leur donnait
pas la chance. La gang leur donnait la chance ! Et non la société. Le gars
arrivait chez eux, sa mère l'engueulait. « Ah, tu te trouves pas de job. Tu es
un paresseux. Tu fous rien. » « Ah ben, O.K., O.K., tiens un petit 200 $. »
« Oh ! Où tu l'as trouvé ? » « Ah, t'sais, ce sont des amis qui me devaient de
l'argent. » « O.K. » Elle le prend. Vous voyez. Il vient aussi. Il a pas besoin
de travailler. Il fait des deals avec la gang. Puis il reçoit son cash.

Le jeune se sent exclu du système dominant. En revanche, il croit au « système du crime » et il s'identifie à lui. C'est toujours le même garçon qui parle :

Vous savez, avant c'était de la délinquance. Maintenant c'est tout simplement de la criminalité [...] les jeunes, ils croient au système du crime. Avant, les jeunes ils étaient dans les gangs. C'est-à-dire que ce sont un groupe de gars qui sont ensemble, qui faisaient des affaires pour survivre. Mais maintenant les gangs font ça que dans le but de devenir des vrais gangsters. Vous voyez ils voient un film comme Al Capone, Menace II Society, *ils s'identifient à ces gens-là et ils veulent partir leur propre affaire. Ils veulent... devenir riches.*

Comme nous l'avons vu, cet espace de pratiques identitaires des jeunes se situe à la marge du système social tout en reprenant, à sa manière, ses valeurs centrales. Retenons également que cet espace de pratiques est d'abord un espace de transition. Il vise entre autres à combler le fossé qui existe entre les attentes des parents quant à la « perfection » et l'inefficacité des modèles traditionnels de réussite que leur proposent ces derniers. L'appartenance à une bande (criminalisée) est en ce sens vue comme une possibilité de devenir la personne respectée qu'autrement on ne saurait être. Elle est un moyen détourné d'intégration sociale et une façon d'affirmer parmi ses pairs son identité sociopersonnelle, identité marquée par des rapports différenciés et ambivalents avec ses origines ethnoculturelles.

Vivre dans une société de l'objet

Les jeunes néo-Québécois s'aperçoivent vite que la « société de l'objet » dans laquelle ils vivent accorde une très grande importance à la richesse individuelle, à la propriété privée et à la jouissance des biens. Quand nous comparons, par exemple, les sociétés occidentales aux sociétés africaines ou antillaises, nous nous rendons compte du fait que la question de la propriété domine chez nous, que les biens, la maison, l'habillement et la voiture y sont même vus comme des extensions de notre identité et plus spécifiquement de notre corps. Nous vivons en effet dans une société qui s'est centrée sur les marqueurs matériels de l'identité individuelle et qui en est venue, disent certains auteurs, à faire du corps un méga-objet qu'il faut conserver beau, jeune, paré des signes de la richesse et en bonne santé. Pour y arriver, chacun surveille son alimentation, se soumet, le cas échéant, à des régimes, fait de l'exercice, s'accorde du temps pour ses loisirs et essaie de contrôler son stress, ce qui est d'autant plus difficile que les heures travaillées sont de plus en plus longues, la compétition au travail de plus en plus forte et les emplois de plus en plus incertains, même en période dite de relance économique. Les spécialistes s'entendent pour dire que les sociétés de l'objet visent à promouvoir, par-delà les signes extérieurs de la richesse individuelle, un bien-être fondé sur la sacralisation du corps, sur la recherche de la santé parfaite, sur les sports et sur les loisirs de même que sur le retrait dans l'espace privé de l'appartement ou de la maison.

Dans *La Part maudite*, Georges Bataille rappelait, en 1949, que la société industrielle s'est fondée sur le primat de la marchandise et l'autonomie des choses, ajoutant même que l'avatar moderne de cette société en est venu à réduire « l'humain à la chose ». Les mondes capitaliste et marxiste ont l'un et l'autre rompu, soutenait Bataille, avec la religion et avec les dieux, et peut-être plus fondamentalement encore avec les symboles (avec ce que Bataille appelait les « illusions »), qu'ils ont remplacés par des choses, par des objets, et par du concret comme si nos sociétés avaient résolu « les problèmes posés par les *choses* » (1967 : 166) en se libérant de toute référence à autre chose qu'à la réalité même des objets. L'homme en est ainsi venu à servir les choses qu'il avait fabriquées dans le but de le servir ; il est même devenu l'esclave du processus de production qui était censé le libérer, et il s'est finalement transformé, à l'âge de la postindustrialisation, en une chose au lieu de dominer « souverainement » les choses, a écrit Bataille. Les sociétés capitalistes ont ainsi mis fin « à la stabilité relative et à l'équilibre d'un monde où l'homme était moins éloigné de lui-même que nous ne le sommes à présent » (*ibid.* : 167) ; elles ont fait disparaître les sociétés qui avaient accepté pendant longtemps, écrit Bataille, de « prêter à Dieu », sociétés dans lesquelles les parents, souvent fort religieux, des jeunes Québécois d'origine afro-antillaise continuent à vivre.

Avec l'industrialisation, la « chose » a commencé à dominer l'être humain, qui s'est mis à vivre pour produire et pour consommer les biens qu'il produisait. Il ne lui restait plus qu'à devenir un objet parmi les objets. « La domination de la *chose* n'est jamais entière, a écrit Bataille avec quelque optimisme, et n'est au sens profond qu'une comédie : elle n'abuse jamais qu'à moitié tandis que, dans l'obscurité propice, une vérité nouvelle tourne à l'orage » (*ibid.* : 169). Cette vérité tumultueuse qui travaille l'homme du dedans, c'est « le désir fondamental de l'homme de se trouver soi-même (d'avoir une existence souveraine), au-delà d'une action utile qu'il ne peut éviter » (*ibid.* : 170) ; c'est aussi la tentation de satisfaire le désir de posséder sans se soumettre aux exigences du marché qui impose le travail pour pouvoir posséder. Les jeunes néo-Québécois que nous avons rencontrés ne cherchent pas tant à se libérer des objets qu'à rejeter la voie ordinaire qui y conduit, celle-là qui passe par de longues heures à faire tourner une machine à l'usine, à circuler dans les rues derrière le volant d'un taxi ou à passer leurs nuits à balayer les salles des grands édifices. La libération que ces jeunes comptent obtenir se situe au bout du voyage qu'ils font à travers le monde des signes de la richesse, voyage qu'ils espèrent moins difficile que celui qu'ont dû faire leurs parents.

Les jeunes néo-Québécois vivent aussi dans ce qu'il est convenu d'appeler la « société de l'individu », dans cette société qui a rendu historiquement possible l'émergence de la société de l'objet. Les historiens et les spécialistes des sciences sociales ont montré que la vie collective est caractérisée, dans la société de l'individu, par de nouvelles formes de sociabilité, par la multiplication des rencontres, par la nécessité d'exprimer ses sentiments, par la personnalisation du pouvoir politique et par la consolidation du contrôle et de la répression dans la société. Protégé par l'État et libéré de l'obligation de se défendre lui-même, l'individu s'est pris comme la fin de ses propres actions dans un détachement, qui a été en s'amplifiant, vis-à-vis de sa famille d'origine, de son clan, de son pays, de l'État. Il a alors pu s'engager dans la quête de son bien-être personnel et dans la poursuite de ses intérêts privés. Puis, enfin, la possibilité lui a été donnée de se retirer dans l'intimité du « je ». La révolution industrielle est venue en quelque sorte achever, selon Marx et d'autres penseurs, le processus d'individualisation en provoquant l'atomisation des personnes désormais séparées non seulement de leurs familles, mais aussi de leurs classes sociales. L'idéologie capitaliste et libérale a poussé encore plus loin l'individualisme en proclamant le droit pour tous les individus de goûter les joies de la propriété privée, de s'abîmer dans la jouissance de leurs biens et de se retirer, s'ils le désirent, dans la solitude.

On trouve quantité de travaux consacrés à la place de l'individu dans la société occidentale contemporaine, travaux que nous nous limitons à évoquer ici. Nous vivons à une époque centrée sur le « souci de soi », a écrit Michel Foucault (1984), dans une « ère du vide » qui a provoqué, selon Gilles Lipovetsky (1993), une « déstandardisation des identités », dans l'âge du « retour du sujet », sous sa forme narcissique, affirmait Lasch (1981) il n'y a pas si longtemps encore, un sujet incertain, déprimé, éprouvant « la fatigue d'être soi », dit le sociologue Ehrenberg (1998). Nous sommes des « individus désaffiliés » qui manifestent un « individualisme négatif », soutient Castel (1997), qui traversent une « crise de l'intériorité », selon le psychanalyste Tony Anatrella (1998), qui ont une « identité inachevée », affirme Étienne Balibar (1997). Tous ces penseurs insèrent, d'une façon ou d'une autre, la question de l'individu, de l'identité et de l'intériorité au cœur de ce que Charles Taylor (1994) a appelé, chez nous, le « malaise de la modernité » qu'il interprète cependant trop exclusivement, croyons-nous, dans le cadre d'une philosophie morale et humaniste au lieu d'interroger les conditions idéologiques, économiques et sociales qui ont conduit à la reconfiguration de l'identité individuelle dans les sociétés contemporaines. L'anthropologue Marc Augé, créateur à Paris du Centre de recherche sur les mondes contemporains, a souligné « l'individualisation croissante des destins », comme si chaque personne devait aujourd'hui inventer, pour son propre compte, sa philosophie de vie et ses valeurs, avec à la limite la possibilité de voir se développer autant de systèmes référentiels qu'il y a d'individus. « La difficile symbolisation des rapports entre hommes suscite, note Augé, une multiplication et une individuation des cosmologies » (1994b : 188-189). Cette « individualisation des destins » que diagnostique l'anthropologue parisien, il l'attribue, dans son livre intitulé *Non-lieux* (1992), au fait que nos sociétés sont passées de la « place du marché » et du « café du coin » au « non-lieu » anonyme, du face-à-face des relations à la rencontre virtuelle, de systèmes de références relativement intégrés à une pluralité des références.

S'appuyant sur les résultats de recherches comparatives qu'elle a menées dans le champ de la psychose, Ellen Corin (1996 ; 1998), anthropologue et psychanalyste, a pour sa part attiré l'attention sur l'ampleur des « dérives » nuisant spécifiquement aux rapports que les personnes entretiennent de nos jours avec la temporalité, les systèmes symboliques et l'imaginaire : les personnes ont été transformées, selon elle, jusqu'au cœur de leur identité, de leur psychisme et de leur inconscient. Corin parle cependant moins du déclin du sujet sur le fond d'une crise de la signifiance que de l'émergence d'un nouveau sujet qui se construit en « retravaillant » les matériaux d'une culture pensée d'emblée comme hétérogène et plurielle. Le sujet contemporain, insiste-t-elle, est moins aspiré par le vide du sens et par une profonde béance que placé devant une prolifération de signes, de symboles et d'images auxquels il arrive difficilement à donner un sens. Nous sommes en effet sortis, semble-t-il, de l'autoréférentialité et de l'identification exclusivement fondée sur le lignage, la religion des pères, la tribu ou la nation, comme cela s'est fait durant des millénaires; le nouveau régime de vie collective dans lequel nous sommes entrés apparaît comme caractérisé par l'appartenance multiple, par le positionnement ou le repositionnement d'un nombre croissant de personnes sur les frontières, par la mise en présence quotidienne avec l'altérité et les univers culturels étrangers, par la transformation en spectacle de la mondialisation, tout cela favorisant le dégagement vis-à-vis des ancrages jadis imposés aux individus dans les « sociétés du sang » et dans les « sociétés du territoire ».

Plutôt que d'un vide de sens (position de Lipovetsky), c'est de surplus et d'excès que les chercheurs parlent, réactualisant sur ce point la pensée de Bataille. La société occidentale contemporaine leur semble en effet moins prise dans l'« individuation » (position de Taylor) que propulsée vers de nouveaux espaces de socialité; moins exclusivement centrée sur l'espace intime (position de Lasch) qu'ouverte à la rencontre de l'étranger et de l'autre; moins dysfonctionnelle (position d'Anatrella) que surfonctionnelle (surgérée, surbureaucratisée, disent aussi certains); moins déprimée (position d'Ehrenberg) que compulsive; moins irrationnelle que surrationnelle. Une nouvelle dialectique de la marge et du centre en est venue à s'imposer, a noté Corin (1986), dans les sociétés occidentales qui tendent à brouiller, voire à effacer, les notions mêmes de centre et de marge tantôt à travers la superposition, ou la juxtaposition, de plusieurs centres, tantôt à travers le refus de hiérarchiser les systèmes de valeurs, laissant entendre par là que tout se vaut. Bon nombre de chercheurs admettent que les cultures occidentales témoignent aujourd'hui d'un paradoxe profond : on y trouve, d'un côté, le manque et le déficit, et, de l'autre, le surplus et le débordement. La séparation de l'économique et du religieux instituée par le calvinisme paraît moins assurée qu'à l'époque de la Réforme, puisque l'individu qui s'était constitué en se libérant de ses appartenances tend de plus en plus à se définir par les objets qu'il possède.

Tel est le monde, décrit ici à grands traits, dans lequel ont dû apprendre à vivre les jeunes néo-Québécois d'origine afro-antillaise.

Le paradoxe de la fierté haïtienne

Un retour vers Haïti s'impose. En effet, il importe de mieux connaître les types de rapports que les jeunes Haïtiens entretiennent avec leur pays d'origine. Les pratiques identitaires jouent un rôle central dans les dynamiques d'action des bandes de jeunes. Dans le cas des jeunes issus de l'immigration, l'identité ethnoculturelle forme une interface déterminante lorsqu'elle définit les liens d'appartenance avec leurs pairs. L'existence et la reconnaissance de traits qui unissent et distinguent les jeunes sont au cœur du processus de regroupement de la bande. La représentation que chacun d'eux a de son pays d'origine est l'une des données, plus ou moins conscientes, à la base de cette identification commune. Les images personnelles d'Haïti ne sont cependant pas toujours conciliables avec celles que l'on se fait de l'identité haïtienne. Ainsi, plusieurs jeunes clament leur fierté haïtienne, alors que les représentations qu'ils ont d'Haïti sont en grande partie très négatives. Il y aurait, d'une part, le « pays rêvé » de la fierté auquel on aime s'identifier mais dont on est rarement capable de parler et, d'autre part, le « pays refoulé » de la peur et de la menace qui surgit à la mémoire et qui occupe la plus grande place dans les discours. L'histoire de l'immigration et l'éducation familiale sont dans une large mesure responsables du paradoxe de la fierté haïtienne.

Il faut savoir que dans le cœur de la majorité des jeunes sont présentes des parcelles du rêve de la belle Haïti, la « perle des Antilles ». Cette terre du soleil où se bercent les souvenirs délectables de la petite enfance est l'image à laquelle on aime s'accrocher. Même les jeunes qui n'ont jamais visité Haïti aiment se la représenter comme une île où il pourrait faire bon vivre, s'il n'y avait toutefois la misère et la violence. Il y a ainsi toujours un « mais » ou une réserve à l'attachement que l'on a au pays de ses origines.

Une jeune fille de 17 ans, qui est née au Québec et qui n'est jamais allée en Haïti, nous a expliqué qu'elle hésiterait à y aller un jour. Elle craint entre autres de se faire tuer, voire de se faire manger, comme cela, semble-t-il, peut arriver à ceux que l'on appelle les « diasporas », c'est-à-dire les Haïtiens qui vivent à l'étranger. Pourtant, cette jeune fille a aussi une image idyllique d'Haïti qui ressemble à une carte postale :

T'sais, c'est... comme des fois je vois des photos d'Haïti. Wow! C'est beau. Comme mon chum, t'sais il avait été. Puis il avait des photos, plein de photos. Ah, c'est beau ! Tout ça, t'sais : « Il y a [des palmiers,] *ah il y a de belles plages où est-ce que j'habite. Nanana. » « O.K. là, ça suffit là. » Il dit : « Pendant que toi tu étais dans le froid, moi j'étais dans le chaud. » Mais des fois ça me fait peur. T'sais avec des affaires que tu entends. Parce que maintenant, c'est comme… t'sais quand tu t'en vas, il y a plusieurs personnes, c'est comme dernièrement, au mois d'avril. T'sais il y a une fille que je connais qui habite dans mon quartier, sa mère… elle est partie en Haïti. T'sais elle est jamais revenue. Elle s'est faite tuer. Tout ça. Puis t'sais il y a beaucoup de personnes qui y vont, t'sais qui se font tuer. Ou bien… tu comprends. Fait que… T'sais ils disent que les* [diasporas] *comme ils les appellent là, quand on s'en va en Haïti, t'sais ils les mangent là carrément. T'sais ça… fait qu'ils disent tout le temps quand tu vas en Haïti, il faut pas que tu le dises quand tu pars ni quand tu reviens.*

Il ne faut pas oublier que les jeunes ont surtout grandi avec l'image d'Haïti le pays pauvre qui baigne dans le sang de la révolte populaire et des coups d'État. Pendant toutes les années d'incertitude sociale et politique qui ont marqué la période de l'embargo américain, les parents haïtiens avaient des yeux inquiets constamment rivés sur Haïti. Les jeunes étaient tenus à l'écart des discussions vives des parents et assistaient à ce spectacle de la honte qui s'étalait quotidiennement dans les médias. Comme si ces images ne parlaient pas suffisamment d'elles-mêmes, plusieurs parents, dans les moments de découragement, aiment répéter à leurs enfants qu'ils ont dû faire mille et un sacrifices pour les sortir de cette misère. Aussi se doivent-ils d'être éternellement reconnaissants envers eux car ils ont toujours le pouvoir de les renvoyer en Haïti. Une fois là, ils sauront mieux apprécier leurs conditions de vie au Québec et regretteront de ne pas avoir été plus obéissants. Ils comprendront ce qu'est la vraie misère et ils ne devront plus se plaindre de leur sort.

Pour un grand nombre de jeunes, Haïti prend la forme d'une menace très concrète. Plusieurs de leurs proches y ont été envoyés en guise de punition. Certains ne sont jamais revenus. Quand Haïti n'est pas l'objet des tergiversations entre adultes, elle est brandie tel un spectre pour faire peur aux enfants afin qu'ils restent tranquilles.

Une jeune fille de 16 ans explique :

Parce que si on regarde, mettons, les familles haïtiennes de Montréal, mettons l'enfant qui soit majeur ou non. L'enfant… il commence à faire trop de problèmes t'sais, ils l'envoient en Haïti. Mettons un an ou deux, le temps de se calmer. Ça se fait… ça se fait souvent. J'ai beaucoup de mes

amis qui sont rendus en Haïti pour… un bon deux ans pour qu'ils se cal-
ment. Moi, je ne sais pas, mais on dirait que… ça c'était… ça c'était
[comme] *le côté blanc, moi je me dis. Le côté québécois comme s'ils vou-*
laient trop genre… je sais pas, ils ont pas, ils ont pas pris le temps, ils ont
pas pris le temps de me parler, de me dire : « *C'est parce que nous on aime*
pas ça. » *Non, non, ils ont entendu que ça s'accumule.*

Une jeune fille de 14 ans qui est née au Québec nous a expliqué que
sa mère lui parlait d'Haïti surtout lorsqu'elle voulait l'inciter à étudier.
Ainsi, sa mère lui disait que si elle ne réussissait pas ses cours, elle l'enverrait en Haïti nettoyer les tripes de cabri !

Ben parce que ma mère quand elle me parlait d'Haïti, elle disait : « *Ah,*
si tu passes pas ton année, je vais t'emmener en Haïti, tu vas aller nettoyer
les tripes de cabri. » [...] *Des cabris c'est* [je pense] *un âne. Moi je veux pas*
nettoyer des tripes d'âne. [...] *Mais quand elle dit :* « *Tu vas aller nettoyer*
les tripes de cabri, puis après tu vas… on va te les faire manger », *je dis :*
« *Moi je vais jamais en Haïti. Je veux rien savoir d'Haïti* ». *Là maintenant,*
au fond [je sais que] *c'était juste une pression pour réussir à l'école.*

Mais quand le moment de partir a sonné, trêve d'explications, le
jeune plie bagage et s'envole dans les heures qui suivent avec la personne
qui le conduira vers ses nouveaux gardiens. À moins qu'on ne lui
raconte qu'il s'en va en vacances, jusqu'à ce qu'il finisse par constater que
celles-ci s'éternisent. Les parents ou les tuteurs se doivent de garder le
secret quant à ces voyages en Haïti car ils craignent, à juste titre, que leur
prise ne leur échappe des mains au dernier moment. Certains jeunes
réussissent, d'autres pas. Une jeune fille de 16 ans, qui est venue au Québec à l'âge de 6 ans, raconte :

Parce que la police m'a arrêtée aussi. Puis ils m'ont amenée chez moi.
Ils ont donné un ticket à ma mère. Un ticket de… 400 $ je pense. [...] *Parce*
qu'elle me suivait pas. Elle m'a laissée partir pour aller danser. [...] *Elle*
devait me surveiller. [Et à ce moment-là ma mère] *a dit qu'elle va me ren-*
voyer en Haïti. Heu. Elle a acheté un billet d'avion, pour m'envoyer en
Haïti. Moi j'ai dit « *non* ». *Elle m'a pas trouvée. Elle était sérieuse. Parce*
qu'elle a envoyé ma sœur en Haïti. Ça fait deux mois. Elle est en Haïti
maintenant. Ah, elle crève là-bas là. Mais moi non. Hein ? [Elle crève parce
que] *tout le monde dit qu'il y a rien en Haïti. C'est la misère. À Montréal,*
c'est comme… c'est pas de la misère à Montréal.

Le renvoi punitif de l'enfant en Haïti n'est cependant accompagné
d'aucune garantie de succès au retour. Une jeune fille de 16 ans nous a

raconté comment, après avoir « tété un petit peu » en Haïti, elle a continué à s'enliser toujours un peu plus dans les milieux des gangs de rue et
des danseuses nues. Nous reproduisons un long extrait de son histoire,
qui ressemble à celle de plusieurs autres jeunes filles de ces milieux, parce
qu'elle montre bien que « placer » ou déplacer le problème ne constitue
pas toujours une solution :

*Ben au début comme j'avais des problèmes avec mon père, tout ça,
puis… t'sais les Haïtiens c'est comme… il aimait pas vraiment que je fréquente les gars plus vieux que moi. […] Ben, t'sais, à peu près 20 ans tout
ça. Mais dans ce temps-là, j'avais 14 ans… Fait que… je me tenais avec
mes amis plus vieux, tu vois. Fait que c'est ça. Puis… mon père il m'avait
envoyée en Haïti. Fait que là… j'ai tété un petit peu là. Fait que je suis rentrée. Après être rentrée ici… ça allait vraiment mal. Fait qu'il m'a confiée
à un de mes cousins qui s'appelle [Pierre]. Et puis… ben ça allait encore
mal. Fait que je me suis dit : « Il me laisse tomber. » Fait que là… je commençais à avoir plus des amis comme de plusieurs gangs en même temps.
Tout ça. Fait que après je dis à mon cousin : « Je veux plus habiter chez eux.
Je veux retourner chez moi. »*

*Fait que j'ai été habiter dans un appartement toute seule… J'ai
demandé à un de mes amis de louer l'appartement sur son nom, mais en
même temps, c'est moi qui payais l'appartement. Mais à la fin, t'sais je pouvais plus comme payer l'appartement. Il fallait que je travaille, t'sais. Voilà,
avec mon petit 15 ans. […] Dans ce temps-là, mais comme… les gars
voyaient… que j'avais beaucoup d'argent. Puis ils m'ont offert de conduire
toutes les affaires. Fait que là toutes les gars voulaient venir après moi. C'est
comme ils m'aimaient bien. Mais t'sais au fond c'était comme pour mon
argent, t'sais. […] Fait que c'est ça puis… après… ben après, dès que je
savais que mon père allait entrer en Haïti. Mais comme réentrer à
Montréal, je veux dire. Fait que dès que mon père est entré, fait que là… je
plaque j'ai toute laissé tomber. Mais dans ce temps-là, moi je savais… pas
qu'on laissait pas tomber comme ça [la gang,] je pensais que [j'avais] juste
[à les] laisser tomber, puis [à] entrer chez nous, puis [que] ça finirait là.
Sauf que c'est dans ce temps-là que toutes les gars, ils restaient là…
comme… CDP […] à Pie-IX. Puis… heum… [les] Bad Boys […] à
Rivière-des-Prairies… des gars comme de plusieurs gangs différents. […]
Parce que moi dans la gang, je faisais [pareil avec] les Blancs, comme
[avec] les Noirs, toutes les affaires. Parce que moi je parle à plusieurs personnes différents, tu vois. C'est comme… ils me donnent comme de la*

drogue, puis je vais la porter pour eux autres. Je prends l'argent, puis je m'en vas lui porter. C'est comme genre des deals, t'sais, que je faisais. Mais à un moment donné, j'ai toute laissé tomber. Puis après ils ont toutes comme commencé à m'appeler. Fait que là ça allait super mal. Fait qu'après j'ai fugué de chez nous. J'ai commencé à avoir des fugues. Toute ça. Puis on allait faire des vols de voitures. Des affaires... mais, t'sais, dans ce temps-là, moi je trouvais ça c'était super le fun là. T'sais je m'en vais me vanter. Je dis : « Ah, on a été faire ci, on a été faire ça. » Fait que là dans ce temps-là, les gars, ils aimaient pas ça. Parce que j'allais dire ça, t'sais j'arrivais à la police. J'allais dire : « On a fait ci, puis on a fait ça. Puis vous avez pas de preuve que vous pouvez tenir contre nous. »

Fait que... après je suis entrée en centre d'accueil. Là je suis entrée en centre d'accueil. Toutes les gars... tous ces gars-là, ils ont eu peur que j'allais dénoncer à la police, c'est qui, c'est qui, puis c'est qui? Parce que moi ces gars-là, je les connais par cœur. Fait que là ils m'ont toutes... ils m'ont toutes rappelée. Toutes, toutes, toutes, t'sais, comme les éducatrices pouvaient passer, comme toute la journée à prendre le téléphone, c'est pour Fanny, parce que quand je dansais avant, mon nom c'était Fanny. […] C'était payant. Parce que je dansais pas à Montréal. J'ai dansé à Ottawa, à Toronto, puis... heum... Châteauguay. Ben à Châteauguay, je faisais plus d'argent, t'sais, c'est là qu'il y a plus de vieux là comme. [L'argent que je faisais,] ça dépendait... combien qu'il y a des clients. Si il y a des clients, puis en plus que je suis jeune. […] Si je fais trois clients... parce que moi, t'sais, j'étais jeune, fait que là, t'sais, je prenais beaucoup de précautions. Alors je voulais pas faire des danses à 10 $, c'est juste des danses à 5 $ comme. Mais parce que j'étais jeune. Fait que là, t'sais, je les intéressais plus. Ils me donnaient de l'argent. Je pouvais faire à peu près 300 $, 400 $, dans une soirée. Fait que c'est ça. [Ce n'était pas de la prostitution] parce que, t'sais, j'avais mon chum, mais je voulais pas y dire que je faisais ça. Fait que si il savait que je faisais ça. Fait qu'il allait être sûr que je faisais de la prostitution. Fait que je voulais pas. […] Ben je disais juste que je travaillais. Mais il me demandait tout le temps, je dis : « Ah, je travaille, je travaille. » Là le gars il le savait pas.

Nous avons eu l'occasion de présenter des histoires de gangs et de marginalité. L'extrait précédent de l'histoire de cette jeune fille nous permet d'entrevoir la complexité des enjeux qui se trament sous la surface des problèmes. De toute évidence, dans ce cas-ci ni le séjour en Haïti ni le placement chez le cousin n'ont donné le résultat escompté par les parents. Peut-être, diront certains, que cette jeune fille n'est pas restée assez longtemps en Haïti pour qu'elle en tire une leçon. Nous ne le savons pas. Certains enfants ne reviennent jamais. Il est vrai, cependant que la plupart des jeunes que nous avons rencontrés à leur retour d'Haïti nous ont affirmé avoir tiré une leçon de cette expérience. Seul l'avenir nous dira s'ils avaient vu juste.

Même si Haïti est présentée comme une punition, cela n'empêche pas les jeunes d'imaginer qu'ils iront un jour y faire un tour, mais en toute liberté. À ces moments-là, c'est au « pays rêvé » qu'ils pensent et non à la menace qu'incarne Haïti. Une jeune fille de 16 ans nous a expliqué qu'elle attendait d'atteindre sa majorité avant d'aller visiter Haïti parce que sinon, croyait-elle, ses parents la laisseraient là-bas.

Ben [mes parents] *eux, ils m'en parlent* [d'Haïti], *parce qu'ils veulent m'envoyer* [là-bas]. *Sauf que moi je veux pas aller là.* [...] *Je sais que je vais y aller à un moment donné. Mais quand j'aurai… quand je vais être majeure. Parce que si j'y vais maintenant, ils vont me laisser là. Je pourrais pas retourner. Mais plus tard, t'sais, je vais y aller* [comme touriste]. [...] *Parce que c'est ça qu'on m'a dit. Quand j'étais chez* [ma mère] *là, elle m'a dit : « Tu t'en vas en Haïti, puis je vais te laisser là. »* [Ça me fait] *pas vraiment* [peur].

Certes, ce ne sont pas tous les parents qui menacent leurs enfants de les renvoyer en Haïti. L'image que les jeunes ont d'Haïti est largement tributaire de la façon dont les parents leur en parlent. Lorsque les parents présentent leur pays de manière positive, les jeunes ont en général plus de facilité à exprimer le sentiment de fierté qu'ils accolent à leur identité haïtienne. En général, leur curiosité les poussera à en savoir plus sur leur histoire et leur origine. Ils font de leur différence identitaire moins l'enjeu d'une lutte sociale pour le succès qu'une valeur intrinsèque qui est garante de leur unicité en tant que personnes. Il faut savoir, par contre, que nous avons rencontré peu de ces jeunes parmi ceux qui fréquentent les milieux marginaux. Une jeune fille de 17 ans, qui est née au Québec et qui a plus ou moins de contacts avec les milieux des gangs, est l'une des seules jeunes dans le cadre de cette recherche qui nous ait parlé de manière nuancée de son désir de visiter Haïti. Elle nous a en outre expliqué que ses parents avaient l'habitude de lui parler d'Haïti sous un angle positif.

J'ai toujours voulu y aller [en Haïti]. *C'est comme quelque chose que je voulais faire parce que je me dis bon, t'sais mes parents ils m'en parlent.*

J'ai… j'ai des photos, je veux dire, j'ai connu plein d'affaires là-dessus. J'en ai entendu parler. Puis… je veux savoir qu'est-ce qu'il y a là… à quoi que ça ressemble. […] Si je me dis haïtienne, il faut bien que je connaisse le pays qui vient avec. Je veux rencontrer des gens qui vivent là. Je veux voir. J'ai de la famille encore là-bas. Et je veux aller les rencontrer, voir… où est-ce qu'ils habitent, puis tout ça… Non, [j'ai pas une idée négative d'Haïti] parce que il y a un juste milieu, parce que mes parents me parlent de façon positive. De qu'est-ce que eux ils ont vécu, puis qu'est-ce qu'ils voient là-dedans. Puis… les médias ils parlent de façon négative. Fait que moi là-dedans, je vois, je vois les deux côtés. Je me dis il y a pas un pays qui est parfait. Là-bas il y a des problèmes. Ici il y a des problèmes. Fait que dans le fond, t'sais c'est juste… je peux pas vraiment dire… que je vois le pays en… négativement, parce que j'y suis jamais allée. Je suis jamais allée. Tout ce que je sais, c'est ce qu'est-ce que j'ai entendu, qu'est-ce que j'ai lu, qu'est-ce qu'on m'a dit. […] Avant que j'aille, je pourrais pas dire : « Ah, ben là, t'sais… j'ai pas une idée négative », parce que, d'après moi, pas avant que j'y sois allée, j'ai rien vu. Oui, je peux [me faire une idée mais] je peux pas juger, je peux pas juger là-dessus. T'sais je peux pas dire : « Oui c'est… oui c'est comme ça, non, c'est pas comme ça. » Je le sais pas. C'est qu'est-ce qu'on m'a dit. C'est qu'est-ce qu'on m'a raconté. Ça vient tout de là. [Puis] tout le monde me dit… mon grand-père il me dit toujours qu'il m'attend et qu'il attend pour me montrer son pays, puis tout ça. J'ai vraiment hâte d'y aller, t'sais je me dis, ça serait mon prochain voyage. Pour moi, je veux vraiment y aller. Puis tout le monde me dit… « Si tu te décides d'y aller, on va t'aider pour… pour les dépenses puis toute ça », parce que t'sais c'est vraiment… pour moi c'est quelque chose que je dois faire. Je dois aller voir.

Les jeunes possèdent en général deux images d'Haïti, l'une qui évoque la misère et la violence, l'autre, leurs racines et la fierté. L'équilibre entre ces deux pôles de leur identité ethnoculturelle est souvent précaire. Si les parents sont assurément fiers de leurs origines, ils ont cependant l'habitude de transmettre, souvent malgré eux, une image plus négative d'Haïti à leurs enfants. Ces derniers savent que leurs parents sont en général préoccupés quand ils ont la tête en Haïti. Les séparations familiales ainsi que la situation sociale et politique n'ont rien pour améliorer cet état d'esprit. Aussi, quand les parents parlent d'envoyer leurs enfants en Haïti pour les corriger, ils éveillent en eux la même sorte d'angoisse qui émane des incertitudes de la séparation et de l'insécurité de la vie en Haïti. L'effet dissuasif du renvoi en Haïti ne fonctionne que dans la mesure où le jour du retour est incertain et conditionnel.

Dans leur quête d'un espace identitaire, les jeunes d'origine haïtienne cherchent à se créer de nouveaux types de liens avec Haïti qui court-circuitent en partie les images traditionnelles qui sont véhiculées par les parents et les médias, tout en en reprenant les fondements. Comme nous le verrons, les ambivalences des jeunes face à Haïti et à la culture de leurs parents touchent aussi d'autres domaines que les images contradictoires du « pays rêvé » et du « pays refoulé ».

Les réalités créoles

La génération des jeunes néo-Québécois apparaît, plus que tout autre groupe d'âge, coincée entre le « trop » et le « pas assez », tantôt s'appuyant sur la pluralité des ancrages pour innover, créer du nouveau et se propulser en avant, tantôt s'enlisant, comme c'est souvent le cas, dans le vide ou le manque de repères, ce qui les empêche de s'orienter, avec une relative certitude, dans l'univers hétérogène qui est le leur, dans cet entre-deux (entre-trois ou entre-quatre cultures pour certains jeunes néo-Québécois) qui définit leur quotidien. Les jeunes Afro-Antillais de Montréal savent néanmoins qu'ils n'ont pas d'autre choix, dans l'espace immigré, que d'habiter un monde caractérisé par « la vie sur les frontières, l'usage parallèle de deux ou trois langues, l'appartenance à des groupes religieux souvent syncrétiques, le bricolage de nouvelles cosmo(théo)logies, la transnationalisation, voire la mondialisation, de leurs réseaux sociaux, et le métissage biologique » (Bibeau, 1997). Pour dire la nouvelle manière d'être-au-monde qui règne aujourd'hui en Occident, et sans doute aussi dans nombre de pays non occidentaux, on a de plus en plus fréquemment recours aux termes de fluidité, mobilité, éclectisme, diaspora, globalisation, mondialisation, reterritorialisation, syncrétisme, métissage, créolisation. On invente à partir de l'ailleurs et de l'ici, on combine différemment l'ancien avec le nouveau, et l'on crée autre chose à partir de la culture d'origine et de celle du pays où l'on vit : la figure de l'immigrant se dresse ici à l'avant-scène de ce formidable travail de recomposition des identités personnelle et sociale. Les jeunes en sont les principaux acteurs.

Nous pensons que la notion de créolisation est utile pour décrire l'architecture complexe du monde que les jeunes Afro-Antillais essaient de construire pour survivre dans la société québécoise[1]. Peut-être convient-il de rappeler brièvement que le mot « créolisation » renvoie à une analogie linguistique : lorsque deux langues sont mises en contact, une troisième langue que les linguistes ont baptisée du nom de créole tend à se former à travers la combinaison originale d'éléments emprun-tés aux deux langues mères, parfois à trois ou même à quatre langues. Les langues créoles sont donc d'authentiques langues qui possèdent leur grammaire propre, laquelle est aussi complexe, sinon plus, que celle des langues qui sont à son origine. Les « créoles » se caractérisent cependant par le fait que ces nouvelles langues se sont, en règle générale, dévelop-pées dans le contexte de la rencontre inégalitaire, souvent même vio-lente, entre deux univers culturels (l'Europe et l'Afrique à partir du XVIe siècle, par exemple) et plus directement encore sur l'horizon des rapports hégémoniques institués entre la langue parlée par les maîtres (le français en Haïti et l'anglais en Jamaïque, par exemple) et celle des travailleurs ou des esclaves (des langues africaines dans le cas des plan-tations des Antilles). Ainsi, les linguistes ont montré que le créole haï-tien est néo-africain par sa syntaxe et néo-français par son vocabulaire, indiquant par là que cet idiome caraïbe est porteur d'un imaginaire et de valeurs propres aux Haïtiens et que la langue créole permet justement d'exprimer cette singularité[2].

L'exemple de la formation des langues créoles a été utilisé, ces der-nières années, pour penser d'autres phénomènes de contact : on en est ainsi venu à parler de musique créolisée, d'esthétique créole et même, plus largement, de culture créole, évoquant dans chaque cas la réalité nouvelle qui a surgi de la rencontre des différences. Les écrivains qué-

---

1. Le substantif « créolisation » est aussi de plus en plus préféré au terme « métissage » parce que ce dernier mot connote trop exclusivement la dimension biologique (et raciale) des phénomènes de contact, ici envisagés du strict point de vue de l'héritage génétique qui s'exprime, par exemple, dans les enfants métis.

2. Il peut être intéressant de lire *Le Métier à métisser* de René Depestre, écrivain haïtien exilé de son île natale depuis plus de cinquante ans, essai dans lequel il organise sa réflexion autour du créole (l'oralité de la langue, la religion vaudou) en tant qu'ex-pression de ce qu'il appelle l'« haïtianité ». On peut penser que de nombreux jeunes Québécois d'origine afro-antillaise sont assez proches de la pensée de Depestre.

bécois d'origine haïtienne (qu'il s'agisse d'Émile Ollivier, de Dany Laferrière ou du jeune Stanley Péan) redisent dans leurs romans, chacun à sa façon, ce que leur aîné René Depestre a écrit récemment : « Mon imaginaire (créole) d'origine est resté bien au chaud en moi, tout en me gardant ouvert à l'imaginaire d'autres pays d'accueil » (1998 : 137). Édouard Glissant, le grand poète de la Martinique, transforme dans ses écrits son île natale en un personnage coloré, créolisé et hybride dont il résume l'identité plurielle sous le nom d'« antillanité[3]. » Dans leur *Éloge de la créolité*, Jean Bernabé, Patrick Chamoiseau et Raphaël Confiant (1989) redisent, quant à eux, combien le monde créole est né du composite et du divers, héritier de l'Afrique et des plantations, porteur aussi d'un drame confinant au tragique dont les stigmates peuvent encore se voir dans les îles caraïbes et s'entendre dans la langue de leurs habitants. Les jeunes Afro-Antillais de Montréal appartiennent, il est vrai, à la génération de Malcolm X, du rap et du ghetto de Watts, mais ils n'échappent pas pour autant à cet imaginaire composite, douloureux, dont parlent les écrivains exilés (hors de l'île) des Antilles. Ils sont même doublement créolisés : d'une part, dans leur identité originelle, celle que leurs parents ont amenée avec eux dans la migration, et, d'autre part, dans l'identité qu'ils doivent reconstruire sur la terre québécoise. C'est de ce redoublement que surgit sans doute, pour un certain nombre d'entre eux, leur difficulté à se situer dans la société d'accueil.

Le mot « créolisation » nous a paru s'imposer d'autant plus que les jeunes Afro-Antillais que nous avons rencontrés font de fait une large place à la langue créole en tant que marqueur d'identité et support d'une différence ; quant à leur relation avec le vaudou, religion prototypale sur le plan de la créolité s'il en est une, les néo-Québécois d'origine haïtienne se montrent hésitants et incertains, reproduisant en quelque sorte l'ambivalence de leurs parents immigrés au Québec. L'usage de la thématique de la créolisation ne nous semble cependant pleinement légitime qu'une fois réinséré dans une réflexion approfondie sur le processus dynamique à travers lequel se fait la rencontre, en contexte migratoire notamment, de cultures différentes. Pour évoquer ce qui se

---

3. Dans l'ouvrage *Faulkner, Mississippi* qu'il a consacré à l'analyse de l'œuvre de William Faulkner, Édouard Glissant résume systématiquement son point de vue au sujet de la créolité.

produit dans cet « espace inter-médiaire », nous nous référons largement, pour notre part, au concept d'interculturel tel qu'il est couramment défini dans les travaux de l'Institut interculturel de Montréal (voir
Das, 1994 ; Vachon, 1998).

S'inscrivant dans une perspective complémentaire, Gilles Bibeau
(1996) a montré comment l'« interweaving » permet souvent, dans les
faits, de subvertir le sens des mots empruntés à une langue dominante
en leur imposant un sens nouveau souvent hérité de la langue dominée,
de détourner la structure même de la culture hégémonique pour la soumettre à un autre imaginaire, et de créer du nouveau qui est plus que la
simple addition des phénomènes mis en contact. Quant à Marc Perreault (1997), il a indiqué de quelle manière les jeunes se constituent à
travers le jeu : le jeu vis-à-vis des règles sociales (famille et école) dont
ils testent constamment la solidité, le jeu avec les adultes pour arriver à
préciser leur place en tant que jeunes, et le jeu avec leurs partenaires,
avec d'autres jeunes, avec qui ils essaient de construire des groupes à
l'image de leur identité complexe. Incertitude, morosité et fragilité, d'un
côté accompagnent le processus d'éclatement des référents collectifs
et la rupture qui semble s'être faite dans la transmission des valeurs
d'une génération à l'autre, et d'un pays à l'autre dans le cas des jeunes
immigrants ; enthousiasme, exubérance et créativité, d'un autre côté,
font partie des tentatives de recomposition des nouveaux univers de
sens, entreprise dans laquelle les jeunes jouent partout un rôle de
premier plan, particulièrement les jeunes issus des familles immigrantes
qui doivent apprendre à vivre en combinant plusieurs héritages. Les
jeunes immigrants ont à inventer en même temps la carte et le territoire,
en s'avançant le long de chemins que leurs parents n'ont pas connus,
en explorant autrement les lieux qu'habitent, et que protègent, les
adultes membres de la société dite d'accueil, et en expérimentant de
nouvelles pratiques identitaires face auxquelles d'autres jeunes, les non-
immigrants surtout, se sentent parfois étrangers. Tantôt les repères manquent aux jeunes Afro-Antillais, tantôt trop de pistes les sollicitent : plus
que les autres jeunes, la jeunesse immigrée vit quotidiennement dans
l'ambivalence et l'expérimentation.

CHAPITRE 7

Horizon de sens :
les transformations
de la famille haïtienne

On dit communément que les conflits ne manquent pas entre les parents néo-québécois et leurs enfants, avec ceux-là surtout qui sont nés au Québec ou qui y sont arrivés en bas âge. De tels conflits sont généralement expliqués par deux faits que les chercheurs disent avoir documentés : les jeunes adoptent beaucoup plus vite que leurs parents les manières de faire qui existent dans la société d'accueil et tendent à rejeter celles du pays d'origine de leurs parents ; les parents conservent plus longtemps la culture du pays d'origine qu'ils continuent à transmettre à leurs enfants parce qu'ils sont convaincus de l'importance de ces valeurs et de ces manières de faire. Certains problèmes qu'on trouve dans les familles néo-québécoises, notamment la violence familiale, la délinquance juvénile et les crises d'identité chez les jeunes, s'expliquent, d'après la majorité des chercheurs, par l'existence au sein des familles de deux systèmes normatifs que ni les parents ni les enfants n'arrivent vraiment à harmoniser.

Un modèle familial autre

Dans une étude récente, Meintel et Le Gall (1995), du Groupe de recherche ethnicité et société (GRES)[1], ont indiqué que la réalité pourrait être fort différente. Les enfants partageraient en réalité les valeurs de leurs parents et manifesteraient un très fort attachement à la vie familiale, même dans les familles qui connaissent de graves problèmes, dont les enfants parlent assez peu autour d'eux, sans doute parce qu'ils s'efforcent de projeter l'image d'une famille qui va bien. Pour la majorité des jeunes, la famille occupe en effet une place centrale dans la vie de tous les jours, aussi bien chez les garçons que chez les filles qui font tout, les uns et les autres, pour préserver le bon fonctionnement de la famille souvent aux dépens de leurs propres intérêts en tant que jeunes. Les enfants reconnaissent leurs obligations à l'égard de leurs parents, ce qu'ils démontrent par le respect qu'ils leur accordent même lorsqu'ils les considèrent comme « vieux jeu » et mal adaptés par rapport au style d'éducation qui a cours dans la société d'ici. « On ne parle pas n'importe comment à ses parents. Nos parents, ils seront toujours nos parents », ont dit des jeunes aux chercheurs du GRES. Ces jeunes disent aussi se sentir responsables de leurs parents, de leurs frères et de leurs sœurs et même de leurs grands-parents et de la lointaine parenté : les filles participent aux tâches domestiques, les garçons font toutes sortes de « jobines » (la livraison de journaux, par exemple), et il n'est pas rare de les voir passer des heures dans les dépanneurs, les restaurants ou autres commerces de leurs parents. Il est important pour eux d'apporter, dans la mesure du possible, leur aide à la famille.

Les jeunes néo-Québécois sont souvent opposés aux valeurs de leurs parents, qu'ils trouvent inadaptées, et sont jaloux de la liberté dont jouissent leurs amis québécois. Ils n'en continuent pas moins à valoriser leur famille et à la défendre, et ils disent ne pas envier le style de la famille québécoise typique, une famille souvent monoparentale, individualisme où domine l'idée d'indépendance. « Chez les Québécois, c'est chacun pour soi, on ne se préoccupe pas des autres membres de la famille, et à 18 ans, les parents mettent les enfants à la porte », ont aussi confié ces

---

1. Le GRES est un groupe qui fait partie de l'Observatoire jeunes et société dont la mission est de recueillir et de diffuser de l'information sur les jeunes.

jeunes à l'équipe de recherche. Parents et enfants issus de l'immigration reproduisent largement, d'un commun accord, le modèle familial de la société d'origine en limitant l'adaptation à la société d'accueil. La survie de la famille en tant que groupe est ce qui compte avant tout, de même que le succès de l'aventure de l'immigration dans laquelle les parents se sont lancés, en espérant que le nouveau pays apporterait une vie meilleure à leurs enfants. Les enfants sont prêts à apporter leur contribution en participant activement aux activités familiales (fêtes, visites aux parents, cérémonies religieuses et en acceptant les sacrifices et les contraintes que leurs parents leur imposent : contrôle des sorties pour les filles, interdiction de quitter la maison pour aller vivre en chambre, interdiction de cohabiter en couple avant le mariage, etc. Les jeunes n'acceptent pas toujours aisément de se plier à ces normes, mais ils savent que leurs parents les leur imposent dans le but de préserver la réputation de la famille et pour leur bien à eux.

Le sens de la responsabilité à l'égard de la famille l'emporte, chez les jeunes, sur leur désir d'une plus grande liberté, et la majorité d'entre eux se soumettent aux règles de la maison. « Mes parents, s'ils sont sévères, c'est pour mon bien », disent les jeunes, qui ajoutent que leurs parents veulent les protéger contre les dangers de la société d'ici. « Au Québec, les jeunes sont laissés à eux-mêmes, c'est eux qui s'élèvent seuls. C'est pour cette raison qu'il y a tant de suicides et des problèmes comme la drogue ou la délinquance », disent-ils, sans noter que la délinquance se retrouve aussi souvent dans leurs rangs. Leur rêve d'une famille unie qui a réussi leur fait accepter la sévérité de leurs parents et le régime autoritaire que ceux-ci leur imposent, et les conduisent à vouloir reproduire plus tard, dans leur propre vie de parent, le modèle familial qu'ils ont connu. Ces jeunes sont pourtant déjà ailleurs, entre deux mondes, pleinement dans la société québécoise et encore porteurs des traces d'une autre culture à laquelle ils demeurent attachés. Dans une étude faite récemment auprès des jeunes Montréalais d'origine indienne, les chercheurs (Lomomba *et al.*, sous presse) de l'Institut interculturel de Montréal ont montré l'importance que la famille continue à jouer dans la vie quotidienne de ces jeunes Indo-Canadiens. Les jeunes ont beau valoriser leurs familles, il n'en reste pas moins qu'un bon nombre d'entre eux vivent en réalité fort mal l'ambiance familiale, comme nous l'avons démontré dans d'autres chapitres de cet ouvrage.

Il n'est pas rare que l'on distingue la famille québécoise de la famille

haïtienne en qualifiant la première de moderne et la deuxième de traditionnelle. En général, on associe l'aspect moderne de la famille à l'éclatement des liens naturels de réciprocité entre ses membres, en particulier avec les parents éloignés, et son aspect traditionnel à la solidité et à
la permanence de ces mêmes liens. Pour suppléer à l'affaiblissement de
son réseau élargi de parenté, la famille moderne aurait recours à d'autres
formes d'institutions sociales pour trouver du soutien, alors que la
famille traditionnelle se tournerait plus volontiers vers les siens. En se
désagrégeant, la structure de la famille moderne serait également de
moins en moins autoritaire et hiérarchisée en comparaison de la famille
traditionnelle. Bref, la famille moderne serait une institution jouant un
rôle de plus en plus effacé au sein de la société, tandis que la famille traditionnelle y occuperait une place centrale. Évidemment, nous esquis-
sons à grands traits les images au moyen desquelles on a l'habitude d'opposer la famille moderne à la famille traditionnelle.

Si nous prenons l'exemple de la famille québécoise « de souche » et
de la famille haïtienne, nous constatons que l'opposition du moderne
et de la tradition ne se réfère pas ici nécessairement à la nouveauté ou à
l'ancienneté d'une culture par rapport à l'autre. En effet, le Québec et
Haïti sont deux sociétés relativement jeunes dans l'histoire de l'humanité. Leur histoire respective débute avec la découverte du Nouveau
Monde. Ainsi, la référence au moderne et à la tradition constitue davantage une conception particulière de la culture et de la famille qu'un rapport au temps. En fait, l'étiquette « moderne » marquerait une transformation de la tradition plutôt qu'une opposition à celle-ci. Or, dans le cas
du Québec, le passage au monde moderne serait très récent. Il y a à peine
un demi-siècle, le slogan « Famille, religion, patrie » résonnait encore
dans les campagnes québécoises comme moyen idéologique d'assurer
la survie de la « race canadienne-française ». Au début des années 1960,
l'époque que l'on a baptisée la « Révolution tranquille » a constitué un
moment charnière dans la modernisation progressive des institutions
de la société québécoise. Durant cette période, parallèlement au déclin
du taux de natalité de la population de souche, le nombre de nouveaux
immigrants, lui, était en croissance. Ainsi, en même temps que se trans-
formaient les institutions sociales, la place des « néo-Québécois » au sein
de la société devenait de plus en plus importante.

Du côté d'Haïti, il est fréquent dans les usages populaires que l'on
fasse remonter les origines de la tradition jusqu'aux racines africaines

de la population. Certes, la tradition africaine occupe une place de choix dans l'univers haïtien, sauf qu'il est plus juste de parler d'un héritage culturel multiple où se mêlent au début les mondes autochtone, européen et africain. Cet héritage est en fait marqué par plusieurs ruptures dans l'espace et dans le temps. La culture haïtienne est à vrai dire créolisée dans le plein sens du terme. Elle est de plus une « invention » du Nouveau Monde, même si ses sources sont plus anciennes. L'histoire d'Haïti est également très marquée par l'esclavage. Or, pour se maintenir en place, les maîtres devaient « diviser pour régner » afin de prévenir chez les esclaves la fomentation de la rébellion. Bien qu'Haïti ait été le premier pays du Nouveau Monde à acquérir son indépendance et à abolir formellement l'esclavage, la classe dirigeante du pays a toujours continué à exalter les tensions séparatrices au sein de la population afin de conserver le pouvoir. Au lieu de disparaître, les mécanismes de ségrégation sociale se sont renforcés et se sont raffinés après la libération. L'institution de la division au sein de la population a été non seulement un obstacle à la constitution d'un noyau culturel homogène, mais aussi un des moyens de perpétuer les inégalités sociales.

Dans ce monde caractérisé par la désunion et les injustices, la structure hiérarchique et autoritaire de la famille a pu jouer un rôle tampon avec les institutions du pouvoir. L'organisation de la famille permettait de maintenir une certaine unité dans la communauté et de parer aux difficultés de la vie. Toutefois, malgré les formes d'entraide qui l'animent, la famille n'est pas à l'abri des divisions qui sont présentes dans les différentes sphères de l'univers haïtien. Tout en assurant de l'extérieur la jonction avec les structures sociales du pouvoir, l'ordre de la famille est constamment menacé de l'intérieur par des facteurs de scission (institués par ce même pouvoir) pouvant prendre aussi bien une forme sociopolitique qu'une forme économique, religieuse ou personnelle. Ces éléments de scission entre les clans et les personnes appartiennent en général à l'ordre des non-dits et des insinuations, alors que le discours dominant sur la famille porte, quant à lui, sur l'unité et l'entraide. La représentation de la famille traditionnelle haïtienne est ainsi tiraillée entre une idéalisation (explicite) du modèle dominant et une reconnaissance (implicite) des failles qui compromettent la stabilité de ce modèle.

Il importe peu pour notre propos de savoir si la famille est traditionnelle ou moderne. En fait, il s'agit de catégories qui ne veulent pas dire grand-chose en soi et que l'on utilise à tort ou à raison pour distinguer une forme plus ancienne d'une autre plus récente. À l'image de la société, la famille québécoise ne serait donc moderne que depuis peu. Jusqu'à tout récemment au Québec, la structure familiale était organisée autour de l'autorité indiscutable du père pourvoyeur, alors que la mère restait à la maison pour se consacrer aux tâches domestiques et aux soins des enfants. Si l'on fait abstraction de la redéfinition des rôles parentaux, les traits sous lesquels on a l'habitude de représenter la famille moderne sont surtout négatifs (divorce, famille monoparentale ou éclatée, autorité parentale diminuée, etc.). Les changements que connaissent les familles québécoises d'aujourd'hui seraient, par contre, ni plus ni moins le reflet des changements qui marquent la société. En ce sens, les ratés que vivent certaines familles résulteraient en partie des difficultés d'ajustement à ces nouvelles réalités sociales.

Que l'on se rassure, nous n'avons nullement l'intention de faire la sociologie de la famille québécoise ou haïtienne. Nous voulons seulement mettre en perspective deux modèles familiaux que plusieurs ont tendance à opposer lorsqu'il s'agit de préciser les problèmes et les limites de l'un ou de l'autre. Par exemple, les parents haïtiens nous ont souvent parlé du Québec comme étant l'une des sociétés les plus modernes du monde, ce qui impliquait pour eux une très grande permissivité à l'égard des enfants dans les familles. Sans prendre la forme d'un reproche, ce constat équivaut pour ces parents à une menace par rapport à l'intégrité de leurs propres modèles éducatifs. Ils craignent par-dessus tout que leurs enfants ne cherchent à imiter leurs pairs québécois et de ne plus pouvoir les élever à leur manière si la société leur impose ce modèle plus permissif. De fait, les parents haïtiens se voient souvent reprocher par les représentants des institutions québécoises d'être trop sévères et d'utiliser indûment la correction comme moyen de punition des enfants. Le dialogue qui s'ensuit pour savoir qui a raison et qui a tort est souvent sans issue, alors que de chaque côté, arguments à l'appui, on défend les bonnes intentions de ses interventions et de son modèle de référence. Si les parents haïtiens peuvent à leur défense s'appuyer sur un modèle traditionnel de la famille qui semble avoir fait ses preuves, force est de constater que les représentants québécois n'ont pour leur part pas de modèles autres que théoriques à proposer en remplacement du premier.

Il est intéressant de noter que lorsque les jeunes d'origine haïtienne ont à se situer par rapport aux modes d'éducation de leurs parents, ils font presque toujours référence à cette confrontation entre le modèle « traditionnel » haïtien et le modèle « moderne » québécois (du moins, tels qu'ils imaginent ceux-ci). Habituellement, ils se portent à la défense des valeurs de leurs parents tout en signifiant que celles-ci ne sont pas tout à fait adaptées à la réalité du Québec. Selon ces jeunes, les principales difficultés qu'ils éprouvent au sein de leur famille ont trait aux problèmes d'ajustement à la société d'accueil que vivent leurs parents. En plus des contraintes socioéconomiques liées à l'immigration, certains parents auraient plus que d'autres du mal à s'adapter aux modèles culturels dominants de la société. Cette difficulté serait, aux dires des jeunes, une des explications possibles des problèmes que connaissent les familles haïtiennes au Québec. Dans tous les cas, le registre des explications reste sur le plan de la comparaison entre sa propre situation et celle des autres familles ou enfants.

Le malaise dans la famille haïtienne

Un étranger qui entreprend de connaître la culture haïtienne apprend vite l'importance que revêt la famille dans cette culture. Celle-ci constitue en quelque sorte l'âme de la communauté à partir de laquelle s'établissent les rapports d'interdépendance et d'entraide entre les gens. Si cet étranger est un Occidental, il apprendra aussi que la notion de famille n'a pas tout à fait la même connotation pour les personnes d'origine haïtienne que celle avec laquelle il est familier. Du moins, c'est ce qu'on lui expliquera au début et c'est ce qu'il sera à même de constater à mesure que sa connaissance de l'univers haïtien s'approfondira.

La famille haïtienne traditionnelle se caractériserait, entre autres, par une structure élargie de relations entre des personnes qui ont des liens de réciprocité mais qui ne sont pas nécessairement parents. Ainsi, en Haïti, le voisin pourrait théoriquement être considéré comme faisant partie de la famille dans la mesure où il participe à la vie commune d'une même unité résidentielle nommée *lakou* (« cour »). Évidemment, on distingue entre les degrés de parents, entre les parents proches et les parents éloignés, même s'il arrive que l'on soit plus près d'un parent dit éloigné que d'un parent dit proche selon les règles des alliances et de la consanguinité. Toujours dans l'esprit de ce modèle traditionnel de la famille élargie haïtienne, il est d'usage de dire que l'autorité parentale est d'abord une question de rapports intergénérationnels et que les enfants doivent respect et obéissance aux personnes plus âgées qu'eux, en particulier lorsqu'elles sont considérées comme étant de la même famille. Selon cette vision diffuse du sens de l'autorité parentale, un enfant pourrait être élevé par n'importe quel adulte auquel incombe cette responsabilité. Il est même courant en Haïti que des parents placent leurs enfants chez d'autres adultes (en général de la même famille) ou en confient l'éducation à ces derniers, afin de pouvoir se consacrer entièrement à leurs obligations (économiques) quotidiennes. Sans être la norme, cette pratique est culturellement acceptée et constitue l'une des caractéristiques du modèle traditionnel de la famille dite élargie.

Nous venons de rappeler brièvement quelques-unes des représentations de la famille haïtienne que nous avons recueillies au tout début de notre recherche. Les personnes qui nous livraient ces informations étaient pour la plupart des adultes jouant un rôle actif dans la communauté haïtienne à titre d'intervenants communautaires. Ces personnes avaient un recul critique qui leur permettait d'évaluer les principales différences entre la vie des familles en Haïti et la vie de ces familles au Québec. Les caractéristiques que nous avons citées ne constituent pas, il va sans dire, un portrait de la famille haïtienne. Elles ne sont que quelques-unes des indications générales que l'on nous a maintes fois répétées avec les exemples à l'appui et les nuances qui s'imposent. En fait, si nous les reproduisons ici, c'est surtout pour souligner d'entrée de jeu la différence qui peut exister entre la théorie et la pratique, entre le discours dénué d'engagement personnel et le récit de vie fondé sur l'expérience individuelle. Certes, ces informations nous sont utiles pour mieux comprendre certains aspects de la réalité que vivent plusieurs familles haïtiennes. Elles témoignent, par contre, d'une volonté d'abstraire le réel pour le traduire en un modèle idéalisé de la famille haïtienne. Si ce modèle ne nous avait pas été présenté en haut lieu par des adultes ou des personnes capables de le mettre en mots et de l'illustrer, il nous aurait été difficile de le découvrir, du moins en restant à Montréal et en interrogeant seulement les jeunes d'origine haïtienne rencontrés dans le cadre de notre étude. À vrai dire, le modèle traditionnel de la famille haïtienne est perceptible dans le discours de ces jeunes, sauf qu'il se révèle sous une forme idéalisée qui s'exprime dans le concret davantage par ses ratés que par ses succès. En effet, et cela ne s'applique pas seulement à la famille, il importe de distinguer entre l'idéalisation du modèle de référence et l'expérience vécue. Parfois, la différence est telle que la théorie et la pratique semblent se contredire carrément.

Il n'est pas facile de nous faire une idée juste de la situation dans les familles haïtiennes à Montréal uniquement à partir du corpus d'entrevues réalisées auprès des jeunes. Non seulement les entrevues sont trop courtes et abordent plusieurs thématiques, mais la famille est en général un sujet intime que l'on ne dévoile pas au premier venu. Dans certains cas, il semble même plus difficile de parler de sa famille que de soi. C'est un peu comme si les secrets de sa personne s'y trouvaient, mais aussi parce que l'on sent le besoin de protéger les siens en se gardant bien de leur lancer la première pierre. Ainsi, en procédant par comparaison, sa famille serait toujours moins mauvaise ou meilleure que les autres, même si au passage on souligne qu'un de ses parents, souvent le père, est trop sévère ou pas assez communicatif. En fait, la plupart du temps, nous devons lire entre les lignes les genres de rapports que les jeunes entretiennent avec leurs parents, leurs frères ou leurs sœurs et les autres membres proches et éloignés de leur famille. Ils sont peu loquaces à propos de leur famille à moins qu'un ou plusieurs de leurs membres ne soient directement reliés à l'explication de leurs problèmes. Ordinairement, ils parlent plus volontiers des familles haïtiennes que de la leur en particulier. Par contre, on sent fort bien que derrière cette tendance à la généralisation il y a une part de vérité qui se rapporte à leur propre famille. Ils se dissimulent derrière la norme culturelle pour dire que leurs parents sont probablement un peu mieux que la majorité et qu'ils font des efforts pour s'ajuster aux nouvelles réalités de la société.

Les jeunes sont en ce sens presque unanimes à dire que les parents doivent s'adapter au contexte de la société québécoise et qu'ils ne peuvent agir d'une manière stricte avec eux comme s'ils étaient en Haïti. Les points principaux vers lesquels converge cette critique déguisée sont les lacunes de la communication interpersonnelle avec les parents ainsi que leur sévérité excessive (injustifiée) qu'ils interprètent comme un manque de confiance envers eux et une méconnaissance de leur réalité.

Tout ce que nous venons de dire à propos de la difficulté des jeunes de nous parler de leur famille s'applique dans une large mesure à la question de l'immigration. Dans ce cas, le mystère est peut-être plus grand du fait que l'immigration, qu'il s'agisse de la leur ou de celle de leurs parents, est vécue par les jeunes sans qu'ils sachent vraiment ce qui se passe. Ainsi que nous l'avons évoqué, les souvenirs de l'émigration ont presque toujours une forme anecdotique et se réduisent à quelques images : le froid, la neige, l'aéroport, les pleurs de la séparation, etc. Si les jeunes reconnaissent d'emblée que les motivations des parents face à l'immigration sont fortement liées à la volonté d'améliorer leurs conditions (économiques) d'existence, au désir pour plusieurs de s'arracher à la misère du pays d'origine, leur connaissance des stratégies complexes de l'immigration s'arrête toutefois là très souvent. En effet, il apparaît que l'immigration est une affaire d'adultes et que les enfants n'ont d'autre choix que de se plier à cet ordre des choses. Parfois, le jeune enfant suit ou rejoint ses parents sans vraiment savoir pourquoi ni où il va. Lorsqu'il est né au Québec, l'immigration des parents reste souvent un moment nébuleux d'une histoire plus ou moins lointaine dont il sait peu de chose, sinon rien. Nous parlons ici plus spécialement de la majorité des jeunes que nous avons interrogés au cours de notre étude. De toute évidence, certains jeunes connaissent mieux l'histoire de leur immigration et celle de leurs parents. Nous en avons nous-mêmes rencontré quelques-uns lors d'une recherche préparant celle-ci (Perreault, 1997). Cependant, ces derniers constituent sûrement une minorité, du moins parmi l'ensemble des jeunes que nous avons interrogés.

Comme les chemins qui sont empruntés, les affaires d'immigration ne sont pas toujours claires et contiennent une part de secret dont les enfants sont ignorants. On peut presque dire, en fait, que les enfants sont par leur statut avant tout des dépendants des adultes et non pas des immigrants. Certes, ils savent reconnaître le moment où eux ou leurs parents sont passés d'une société à une autre, mais ils grandissent d'abord dans le monde de l'enfance, qui est en apparence à l'abri des tourments de l'immigration et des problèmes d'adaptation à une nouvelle société. C'est pour cette raison probablement que les enfants qui ont immigré en bas âge ou qui sont nés au Québec affirment ne pas avoir connu de problèmes particuliers d'adaptation dans leur petite enfance et qu'ils prétendent, en général, avoir bien vécu cette période de leur vie. Les problèmes commenceraient plus tard, au moment où ils sont appelés à revêtir leurs premiers habits de citoyens, entre autres à l'école et surtout lors de l'entrée au niveau secondaire. Les jeunes prennent alors plus clairement conscience de leur « différence » comme une marque de leur identité culturelle qui les distingue de certains enfants et qui les rapproche d'autres. Cette prise de conscience de sa propre différence qui renvoie à celle des autres s'inscrit dans une période ambivalente de renforcement positif et négatif de son identité d'origine. Il s'agit d'une étape cruciale et fragile de la formation de l'identité sociopersonnelle qui a souvent pour trame ce que l'on appelle en Occident la crise de l'adolescence. Alors, l'enfant devient véritablement un immigrant, même lorsqu'il est né dans le pays d'accueil.

Lorsque nous demandons aux jeunes de nous parler de leur émigration ou encore du contexte de leur immigration, ce qui nous frappe le plus est le sentiment de vide qui accompagne leurs explications. À tel point que certains jeunes semblent parfois avoir été parachutés dans un nouveau pays ainsi que dans une nouvelle famille.

Une des caractéristiques de l'immigration (haïtienne) est qu'il s'agit d'une stratégie qui s'étire dans le temps et dans l'espace. Si la réunification familiale fait partie du processus logique d'immigration, il faut cependant savoir que la séparation des membres de la famille est souvent beaucoup plus ancienne que la première émigration. La réunification, lorsqu'elle se réalise, n'est jamais non plus tout à fait claire aux yeux de certains enfants, dans la mesure où ces derniers ne comprennent pas toujours ce qui se passe ni ne connaissent toujours les personnes qui sont désignées comme leurs nouvelles figures parentales. En effet, au moment de l'émigration, plusieurs jeunes quittent non seulement un pays, mais également des proches et des parents qu'ils reconnaissaient jusqu'à ce temps comme leur véritable famille. Il n'est pas inusité que les personnes qui les attendent à l'aéroport du pays d'accueil soient pour eux de parfaits inconnus. Dans de telles conditions, nous comprenons que l'adaptation à la vie de cette nouvelle famille ne soit pas toujours facile. Les parents biologiques éprouvent également de la difficulté à décoder certaines réactions ou attitudes des enfants à leur égard. Ils imaginent souvent que les liens du sang, voire le fait d'avoir permis à un enfant de fuir la misère, sont plus forts que tous les obstacles de la séparation et de l'immigration.

Vouloir connaître la famille haïtienne et les contextes dans lesquels s'inscrit le processus d'immigration à partir du seul récit de jeunes que nous avons interrogés dans le cadre de notre étude n'est donc pas une tâche facile. Pour ce faire, nous devons procéder à une lecture croisée des entrevues tout en distinguant plusieurs niveaux d'interprétation des discours. La distinction de ces niveaux d'interprétation n'est elle-même possible qu'à cause de notre connaissance générale de la communauté haïtienne à Montréal et de la combinaison d'autres formes de données en particulier de type ethnographique. En fait, nous tenons à souligner que les récits de vie sur lesquels repose notre principal corpus de données ne sont pas représentatifs de l'ensemble des jeunes de la communauté haïtienne à Montréal et qu'une analyse dont l'échafaudage ne s'appuierait que sur ce matériau procurerait certainement une vision très partielle, pour ne pas dire partiale, de cette communauté et de sa jeunesse.

Les jeunes que nous avons rencontrés ont pour la plupart frayé dans les marges de la société. Sans que nous puissions leur coller l'étiquette de personnes marginales, ces jeunes ont tous à un moment ou l'autre côtoyé les milieux marginaux de la délinquance. Nous devons donc nous garder d'étendre leurs expériences personnelles à l'ensemble des jeunes dont les parcours de vie particuliers les ont tenus éloignés de telles fréquentations. Cependant, une fois cet avertissement donné, il faut éviter de tomber dans l'autre extrême et de ne voir dans les jeunes que nous avons rencontrés que des « produits » incorrects ou défectueux d'un système qui ne produirait habituellement que des modèles d'enfants parfaits. Le plus souvent, la marginalité se révèle comme un trait grossissant des failles ou des limites d'un système normatif. Elle n'est pas une preuve de la rectitude des normes mais une expression de leurs paradoxes. Elle permet autant de renforcer la teneur de ces normes que de déstabiliser celle-ci. En fait, c'est en comprenant mieux les dynamiques de la marginalité que les caractéristiques de la normalité deviennent plus évidentes, sachant toutefois que cette « normalité » est relative puisqu'elle est tributaire du contexte dans lequel se pose le regard dont le jugement est estimé juste.

En tenant compte du caractère dynamique de la marginalité et de la relativité (contextuelle) des normes, il nous est possible d'aborder notre corpus principal de données comme un échantillon valable pour comprendre certains aspects de la socioculture des personnes d'origine haïtienne à Montréal. Il n'est donc pas question pour nous de voir dans les récits de vie d'une centaine de jeunes des exceptions qui confirment la règle, sinon des exemples de prototypes défectueux qui ont dévié des sentiers battus. Il est à notre avis précipité de condamner la marginalité avant même de lui avoir permis de s'exprimer et de l'avoir comprise. Au lieu de traiter la marginalité sous les seuls traits de l'exclusion, nous la considérons d'abord comme un révélateur privilégié des normes, puis comme un vecteur potentiel de changement de ces mêmes normes.

Une fois acquise l'idée que la marginalité n'est pas par définition négative mais plutôt créatrice de différence (et de changement), il nous a été possible d'aller de l'avant dans l'examen de notre corpus de données. D'entrée de jeu, nous nous sommes détachés de toute tentative d'invalidation des données et d'analyse de celles-ci sous prétexte que nous avions affaire à des jeunes qui ne sont pas représentatifs de la réalité, et qui sont désignés par certains comme étant la honte de la communauté ou les produits des dérapages de la société. Non seulement ces jeunes font partie de leur communauté et de la société, mais ils constituent des guides fantastiques pour nous aider à comprendre quelques-uns des principaux enjeux de l'adaptation et de la transformation d'un système normatif culturel en contexte d'immigration. En effet, il s'avère souvent plus facile pour une personne, jeune ou non, de parler d'elle pour signifier sa propre différence que pour essayer de se situer par rapport à une norme de référence quelconque. Dans ce dernier cas, la personne est plus encline à parler des particularités de cette norme en général, en la comparant par exemple à d'autres qu'elle connaît, tout en laissant deviner que cette norme d'usage s'applique plus ou moins à sa propre histoire.

Cela explique peut-être pourquoi ce sont surtout les jeunes qui éprouvent des problèmes importants avec leur famille qui ont le plus volontiers accepté de nous parler de leur propre histoire. Ces jeunes avaient d'habitude en tête une vague image de la famille idéale. Aussi plusieurs se sentaient-ils lésés au moment de comparer leur situation à ce modèle idéalisé de la famille qui correspond en quelque sorte à leur norme de référence. À peu près tous les jeunes ont une idée du modèle normatif de la famille haïtienne, lequel s'applique en partie ou en totalité à leur famille. Fait intéressant à noter, aucun jeune, même parmi ceux qui vivent des difficultés sérieuses au sein de leur famille, ne remet en question l'importance de la famille comme valeur centrale de la culture haïtienne. Parfois, le désir de décrier sa situation familiale est accru par le fait que l'on se sent mis à l'écart de cette représentation valorisée de la famille fondée sur l'entraide et le soutien de ses membres. Pour plusieurs jeunes, leur famille est vue d'abord comme la source de leurs problèmes et non comme un lieu où ils peuvent résoudre ceux-ci. Pourtant, nombreux sont ceux qui reconnaissent que la famille haïtienne est capable d'entraide lorsqu'il s'agit de prêter main-forte à l'un des siens. Il y aurait en ce sens une différence entre la perception des pratiques élargies de la famille et celle des pratiques plus spécifiques qui s'appliquent à sa propre personne.

Peu de jeunes ont parlé ouvertement de leur famille. Il s'agissait d'ailleurs d'un thème parmi d'autres qu'abordait la grille d'entrevue et non d'un point central. Les références à leur famille étaient en général vagues et déguisées. Les jeunes qui ont été plus loquaces au sujet de leur famille se retrouvaient presque tous dans une situation assez particulière, ayant pour la plupart grandi dans des familles dont au moins une des figures parentales n'était pas leur mère ou leur père biologique. Ces jeunes pouvaient avoir été placés en famille d'accueil ou chez un parent (tante, oncle, grand frère ou grande sœur), avoir été « adoptés » ou avoir eu maille à partir avec un beau-père ou une belle-mère. Dans tous ces cas, les jeunes avaient le sentiment d'être défavorisés à cause de la différence de leur statut par rapport aux membres de leur famille d'origine incluant les frères, les sœurs, les demi-frères et les demi-sœurs. Certes, des enfants élevés par leurs deux parents biologiques vivent également des problèmes familiaux, mais dans ce cas aussi la différence de statut ou la différence de traitement par rapport aux autres enfants de la famille et de la société revenait constamment dans l'explication de leurs problèmes. En fait, il y a lieu de se demander à ce stade-ci si une part des problèmes relevés ne résulte pas des effets (pernicieux) de la comparaison avec les autres.

Ces remarques générales sur notre corpus d'entrevues étant faites, il faut maintenant se demander comment il est possible d'analyser les données afin de mieux comprendre non seulement la situation que vivent ces jeunes mais aussi les caractéristiques des modèles familiaux haïtiens dans le contexte de l'adaptation à la société d'accueil. En fait, il importe peu de construire notre analyse du strict point de vue des expériences individuelles dont nous savons finalement peu de chose. Il est plus pertinent dans le cas présent de juxtaposer les unes aux autres les différentes entrevues et de procéder à une sorte de bricolage des différentes trames narratives afin d'en dégager les constantes et les singularités. De cette première étape de l'analyse, il ressort qu'une part des discours se rapporte à des expériences spécifiques vécues par les jeunes et que l'autre part concerne des généralités à propos de différents modèles de pratiques et de représentations. La répartition selon les entrevues entre ces deux niveaux de discours est inégale, certains jeunes ayant plus de facilité à parler d'eux que d'autres. La mise en confiance du jeune et le professionnalisme de l'interviewer comptent également pour beaucoup dans cette expressivité du « je ».

Pour nous y retrouver dans ce constant va-et-vient dans les discours entre la divulgation de l'expérience personnelle et la reproduction plus ou moins conforme des clichés inspirés des normes d'usage, nous devons introduire un autre niveau d'analyse correspondant *grosso modo* aux modèles culturels qui tiennent lieu de normes de comparaison. Ces modèles sont révélés en partie par les discours des jeunes eux-mêmes ainsi que par les autres types de données recueillies sur le terrain. Dans le cas des modèles familiaux, nous pouvons nous référer aux résultats d'une recherche précédente que nous avons menée auprès de jeunes, de parents et d'intervenants de la communauté haïtienne (Perreault, 1997). Le repérage de ces modèles de référence doit nous permettre de nuancer les éléments des récits des jeunes qui, à leur tour, confirment, infirment ou nuancent les composants de ces modèles qui sont tenus pour acquis. Notons que ces modèles de référence renvoient tantôt à une image de la tradition haïtienne, tantôt à une image de la culture dominante de la société québécoise.

Les enfants, otages de l'immigration

Notre recherche portait essentiellement sur les pratiques et les problèmes des jeunes d'origine afro-antillaise (en majorité originaires d'Haïti) qui entretiennent des liens avec les milieux marginaux. Il importait, pour nous, de parler avec ces jeunes de leur famille afin de mieux connaître leur histoire personnelle et le milieu familial dans lequel ils avaient grandi. Les questions sur la famille s'inscrivaient dans le dessein général d'en savoir un peu plus sur chacun des jeunes et sur les types de rapports qu'ils ont avec les modèles culturels de leurs parents. Il n'y a pas lieu d'établir *a priori* un lien de cause à effet entre l'histoire familiale d'un jeune et l'histoire de sa délinquance. Aussi, lorsque l'évidence de tels liens se dégage du discours des jeunes, mais aussi du témoignage des parents et des intervenants, faut-il se replacer dans le contexte qui autorise de telles associations. D'habitude, les défaillances des familles sont expliquées par rapport à une idée générale du bien et du mal sur laquelle se fondent les comparaisons. En ce sens, les problèmes importants des familles sont presque toujours évalués à la lumière d'un modèle familial considéré comme plus authentique dans la mesure où celui-ci ne favoriserait pas l'existence de ces problèmes. Or, dans tous les cas, il y a lieu de nous demander quels modèles et balises servent de critères de comparaison lors de nos évaluations.

La question se doit d'être posée, surtout lorsqu'il y a plus d'un modèle de référence en cause. C'est le cas des familles en contexte d'immigration que l'on compare parfois entre elles, parfois avec la situation qui existe dans le pays d'origine et parfois avec les autres familles de la société d'accueil. Dans ce jeu d'alternance des balises de comparaison qui servent implicitement à l'évaluation des familles, il y a toujours une part de subjectivité qui fait pencher en faveur d'un modèle au détriment d'un autre. C'est pourquoi l'on doit constamment démêler les éléments qu'emprunte chaque personne pour construire sa propre norme de référence. Cette représentation de la norme est sujette à varier si l'on est un parent ou un enfant d'immigrant ou si l'on est un membre d'origine de la société d'accueil. Les discours sur la famille et ses problèmes sont ainsi presque toujours imprégnés d'une vision subjective qui est le reflet d'un attachement particulier à un modèle normatif de référence dont la conception dépend du point de vue à partir duquel on évalue la chose. En contexte d'immigration, l'adoption d'une norme de référence est, en plus, complexifiée par le fait que plusieurs niveaux de subjectivité entrent en jeu lors de son énonciation.

Pourquoi, direz-vous, faire tant de détours au sujet de la relativité des modèles de référence qui servent à la représentation de la famille ? Cela est surtout dû au fait que nous avons tous plus ou moins tendance à avoir une vision de la famille idéale sur laquelle nous fondons nos jugements de valeur, lesquels, très souvent, sont teintés d'ethnocentrisme. Dans le cas de la famille en tant qu'institution, il est fréquent de nos jours que nos comparaisons se situent dans le temps. Ainsi, au Québec, nous nous trouverions à une époque où la vie de famille traditionnelle est en net déclin. Certains n'hésitent pas à parler d'une crise au sein de la famille québécoise. Les thèmes de la famille dysfonctionnelle, de la famille monoparentale ou de la famille reconstituée reviennent constamment dans les discours des experts qui confrontent la situation des familles d'aujourd'hui avec celle des familles d'autrefois. La famille nucléaire, qui était jusqu'à tout récemment la norme incontestable, serait de plus en plus rare.

Or, soit nous acceptons que le modèle familial ait changé, soit nous nous entêtons à parler de la famille québécoise actuelle en nous appuyant sur le manque ou les défauts par rapport aux générations passées.

Nombreux sont les experts et les pseudo-experts qui s'efforcent de comprendre et de redéfinir le modèle familial prédominant en Occident. Les divergences d'opinions sont souvent très grandes, notamment lorsqu'il s'agit de reconnaître les caractéristiques fondamentales qui délimitent le modèle parental dans ses rapports (d'autorité) avec les enfants. Il nous semble en ce sens révélateur que la plupart des parents haïtiens au Québec justifient leur modèle d'éducation des enfants en se référant très souvent à ce qui leur apparaît comme les lacunes de la famille québécoise typique. Il faut dire qu'eux-mêmes se sentent plus souvent qu'à leur tour montrés du doigt par les représentants de la société d'accueil comme étant de « mauvais parents ». Assistons-nous simplement alors à un jeu où chacun des adversaires renvoie la balle en pensant qu'il a raison et que l'autre se trompe sur son compte, ou bien sommes-nous en présence d'une démonstration éloquente du fait qu'il est de plus en plus difficile de s'entendre sur la conception de la famille et des rôles parentaux dans la société d'aujourd'hui ?

Avant d'entreprendre un examen plus approfondi de la famille haïtienne au Québec et de dégager un modèle prédominant, il est de mise que chacun de nous s'interroge sur les fondements conceptuels qui orientent sa compréhension. Il ne s'agit pas de nous improviser spécialistes de la famille haïtienne ou de la famille tout court, mais de rester critiques à l'égard de nos grilles d'interprétation.

Par ailleurs, le processus d'immigration et d'adaptation à la société d'accueil compterait pour beaucoup dans les difficultés que vivent les familles haïtiennes au Québec. Il joue du moins un rôle déterminant dans la capacité d'adaptation ou non des modèles familiaux aux nouvelles réalités sociales. Aussi est-il important que nous puissions comprendre les répercussions de ce processus sur la famille et sur les jeunes qui les vivent.

Le choc des modèles familiaux : résistance et changement

Le processus d'immigration reste en grande partie insaisissable. Il comporte de multiples ramifications dont la totalité échappe à la conscience individuelle. La représentation personnelle de ce processus s'articule autour de bribes d'expériences et de souvenirs qui mettent en perspective les différences entre la vie avant l'immigration ou dans le pays d'origine et la vie dans la société d'accueil depuis les premiers jours jusqu'à aujourd'hui. La comparaison entre ces deux époques est essentiellement émotive. Plusieurs choses sont oubliées, d'autres sont refoulées. La mémoire trie sur le volet les éléments qui lui conviennent dans une sorte de jeu de construction de la réalité. La représentation de cette réalité est la plupart du temps idéalisée. Tout est soit noir, soit blanc. Les nuances ne servent qu'à faire ressortir les différences. Si bien que lorsque l'on décrit le processus d'immigration, cela prend dans bien des cas une tournure idéologique ou l'allure d'une complainte. Encore faut-il que l'on soit conscient de ce processus. L'âge à l'arrivée sera alors un facteur déterminant, de même que les expériences marquantes de l'adaptation à la société d'accueil.

La prise de conscience personnelle du processus d'immigration se traduit en général dans des pertes ou des gains mesurables. Les références au pays d'origine sont plus passionnées et de type qualitatif. Le regard sur la société d'accueil est plus instrumental et de type quantitatif. Dans tous les cas, les comparaisons restent à la surface des choses. Le jeune détermine ce qui l'affecte directement. Les changements structurels plus en profondeur sont ignorés de la plupart. En effet, les personnes évaluent leur situation actuelle à la lumière de l'idée qu'elles se font des différents modèles normatifs qui guident leur comparaison. Les parents regardent leur famille à partir de ce qu'eux ont vécu ; les enfants comparent leur famille avec les autres familles du Québec et de leur communauté, ou du moins avec l'image qu'ils ont de celles-ci. Autant pour les parents que pour les enfants, la reconnaissance des différences se situe sur le plan de la forme et non sur celui des enjeux structurels.

Dans le contexte québécois, l'immigration influe directement sur les rapports intergénérationnels traditionnels de la famille haïtienne. Le fait que les jeunes d'origine haïtienne baignent dans une autre culture et qu'ils soient imprégnés de nouvelles valeurs n'est pas étranger à ce phénomène. La transformation des rapports traditionnels au sein de la famille est désignée par les parents comme une des principales sources de problèmes avec leurs enfants. Les jeunes, pour leur part, déplorent le fait que leurs parents ne s'adaptent pas suffisamment aux nouvelles réalités de la société. Ils respectent dans l'ensemble les valeurs de leurs parents, mais ils se sentent également contraints par elles. Une des pierres d'achoppement dans les rapports parents-enfants est la perception que chacun a des modèles éducatifs de la société d'accueil. Les parents et les enfants se réfèrent tour à tour à ces modèles pour juger les comportements des autres. Les premiers attribuent la faute au système si leur autorité est remise en question. Les deuxièmes se servent des arguments que leur propose ce même système pour dénoncer certaines façons de faire de leurs parents. Au cœur des litiges se trouvent la conception et l'application de l'autorité parentale.

Autorité parentale et communication ou les apories intergénérationnelles de l'adaptation

Pour les parents, l'autorité qu'ils exercent sur leurs enfants est indiscutable. Les enfants aimeraient, pour leur part, que leurs parents soient un peu plus flexibles. Ils sont presque unanimes à dire que leurs parents ne communiquent pas assez avec eux. L'idée que l'on se fait de cette communication reste cependant assez floue. Quant aux parents, ils sont peu enclins à faire des compromis lorsqu'ils ont pris une décision envers leurs enfants. En acceptant de dialoguer et de négocier avec eux, ils se trouvent à admettre explicitement les limites de leur autorité naturelle. Par le fait même, ils remettent en cause l'intégrité de leurs modèles parentaux. Ainsi, pensent-ils, si cette façon de faire a fonctionné avec eux, il n'y a pas de raison que cela ne marche pas avec leurs enfants. L'autorité parentale est un droit naturel. Elle commande le respect des plus jeunes envers les plus vieux. Contester cet état de fait revient en quelque sorte pour les parents à renier leurs origines et leurs convictions les plus profondes. Aussi n'hésitent-ils pas à décrier les effets subversifs de la société sur leurs modèles d'éducation. Ils n'acceptent pas, par dessus-tout, qu'on leur dise qu'ils sont de mauvais parents alors qu'ils appliquent la méthode d'éducation qu'ils ont apprise et qu'ils croient la meilleure.

En raison de leur éducation, les parents manifestent peu leurs sentiments à l'endroit de leurs enfants. Ils sont plutôt réservés. Passé la petite enfance, dès que l'enfant atteint l'âge où il peut s'exprimer à l'aide de mots, les parents estiment qu'il est en mesure de comprendre les règles. Ils deviennent alors très exigeants envers lui. Économes de paroles, ils s'attendent à ce que l'enfant comprenne au premier regard ce qu'on requiert de lui et qu'il soit capable d'intégrer sans problèmes tous les codes sociaux. Ils se disent qu'ils ont été élevés ainsi. Ils croient encore pouvoir éduquer leurs enfants à partir des critères utilisés jadis dans leur pays d'origine, tels que les discours moralisateurs, les interdits, l'autorité, le recours aux sanctions ou la menace de la désapprobation sociale. Lorsqu'il est question de rendement scolaire, ils rêvent du temps où les échecs scolaires étaient vécus par les jeunes dans le désespoir et la honte, alors qu'aujourd'hui les défections scolaires ne se comptent plus.

Les enfants, de leur côté, renvoient la balle dans le camp de leurs parents. Ils disent que les parents devraient communiquer avec eux au lieu d'employer systématiquement la méthode forte. Ils blâment entre autres leur rapidité à recourir aux punitions corporelles pour régler les problèmes. Plusieurs mentionnent le caractère excessif de certaines corrections. Pour échapper à celles-ci, ils menacent à l'occasion les parents fautifs de les dénoncer aux autorités publiques. Le système leur a appris qu'ils ont des « droits et libertés individuels » et qu'ils n'ont pas à tolérer de la part de leurs parents certains types de comportements qui peuvent leur porter préjudice. Quant aux parents, ils acceptent mal cette ingérence du système dans les affaires privées de la famille. Certains affirment, par ailleurs, qu'ils ont appris avec le temps à parler à leurs enfants. Toutefois, ces derniers ont plutôt l'impression que les parents, en particulier les mères, les matraquent à coups d'avertissements dans un monologue sans fin auquel ils ne peuvent répliquer. Cette situation les place en position de double contrainte, où ils ont le choix entre écouter et n'en faire qu'à leur tête, c'est-à-dire désobéir.

Les enfants et les parents ne peuvent à toutes fins utiles s'entendre sur les bonnes façons de faire tant et aussi longtemps qu'ils se comparent mutuellement en fonction d'un modèle normatif qui est extérieur à leur réalité (culturelle) respective. Les enfants et les parents ne vivent pas les mêmes types de rapports (interculturels) avec la société d'accueil. Leurs visions de la culture haïtienne et de la société québécoise sont différentes. Bref, ils ne parlent pas, ni au propre ni au figuré, tout à fait le même langage. En outre, l'incompréhension mutuelle est accentuée par le fait que chacun se réfère à des modèles de pratiques qui diffèrent de l'idéal qu'il s'est créé, modèles qui n'existent pas en réalité, du moins pas dans le contexte de la société québécoise.

Avant de revenir sur la nature de ces modèles, laissons la parole aux jeunes, qui sont les mieux placés pour parler des principales difficultés qu'ils éprouvent dans les rapports avec leurs parents. En tête de liste des problèmes relevés, il y a celui de la communication. Les jeunes sont unanimes à dire que les parents haïtiens ne communiquent pas assez avec leurs enfants ou qu'ils communiquent mal. Quelques jeunes disent par contre que leurs parents sont peut-être un peu mieux que la moyenne, mais ces derniers constitueraient, semble-t-il, l'exception.

Un jeune homme de 26 ans nous explique comment il comprend ce problème de communication avec les parents.

[Selon moi, le principal problème des jeunes d'origine haïtienne à Montréal, c'est] *le manque de communication* [de la part des parents]. *Un manque de communication parce que l'enfant ici, il a l'éducation qui lui est donnée à la maison et puis il a une éducation qui lui est donnée à l'école où est-ce qu'il peut communiquer, où est-ce qu'il peut s'intégrer. Et puis quand il arrive à la maison,* [ce n'est plus pareil]. *L'éducation qu'on essaye de lui imposer à la maison* [est une éducation] *où est-ce que le jeune n'arrive plus à s'exprimer.* […] *Je pense que tous les jeunes* [vivent des problèmes de communication] : *que ce soit les jeunes Noirs ou les jeunes Blancs, il y a certains problèmes mais pas au même degré. Chez les jeunes Noirs, le problème est différent du fait que les parents haïtiens ont vécu une répression; ils veulent toujours garder cette répression et puis nous avec l'éducation que nous avons au Québec, ça fait qu'il y a un gros choc de cultures.* […] *Mais je pense que souvent les parents haïtiens se sentent mal pris. Ils se sentent* [mal pris] *avec les lois québécoises ou quoi que ce soit; la discipline qu'ils voudraient mettre en place, ils ne sont plus capables de le mettre en place.*

Les enfants et les parents seraient donc coincés entre deux modèles éducatifs opposés. Les jeunes sont pour la plupart conscients de cette situation. Aussi, lorsqu'ils font référence aux lacunes de leurs parents en matière de communication, c'est surtout parce qu'ils croient que la communication pourrait leur permettre de trouver une zone de compromis entre eux et leurs parents. Cela leur procurerait une marge de manœuvre, en fait, qui pourrait leur éviter certaines punitions qu'ils considèrent comme injustes et arbitraires. Étouffés par le carcan familial, certains jeunes vont carrément chercher cet espace de liberté à l'extérieur de la maison, en sachant bien qu'ils agissent ainsi contre la volonté de leurs parents. Un jeune garçon de 16 ans a mentionné le manque de « lousse » de la part des parents :

[Les Noirs au Québec,] *ils ont à peu près tous la même façon de vivre.*
Surtout les parents, ils sont plus sévères que les parents québécois. [Ils don-
nent] *moins de lousse. Sinon l'enfant, on pourrait dire que dans* [les
années] *90 là, l'enfant passe plus de crises, puis c'est comme il devient plus*
un délinquant, parce que l'enfant à un moment donné, il va le dire : « Je
suis écœuré. » Comme d'autres [...] *il fait ça pour réagir comme ça. Juste*
pour les faire chier. Puis moi, c'est comme ça que j'ai agi avec mon oncle
puis ma tante.

Par ailleurs, la notion de communication est d'abord vue comme
une façon de remplacer les corrections corporelles traditionnelles. Toutefois, les jeunes n'ont en général qu'une vague idée de la tournure que
pourrait prendre cette communication. En effet, eux-mêmes se disent
peu enclins à parler de leurs problèmes avec leurs parents, parce qu'ils
ne pensent pas comme eux ou qu'ils ne veulent tout simplement pas
qu'ils se mêlent de leurs affaires.

On déplore en fait que les parents puissent les punir sans discuter. Une jeune fille de 16 ans parle quant à elle du « manque d'opinion » pour signifier que les enfants doivent écouter leurs parents sans
rechigner.

[Les parents haïtiens communiquent pas assez avec leurs enfants.]
Il manque l'opinion. C'est comme... moi je trouve là que dans les familles
haïtiennes ça marche comme... le père a dit. Puis ça finit là. T'as pas le
droit de dire que t'es pas d'accord. Nananan. Tu t'en vas dans ta chambre,
et tu fermes ta gueule. C'est ce que... moi je trouve que ça se fait comme ça.
[On considère pas assez l'opinion du jeune.] *Des fois, il s'affirme, mais*
la personne... t'sais le parent, il en [tient pas compte]. *Si tu regardes la*
situation, n'importe laquelle, c'est ça que ça donne.

Si elle se fie à ce que son père lui a raconté, la situation au Québec
serait cependant moins grave qu'elle ne l'était en Haïti. Là-bas, il y a non
seulement les parents, mais aussi tout le voisinage qui aurait le droit de
donner la bastonnade. Ainsi explique-t-elle :

Les parents québécois [sont moins sévères] *parce que la façon d'éle-*
ver [un enfant en Haïti] *c'est pas pareil. Mon père me racontait ça, parce*
que quand il était en Haïti, il avait des petits cahiers à apprendre. T'sais,
admettons qu'il avait une dictée, puis il fallait qu'il apprenne la dictée.
Si il le savait pas, ben il avait un M dans son cahier. M pour « mal ». Il
marchait dans la rue avec son petit cahier. Là n'importe qui, un voisin
pouvait le ramasser son cahier puis le regarder. T'as un M. Bâton. Après

tu entres dans ta maison, ta mère le voit. Bâton. Ton père revient du travail, bâton. L'après-midi tu retournes. L'après-midi t'as encore un M. Bâton. Bâton, bâton, bâton. Tandis que ici c'est vraiment… il faut que… ben avec ma mère là, mes parents, il faut vraiment que j'ai faite quelque chose de mal pour qu'ils me battent. Tu comprends. Tandis que en Haïti c'est pas comme ça.

Ce genre d'histoire à faire peur amène plusieurs jeunes à croire que leur situation à eux n'est peut-être pas si terrible en comparaison de celle que leurs parents ont vécue. Aussi sont-ils nombreux à penser que, malgré leur sévérité, leurs parents ont changé depuis Haïti. En fait, le système québécois ne leur donnerait pas vraiment le choix de s'adapter. C'est du moins ce qu'explique, en parlant de ses parents, un garçon de 19 ans qui est né en Haïti :

Mes parents sont pas si sévères parce que… oui, avant je pouvais dire que ils étaient vraiment sévères. Mais pour maintenant, ils ont réussi à s'habituer au pays, parce que icitte on dit toujours que c'est un pays libre. Fait que… si tu mènes les enfants comme tu les menais en Haïti, ça va être difficile.

Malgré les changements qu'il a constatés, ce jeune homme insiste pour dire qu'il n'y a pas, « mais pas du tout », de communication entre les enfants et les parents au sein de la famille haïtienne.

La marginalité, un symptôme du malaise familial ?

L'absence de communication du côté des parents et leur recours immodéré aux punitions corporelles sont souvent mentionnées par les jeunes comme une des explications de leurs problèmes de comportement. Une jeune fille de 17 ans fait le lien entre la violence qu'elle prétend avoir subie de la part de sa mère et sa propre violence :

J'ai jamais eu l'amour de mes parents. J'ai jamais eu des parents qui m'ont parlé, alors je fais tout à ma tête. C'est pour ça que je suis qu'est-ce que je suis aujourd'hui. [Tout] ça m'a amenée à être violente. Oui. Très violente. Parce que maintenant, quand on me parle, je pense au moins à parler. Parce que là je commence à vieillir. [Mais] avant quand on me parlait, je pensais plus à me battre. Quand quelqu'un me disait : « Ta gueule », moi je voulais juste le gifler pour lui fermer sa gueule lui à son tour. Non, moi je me dis [que] *battre un enfant ça mène à rien. Ça amène que l'enfant bat l'autre après. Parce que moi quand mes parents me battaient, moi j'allais dehors puis je battais un autre enfant. C'est ça que je voyais.*

Peut-être si j'avais un parent qui me parlait, des parents qui seraient là pour moi après l'école, ou je sais pas trop. Peut-être que ma vie se serait pas passée de même. Parce que quand je sortais de l'école, je me battais, puis j'arrivais, je dis à Mamie, je me suis battue. Elle me regardait dans le blanc des yeux, puis elle me mettait en punition. Alors une mère de même qu'est-ce que ça veut dire ? Ça veut dire : demain va te battre encore. Si je serais arrivée chez moi, et puis ma mère elle m'aurait dit de m'asseoir et puis elle m'aurait demandé pourquoi tu t'es battue. Là je pense que je l'aurais pas fait le lendemain. [...] Et puis à chaque matin, ma mère me battait, toute ma vie je me suis fait battre, moi. À chaque matin, on me battait parce que j'étais rebelle. J'étais toujours en retard à l'école, ça c'est la première des choses. On me battait... on me giflait, j'arrivais à l'école, j'avais des bleus partout. On me demandait qui m'a fait ça. Je disais toujours... je mentais... « J'ai tombé. » Et ça, ça m'a marquée parce qu'il fallait que je mente pour mes parents. Parce que si j'aurai dit que c'est mes parents qui me battaient, ça pourrait leur causer des problèmes.

À plusieurs reprises, Mélissa dira qu'elle est une fille révoltée. Elle explique sa révolte par la façon dont elle a été élevée. D'un côté, elle blâme ses parents de l'avoir battue chaque jour, de l'autre, elle leur reproche de ne pas avoir été là.

[Un enfant comme moi qui voit jamais sa mère,] *il se sent révolté comme je le suis présentement. Je suis révoltée. J'ai jamais grandi avec mes parents. J'ai jamais eu l'amour de mes parents. J'ai jamais eu des parents qui m'ont parlé, alors je fais tout à ma tête. C'est pour ça que je suis qu'est-ce que je suis aujourd'hui.*

Elle a vécu les premières années de sa vie en Europe. À l'époque, elle transportait chaque jour sa révolte jusqu'à l'école. C'est dans ce passage difficile qu'elle aurait forgé son caractère rebelle.

[À l'école, en Europe,] *on me battait, c'est ça qui m'a rendue violente. À chaque jour on me battait. Mais il faut dire qu'on me battait parce que je le cherchais peut-être parce que j'étais un... j'étais un enfant rebelle. J'écoutais jamais ce que le professeur me disait. J'étais comme sur la défensive. J'étais sur ma défensive, excusez. C'est ça. J'aimais pas recevoir des ordres. J'ai jamais aimé les ordres. Et puis on m'a toujours donné des ordres. C'est pour ça qu'on me battait à l'école. Mais on me battait pas vrai-*

ment comme pour me tuer, on me battait, on me tapait, on me donnait des tapes. On me giflait. C'est ça me battre.

Si l'école a fait d'elle une enfant violente, elle met cependant sur le dos de sa mère son adhésion à une gang de rue une fois rendue à Montréal.

Ce qui m'a poussée à entrer dans une gang de rue, [c'est] parce que mes parents n'avaient pas le temps pour moi. Après l'école je sortais, j'avais personne. Ma sœur elle faisait peut-être des activités, mais moi j'en faisais pas. La seule activité que je faisais, c'est d'aller dans la rue et puis jouer avec mes amis. C'est mes seules activités. Je demandais à ma mère de m'inscrire dans des cours, au début elle voulait… mais après ben… elle m'a laissée tomber. Elle s'en foutait. Mais vraiment ce qui m'a poussée aussi, c'est à cause de mon premier copain. J'étais révoltée [que ma mère me dise que je dois attendre d'avoir terminé mes études avant de sortir avec un gars].

Les jeunes sont nombreux à établir un lien entre leurs problèmes familiaux et leur attitude rebelle qui les entraîne vers certaines formes de marginalité. Par contre, ils regardent souvent d'un œil ambivalent le type de rapports qu'ils ont avec leurs parents. Par exemple, si Mélissa se plaint d'être battue par ses parents, elle sent également le devoir de ne pas les dénoncer afin de ne pas « leur causer de problèmes ». Peut-être s'agit-il d'une stratégie pour se protéger contre leur réaction ? Mais il y a aussi une marque de respect. En fait, elle reproche à ses parents moins de l'avoir battue que de ne pas avoir été présents quand il le fallait. Un garçon de 16 ans parle par contre du « dérespect » qu'ont suscité en lui les coups de bâton que lui infligeait sa mère. Il fait également un lien entre les coups reçus et son goût de vengeance :

Moi, moi je vois que… plus… ça sert à rien de battre l'enfant. Moi je trouve pas que c'est une meilleure manière de comprendre, parce que je l'ai testée sur moi. […] Ma mère me battait souvent, moi. J'ai remarqué que sûrement… le fait qu'elle m'a battu ç'a rien changé parce que… présentement on a un problème. Et puis je m'en occupe même pas… je la dérespecte, elle dit… « ah » j'ai dit : « Oh, c'est pas… la vraie solution. » Moi je dis qu'elle m'a mal éduqué. Qu'elle aurait dû prendre quelques conseils auprès de mères compétentes. […] C'est ça, je lui ai dit, pour l'emmerder aussi, mais je le pensais vraiment. Moi, je me suis dit : « Moi, qu'est-ce que je voulais que ma mère fasse ? » Qu'on s'assoie, qu'on discute bien calmement mais… [elle l'a jamais fait]. Non. Elle, elle c'est bâton. […] La plupart de mes amis, ils pensent pas comme moi. Moi, je pense comme telle affaire, telle affaire, mais eux autres ils vont pas penser. Eux autres ils vont dire : « Bon, O.K., parce que ma mère m'a battu, je vais pas recommencer. » Mais moi… c'est autrement. Parce que elle m'a battu, il faut que je me venge. Plus elle me bat, moi, plus je vais agir. C'est comme ça… c'est comme ça que j'étais. Puis j'en ai mangé des…. [bâtons]. […] Ça serait mieux comme ça [de discuter]. […] Peut-être mais une discussion il faut que ça s'arrête. Mais ma mère là, discuter là, c'est un problème. Elle parle trop. Moi, je peux pas, quelqu'un qui parle trop dans ma tête, ça m'ennuie. […] Elle parle trop, puis je m'ennuie. Je sais pas, quelqu'un d'autre peut parler. Mais quand c'est elle qui parle… je vais rester comme ça. Ah… bouger comme ça, bouger, je suis pas capable d'écouter parler. Je suis pas capable.

Un garçon de 18 ans établit, quant à lui, un lien de cause à effet entre les relations tendues avec son père et sa participation à une gang de rue. Même s'il possède un casier judiciaire chargé, ce garçon prétend que c'est avant tout à cause de son père s'il était en centre d'accueil au moment où nous l'avons rencontré.

Dans mon cas, [si j'ai rentré dans une gang,] c'est [parce] que j'avais une mauvaise relation avec mon père. Puis chez nous ça marche que mon père c'est lui qui dirige tout. Tu comprends. […] T'sais comme moi j'étais… bon, tout le temps en chicane avec mon père. Fait que… j'étais tout le temps dans ma chambre, tout le temps tout seul. J'étais isolé des autres. De mes sœurs, mes frères. Tu comprends. Puis quand t'es dans une gang de rue, ben t'es avec tes chums. Puis là eux autres ils te valorisent, tu comprends. Ils disent : « Ah, t'es… t'sais, il faut pas que tu écoutes ton père. Nous autres on sait que t'es bon. Tu comprends. T'as des… t'as du potentiel. » C'est comme… Ils sont en train de te faire un lavage de cerveau, mais sans t'en rendre compte, tu comprends. [Ils te] valorisent, te valorisent, puis là toi tu penses : « Ah, eux autres c'est des vrais chums, parce que ils te valorisent comme ça. » Tu comprends. Tandis que chez vous, le monde ils ont tendance à t'abaisser. Tu comprends. Fait que là… [les gars de la gang] te redonnent confiance en toi, mais pour que tu ailles… [faire des choses] à leurs dépens.

Ce n'est qu'après coup, toutefois, qu'il s'est rendu compte qu'il avait peut-être été manipulé par les autres gars plus vieux de la gang :

Quand j'ai été au poste de police, t'sais comme j'ai commencé à réfléchir. J'ai dit : « Ben pourquoi eux autres ils ont pas été le faire le hold-up ? » tu comprends. « Pourquoi c'est tout le temps les jeunes, pourquoi c'est tout

le temps nous autres? » Puis à chaque jour je réfléchissais, le soir je réflé-
chissais encore puis… finalement… j'ai finalement compris que… ils nous
utilisaient les plus jeunes, parce que nous autres, t'sais comme… on fait un
coup, on a moins de temps [à faire en prison] *qu'eux autres, tu comprends.*

Cette prise de conscience l'amènera à dire que c'est son père tout
compte fait, qui avait raison. S'il l'avait écouté, pense-t-il, il ne serait certainement pas en centre d'accueil aujourd'hui.

Parce que moi j'allais… j'ai toujours été dans des écoles privées. Tu
comprends. Puis mon père c'est un gars qui est sévère. Mais il est pas… il
est pas sévère, mais c'est comme… il avait trop peur pour moi, tu com-
prends. Fait que là… parce qu'il avait peur pour moi, il voulait pas… il
m'évitait de sortir, de fréquenter du monde. Tu comprends. Puis moi c'est
comme… à un âge, à un certain âge, je disais : « O.K. bon, c'est beau. »
T'sais comme je suis jeune j'ai rien à dire. Mais à un autre âge, j'ai dit…
heu… « Qu'est-ce que tu fais? » t'sais comme mes chums, c'est pas parce
que je me tiens avec des gars qui font des affaires qui sont pas correctes que
forcément je vais faire des affaires, t'sais, comme pas correctes aussi. Mais
dans le fond, dans un certain sens, il avait raison, tu comprends. Il faut, il
faut que je lui donne ça. Il avait raison, mon père. Parce que si je l'aurais
écouté, je serais pas ici, tu comprends. Puis là j'aurais probablement eu ma
propre auto, mes affaires seraient toutes clean.

Même s'il se repent envers son père, il ne regrette nullement les
délits qu'il a commis. En fait, son expérience devrait lui servir un
jour, entre autres lorsqu'il fondera sa propre famille. À son tour, il
pourra prévenir ses enfants contre les dangers qui les guettent s'ils choisissent d'aller vers les gangs de rue. Il peut dorénavant parler en connaissance de cause.

Je regrette a rien pantoute. Parce que dans la vie il faut que tu fasses tes
propres expériences. C'est quand tu te brûles que tu sais que il faut pas que
tu te mettes la main là, parce que ça va brûler encore. Tu comprends. C'est
ça que ça fait… ça m'a donné une certaine maturité aussi. Une certaine
expérience de vie que je vais pouvoir… t'sais comme… redistribuer à mes
enfants plus tard. Tu comprends ou bien que… si un de mes chums, comme
l'expérience que j'ai eue, je peux lui dire, « ah O.K. », j'ai dit : « Moi j'ai
faite telle expérience. Si j'étais toi, bon… je ferais pas ça. » Tu comprends.
Je regrette pas.

L'ambivalence des rapports d'autorité au sein de la famille disparaît
toutefois lorsque les jeunes ne reconnaissent pas aux figures parentales

le droit d'exercer un pouvoir sur eux. C'est le cas de certains enfants qui n'ont jamais accepté l'autorité des beaux-parents ou qui ont été élevés par des tuteurs (étrangers ou de la famille) dont ils ne reconnaissent pas la légitimité. Le rejet des abus de l'autorité parentale est alors catégorique. En outre, on suppose que la situation serait différente si la personne en position d'autorité était vraiment leur mère ou leur père.

Une autre jeune fille de 17 ans nous parle du sentiment de révolte qu'a suscité chez elle le traitement qu'elle a subi dans une famille d'accueil haïtienne.

Moi, quand j'étais dans ma deuxième famille d'accueil, de l'âge de 6 ans jusqu'à 12 ans, je suis partie parce que j'avais fugué. Parce que… j'étais tannée de rester là, parce que elle me frappait tout le temps. Elle me disait que : « Ah oui, ta mère était d'accord. » Puis c'était pas vrai. […] Elle me faisait peur comme quoi : « Ah, je vais appeler la travailleuse sociale. » T'sais comme moi j'avais peur, j'étais sûre que, t'sais, que la travailleuse sociale allait… t'sais, allait me chicaner puis c'était une Haïtienne. Fait que je me disais : « Ah oui, elle doit être méchante », t'sais. Fait que… elle arrêtait pas de me frapper. T'sais vraiment des choses dégueulasses. Fait que… là j'avais fugué de là. T'sais c'est comme elle, quand elle me disait de faire quelque chose, il fallait que je le fasse. Parce que je savais sinon qu'elle allait me frapper. Là c'est comme… comme une sorte de révolte là… quand elle me disait de faire quelque chose, là je le faisais plus. […] Quand j'avais fugué, ils m'ont mis dans une autre famille d'accueil. Là ça l'a commencé vraiment [à aller mal]. J'allais plus à l'école. Puis je me battais à l'école. Là ils m'ont remis en centre d'accueil pour deux ans. Après ça je suis ressortie. Puis… ça l'a commencé à aller moins bien encore.

[Quand on est adolescent,] *on veut s'amuser, dans mon cas à moi, c'était plus la révolte. […] La famille d'accueil, parce qu'elle m'avait faite trop de choses, t'sais, elle me frappait. Puis plein d'affaires. Nous autres, on était trois filles en famille d'accueil, c'est comme si nous autres on était ses esclaves. Ses enfants, eux autres, ils étaient parfaits. Ils faisaient des affaires de mal, mais ils avaient pas de conséquences. [Puis] c'était pas [assez de nous battre].* Nos punitions, c'est nettoyer la maison au complet. Trois étages. Puis il fallait laver ses affaires à elle, puis… nettoyer sa chambre. T'sais c'est comme… c'est pas vraiment une famille qui est là pour t'aider, c'est pour juste faire de l'esclavage. Puis elle voulait tout le temps des filles en famille d'accueil. […] C'était des filles tout le temps qu'elle demandait. Tout le temps.*

Le recul des années n'a jamais permis à Maïta d'accepter d'avoir été maltraitée par sa tutrice. Pour elle, il est clair qu'il y a eu injustice. Le temps ne peut réparer les choses. En fait, ce qu'elle reproche avant tout à la tutrice, c'est le double traitement qu'elle réservait aux enfants selon le lien familial. De toute évidence, les enfants naturels étaient privilégiés. Aujourd'hui, si Maïta ne peut défaire le passé, elle détient cependant un pouvoir sur l'avenir. Elle est tombée enceinte et elle a choisi de garder l'enfant. Elle a décidé de fonder la famille qu'elle n'avait jamais vraiment eue. Elle veut en quelque sorte créer, entre elle et son enfant, le lien maternel privilégié qui lui a si durement manqué. Mais la maternité a d'abord été pour elle un moyen de gagner en maturité.

[Mon enfant m'a apporté de la] *maturité. J'ai plus le temps vraiment pour niaiser. Là je prends vraiment mon école au sérieux. T'sais pour l'éducation de ma fille aussi. Puis t'sais, c'est comme je sors pas souvent, comme je le faisais avant. Quand j'avais pas d'enfant, j'étais toujours sortie. J'allais dans des clubs, puis tout. T'sais, je sors, mais moins souvent. Je suis plus* [du genre] *« j'ai un enfant il faut que ça soit comme ça ». Des fois, ça* [me dérange,] *c'est normal. C'est comme mes amies me disent : « Ah, on va aller au cinéma. » « Ah ben là aujourd'hui, j'ai pas de gardienne ». Des fois, c'est normal que ça arrive. Mais, je me dis, c'est ma responsabilité. C'est moi qui a eu le choix, qui a fait le choix de le garder. Fait que* [je dois accepter] *les conséquences.* [Il y a] *des bonnes choses quand tu gardes l'enfant ou quand tu as avorté. Je sais c'est quoi les conséquences puis...* [j'ai] *plus de responsabilités aussi. C'est comme je suis plus motivée à aller à l'école, pour l'éducation de ma fille aussi.*

Les histoires de jeunes filles qui essaient, plus ou moins consciemment, en donnant naissance à un enfant de réparer ou de compenser une relation déficiente avec l'imago parentale sont nombreuses. Plusieurs garçons, également, nous ont dit avoir délaissé leurs anciennes habitudes criminelles le jour où ils ont décidé d'assumer leur paternité. Ces derniers veulent s'assurer que leurs enfants ne suivront pas le même chemin qu'eux. Ainsi, la famille peut être vue à la fois comme la source des problèmes de délinquance et la solution à ceux-ci.

Le « manque de communication » des parents avec leurs enfants entraînerait ces derniers vers des milieux comme celui des gangs de rue. C'est du moins ce que pense un grand nombre de jeunes. Voici ce que dit un jeune homme de 25 ans qui a déjà fait partie d'une gang de rue :

Parce que les jeunes ont des problèmes. Il y a ce que j'appelle un… un manque de communication chez… chez les familles noires. Tu vois, on parle surtout des gangs de Noirs là, et pas des gangs de Blancs. C'est les problèmes qui arrivent, c'est le manque de communication. Si il y a pas de communication là… le jeune qu'est-ce qu'il va faire, il va aller où est-ce qu'il y a de la communication [c'est-à-dire dans la gang].

Un autre garçon de 16 ans qui a été membre d'une gang de rue établit, quant à lui, un lien entre le manque affectif au sein de la famille et les raisons qui pousseraient un jeune vers les gangs. Il s'agit d'un garçon, soit dit en passant, qui n'a jamais vécu avec ses parents naturels au Québec.

C'est comme le gars qui fait partie d'une gang a souvent des problèmes avec ses parents, des affaires comme ça puis… ça le motive encore plus à se renfermer d'une mauvaise façon. Puis c'est ce qui… c'est ce qui incite le jeune à faire des mauvais coups. Puis à en plus finir là. […] *Ah c'est comme, je suppose… t'sais comme c'est le manque d'amour qu'ils ont pas. Parce que… les parents…* […] *eux autres, c'est comme,* [ils] *peuvent pas vraiment donner de l'amour… parce que la plupart du temps ils travaillent tous pour survivre. Il faut que l'enfant survit, puis l'enfant connaît pas nécessairement une enfance heureuse. Là ils voient l'opportunité devant lui, cette opportunité-là c'est ses amis. Puis il est heureux avec ses amis. Il reçoit un peu d'amour, mais c'est pas l'amour des parents quand même. Ouais* [parce] *qu'avec cet amour-là t'sais comme, il y a un peu de la haine, t'sais.*

Mentionnons par ailleurs que parmi tous les jeunes que nous avons rencontrés et qui ont fréquenté le milieu des gangs de rue, un seul a prétendu avoir une mère très compréhensive qui communique beaucoup avec lui. Selon ce garçon de 17 ans au dossier délinquant très chargé, que nous avons rencontré en centre d'accueil, il aurait peut-être été préférable, parfois, que sa mère le batte au lieu de lui parler. Il aurait alors mieux compris que ses actes étaient graves et qu'il ne fallait pas agir ainsi. La trop grande compréhension de sa mère lui aurait en quelque sorte plus nui qu'aidé.

Ma mère c'est sûr, t'sais, comme en tant que mère, elle aime pas ça [mes affaires criminelles]. *Mais… si elle me dit :* « [Mon garçon,] *bon… t'sais, tu sais ce que tu fais, t'sais tu as ta tête à toi. Tu sais ce que tu fais. Fais attention.* » *Puis, t'sais, quand j'ai reçu ma balle, elle, c'est sûr qu'elle capotait. Mais elle me dit tout le temps, t'sais, c'est sûr, qu'elle aimerait pas ça que je sois dans ces choses-là, mais… Elle a tout le temps essayé de me parler, mais ç'a pas marché. Elle relaxe. Parce que maman c'est une dame qui est très relaxe. Elle est pas sévère comme mère haïtienne, elle est pas sévère. [Parce] qu'il y a des mères haïtiennes qui sont vraiment sévères, comme t'sais ma mère moi elle m'a jamais battu. Il y a, t'sais, des jeunes… heu… de mes amis que je connais, t'sais qui se faisaient battre par leur… par leur mère puis toute ça. Moi ma mère m'a jamais battu. Elle m'a tout le temps parlé puis toute ça. Mais je pense que si elle m'avait battu, j'allais comprendre plus, si elle m'avait battu, j'allais comprendre plus. Non.*

Ce contre-exemple n'en est pas vraiment un. Il faut savoir que le garçon en question ne voit pas en ce moment comment il pourra échapper aux griffes de la criminalité, malgré son désir. Il ne peut qu'imaginer que sa vie serait aujourd'hui meilleure s'il n'était pas tombé dans ce qu'il appelle le « piège » des gangs de rue. Comme il croit qu'il ne contrôle plus son avenir, il s'invente des scénarios qui lui auraient peut-être permis de suivre un autre parcours de vie. La relation singulière (pour un jeune Haïtien) qu'il dit avoir avec sa mère est une des choses parmi d'autres qu'il remet en question, étant donné le sentiment qu'il a d'être prisonnier de ses actions passées.

Les parents, les enfants et le système : les voix concordantes de la discorde

Les jeunes ne sont pas les seuls à se référer aux modèles que leur propose la société d'accueil lorsqu'il leur arrive de défendre leur point de vue. Certains parents le font aussi. Comme nous l'avons dit, les jeunes d'origine haïtienne fondent en grande partie leur critique sur la sévérité des corrections que leur infligent leurs parents en s'appuyant sur le fait qu'il est proscrit par la loi de battre un enfant. Il n'est pas rare qu'un enfant menace son père ou sa mère de le dénoncer à la police s'il le bat ou s'il est trop sévère avec lui. Les parents, qui ne sont pas dupes, savent contourner ces menaces, quand ils n'en font pas carrément fi. Il est en effet aujourd'hui de plus en plus fréquent que des parents dénoncent leurs enfants aux autorités. Cela arrive, en général, lorsqu'ils croient avoir perdu le contrôle de leurs enfants. Toutefois, il existe aussi des situations où des parents qui ne souhaitent pas se laisser mener par leurs enfants réussissent à retourner contre ces derniers les menaces qui leur étaient adressées. Ainsi, l'histoire de ce garçon qui, mal lui en prit, a menacé son père de le dénoncer à la police s'il osait le battre.

[Depuis que je suis arrivé au Canada, il y a deux ans, il y a un événement qui m'a marqué en particulier.] *Ben c'est parce que avant, là, j'habitais chez mon père. Puis il y avait quelque chose qui s'est passé puis il m'a… il m'a mis à la porte. Si vous voulez, je peux vous expliquer ce qui s'est passée. Oui, ben c'est… la première chose qui s'est passée, c'est parce que… mon père il est baptiste. Puis moi je fais pas partie des baptistes, je suis catholique. Mais à chaque… chaque fois il veut que j'aille à l'église. Je dis : « Non. Je veux pas y aller à l'église. Je suis catholique, tout ça, tout ça. » Puis… avant, là, j'avais des amis, mais… quand ils m'ont amené à* [une fête,] *il y a des fois que je suis arrivé en retard chez moi. Mon père… minuit, onze heures, mon père était pas d'accord avec ça… Mais un jour, là, je suis arrivé à minuit chez moi, puis il a décidé de me battre. Puis j'ai dit : « Non, tu peux pas me battre », si il me battait j'appelais la police. Puis lui il a pris un téléphone avant, puis il a appelé la police. Puis il a dit à la police que je suis un criminel. Que je lui avais fait des menaces de mort. Puis… je pouvais pas rester chez lui. Il fallait absolument qu'il me mette à la porte.*

Plusieurs parents haïtiens n'hésitent pas à dénoncer aux autorités publiques les enfants qui dérogent à leurs consignes. Cette constatation nous a d'abord frappés puisque, selon le discours dominant à l'intérieur de la communauté, les parents seraient plus des « victimes » de la loi de la « protection de la jeunesse » que des personnes qui y ont recours de leur plein gré. En effet, lorsque nous avons entrepris nos recherches dans la communauté haïtienne, en 1993, les intervenants communautaires ainsi que les parents nous répétaient sans cesse que plusieurs enfants étaient arrachés à leurs familles à cause de la méconnaissance que les représentants des institutions de la société d'accueil ont des modèles éducatifs haïtiens. On racontait que les parents étaient injustement accusés de négligence envers leurs enfants, alors que dans les faits ils agissaient pour leur bien. Ils punissaient leurs enfants non pas pour leur faire du mal, mais pour qu'ils restent dans le droit chemin. La correction est, en effet, vue comme un moyen de persuasion hérité de la tradition et non comme une manière d'infliger des sévices aux enfants.

Faut-il en déduire que, ces dernières années, les parents haïtiens ont changé leur fusil d'épaule et qu'ils ont décidé de jouer le jeu du système ?

Pas nécessairement. En général, ces parents s'en remettent à l'autorité du système lorsqu'ils jugent que la leur n'a plus l'effet dissuasif attendu sur leurs enfants. Aussi pensent-ils que le système peut peut-être réussir là où eux ont échoué. Ils lui demandent d'exercer sur leurs enfants un contrôle qu'eux-mêmes ne sont plus en mesure d'effectuer. Il y a lieu, par ailleurs, de se demander si cette façon de faire ne s'inscrit pas dans la tradition du « plaçage » qui est chose courante en Haïti.

Quoi qu'il en soit, il semble que ce soient surtout les jeunes filles qui subissent cette façon de faire des parents haïtiens. Du moins, la majorité de celles que nous avons rencontrées en centre d'accueil affirmaient y avoir été placées sous l'initiative de leurs parents. Au centre des litiges les plus souvent évoqués se trouve le contrôle des sorties et des fréquentations. Sur ce chapitre, il semble que les parents haïtiens soient plus exigeants envers leurs filles qu'envers leurs garçons. Même si les garçons doivent également répondre de leurs actes face à leurs parents, ils jouissent d'une plus grande latitude que les filles. C'est un peu comme si l'honneur de la famille pouvait être plus facilement terni par la jeune fille que par le garçon. La différence de traitement entre les garçons et les filles fait souvent l'objet de disputes avec les parents. La jeune fille accepte mal que ses parents lui fassent moins confiance qu'à son frère. En outre, lorsqu'elle se retrouve dans le dédale des institutions correctionnelles québécoises à cause de la dénonciation de ses parents, la jeune fille déplore souvent que ces derniers aient agi trop vite. Elle croit qu'ils auraient pu adopter une solution intermédiaire au lieu de l'envoyer directement en centre d'accueil. Elle pardonne difficilement leur intransigeance et les tient en grande partie pour responsables de ses malheurs actuels. Une telle perception est peu susceptible à court terme d'améliorer ses relations avec ses parents.

Une jeune fille de 15 ans nous explique qu'elle a beaucoup de difficulté à pardonner à ses parents de l'avoir placée en centre d'accueil, et que si elle pense dans l'avenir les écouter davantage, c'est seulement afin d'éviter les problèmes jusqu'au jour où elle atteindra sa majorité et volera enfin de ses propres ailes :

J'ai des rapports nébuleux [avec mes parents]. *Des rapports très tendus. Parce que je leur en veux beaucoup de m'avoir mis en centre d'accueil. Je sais que je peux dire… je peux dire j'étais pas parfaite là. J'étais pas un ange là. Mais je pense qu'ils ont été vite au… t'sais genre ils auraient pu… t'sais ils auraient pu arranger ça autrement.* […] *Sérieusement là… j'ai pas l'intention d'arriver* [un jour à comprendre mes parents]. *Parce que j'ai 15 ans maintenant. Puis tout ce que je vais faire, c'est que je vais faire mes affaires. Je vais faire tout ce qu'ils veulent pour qu'ils me laissent tranquille, mettons, là. T'sais comme… je veux dire sans qu'ils se mettent à me charger dessus. Puis, je pense qu'à 18 ans, moi je vais où ? Bye-bye ! Parce que je sais que ça pourrait pas marcher. Je sais que chez nous ça pourrait pas marcher. Parce que j'ai quand même… j'ai quand même de la misère à pardonner, parce que… ils auraient pu me mettre* [ailleurs qu'à] *Notre-Dame-de-Laval, là c'est un centre fermé. Moi j'avais 14 ans, à mon premier placement à N.D.L. Ils auraient pu me mettre en foyer de jour.*

Espace familial et espace social : l'impossible perfection

Les jeunes acceptent mal l'immixtion de leurs parents dans leurs affaires privées, en particulier les affaires de cœur. Les jeunes filles sont les premières à s'en plaindre. Les parents veulent exercer un œil vigilant sur leurs fréquentations. Il en va du bien de la fille et de la réputation de la famille. Nombreuses sont les jeunes filles qui nous ont révélé que les problèmes avec leurs parents ont commencé à s'envenimer le jour où ces derniers leur ont interdit de sortir avec un garçon. Dans certains cas, les parents iront jusqu'à recourir aux moyens que leur offre la justice pour mettre fin à une relation amoureuse, surtout s'ils pensent que le soupirant magouille avec les milieux criminels ou s'il est majeur et beaucoup plus vieux que sa bien-aimée. Il s'agit parfois d'un cercle vicieux : plus les parents s'en mêlent, plus ils éloignent leur fille d'eux et la rapprochent de ce fait de celui dont ils souhaitaient qu'elle s'éloigne. L'incompréhension des parents devient alors pour la jeune fille un prétexte supplémentaire pour leur donner raison en les contredisant.

Voici comment une jeune fille de 16 ans nous raconte l'histoire parallèle de ses démêlés avec la justice et de l'ingérence de sa mère dans sa vie amoureuse. Dans ce cas, les inquiétudes des parents étaient justifiées par la grande différence d'âge existant entre leur fille et son ami de cœur. Les parents soupçonnaient également que l'ami en question frayait avec les milieux criminels. Cette histoire rocambolesque met bien en perspective les effets pervers du cercle vicieux dont nous venons de parler.

Ah, je suis entrée en [centre d'accueil] *mais... c'est pas vraiment de ma faute. C'est pas juste de ma faute. Tu comprends. Parce que j'ai un chum. O.K. il est plus âgé que moi. Il a 25 ans. Puis moi j'en ai 16. T'sais, c'est une grande différence. Puis ma mère, elle a pas accepté. Donc, heum... elle a faite une plainte à... à un policier. Détournement de mineure. C'est toute ça. Puis... j'ai dit que je l'aimais, puis toute ça, mais t'sais ils l'ont arrêté pareil. À... son travail. Heum... t'sais ils ont fait des choses que moi je comprends pas encore là. Ça fait un an que ça s'est passé, mais... je comprends pas encore. T'sais, ils l'ont arrêté de... t'sais, devant toutes les personnes de son entourage, où est-ce qu'il est au travail pour agression sexuelle. Et c'était détournement de mineure au début. Puis là c'était rendu agression sexuelle. Les menottes, à genoux, tout, t'sais. Toute le tralala. Puis il a perdu sa job en plus. Tu comprends. Puis je l'ai dit que je l'aimais. Mais ils l'ont relâché.* [J'ai dit que j'étais consentante.] *Là, t'sais, ils l'ont relâché.*

Puis là, t'sais... ça fait... t'sais, un paquet d'affaires là, rien que parce que j'aime un gars. Puis lui, il est haïtien. [...] [*Puis à la suite de ça,*] *ah pas juste ça là, mais* [à cause de] *ma mère... t'sais, j'ai commencé à entrer tard, parce que j'étais très fâchée pour ça. T'sais... j'étais pas capable de vraiment... mais maintenant je suis capable... de l'exprimer, mais avant j'étais pas capable... Je sais pas mais... je parle pour toi là, mais... t'sais, dans ta famille, la relation que tu as entre parents et filles et enfants là, tu peux pas vraiment répliquer puis même...tu peux pas vraiment t'exprimer. Puis moi j'avais ben de la difficulté. J'avais de la difficulté avec ça. Puis moi, comment je le montrais que j'étais contre, c'était que je rentrais tard. Puis... j'étais avec lui, puis t'sais je rentrais vers une heure. Puis j'avais encore mon uniforme* [d'école] *sur le dos. Puis... je me ramassais là en musique avec un 33 %. Puis c'était pas mon genre.* [...] *Puis après ça, t'sais ma mère, quand je rentrais tard, maman me battait. Puis, t'sais, il y avait plein d'affaires là qui se passaient. Puis à un moment donné je suis passée deux semaines sans pouvoir marcher. T'sais... je boitais... Il y a plein d'affaires qui se sont passées. Puis à un moment donné je suis partie. Je suis partie chez... mon chum pendant deux semaines. Puis après ça, heum... la police est arrivée. Puis là ils m'ont mis en centre d'accueil. Ben je suis pas entrée en centre d'accueil tout de suite. Je suis allée à l'Escale. Toute ça. Après ça... heum... je suis restée à l'Escale assez longtemps.* [...] *Je passais presque toutes les centres là, puis je revenais à chaque fois, à chaque jour à l'Escale. Après ça je suis passée en cour. Puis le même mois, je partais en fugue. Mais c'était même pas prévu. J'étais tellement énervée là. T'sais, j'avais un an de placement. Parce que… parce que j'aimais un gars. Tu comprends. Puis je suis partie en fugue. Comme ça, je suis revenue* [un mois et demi plus tard]. *Mais t'sais les policiers ils m'ont pris puis toute ça. Là après ça, je suis restée au centre* [d'accueil]. […] *Puis en plus, j'étais en restriction avec mon chum. J'avais pas le droit de* [le voir] *puis en plus c'est une restriction judiciaire. Puis c'est pour ça que je suis partie en fugue. J'avais pas le droit d'y parler. Pas le droit d'y téléphoner. Pas le droit de me voir. A rien là.* […] *J'étais partie chez lui.* […] *Après ça je suis revenue. Là j'ai faite comme… je* [me comportais] *d'une façon que je me reconnaissais plus là. J'étais vraiment rendu tough là. Tout le monde avait peur de moi. Puis… on faisait des thérapies de groupe. Puis je calais les filles. T'sais, je faisais exprès pour les faire pleurer. C'est comme si ça me remontait, moi. Mais au fond, t'sais, c'était rien.*

L'histoire que vous venez de lire n'est pas un cas isolé. Les inquiétudes des parents lorsque leur jeune fille fréquente un garçon qui est plus vieux qu'elle ou qu'ils croient être un « vagabond » les incitent très souvent à intervenir par tous les moyens pour mettre fin à cette relation. Plusieurs jeunes filles nous ont dit qu'il s'agissait de l'un de leurs principaux points de discorde avec leurs parents. Du moins, celles qui ont été placées par ces derniers en institution y étaient toutes en grande partie à cause de leurs « mauvaises fréquentations ». Une jeune fille de 16 ans qui vivait auparavant avec sa mère et son beau-père en fait la remarque. Selon son père, dit-elle, sa mère serait même un peu jalouse de ses « chums » !

[Les principaux points de disputes avec mes parents sont] *si je sors avec un gars, puis ils sont pas d'accord que je sors avec. Ils vont me jeter de la marde pour ça.* [C'est-à-dire] *qu'ils vont m'engueuler. Ils vont me dire qu'ils veulent que je voie plus ce gars-là. Mais quand je sors, ils peuvent… ils me laissent pas sortir. Des affaires comme ça.* [J'ai différents types de chums.] *Mon père, ce qu'il me disait… ce qu'il m'a dit, c'est que maman, elle m'aimait, puis qu'elle est un peu jalouse quand je sortais avec des gars, qui sont toutes plus vieux que moi. Fait que, elle aime pas ça. C'est un peu pour ça aussi qu'elle m'a enfermée en centre d'accueil.*

Les différends entre parents et enfants concernent tous ni plus ni moins la marge de manœuvre dont disposent les jeunes entre l'espace familial et l'espace social. Les parents veulent s'assurer qu'il y a une continuité entre les valeurs privées de la famille et les pratiques publiques de leurs enfants. Les jeunes conçoivent plutôt une rupture entre les pratiques familiales et les valeurs de la société. S'ils respectent l'autorité parentale au sein du foyer, ils trouvent par contre celle-ci incohérente par rapport aux réalités de la vie d'aujourd'hui. Conscients de la discontinuité entre l'espace privé de la famille et l'espace public de la société, plusieurs jeunes qui gravitent autour des milieux marginaux adoptent un double registre identitaire : à la maison, ils jouent à l'enfant modèle ; à l'extérieur, au petit caïd ou au vagabond. Les deux identités sont séparées. Elles ont chacune leur sphère précise d'action. Dans les deux cas, les conduites sont déterminées par le rapport à l'autorité : le respect de l'autorité parentale dans un cas et l'imposition de son respect (et de son autorité) dans l'autre. Même s'il existe une rupture entre les deux registres identitaires, les jeunes vont de l'un à l'autre en poursuivant des objectifs similaires d'intégration. On souhaite satisfaire ses parents en réussissant socialement. L'adhésion à une gang ainsi que les activités criminelles sont alors vues comme un moyen subversif de faire sa place dans la société. Certains jeunes n'hésiteront pas à partager les fruits du crime avec leurs parents en leur faisant accroire qu'ils ont travaillé pour les obtenir. Un jeune garçon de 16 ans nous explique comment il procédait :

Les activités criminelles, ça prend une grande place. Mais c'est comme le vendredi, le samedi puis le dimanche, tu fais la belle vie, t'sais. Je me rappelle quand moi j'étais dans une gang, le vendredi, samedi… j'arrivais avec plus d'argent que mon oncle. Lui qui travaillait, dans les affaires d'ordinateurs, puis qui fait beaucoup d'argent, t'sais. J'arrivais avec des 500, 1 000 $ dans ma poche comme ça. Pour dépenser pour la fin de semaine. Puis chaque semaine, j'avais le même nombre d'argent, puis c'est comme si ça suivait. Puis je vivais vraiment la belle vie. T'sais, j'amenais, je faisais des cadeaux un petit peu à ma tante. Une télévision, t'sais. Elle s'est posé la question, puis moi je lui ai dit que j'ai travaillé comme pour payer. Elle m'a pas vraiment cru, mais elle l'a pris à cause que c'est un cadeau que j'y avais fait et que j'y avais offert.

Les adultes ne se laissent pas tous berner. Mais comme la tante de ce garçon, plusieurs ferment les yeux et acceptent les salades que leur racontent leurs enfants. Ils feignent de ne pas connaître les activités de leurs enfants à l'extérieur ou, parfois, ils jouent le jeu et disent à qui veut l'entendre que leurs enfants travaillent, à la fois pour ne pas ternir la réputation de la famille et pour maintenir une distance entre l'espace public et l'espace privé.

Les parents tiennent à tout prix à avoir des « enfants parfaits ». Ces derniers le leur reprochent car ils ne peuvent être à la hauteur. Ils savent que cette perfection n'existe pas et ils cherchent à contourner les contraintes que celle-ci sous-entend. À défaut d'être l'enfant idéal à la maison, certains jeunes déploieront tous les moyens pour réussir à l'extérieur, même si cela les amène à « faire plus de gaffes », comme le souligne une jeune fille de 16 ans qui est proche du milieu des gangs de rue sans toutefois en faire partie :

[Selon moi] *les* [principaux] *problèmes* [des jeunes,] *ben c'est les parents qui ont une grosse dette là-dedans aussi. Parce que les parents haïtiens essayent trop de rendre leurs enfants parfaits. Comme t'sais, comme dans toutes les filles… ben moi j'ai pas été élevée comme ça, mais comme il y a des filles comme… je regarde, t'sais, comme si leurs parents, ils vont les renfermer super gros. Ils vont leur empêcher de faire plein d'affaires. Puis… c'est ces jeunes-là… qui vont sortir, c'est là qu'ils vont faire plus de gaffes. T'sais, parce que ils… vont pas savoir puis toute. Moi je trouve que c'est… ou bien ils vont vouloir… heum… montrer que… ils sont plus comme… eux autres aussi ils sont pauvres et ils vont vouloir se faire accepter. C'est là qu'ils vont faire des affaires…*

Un garçon de 17 ans, proche également du milieu des gangs de rue, trouve quant à lui démesurée l'exigence de perfection que nourrit sa mère à son endroit, d'autant plus qu'elle a recours à des moyens de persuasion qu'il trouve périmés et qui sont le résultat du « lavage de cerveau » qu'elle a subi en Haïti :

[Les parents haïtiens sont] *trop sévères avec les jeunes. Parce que quand ils viennent au Canada, c'est pas du tout la même chose. Parce que là-bas, t'sais, ton enfant c'est comme… il est supposé te respecter au max. T'sais… les parents… c'est… les aînés comme. Ton frère… ton frère a le droit de te dire de faire ci, si tu le fais pas, il dit à les parents. Puis les parents vont te dire de le faire, puis tu vas être obligé de le faire. C'est… qu'ici c'est pas la même chose. T'sais, ici tu peux dire moi ça me tente pas de le faire. Ici si ça te tente pas de le faire, tu vas en subir les conséquences. T'sais. Mettons que tes parents ils pourraient agir avec violence. Comme surtout ma mère, elle l'a faite. [Elle a eu recours à la violence] physique. T'sais [il arrive] qu'elle me batte. J'ai été blessé. Toutes sortes d'affaires. C'est beaucoup, c'est beaucoup plus un petit coup avec des fils. T'sais, les parents, ils*

ont un petit [tour ancien] *d'eux autres, dans leur poche, t'sais. Ils sont...*
comme ça, c'est brainwash. C'est comme : « *Soit ton enfant parfait.* » *Mais*
il y en a pas d'enfant parfait ou d'adolescent!

La pression de la perfection qui s'exerce sur les enfants est au moins
double. D'une part, ils doivent être de parfaits enfants haïtiens à la maison ; d'autre part, ils sont porteurs de la réussite sociale de l'immigration de leurs parents. Cette double pression est parfois paradoxale aux
yeux des jeunes. On exige d'eux qu'ils se conforment à la tradition et en
même temps qu'ils soient performants au sein des institutions
modernes de la société. D'un côté, les parents poussent leurs enfants vers
l'autonomie sociale ; de l'autre, ils veulent que leurs enfants restent le
plus dépendants possible de la famille et de son autorité. Ils imaginent
leurs enfants comme leur « bâton de vieillesse » et sont déçus lorsqu'ils
se rendent compte que ce ne sera pas le cas.

L'impact de la déstabilisation des structures familiales

Revenons au tout début de ce chapitre consacré à la famille, alors
que nous nous demandions s'il fallait distinguer entre un modèle plus
traditionnel de la famille et un autre plus moderne. Si nous avons
souligné l'existence d'une telle distinction, c'est parce qu'on l'utilise
régulièrement pour opposer les types courants de familles qu'il y a au
Québec et en Haïti. Nous avons précisé qu'il est très difficile de dresser
un portrait juste de ces modèles de familles. Dans tous les cas, nous
sommes en face d'une représentation idéalisée qui correspond vague-
ment à la réalité. Nous croyons cependant qu'il est important de se
pencher un peu plus sur les fondements de ces représentations. Du
moins, dans le cas des familles haïtiennes, on doit savoir ce qui change
ou ne change pas depuis Haïti jusqu'au Québec. Il faut se demander
également, s'il y a lieu, comment s'opèrent ces changements et en quoi
ils modifient l'organisation de la structure familiale. Ces interrogations sont essentielles, car les modèles culturels sont pour une large part
assimilés de façon inconsciente par les personnes, et les représentations
que l'on a de ces modèles reflètent en grande partie l'idée que l'on se fait
de la norme. Ces représentations sont, de leur côté, responsables des
comportements et des attitudes des personnes lorsqu'il s'agit de comprendre une situation donnée et d'y réagir. Dans le cas de la famille, ces

représentations prennent le plus souvent l'allure d'une opposition inconciliable entre le modèle haïtien et le modèle québécois. Aussi faut-il connaître la logique sur laquelle repose cette prétendue opposition. On doit également essayer de dégager les éléments qui échappent à la conscience, lorsqu'on tente de se situer par rapport à ses propres modèles et à ce qui menace leur intégrité.

La prise de conscience de sa propre différence culturelle (et raciale) se réalise en général lors de la rencontre avec un Autre qui est différent de soi. Avant ce moment, on est d'abord soi et nos façons de faire sont essentiellement celles de la majorité qui nous entoure. C'est en immigrant, par exemple, qu'une personne haïtienne comprend véritablement la signification de sa « négritude », même si en Haïti la reconnaissance des différences de couleurs entre les gens fait partie intégrante du processus hiérarchique de la division sociale. En immigrant dans une société en majorité blanche, l'Haïtien doit apprendre à composer avec tout ce qu'implique cette nouvelle identité noire qui marque sa personne. Ce qui est vrai pour les traits raciaux l'est également pour les traits culturels. Par exemple, on a l'habitude de parler de la famille haïtienne comme d'une « famille élargie » pour dire qu'elle réunit des membres ayant différents degrés de parenté. Il nous est arrivé une fois de vouloir parler des caractéristiques de cette famille élargie avec un intervenant communautaire haïtien arrivé depuis peu au Québec. Celui-ci a alors réagi vivement : « Non ! Non ! Non ! Excuse-moi, je n'accepte pas ce mot… le terme "famille élargie". Depuis que le monde est monde, depuis que l'homme vit en société, la famille ça rejoint le père, la mère, les grands-parents ; c'est comme la première structure que l'homme s'est donnée. On ne parlait pas de famille élargie. Ce que vous appelez, vous autre, le père, la mère, les enfants (le noyau domestique), nous on appelle ça le triangle familial. La vraie famille, c'est ce qu'on vit, nous autres. […] La famille pour moi, c'est la famille. […] Parfois j'ai des liens beaucoup plus serrés avec mon cousin éloigné proche… et on s'appelle cousin… on ne dit pas que c'est mon demi-cousin, c'est mon cousin, point. Et la femme de mon cousin, c'est ma cousine ! »

Une autre fois, toujours au début de nos investigations auprès de la communauté haïtienne, une responsable communautaire avait fait, sous forme de boutade, une remarque très évocatrice : « Les femmes haïtiennes ont appris qu'elles étaient monoparentales en immigrant. Avant elles l'étaient mais ne le savaient pas ! » Ces deux citations sur la représentation de la famille haïtienne montrent bien comment, dans le contexte de l'immigration, les modèles courants de pratiques peuvent prendre une nouvelle signification qui est en partie attribuable à l'image que la société d'accueil renvoie de ces modèles. Des façons de faire ancestrales deviennent ainsi du jour au lendemain des manières autres et particulières d'agir qui, parfois, peuvent être perçues par la majorité comme incorrectes ou « dysfonctionnelles », pour prendre une expression populaire. C'est le cas du droit parental à recourir à une « bonne punition » corporelle pour corriger un enfant qui transgresse une règle. Les parents haïtiens croient que l'abrogation de ce droit affaiblit leur autorité. Il est clair pour eux qu'ils sévissent envers leurs enfants non pas pour les maltraiter, mais parce qu'ils veulent leur bien. Ils souhaitent que leurs enfants deviennent encore meilleurs et qu'ils respectent leur autorité. Eux-mêmes ont été élevés ainsi et ils n'ont pas l'impression d'avoir été traités de façon injuste. Certains parents sont même convaincus que si la société leur permettait d'élever leurs enfants à leur manière, il y aurait probablement moins de délinquance parmi les jeunes de leur communauté. Ils s'appuient, pour dire cela, sur le fait que jusqu'à tout récemment les phénomènes de délinquance chez les jeunes en Haïti étaient à toutes fins utiles inexistants. En faisant cette affirmation, ces parents reportent en quelque sorte une part de la responsabilité de la délinquance sur le contexte particulier du Québec. En effet, à leurs yeux, la trop grande permissivité de la société québécoise à l'égard des enfants serait en partie responsable de leur « corruption ». Si les enfants n'écoutent pas leurs parents, c'est surtout parce qu'ils ont été « gâtés » par le système et leurs pairs québécois.

Il s'ensuit de cette interprétation un dialogue impossible avec les représentants de ce système, lorsque les parents doivent répondre de certains actes répressifs envers leurs enfants qu'on leur reproche d'être mauvais. Chacun s'en tient à sa version de ce qui est bien et de ce qui est mal pour l'éducation d'un enfant : pour les parents, il est tout à fait justifié de recourir aux punitions corporelles pour « corriger » un enfant ; pour les représentants du système, il est illégal de « battre » un enfant. Tout le problème réside dans les conceptions différentes que l'on a du recours à la force raisonnable qui est nécessaire pour les uns et injustifiable pour les autres. Les parents acceptent mal d'être accusés de négligence envers leurs enfants alors qu'ils sont persuadés d'avoir fait de leur mieux. Les porte-parole du système de protection de l'enfance ont pour leur part peu de propositions à faire aux parents pour qu'ils modifient leurs façons de faire. En effet, comme nous l'avons vu, la méthode de la communication parent-enfant à laquelle on se réfère souvent pour éviter la correction ne trouve pas d'écho dans les valeurs traditionnelles du modèle d'éducation haïtien. Un parent qui accepte de « dialoguer » avec un enfant après avoir pris une décision est un parent qui accepte de remettre en cause son autorité. Aussi, lorsqu'il y a « communication », celle-ci est en général à sens unique. L'enfant doit écouter ses parents et leur obéir, et il le sait.

Nous insistons sur la question de l'autorité parentale parce qu'elle est centrale. Elle revient constamment lorsqu'il s'agit de « juger » la méthode d'éducation héritée de la culture haïtienne. L'impossibilité pour les parents et les représentants du système de s'entendre tient en grande partie au fait que la compréhension de chacun se situe surtout sur le plan de la forme. D'un côté, on déplore le recours aux sévices ; de l'autre, on ne reconnaît pas l'efficacité des autres méthodes d'éducation qui s'appuient sur la « communication » et qui accordent une trop grande « liberté » d'action aux enfants. Il faut savoir, par ailleurs, que plusieurs parents essaient de contourner l'interdiction de battre un enfant en recourant à d'autres moyens tout aussi défendus par la loi mais qui ne laissent pas de marques visibles, comme le fait de priver l'enfant de nourriture ou celui de l'enfermer complètement nu dans une pièce pour être certains qu'il ne s'échappera pas de la maison ! En fait, aussi longtemps que la compréhension du problème se situera sur le plan de la forme, la recherche de solutions risquera d'être insatisfaisante pour tout le monde.

Une des données fondamentales qui semblent souvent ignorées lorsqu'il s'agit de justifier ou d'interpréter le sens que l'on prête aux modèles d'éducation haïtiens est l'immigration. Si, de part et d'autre, on est conscients, que l'immigration modifie la structure familiale traditionnelle, on connaît cependant mal l'étendue des conséquences qui s'ensuivent. Dans l'immigration, la famille perd ses ancrages traditionnels au sein de la communauté. Dans la mesure du possible, les familles tentent de se reconstruire un réseau familial qui s'apparente à celui qui existe dans leur pays d'origine. En arrivant dans la société d'adoption, les immigrés sont souvent accueillis par des parents ou des amis. Ils s'établiront par la suite dans un secteur environnant non seulement parce qu'ils veulent rester à proximité de gens qu'ils connaissent, mais aussi parce que c'est un secteur qu'ils ont appris à connaître. En général, le réseau proche de relations est assez restreint. En effet, une des premières choses dont les adultes se rendent compte en immigrant est qu'il n'est plus possible au Québec de compter sur les autres avec la même constance qu'en Haïti. Le style de vie nord-américain, l'obligation de travailler de longues heures à l'extérieur de la maison pour boucler son budget, la dispersion des familles sur le territoire sont autant de réalités qui diminuent les possibilités de rencontres entre les proches qui ne vivent pas sous le même toit. Par la force des choses, tout le monde se résigne bientôt à cette nouvelle situation et adopte sans toujours le vouloir une attitude plus individualiste. Certaines personnes acceptent plus mal que d'autres la transformation des rapports de réciprocité entre parents et ont l'impression d'être mis à l'écart et même parfois d'avoir été « trahis ».

La modification du réseau proche de parents et d'amis en contexte d'immigration est souvent compensée par la mise sur pied d'un imposant réseau de relations d'entraide et de soutien qui s'étend de la diaspora jusqu'au pays d'origine. Plusieurs personnes se constituent également un nouvel esprit familial et communautaire autour, par exemple, du lieu de culte d'appartenance ou d'autres lieux privilégiés de rencontre. Enfin, même si les gens réussissent tant bien que mal à se doter de modalités de fonctionnement en communauté qui ressemblent un peu à la vie en Haïti; dans les faits, la perte du cadre normatif traditionnel donne une tout autre signification sociale à ces modalités. Les gens pensent faire comme en Haïti alors qu'ils ne le peuvent réellement. Du moins, c'est ce qui se passe avec l'application et la reconnaissance de l'autorité parentale.

Pour que la correction ait un effet dissuasif, elle doit avoir l'assentiment social. C'est parce qu'elle a en partie un caractère public que la fessée est efficace. La honte est d'autant plus grande que les autres peuvent savoir qu'on a été puni et qu'ils donnent leur approbation. En contrepartie, il existe dans l'environnement familial et communautaire des médiateurs qui peuvent intervenir en cas de violence excessive. Par exemple, le parrain de l'enfant ou un aîné respecté peut essayer de faire entendre raison au parent qui dépasserait les bornes. Au Québec, ces médiateurs naturels sont rarement présents dans l'environnement immédiat. Leur absence est sûrement l'une des raisons pour lesquelles les formes d'abus sont plus susceptibles de survenir et de se répéter. De plus, en devenant une affaire totalement privée et cachée, la correction sévère n'a plus la même portée personnelle et sociale. Le désaveu du milieu normatif a pour effet d'extirper l'autorité réelle qui légitime l'acte punitif.

Les parents sont pour une large part inconscients des effets de la déstabilisation des structures familiales sur leur autorité. Comme dans le cas des représentants du système, leur compréhension des enjeux en cause se situe essentiellement sur le plan de la perception de ce qu'ils croient correct et de ce qu'ils croient incorrect. La transformation du cadre social normatif en contexte d'immigration a aussi d'autres conséquences pour l'organisation familiale. La dynamique des familles que l'on appelle communément les « familles recomposées » est un autre exemple de situation qui pose parfois problème. Le phénomène des familles nombreuses qui comptent sous un même toit plusieurs demi-frères et demi-sœurs est courant en Haïti. Les enfants peuvent également être élevés par d'autres adultes que leurs parents, comme leurs grands-parents ou leurs tantes et leurs oncles, et cela est tout à fait conforme à la norme. Ces familles fonctionnent de façon normale et font face aux mêmes types de problèmes que la plupart des autres types de familles. Au Québec également, il n'y a aucune raison *a priori* que ces familles recomposées vivent plus de problèmes que d'autres familles. Mais voilà, il y a une donnée très importante dont on doit tenir compte pour pouvoir comprendre la dynamique de cette recomposition familiale : l'immigration.

En Haïti, il n'est pas rare qu'un homme ait plusieurs enfants avec des femmes qui vivent dans différentes localités. Certains parlent d'hommes volages, d'autres de polygamie. Peu importe. L'inverse est aussi vrai : les femmes ont souvent plusieurs enfants de pères différents. Mais dans leur cas, en général, les enfants sont réunis dans le même lieu domestique alors que les enfants des pères sont quant à eux plus dispersés. La structure domestique de la famille en Haïti est de type « matrifocal ». La mère constitue le pilier autour duquel s'organise la reproduction domestique quotidienne. Le père incarne la figure centrale de l'autorité : il doit en théorie s'acquitter des principales charges de la famille (école, frais médicaux, loyers, etc.). En contexte d'immigration, le rôle traditionnel du père est plus susceptible de se transformer que celui de la mère dans la mesure où l'État assure une part des obligations qui lui incombaient auparavant. Il n'est pas rare que certains pères éprouvent de la difficulté à assumer leurs rôles familiaux à cause des nouvelles réalités sociales. Le chômage plus élevé chez les hommes est souvent cité comme l'une des causes de leur exclusion progressive quant à leurs responsabilités familiales. Le désœuvrement social a pour effet d'affaiblir l'autorité des pères, qui, pour cette raison, éprouvent parfois plus de difficulté à se faire respecter par leurs enfants.

La transformation des rôles parentaux influe sur la structure familiale, mais elle ne constitue pas pour autant une cause systématique de problèmes chez les enfants, même si cela arrive à l'occasion. Par contre, on constate que le phénomène des réunifications familiales représente une source importante de problèmes chez les enfants, surtout lorsque la réunification s'étire dans le temps ou qu'elle implique la cohabitation d'enfants et de parents qui ne se connaissaient pas ou presque pas auparavant. Ces deux situations sont d'ailleurs très souvent reliées. En effet, dans la stratégie d'immigration des familles, une pratique courante consiste à faire venir les enfants plusieurs années après l'arrivée des parents dans le pays d'accueil. Ces derniers prennent d'abord le temps de s'installer dans la société. Ils attendent d'avoir les moyens avant d'accueillir leurs enfants restés dans le pays d'origine. En général, on aime les faire venir un peu avant l'entrée au secondaire pour ne pas nuire à leur cheminement scolaire.

Le temps d'attente avant que l'enfant ne rejoigne ses parents peut varier. Selon les circonstances, il peut s'écouler de dix ou douze ans avant les retrouvailles. À son arrivée, l'enfant fait face à des parents qui lui sont parfois totalement étrangers. Bien souvent, d'autres changements sont à prévoir, tels que la naissance d'un ou de plusieurs autres enfants, ou encore une situation matrimoniale des parents modifiée pour cause de remariage, de divorce, etc. Devant tous ces bouleversements, certains enfants se retrouvent seuls. Ils n'ont rien à dire. Ils ne sont pas autorisés à exprimer leurs sentiments, car le parent est le seul habilité à savoir ce qui est bon pour l'enfant. Et tout ce qu'il fait, il le fait pour son bien. Il n'est pas rare d'entendre des parents déclarer : « Si je ne l'aimais pas, je ne l'aurais pas fait chercher. » Un père de famille monoparentale qui a été aux prises avec la Direction de la protection de la jeunesse rétorquait : « Vous dites que mes enfants ne sont pas bien chez moi, c'est une aberration. J'ai fait tous ces sacrifices, j'ai vendu tout ce que je possédais, je les ai emmenés jusqu'ici. Je suis leur père, c'est à moi de décider pour eux, et ils n'ont pas à se plaindre de leurs conditions de vie. Celui qui osera le faire sera renvoyé en Haïti ! »

Le mutisme dans lequel est confiné l'enfant ne l'aide pas à comprendre sa situation au sein de ces familles recomposées dans l'espace et le temps. Il lui est souvent difficile de se situer face aux (nouvelles) figures d'autorité parentale. Les rapports avec ses frères, ses sœurs, ses demi-frères et ses demi-sœurs ne sont jamais non plus tout à fait limpides. Des fratries peuvent se former dans la maisonnée en fonction du degré de parenté entre les enfants et avec les parents. Dans le cas des grosses familles, il n'est pas toujours simple de s'y retrouver, surtout lorsque l'on doit composer avec une belle-mère ou un beau-père qui nous est antipathique.

Une jeune fille de 16 ans, qui était en centre d'accueil lorsque nous l'avons rencontrée, nous parle de ses rapports particuliers avec sa famille :

Du côté à mon père, on est douze filles et garçons. Du côté à ma mère, on est juste cinq. [...] *Je les connais pas tous. Mais je peux pas dire... toute ce que je sais c'est que mon père a faite douze enfants. Puis c'est... avec plusieurs femmes différentes.* [Puis du côté de ma mère, on est] *cinq. Ben, il y a un gars puis trois filles. Mais* [ma mère] *est encore enceinte. Ben oui, pourquoi je le compterais pas ? Elle a huit mois.* [Ça va être] *une fille. Ma mère a un chum. Elle a juste des filles. Moi puis ma sœur, on est... t'sais, j'ai pas vraiment des sœurs, c'est toutes des demies. Parce qu'il y en a deux qui sont du même... ben il va en avoir trois. Mais nous, on est pas du même père, moi puis ma sœur.* [Puis ça change pas grand-chose dans les liens avec la famille parce que] *moi puis ma sœur, on se parle plus là maintenant.* [Ma sœur] *qui est de la même mère, mais pas du même père.* [On était de bonnes amies mais on se parle plus]. *C'est une longue histoire.* [...]

C'est un peu mélangé [par qui j'ai été élevée]. *J'ai été chez des amis de ma mère, des amis à mon père, chez ma tante.* [Mais principalement je dirai que c'est...] *ma tante.* [Aujourd'hui ma mère,] *je l'appelle une fois par semaine. Puis elle vient me voir au moins une fois par mois.* [...] *Ça me dérange pas. D'ailleurs je m'entends pas avec maman. Si elle vient me voir, des fois j'appelle* [pour dire qu'est pas obligée de venir]. [...] *Mon père* [lui] *est en Haïti. Ben pendant un bout de temps il était au Canada, il était au Québec avant, mais il s'est retourné en Haïti.*

[Dans la famille à ma mère, à part mes fréquentations, il m'arrive surtout de me disputer à cause de] *son chum. Parce que je m'entends pas avec. Je m'engueule avec tout le temps. Vu qu'il sait que mon père prend pas*

*trop soin de moi. Des fois il me dit : « Va chercher ton père », t'sais. « Arrête
d'appeler ici, va chercher ton père ».* [Mais] *je peux pas. Parce que mon père
il m'a jamais pris vraiment soin de moi. Fait que il dit comme ça que... je
suis une enfant bâtarde. Fait qu'il dit : « Arrête d'appeler chez nous, puis va
chercher ton père. » Fait que comme ça, moi j'appelle juste ma mère. Parce
que ma mère habite là. Fait que j'ai pas le choix, t'sais.* [...] *Parce que toute
ce que je sais, c'est qu'ils habitent à Montréal-Nord, puis qu'elle veut pas
que... que je sache son adresse.* [Mais] *ça me dérange pas.*

Plusieurs jeunes ont souligné l'ambiguïté des rapports (d'autorité)
qu'ils vivent avec leur beau-père ou leur belle-mère. Certains parmi eux
ont le sentiment d'être traités injustement quand ils se comparent aux
autres enfants de la maison. Une jeune fille de 15 ans nous explique ainsi
qu'elle est « un peu jalouse » du fils de sa belle-mère :

[Les principaux points de disputes dans ma famille, c'est] *à propos
de ma belle-mère.* [Mon père] *achète des affaires pour le fils de ma belle-
mère, puis moi je le veux aussi, fait que... je suis un peu jalouse. T'sais,
mon père me tapait des fois, parce que ma belle-mère disait que j'étais ci,
j'étais ça. Pourtant c'était pas vrai. Fait que c'est ça.* [...] *Ben il me fouettait. Comme fait les parents haïtiens, la plupart.* [Il me fouettait] *dans ma
main, dans les fesses.*

Les situations de rivalité entre les enfants des familles recomposées semblent être accentuées par le contexte d'immigration. L'éloignement de la famille de l'autre parent biologique accroît le sentiment
d'isolement qu'éprouvent les enfants, en particulier dans les moments
plus difficiles. Ces derniers n'ont alors plus de véritables personnes-
ressources à qui se confier. Dans le meilleur des cas, d'autres personnes
du réseau familial pourront prêter une oreille attentive aux besoins
du jeune. Il peut s'agir, par exemple, d'une cousine ou d'un cousin
plus vieux qui joue le rôle de confident et de conseiller auprès de l'enfant. Toutefois, parmi les jeunes qui frayent dans les milieux marginaux,
du moins parmi ceux que nous avons rencontrés, ce sont surtout les
amis de la gang qui héritent de ce rôle. En ce sens, la gang représente leur
nouvelle « famille » sur qui ils peuvent compter lorsqu'ils ont des problèmes avec leurs parents mais aussi des problèmes de toute autre
nature. Nous avons vu que la gang étend métaphoriquement les dimensions sociales du sens de la famille. Elle constitue une famille avec
laquelle on compte passer à travers les difficultés de l'existence et de l'intégration sociale.

Lorsque nous interrogions les jeunes sur leurs représentations de la famille haïtienne, plusieurs ont fait mention de l'entraide comme étant l'une de ses caractéristiques importantes. Ils se référaient soit à la famille proche, soit à la famille éloignée. Quelques-uns nous ont donné l'exemple de leur mère qui s'assure, depuis qu'ils sont seuls en appartement, qu'ils ont toujours quelque chose à manger dans leur réfrigérateur ou qui n'hésite pas à leur prêter un peu d'argent pour les dépanner. Une jeune mère de 22 ans, ancien membre d'une gang de rue, nous a expliqué qu'il y avait selon elle beaucoup d'entraide dans la famille haïtienne :

[Par exemple] *je pourrais dire, si* [tu es] *mal pris, tu peux toujours aller frapper chez maman, papa. T'sais dans le sens que ils vont pas te laisser à la porte là, t'sais. Ou si t'as pas d'argent, c'est rare que tu vas voir, comment dire, qu'ils vont te fermer la porte au nez. Qu'ils vont dire « débrouille-toi ». T'sais c'est... si tu as un problème, tu peux demander, que ce soit financier ou autre là.*

Même si plusieurs jeunes reconnaissent qu'ils peuvent compter sur l'aide de leurs parents proches, ils sont nombreux par contre à déplorer que les formes étendues de l'entraide familiale ne concernent que les adultes de la communauté. Ils se sentent mis à l'écart de ces réseaux d'assistance mutuelle. Un jeune homme de 19 ans nous dit ce qu'il en pense :

[C'est vrai que dans la famille haïtienne les gens,] *ils s'aident beaucoup... Mais c'est pas pour les jeunes. Non, ça c'est pour les adultes. Parce que... la plupart des jeunes qui ont tombé dans un dégât... comme un problème, parce qu'ils vont pas trouver beaucoup de monde pour leur aider tu comprends. Mais quand un adulte a un problème, ben il peut aller rencontrer un autre adulte. Il va expliquer quel genre de problème qu'il a. Si l'autre adulte peut l'écouter. [Ils vont] s'aider. [...] Je pourrais dire qu'un adulte ça commence... dans notre pays, un adulte ça commence à l'âge de 25 ans. Mais ici on est adulte quand on a 18 ans, c'est pas la même chose. [...] Moi j'aime... je pense que c'est mieux à l'âge de 25 ans.*

Ce dernier exemple montre bien la conception différente que les jeunes ont de la famille haïtienne selon qu'il s'agit de leur réalité ou de celle de leurs parents. Ils distinguent plus clairement que leurs parents, semble-t-il, entre la famille haïtienne en Haïti et au Québec. Si l'immigration a le pouvoir d'améliorer les conditions socioéconomiques de la famille, elle a aussi la capacité de déstabiliser les structures traditionnelles sur lesquelles repose son organisation. Les jeunes, qui en sont conscients, se sentent très souvent coincés entre ces deux faces de la situation familiale, l'une qui a de la difficulté à s'adapter aux aléas de la vie moderne et l'autre qui est incapable de reproduire avec succès ses assises traditionnelles. Le tiraillement que vivent les jeunes en ce qui a trait aux difficultés d'adaptation de leur famille est doublé par le tiraillement engendré par leur va-et-vient constant entre les modèles culturels (en apparence contradictoires) de leurs parents et de la société.

Devant les apories de l'intégration familiale et sociale, certains jeunes préféreront se créer un espace identitaire qui leur soit propre. L'espace identitaire de ces jeunes reprend à son compte la dynamique d'opposition instituée entre l'identité d'origine et l'identité de citoyenneté, tout en se situant à la marge de l'une et de l'autre. Les modèles adoptés par les jeunes des milieux marginaux se révèlent en quelque sorte une synthèse critique de leur héritage culturel dans leurs rapports conflictuels avec les institutions (discriminatoires) de la société. Ces modèles font le pont entre des systèmes de valeurs de prime abord inconciliables et transposent ceux-ci à un autre niveau de pratiques et de représentations.

CHAPITRE **8**

Horizon de sens :
une identité au pluriel

Au chapitre 2, nous avons présenté dans ses grandes lignes la toile de fond sociohistorique qui a marqué l'évolution des milieux marginaux des jeunes d'origine haïtienne au Québec. Il s'agissait essentiellement, à ce moment, de poser quelques points de repère pour nous aider à mieux situer à la fois la dynamique intrinsèque de ces milieux et leurs transformations dans le temps et dans l'espace. La réalité de ces jeunes est inséparable du contexte social élargi dans lequel ils vivent. Elle est également inséparable d'une certaine vie en communauté. La nature de cette communauté est toutefois extrêmement difficile à cerner tant ses dimensions sont à géométrie variable.

Dans ce chapitre, nous chercherons à comprendre comment le processus de construction identitaire des jeunes d'origine afro-antillaise des milieux marginaux s'inscrit dans les tiraillements entre les valeurs de la société d'accueil et les valeurs propres à une certaine communauté à laquelle ils appartiennent. L'univers culturel de ces jeunes vient en quelque sorte faire le pont entre ces deux univers culturels qui paraissent très souvent inconciliables. Toutefois, avant d'examiner quelques-unes des caractéristiques des microcultures de ces jeunes, nous évoquerons la complexité et l'utilité de la notion d'identité au pluriel ou à géométrie variable lorsqu'il s'agit de comprendre le phénomène de la marginalité et d'en replacer la signification dans sa globalité.

Une identité sociopersonnelle à géométrie variable

L'univers identitaire de chaque personne est bâti, dans une société pluraliste, à même plusieurs sources d'influence. Ces différentes influences constituent autant d'ancrages communautaires potentiels autour desquels se constituent les réseaux d'identification de la personne. Le sens de la communauté varie en quelque sorte en fonction des pratiques des personnes qui font partie des mêmes réseaux d'identification. Ainsi, la communauté est sujette à se transformer comme entité non seulement dans le temps et dans l'espace, mais aussi selon la mouvance des personnes à partir desquelles elle rayonne. La communauté n'existe pas en dehors des personnes qui la composent. Or, ces personnes constituent autant de dimensions singulières et irréductibles de la communauté. À la limite, il existerait autant de façons de vivre la communauté qu'il y a de personnes qui s'identifient à elle.

À l'égal de la société, la réalité de la communauté ethnoculturelle est pluraliste. La communauté d'appartenance des jeunes d'origine haïtienne au Québec ne serait en ce sens pas tout à fait la même que celle de leurs parents. La nuance est importante, car elle implique que nous devons redoubler d'attention lorsque nous associons une personne — jeune ou moins jeune — à une communauté ethnoculturelle en particulier. Ce faisant, voulons-nous seulement signifier son origine identitaire ou désigner plutôt une façon distincte qu'elle a de vivre en commun ? Une fois de plus, le sens de l'appartenance à une ou à des communautés est susceptible de changer selon les personnes, dans la mesure où chacune d'elles appartient à plusieurs réseaux d'identification.

Bref, il faut être vigilant lorsque l'on parle par exemple, des jeunes de la communauté haïtienne comme formant un seul bloc. Non seulement les frontières sociopolitiques de cette communauté sont floues, mais l'expression peut camoufler, quand elle n'est pas nuancée, un processus d'exclusion de ces jeunes du reste de la société. Cette volonté d'exclusion peut venir de l'intérieur comme de l'extérieur et avoir ainsi, selon le cas, une connotation positive ou négative pour les principaux intéressés.

L'idée d'une communauté multidimensionnelle à géométrie variable offre cependant plus de latitude lorsqu'il s'agit de comprendre le processus de construction identitaire des jeunes, en l'occurrence les jeunes d'origine afro-antillaise qui frayent avec les milieux marginaux. Ce processus est d'autant plus difficile à saisir qu'il est « situé », souligne Erikson (1972 : 18), « *au cœur de l'individu* ainsi qu' *au cœur de la culture de sa communauté* ».

> Ce processus « s'amorce » quelque part dans la première « rencontre » véritable de la mère et de l'enfant [...]. [...] Cependant, c'est pendant l'adolescence que ce processus atteint sa crise normative, déterminé qu'il est par tout ce qui précède et déterminant en grande partie ce qui suit. [...] La discussion sur l'identité ne peut séparer la croissance personnelle des changements sociaux — pas plus d'ailleurs [...] qu'on ne peut dissocier la crise d'identité, au sein de l'existence personnelle, des crises contemporaines inhérentes aux mutations historiques, car l'une comme l'autre se définissent réciproquement, c'est-à-dire sont véritablement corrélatives. En fait, l'interaction complète entre le social et le psychologique, entre la croissance et l'histoire, en face de quoi la formation de l'identité a valeur de prototype, peut se concevoir uniquement comme une sorte de relativité psychosociale (*ibid.* : 19).

La « relativité psychosociale » de la formation identitaire se doit de tenir compte du caractère multidimensionnel variable de la communauté, qui suppose l'existence non seulement d'une culture, mais de plusieurs cultures à partir desquelles la personne se situe et se définit. La pluralité culturelle de la communauté d'appartenance est elle-même en interaction dynamique avec le contexte social d'ensemble. De sorte que le processus personnel de la formation de l'identité peut ballotter dans un va-et-vient multiple entre la communauté et la société, du moins lorsque ces deux réalités se distinguent l'une de l'autre par des aspects culturels spécifiques, voire parfois opposés. C'est le cas d'une majorité de communautés immigrantes qui sont issues de pays du Sud ou de traditions non occidentales.

Lors de la constitution de leur identité sociopersonnelle, les jeunes de ces communautés sont soumis au phénomène de l'entre-deux cultures. Dans leurs cas, les rapports intergénérationnels sont doublés par des rapports interculturels. Lorsqu'il y a un choc des générations, il y a aussi la plupart du temps un choc culturel. La forme que prend l'imbrication de ces deux « états de choc » dépend en grande partie du degré d'ouverture et de fermeture qui caractérise la dynamique de la communauté au sein de la société, ainsi que de la position des parents ou des tuteurs face à cette dynamique. Bref, pour que les tensions intergénérationnelles et interculturelles se juxtaposent dans un même processus, elles doivent d'abord exister. Parfois, ces tensions sont vécues dans des espaces-temps différents et ne se rejoignent qu'*a posteriori* chez la personne.

Le vide créé par l'entre-deux des générations et des cultures sera en partie comblé par la constitution d'un nouvel espace identitaire spécifique de la réalité des jeunes. Le rayonnement de cet espace identitaire est multiple. Il s'inscrit entre plusieurs champs de tension et de résistance à la fois de type social, culturel, familial et personnel. Il s'oriente sur différents points de repère que la personne essaie tant bien que mal de conjuguer afin de fonder sa propre logique d'actions et de représentations. Il s'agit d'un espace identitaire en constante évolution. Son statut varie au gré des ruptures et des rapports d'interdépendance que chaque personne établit avec ses différents milieux de vie et réseaux d'identification. Il est fréquent que ces variations cohabitent dans un seul et même discours, surtout lorsqu'on demande à une personne de se situer par rapport à ses différentes sources d'identification. Dans ces moments, les tiraillements identitaires deviennent ambivalents. La personne essaie alors du mieux qu'elle peut, sans toujours s'en rendre compte, de trouver une cohérence entre différents univers de référence souvent opposés. C'est dans cette difficile, voire impossible, cohérence entre des univers de référence distincts que la personne élabore en général son propre espace de pratiques identitaires.

Les tiraillements entre les représentations de leurs origines et les modèles culturels de la société d'accueil constituent pour plusieurs jeunes issus de l'immigration ou d'unions mixtes l'une des principales sources d'ambivalence identitaire. Il leur est souvent très difficile, au moment de l'affirmation de leur identité sociopersonnelle, de concilier véritablement ces différents univers de référence. Par exemple, une jeune

fille de 14 ans née au Québec d'une mère haïtienne et d'un père jamaïcain a réglé son problème d'identification culturelle en disant qu'elle est
« les trois » :

*Moi, je suis pas raciste. Parce que je suis pas raciste. Mais je suis obli-
gée de dire que je suis à Montréal. Je suis obligée de dire que je suis…
comme si je vais à l'école, je vais pas dire que je suis jamaïcaine comme ça.
T'sais, je suis née à Montréal. Je suis au Québec. Je suis bien mieux de dire
que je suis québécoise, d'origine jamaïcaine, haïtienne. J'ai toujours dit ça,
t'sais. J'ai pas vraiment… je me sens pas plus québécoise, je me sens pas
plus jamaïcaine, je me sens pas plus haïtienne. Je suis les trois. Je suis les
trois. Mais… je vais pas… c'est parce que je suis née au Québec, et qu'ils
s'en vont, que je vais commencer à parler québécois. Oublie ça. Je parle
comme je parle. Si j'ai un accent jamaïcain, ou je sais pas haïtien, ben ça
reste comme ça. Je suis faite de même.*

Même si, intérieurement, elle ne se sent pas plus québécoise qu'haïtienne ou jamaïcaine, il en va tout autrement lorsqu'il s'agit d'affirmer
socialement sa différence. Dans ce cas, l'identité noire en vient à trans-
cender l'ensemble de ses identifications ethnoculturelles. Il n'y a alors
plus d'ambiguïté sur son identité. Elle est noire et elle est fière de l'être.

Une fois peut-être [j'ai vécu du racisme]. *Dans une chicane la fille
arrêtait pas de dire : « Ah, vous autres les nègres »… Ça m'énerve pas. Je
suis fière d'être nègre. T'sais, je suis une… je suis une négresse, je suis
négresse. Qu'est-ce que tu veux que j'y fasse ? C'est comme si je t'appelais
« Blanc-bec », tu vas-tu aimer ça ? Non. Ben appelle-moi pas… appelle-
moi « Noire » ou je sais pas, comme tu veux. Mais… « Ah, regarde l'estie
de négresse »… ça m'énerve quand j'entends ça. Ça me donne* [des fris-
sons]. *Je suis quand même pas… pour passer à côté de toi, pis te foutre une*
[baffe en disant] : *« Ça c'est une juif. » Je veux dire : « Excuse-moi là. C'est
vrai que on est dans un pays libre. Mais… ayez un peu de respect pour les
Noirs, comme on a du respect pour vous. C'est vrai… tu en as… comme
dans le temps avant là, t'sais on était esclaves, puis toute ça. Ils nous trai-
taient comme il fallait pas.* [Y disaient :] *« Fais ça, si tu fais pas ci, on te
tue. » Puis les Blancs, toutes… ils avaient tous le power, moi j'aime pas ça.
O.K., avant, c'est avant, maintenant, c'est maintenant. T'sais on est au
XXe siècle, le XXIe siècle arrive bientôt là. Il faut que ça change quand même.*

Les ambivalences de l'identité sociopersonnelle se trouvent constamment à l'interface du monde personnel intérieur et du monde social
extérieur. Elles semblent d'autant plus difficiles à vivre lorsqu'il existe un

écart considérable entre la conception que l'on a de soi et l'image que les autres renvoient de nous ou que l'on aimerait qu'ils aient de nous. La transposition identitaire qui s'effectue entre soi et les autres procède presque toujours par une sorte de jeu de miroir. Il y a complication lorsque les images reflétées s'opposent au point parfois de créer chez la personne une sorte d'impasse existentielle. Qui suis-je par rapport à mon histoire et par rapport aux autres qui m'entourent ? La réponse n'est jamais vraiment claire, surtout pour les personnes qui se sentent déracinées ou qui composent avec différentes identités ethnoculturelles. C'est le cas de plusieurs jeunes issus de vagues d'immigration récentes ainsi que des enfants issus d'unions mixtes et en particulier des « métis ».

Une jeune métisse de 15 ans, née d'un père jamaïcain qu'elle a très peu connu et d'une mère québécoise avec laquelle elle a grandi, nous explique les problèmes qu'a posés pour elle son identité métisse et comment elle a réussi à les contourner. Soulignons que cette jeune fille a très peu d'attaches véritables avec la communauté jamaïcaine. Elle se tient surtout avec ses pairs haïtiens ou hispanophones.

Ben quand je pense à mon enfance, je pense à mes [années toutes] *énervées là, mais je pense que quand j'étais petite, je voulais surtout être blanche. Puis c'est tout ce qui comptait, d'être actrice… Quand j'étais plus petite là, je sortais vraiment* [sur la rue,] *puis tout le monde était raciste dans le quartier où j'habitais.* […]

[Pour moi, être jamaïcaine, ça représente] *rien en particulier. J'ai pas… de culture jamaïcaine. C'était genre… l'affaire que je suis jamaï-caine, c'est que j'ai un père jamaïcain. C'est mes racines. Mes racines. Mais peut-être que ça a eu de l'influence sur la musique que j'écoute, mais… à part de ça…* […] *Ah, j'aime pas vraiment ça parler avec* [ma mère de mes racines jamaïcaines]. *Parce que je me considère plus jamaïcaine que cana-dienne, parce que je suis pas vraiment pour le Québec là. J'haïs ça le Qué-bec. Fait que je me considère plus canadienne, mais… t'sais ça dérange ma mère un peu que je me considère plus jamaïcaine, parce qu'elle, a haït mon père. Je veux dire : elle le trouve irresponsable. À chaque fois que j'ai eu quelque chose à faire avec lui, t'sais, il s'en est lavé les mains. Genre j'en suis débarrassé. Fait que… ça la désole un peu que je me… je m'identifie sur son côté à lui. Mais en même temps c'est parce que elle a l'impression que je la rejette en rejetant mon côté blanc, t'sais. Sauf qu'en même temps c'est que depuis que je suis petite que le racisme… ça me touche. Maintenant c'est plus vraiment… maintenant je vis du racisme mais avec les Noirs.*

Avant c'était avant les Blancs. Mais depuis… depuis que j'étais petite, puis que je vivais du racisme, c'était à cause que j'étais noire. Alors je me suis habituée à cet effet-là. Puis là je voulais blanchir, puis il y avait pas de moyen. Fait que je me suis… dit, bon je suis noire. Je suis noire. Je vais vivre avec. Fait que maintenant je me considère comme une Noire, même si je suis mulâtre, t'sais. […]

[Mais le fait d'être prise entre l'arbre et l'écorce,] je capote aussi là-dessus, c'est sûr. Mais… moi! C'est simple. Je veux dire ça paraît physiquement ça paraît quand même que je suis pas blanche, t'sais. Les cheveux, la peau, t'sais les traits. Puis genre… vis-à-vis de la culture, je veux dire en dedans parce que je pense par ma façon de voir les choses plutôt… je serai plutôt blanche. Peut-être pas blanche, parce que ma mère a plus qu'une culture en elle. Elle vient du temps des hippies, alors… c'est comme il y a plus qu'une culture en elle… Alors je crois que j'ai juste la même culture que ma mère, parce que c'est elle qui m'a donné ma culture. Sauf que physiquement et extérieurement je suis noire. T'sais, je me pose pas de questions, t'sais. À l'intérieur je suis… heum… à l'intérieur je suis ce que je suis, je me pose pas [de questions] : je suis blanche ou je suis noire, à l'intérieur je suis ce que je suis… Je suis plus blanche vu que ma mère est blanche puis sa mentalité est sûrement blanche, mais je me suis jamais posé de questions sur d'où elle vient sa mentalité. Fait que je pourrai dire que je suis une Bounty, t'sais, comme les palettes de chocolat, genre noire à l'extérieur, blanche à l'intérieur. Mais en même temps je pourrais te dire que… que je suis simplement moi, t'sais. Je me pose plus de questions. C'est comme je parlais avec ma mère hier, elle me disait : « Quand tu voyages, c'est pas nécessaire de dire d'où tu viens, de quel pays, parce que c'est trop compliqué. Tu dis que tu es terrienne », t'sais. Elle me dit : « Je crois que le monde devrait se considérer comme des Terriens. » Je crois que c'est un bon point de vue, t'sais. Si tout le monde se considérait terrien, puis oubliait que… à cause qu'ils sont telle nationalité, ils sont sûrement supérieurs, ben peut-être qu'il y aurait moins de problèmes dans le monde.

Au terme de l'entrevue, la jeune fille a cru opportun de compléter son commentaire sur le métissage. Nous le reproduisons dans son intégralité, car il illustre bien comment il peut être difficile de se définir intérieurement par rapport à l'image que le monde extérieur renvoie de nous.

Moi, mon [dernier] commentaire que j'ai à faire c'est sur le métissage. Je trouve que ici, ben en Amérique du Nord, plutôt au Québec, parce que je suis pas allée vraiment nulle part ailleurs, quand je parle des jeunes là, des Noirs mais… ils sont tous… tous ceux que je connais, ils sont tous racistes. Ils haïssent tous les Blancs. Les autres communautés, les Espagnols, les Arabes, tous, ils les dérangent pas vraiment, mais les Blancs en particulier, ils les haïssent. Les mulâtres c'est des enfants de Blancs et de Noirs, alors c'est un peu genre des bâtards pour eux. Je me suis faite traiter de bâtarde il y a pas longtemps. […] *Ça me frustre d'entendre… ce qui me frustre, c'est que le gars ait pas de jugement comme ça…. C'est parce que je trouve que c'est avoir pas de jugement avec mon opinion. Sauf que je veux dire c'est ses affaires. Un jour il va comprendre que… le métissage c'est bien, mais je sais que en Guadeloupe ou sûrement qu'en Jamaïque c'est comme ça aussi, mais en Guadeloupe, c'est mon ami qui me parle de ça tout le temps. Puis il me dit que… en Guadeloupe il y a des chandails, « Métissez-vous ! » Puis le monde, t'sais genre aux Antilles, il y a beaucoup de métisses, mulâtres, puis t'sais je veux dire, il y en a beaucoup. Il en manque pas. Il y a beaucoup de métissage. Genre le monde ils sont fiers d'être mulâtres puis d'avoir… pas juste une nationalité, ça les enrichit en même temps. Genre, t'sais, t'es plusieurs… C'est original.*

De toute façon, il y a de moins en moins de race pure. Puis quand […] *ici ils me disent : « Ah, t'es une mulâtre, t'es une bâtarde, blablablabla. » Non, t'sais genre, au contraire, ça peut être une richesse d'être mulâtre. C'est pas un défaut. Ça c'est complètement raciste. Ce que je trouve idiot aussi, les* [Noirs] *comme, en tout cas, un en particulier qui m'a dit ça, il s'appelait Hervé. Il m'a dit… « Tu ne seras jamais… Ta mère elle t'aime pas. » Là j'ai dit : « Non, ma mère m'aime. » Parce que sinon elle m'aurait pas mis au monde. Parce qu'elle savait que j'allais être mulâtre. Il dit : « Oui, mais les Blancs haïssent les Noirs. Puis les Noirs haïssent les Blancs. » Les Noirs surtout haïssent les Blancs. Puis il dit : « Ben c'est normal après tout ce qu'ils nous ont fait. » Mais lui il a 18 ans. Le temps de l'esclavage, c'est fini. Je veux dire il a pas eu d'esclavage lui là. Il y a jamais eu d'esclavage dans sa vie. Puis c'est pas les Blancs qui ont fait subir de l'esclavage aux Noirs, la plupart je crois, je pense qu'ils sont pas mal tout morts, t'sais. Puis je crois pas que… ma mère ou un autre Blanc ou moi à l'école qui a 17 ans, il a jamais faite subir d'esclavage aux Noirs. Fait que c'est complètement stupide de les rejeter, eux. C'est comme si on dit que à cause que un policier a tué un Noir, tous les policiers tuent les Noirs. C'est sûr qu'on peut avoir certains remords avec les policiers, surtout que c'est tel Noir, il était notre ami, ou telle personne. Mais c'est stupide de généraliser. Même si je le fais des fois là.*

Selon la mère de Daphnée, son problème d'identification serait

résolu si elle se présentait aux autres comme une « Terrienne ». En devenant une citoyenne du monde, elle n'aurait plus à affirmer ni à exprimer les particularités de son identité ethnoculturelle. Elle miserait ainsi
sur l'universalité de sa personne pour ne plus avoir à se différencier des
autres. D'autres jeunes choisissent au contraire de contourner l'ambivalence que suscite leur identité en se définissant d'abord et avant tout
par leur unicité. « Je suis la somme de mes expériences et non pas juste
une personne de couleur. »

*Parce que je suis pas une négresse, c'est pas mon nom. Mon nom, c'est
Nadia. [En fait,] c'est pas juste mon nom. […] Non, je suis pas une
nègre… Oui, je suis… non, je suis pas une négresse. Je suis Nadia. Je veux
pas qu'on me… qu'on me voie pour ma couleur. Je veux qu'on me voie pour
mon nom. J'ai faite quelque chose dans la vie. Je suis allée à l'école. J'ai fini
mon secondaire. Je suis allée au cégep. J'ai faite ta-ta-ta-ta-ta. Je suis une
personne et pas une négresse. Je suis pas… c'est pas ma couleur que je veux
qu'on voie. C'est Nadia. Tu comprends.*

La distance que Nadia établit entre la couleur de sa peau et la définition de sa personne s'explique peut-être dans son cas par le fait qu'elle
dit détester sa culture d'origine. La jeune fille de 16 ans prétend en
fait avoir baigné plus dans la culture québécoise que dans la culture
haïtienne.

*Je déteste ma culture. Non, j'aime pas… c'est pas que j'aime pas, mais
[oui] je déteste ma culture. Ben c'est pas que je déteste, mais il y a des choses
là que je peux pas supporter des Haïtiens. Ils sont Judas. Ils aiment ça parler. J'aime pas ça. Moi je suis pas une, t'sais, c'est comme si j'étais en Haïti.
Si je serai née en Haïti, je serai une vraie… peut-être que je serais comme
ça. Mais là je suis pas née en Haïti. Je suis plus élevée dans plus dans la
culture québécoise que haïtienne. J'en connais des choses d'Haïti, mais pas
tellement.*

L'attitude négative que Nadia entretient à l'égard de sa culture d'origine ne serait probablement pas étrangère aux types de représentations
que sa mère lui a transmises à l'égard des personnes haïtiennes en général. Ainsi, à un autre moment, elle nous explique qu'elle ne souhaite pas
un jour se marier avec un Haïtien, comme sa mère le lui a conseillé :

*[Si jamais je me marie,] je préférerais [que mon mari] soit pas haï-
tien. Ma mère m'a toujours dit ça. Elle dit comme ça qu'elle veut pas que
je me marie avec un Haïtien. Elle dit tout le temps : « Tout ce que tu veux,
mais pas un Haïtien. » Elle dit que les Haïtiens sont… pas trop sages ; je*

pourrais pas dire ça… Ils sont pas fiables sur tous les points. Tu comprends. Puis, t'sais, ils sont pas… toujours nets, nets. Puis tu peux pas toujours le savoir. Tu comprends. Puis moi j'ai ben peur. T'sais les affaires de vaudou. Heum… j'ai très peur de ça. J'ai… de la crainte.

Mais pour beaucoup de jeunes que nous avons rencontrés, la fierté d'être haïtien se mêle à la fierté d'être noir. À la question « Qu'est-ce que ça veut dire pour toi, être haïtien ? », un jeune garçon de 17 ans né au Québec a répondu :

Être haïtien, ça veut dire plus être fier d'être noir, t'sais, être fier de voir où est-ce qu'on vient. De voir des personnes qui ont su faire qu'est-ce qu'ils avaient à faire, t'sais, puis pas s'avoir laissé monter sur les pieds. C'est une race pour moi comme… qui cherche toujours à percer leurs problèmes, t'sais… ou au moins la critique là. [Alors] que l'Afrique c'est comme… on peut dire pour moi c'est vraiment, t'sais, la base de tout là, vu qu'ils disent comme ça que toute a commencé en Afrique. Fait que, quand même, chaque Noir doit garder l'Afrique à quelque part dans son cœur. Puis on dit que c'est vraiment de là que toutes les Noirs viennent là.

Un autre garçon, âgé de 16 ans et né en Haïti, explique qu'il lui arrive parfois de mal vivre cette double fierté haïtienne et noire à cause de son teint pâle :

[Haïti,] ça représente une culture pour moi. Ça représente comme ma carte [d'identité]. Comme toujours on me demande : « Hé, es-tu latino ? Es-tu mulâtre ? » Je dis : « Non, je suis un Noir, pur haïtien. » Le monde me dit souvent : « T'es pas pur parce que t'sais comme t'es trop pâle pour être noir. » Puis ça, ça me fait… ça me fait mal comme on pourrait dire. Parce que des fois on m'appelle « Ti-Blanc », c'est comme mes amis. […] Puis j'en ris un peu parce que c'est des jokes, mais même quand c'est des jokes, j'en ris, mais t'sais comme dans ma tête, je pense que je suis pas… je suis pas un Ti-Blanc, c'est comme je suis noir, je suis haïtien puis… j'en suis fier !

La plupart des jeunes sont peu loquaces lorsqu'il s'agit d'expliquer leur fierté haïtienne. Un garçon a fait allusion au fait qu'Haïti était le premier pays à avoir « pris son indépendance ». Mais en général cette fierté n'est pas explicable, elle fait partie de soi.

Je suis haïtien. T'sais dans ma langue ça va paraître. Je vais me présenter. Oui, je suis un Haïtien. Parce que je suis très fier d'être haïtien. […] Pourquoi je suis fier d'être haïtien ? Parce que c'est l'essence même de qu'est-ce que je suis. […] Haïti c'est la maison, quoi, et l'Afrique c'est la mère patrie.

Une jeune fille de 15 ans résume le fait d'être haïtienne à sa personnalité :

J'ai toujours été fière d'être une Haïtienne. [...] *J'ai toujours dit que je venais d'Haïti,* [peu importe où j'allais]. [...] *C'est mon pays. C'est là que je suis née. C'est là que ma famille a été... construite.* [Être haïtienne, pour moi, ça veut dire] *ma personnalité. C'est ça.*

Nous avons constaté que c'est chez les jeunes qui disent avoir déjà fait partie d'une gang de rue que l'expression de la fierté haïtienne est la moins souvent accompagnée d'un discours justificatif. Dans leur cas, l'identité haïtienne s'affirme habituellement comme un lieu de résistance intérieur face à la menace d'assimilation extérieure. Haïti « c'est là que sont mes entrailles. [...] Même si je vis au Québec, ça veut pas dire que j'oublie la culture haïtienne, [car] je l'ai toujours dans la tête », dit un ancien membre d'une gang de rue âgé de 19 ans. Un garçon de 18 ans, membre d'une gang, précise, quant à lui, que même s'il a su s'adapter à la culture québécoise, il n'a jamais, par contre, oublié sa culture haïtienne. Il ne s'est pas laissé ainsi assimiler.

Moi c'est sûr, t'sais, comme ça fait longtemps que je suis dans [ce] *pays, j'ai quand même... comme appris... T'sais, j'ai la culture québécoise imprégnée en moi. T'sais comme il y a des choses que je fais ici, c'est parce que on me l'a appris. Il y a quelqu'un qui me l'a appris, tu comprends. Fait que... il faut toujours que je m'adapte. Je me suis adapté à leur mode de vie. Tu comprends. Fait que... dans un sens quand même, je peux dire que je suis... aussi québécois, parce que je participe aux choses québécoises. Aux fêtes, ces affaires-là. Tu comprends. Mais dans un autre sens, j'oublie jamais ma culture haïtienne. Moi je suis haïtien dans le fond, tu comprends. Et puis c'est ça qui va toujours primer sur moi.* [...] *Ça veut dire quoi être haïtien ? C'est... parce que il y a du monde, c'est comme quand ils changent d'environnement, ils oublient... ils oublient leur culture. Moi j'ai jamais oublié ma culture. Ma culture là, c'est ma culture. Je suis né, je l'ai dans le sang. Mes parents me l'ont inculquée depuis que je suis petit. Même si je suis dans un pays québécois, tu comprends. Mais j'ai quand même la culture haïtienne. Tu comprends, dans un sens que j'ai quand même une mentalité haïtienne. Tu comprends. Ma culture, là, j'ai jamais oublié ma culture, j'ai oublié d'où ce que je viens. De quel pays que je viens. De quelle misère, de quelle situation que je viens. Que je sors. Tu comprends.* [...] *C'est important. Parce que quelqu'un qui oublie sa culture, c'est quelqu'un qui est perdu, t'sais. Si il est assimilé.*

Malgré l'inévitable adaptation à la société québécoise, l'identité d'origine s'affirme ici telle une levée de boucliers devant la menace d'assimilation qui guette ceux qui « oublient leur culture ». Or, « quelqu'un qui oublie sa culture », nous dit ce jeune homme, « c'est quelqu'un qui est perdu ». Aussi, une distance infranchissable sépare en lui l'identité d'origine haïtienne de l'identité de citoyenneté québécoise. Même si chacune d'elles coexiste au sein de sa personne, il n'en reste pas moins qu'elles s'opposent dans leur logique intrinsèque. Elles ont toutes les deux leur propre créneau d'action et d'expression qui se manifeste différemment selon la position — *hic et nunc* — constitutive de l'espace sociopersonnel.

Il faut savoir, par ailleurs, que la majorité des jeunes que nous avons interrogés rejettent catégoriquement l'identité québécoise. « Je me considère pas québécois ou québécoise », disent-ils sans hésitation. Au plus, ils acceptent de s'identifier à la citoyenneté canadienne et aux droits qu'elle est censée leur procurer. En cela, le jeune homme précité fait partie du petit groupe de jeunes (moins du tiers de ceux que nous avons rencontrés) qui ne font pas de cas particulier de l'identification à la société québécoise, même s'ils ne se sentent pas pour autant membres à part entière de celle-ci. Mais qu'un individu penche pour le Canada ou pour le Québec, dans la quasi-totalité des cas cette identification reste strictement sur un plan instrumental. L'identité du cœur et de l'émotion ou des « entrailles », comme l'a si bien dit un garçon, est celle du pays d'origine. Même lorsque des personnes dénigrent certains aspects de leur identité d'origine, celle-ci demeure pour elles un point de configuration incontournable (bien qu'ambigu) de leur structure émotionnelle et cognitive. Il ne s'agit pas de dire « je déteste la culture haïtienne » pour que celle-ci disparaisse tel un coup de baguette magique de sa personne.

La géométrie des identifications varie selon les personnes en relation avec la conception de l'espace qui détermine le rapport à l'identité. Si l'identité d'origine a tendance à l'emporter sur les autres formes d'identification sociopersonnelle pour ne pas dire à sublimer celles-ci, son expressivité change cependant selon les contextes. Dans certains cas, elle pourra même se faire très discrète. Par exemple, un jeune qui retourne en visite dans son pays d'origine est plus enclin d'habitude à s'identifier à la société où il vit. Même s'il voulait échapper à cela, il ne le pourrait pas du fait qu'il se distingue par son style et sa manière de parler de ses compatriotes d'origine. La plupart des jeunes nous ont toutefois affirmé que l'identité haïtienne — être haïtien — était leur unique façon de se présenter et de se définir par rapport à leur origine, peu importe s'ils sont nés en Haïti et où ils vont. « Je suis haïtien à cent pour cent », a dit un garçon qui est arrivé au Québec à l'âge de deux ans.

En plus de leur « pureté haïtienne », la majorité de ces jeunes accordent une grande importance à leur identité locale. Comme nous l'avons vu, pour plusieurs d'entre eux l'identification au quartier joue un rôle déterminant, en particulier lorsqu'il s'agit de délimiter les attaches territoriales de la bande. L'identité locale s'affirme souvent à la place de l'identité de citoyenneté. Les jeunes des bandes revendiquent leurs droits sur un territoire, et ce territoire, c'est le quartier. Dans la société d'accueil, le quartier constitue le principal ancrage symbolique de l'identité civile de beaucoup de jeunes issus de l'immigration. Il représente en quelque sorte la marque distinctive de leur citoyenneté urbaine. Par contre, lorsque ces jeunes se retrouvent à l'extérieur du pays, ils s'identifient plus volontiers à la ville où ils vivent, même si, en général, l'identité d'origine l'emporte sur les autres formes d'identification.

Ces jeunes se construisent une nouvelle citoyenneté autour de leur identité locale urbaine. Les caractéristiques de leur urbanité apposent un sceau à leur identité d'appartenance.

L'horizon de l'espace identitaire sociopersonnel des jeunes des milieux marginaux issus de l'immigration s'étend, en règle générale, entre ces deux pôles que sont l'identité du pays d'origine et l'identité locale de la citoyenneté urbaine. Chaque jeune repère entre ces deux pôles d'identification ses propres points d'ancrage. C'est également entre ces pôles que les microcultures des jeunes viennent s'articuler. Celles-ci apportent une coloration singulière — une « profondeur » — à leurs pratiques identitaires. Elles délimitent en quelque sorte la verticalité stratifiée de leur espace identitaire sociopersonnel. Or, chaque jeune déploie au sein de cet espace ses propres réseaux d'identification qui constituent autant de points de gravitation de la géométrie variable de leur identité sociopersonnelle.

Mais avant de nous aventurer dans le labyrinthe de cette verticalité stratifiée de l'espace identitaire, laissons la parole à une jeune fille de 15 ans née au Québec qui est proche du milieu des gangs de rue sans en faire vraiment partie. Dans cet extrait, nous décelons quelques-uns des points de repère variables de l'horizon identitaire qui relie l'identité d'origine à l'identité de citoyenneté locale. Cet horizon est en fait traversé par différents marqueurs culturels qui nuancent, selon les contextes, les formes d'appartenance et d'identification. La langue parlée, en l'occurrence le créole, est un de ces marqueurs. L'allure ou le style (l'image de soi face aux autres) en est un autre.

Je suis haïtienne. Quand je [m'identifie par rapport à ma communauté,] *je dis haïtienne. Là* […] *je dis que je suis d'origine haïtienne, mais c'est sûrement parce que je voulais* [le] *dire dans mes grands mots. Mais mettons comme dans ma communauté, je dis haïtienne. Et comme, je sais pas, moi là, comme quand mettons je parle de moi là,* [ou] *quand mettons il y a de la visite chez moi, parce que il y a les amis de mes parents* [qui] *sont souvent haïtiens. Moi j'ai pas un gros accent créole. Pas beaucoup d'accent. Ils disent… eux autres comment ils parlent, ben ils parlent en créole tout le temps, fait qu'ils ont toujours leur gros accent haïtien, puis quand ils m'entendent parler, ils m'appellent toujours la petite Québécoise, mais moi là… c'est pas… c'est pas que j'ai quelque chose contre les Québécois mais on dirait que ça me choque. Ça me frustre en dedans de moi. T'sais, je dis pas, je vais pas faire hé hé… non! Mais j'ai toujours comme un petit sentiment… parce que moi je me dis que je suis haïtienne. T'sais, j'avoue que je suis née à Montréal. Mais j'ai toujours un petit genre : je suis haïtienne. J'aime pas ça, je suis haïtienne.* […] *Je suis haïtienne, t'sais, je mets souvent l'accent là-dessus.*

[Mais si j'étais en voyage comme à New York, je dirais je suis de] *Montréal. Je dirais oui… je dirais Montréal,* […] *parce que mettons à New York, ben mes parents habitent là. Fait que je sais comment c'est… je sais puis je vois à la télé, puis les journaux, puis je sais que tout le monde sait que New York c'est pas… tranquille, tranquille, t'sais. Mettons qu'on me demanderait d'où je viens, ça serait plus Montréal, parce que, t'sais, si on me dit, t'sais, si je dis : « Je viens d'Haïti », eux autres ils vont penser que je suis venue directement d'Haïti. T'sais, ils vont penser que je suis une petite conne qui sait rien, t'sais là… genre, une petite Haïtienne qui vient d'arriver, t'sais. Mais dans le fond là… tandis que Montréal… ça se rapproche quand même à New York. T'sais, tu sais c'est quoi la ville. Quand tu habites à Montréal, tu sais c'est quoi, comment ça marche. La rue puis tout.*

L'horizon de l'espace identitaire change, pouvons-nous dire, selon la trajectoire du regard. Entre Haïti, Montréal et New York la grande ville, en passant par le quartier d'appartenance, il existe différents lieux d'ancrage à partir desquels s'articulent les modèles de pratiques identitaires. Ces lieux d'ancrage sont autant de « territoires virtuels » de l'identité dans la mesure où leur réalité repose sur la configuration aléatoire — ici et maintenant — des réseaux d'identification de sens et d'action.

Modèles et réseaux d'identification des jeunes Afro-Antillais

Dans le sens où nous l'employons, la figure de l'horizon fait référence à la dimension géoculturelle de la définition identitaire. De même que l'expression de l'identité est déterminée par un rapport à l'espace, de même la représentation de l'espace est déterminée par des rapports d'identité. L'espace en question n'est cependant pas que géographique ou physique. Il s'agit surtout d'un espace multidimensionnel. Nous parlons d'un espace conceptuel et de pratiques qui comportent un minimum d'ancrages dans un territoire quelconque. La nature de ce territoire n'est pas non plus forcément physique ou matérielle ; elle peut tout aussi bien être immatérielle que surnaturelle, cosmique ou culturelle. L'espace des croyances religieuses est un bon exemple de territoires de type surnaturel qui peuvent servir d'ancrages à la fondation de l'identité d'une personne et d'un groupe. En fait, c'est surtout dans des situations très précises, pour ne pas dire exceptionnelles, que l'identité sociopersonnelle est appelée à se définir strictement par rapport à l'horizon géoculturel. Le contexte des rencontres interculturelles et des voyages est propice à ce type d'identification. Or, lorsque l'on est considéré dans une société comme une personne appartenant à une « minorité visible », un tel contexte est susceptible d'apparaître très souvent. Le rappel constant de sa différence raciale ou ethnoculturelle ne peut faire autrement que de poser l'horizon géoculturel comme une dimension inextricable de son espace identitaire sociopersonnel. L'exception devient parfois la règle.

Si l'horizon géoculturel de l'espace identitaire s'exprime dans des contextes très spécifiques, il n'en demeure pas moins toujours présent. Il va habituellement de soi et il n'a pas besoin de s'imposer ou d'être révélé pour s'affirmer. Les repères identitaires sont en fait multiples et les références géoculturelles ou ethnoculturelles sont plus souvent implicites plutôt qu'explicites. L'espace identitaire ne s'articule pas seulement à l'horizontale, mais aussi à la verticale. L'image d'une verticalité strati-fiée représente les articulations multiples des réseaux d'identification. Il existerait plusieurs façons de s'identifier par rapport à un même hori-zon, et chacune de ces façons comporte sa dynamique propre qui relève des réseaux d'identification (de sens et d'action) qui sont chaque fois en jeu. L'image de la verticalité renvoie également à un ordre de grandeur ou d'importance qui peut exister entre les différentes formes d'identifi-cation. Dans la verticalité stratifiée, plusieurs niveaux d'identification peuvent interagir simultanément au sein d'un même espace identitaire. C'est à cette verticalité des identifications que les cultures des jeunes, ou microcultures marginales, viennent théoriquement s'articuler. Bien que ces cultures ou microcultures aient toujours des ancrages dans l'hori-zon géoculturel, elles n'en possèdent pas moins leur propre logique intrinsèque pouvant tout autant s'inscrire en rupture avec cet horizon qu'en continuité par rapport à lui. Il est d'ailleurs fréquent que la dyna-mique des microcultures marginales s'opposent, dans leurs formes d'ex-pression, aux traits normatifs qui caractérisent l'horizon géoculturel (ou ethnoculturel) de l'espace identitaire commun. Ces cultures prennent alors ni plus ni moins la forme d'une contestation de l'ordre culturel ou social dominant. On appelle souvent « contre-culture » ces mouvements de contestation sociale et culturelle.

Pour tenter de comprendre l'identité sociopersonnelle des jeunes, il importe moins, dans un premier temps, de se situer par rapport à l'ho-rizon géoculturel (ou ethnoculturel) de la personne que d'essayer de repérer les différents niveaux d'articulation qui composent la verticalité stratifiée de leurs réseaux d'identification. Une fois que la dynamique à géométrie variable des réseaux d'identification est comprise, il devient possible de replacer les rôles particuliers que jouent l'identité d'appar-tenance et la culture d'origine dans la construction de l'espace identi-taire sociopersonnel de ces jeunes. Il y a lieu de souligner que si nous avons nous-mêmes recueilli des données sur cette identité d'apparte-nance, c'est à cause des questions très précises que nous avons posées aux jeunes et qui les incitaient à s'exprimer sur le sujet. À défaut de telles questions, il est fort probable que les jeunes que nous avons rencontrés n'auraient pas abordé de leur chef l'identité d'origine autrement que pour situer leur différence ethnoculturelle ou raciale par rapport à l'en-semble de la société.

Nous avons présenté, dans le chapitre 2, la toile de fond sur laquelle se déploient les pratiques des jeunes d'origine afro-antillaise fréquentant les milieux marginaux. Il importait pour nous d'étendre le plus possible cette toile de fond si nous voulions dégager et articuler les dimensions globale et locale de ces pratiques. Nous avons abordé ces pratiques principalement sous l'angle de la construction de l'identité sociopersonnelle. La notion d'espace identitaire sociopersonnel à géométrie variable nous a servi de grille d'interprétation des données recueillies. La géométrie variable dont il est question fait allusion au caractère multiple des identités et à leur différenciation respective selon les contextes. Notre attention s'est portée surtout sur l'horizon géoculturel (ethnoculturel) de l'identité. Seul notre propos justifiait par contre une telle focalisation. Comme nous l'avons dit, la dimension ethnoculturelle des identités ne ressort que dans des contextes bien précis, même si elle peut être en réalité prédominante par rapport aux autres identifications. Nous rappelons ce fait car il est important de prendre conscience de la place qu'occupent les autres dimensions dans l'espace identitaire sociopersonnel. Par exemple, la définition de l'identité sexuelle joue un rôle de plus en plus déterminant dans l'univers postmoderne des sociétés contemporaines. Cette identité sexuelle se réfère à la fois à des rôles sociaux et à des types de pratiques liées à la sexualité.

Une étude qui porterait sur la construction de l'espace identitaire sociopersonnel dans le monde d'aujourd'hui serait incomplète, voire biaisée, si elle n'abordait pas la question de l'identité sexuelle. Or, nous avons mis de côté dans nos travaux les aspects spécifiques liés à l'identité sexuelle. Au plus, nous traitons des rôles différenciés selon les sexes. Une étude exhaustive sur l'espace identitaire sociopersonnel devrait également traiter de l'identité religieuse, qui se confond parfois avec l'identité ethnoculturelle, et de l'identité professionnelle, deux « dimensions » que nous avons examinées soit sous des angles très limités, soit indirectement, mais qui méritent toutes les deux d'être approfondies.

Ainsi, le regard que nous posons sur les pratiques des jeunes est limité à des créneaux particuliers d'activités qui sont loin de couvrir l'ensemble de l'espace identitaire sociopersonnel. Nous avons également ignoré dans nos travaux la dimension introspective de la constitution des identités. Nous nous en tenons surtout à l'interface entre le social et le personnel sans jamais scruter ni l'un ni l'autre pour en faire une sorte d'étude de cas, qu'il serait possible d'effectuer, par exemple, en suivant une démarche de type psychanalytique.

Les remarques qui précèdent permettent de situer les limites analy-
tiques de notre démonstration. Notre travail a consisté essentiellement
à présenter des expériences personnelles et communes dans leurs relations avec des modèles de pratiques et des systèmes de sens. Les expériences en question sont saisies principalement sur le plan de l'articulation des milieux marginaux des jeunes Afro-Antillais avec la société et
la communauté.

Les jeunes : promoteurs de la culture haïtienne ?

Le tableau que nous avons brossé des milieux marginaux et
plus spécifiquement des gangs de rue n'est pas très reluisant. Violence,
viol, meurtre et criminalité sont des problèmes criants qui ne doivent
pas être pris à la légère mais traités au cas par cas et examinés dans
leur ensemble. Pour notre part, nous avons essayé d'approcher globalement ces différents problèmes afin de voir leurs liens possibles avec
les pratiques identitaires et les dynamiques communautaires de ces
jeunes. Une telle approche ne vise pas à disculper les jeunes de leurs
gestes, mais plutôt à donner des balises afin de nuancer la signification
de ces gestes répréhensibles selon les situations et l'engagement spécifiques des acteurs en cause. Personne ne niera que les trajectoires criminelles et délinquantes varient d'un individu à un autre. Aussi
importe-t-il de bien saisir les particularités de chacune de ces trajectoires. Il faut pouvoir entrer en relation avec la personne en essayant de
comprendre les pratiques et les représentations qui fondent l'originalité
de sa trajectoire de vie.

Nous terminerons cet ouvrage en essayant de mettre en exergue les
aspects criminels des pratiques des jeunes Afro-Antillais des milieux
marginaux afin d'examiner d'autres aspects de leurs pratiques identitaires que nous avons jusqu'ici ignorés ou effleurés. Nous pensons à certains traits ethnoculturels propres à l'identité d'origine de ces jeunes,
dont la langue créole et la pratique du vaudou. Certes, nous n'entendons
pas approfondir ces deux univers fascinants de la culture haïtienne.
Notre seul but est de voir comment certains jeunes de ces milieux se
situent par rapport à ces éléments de leur héritage culturel. Nous verrons cependant qu'il est difficile de dissocier totalement ceux-ci de leur
univers de marginalité.

Créole, identité haïtienne et langue de la rue

Pour la majorité des jeunes que nous avons rencontrés pour notre recherche, le créole était leur langue maternelle. Les jeunes qui sont nés en Haïti avaient souvent pour seule langue le créole au moment de leur arrivée au Québec, tandis que les jeunes qui sont nés au Québec ont pour la plupart grandi en évoluant dans deux univers linguistiques, soit francophone et créolophone. Dans la majorité des ménages haïtiens, le créole est la principale langue parlée à la maison. D'ailleurs, depuis la chute du régime des Duvalier, le nombre d'immigrants haïtiens qui ne parlent que le créole au moment de leur arrivée est en hausse par rapport aux premières vagues d'immigration. Les années de misère sociale et de crise politique ont entraîné un exil massif de personnes venant de toutes les couches de la population haïtienne. Or, la majorité des personnes qui sont originaires des campagnes ou des milieux pauvres des villes sont analphabètes et uniquement créolophones, les deux allant en général de pair puisque, jusqu'à tout récemment, le français était la seule langue officielle des institutions publiques, dont celle de l'enseignement. Le taux d'analphabétisme des paysans haïtiens se situe autour de 80 %.

Au moment où nous avons commencé nos enquêtes de terrain qui ont conduit à la réalisation de cette recherche, la situation du créole à Montréal était quelque peu différente de ce qu'elle est aujourd'hui. Le discours dominant des intervenants communautaires d'origine haïtienne était alors celui de la peur de voir les jeunes perdre la connaissance de leur langue d'origine. La perte du créole signifiait particulièrement une rupture intergénérationnelle et culturelle puisque, expliquait-on, la plupart des grands-parents de ces jeunes ou des membres de leur famille restés en Haïti sont strictement créolophones. On soulignait qu'il ne suffit pas de connaître le vocabulaire mais aussi les subtilités de la langue parlée. Par exemple, les Haïtiens auraient, dit-on, un « parler indirect » et feraient un usage courant de « proverbes ». Les jeunes qui ont grandi au Québec connaîtraient mal ces façons spéciales de s'exprimer, perdant ainsi une partie de leur héritage culturel.

Le bilan plutôt inquiétant que faisaient certains intervenants communautaires au sujet du créole était fondé à l'époque sur le constat de ce qui s'était passé les trois dernières décennies. En effet, durant les

années 1960, 1970 et 1980, il existait dans plusieurs familles haïtiennes un certain tabou entourant le créole. Si les parents pouvaient
parler créole entre eux, les enfants étaient, pour leur part, obligés de
s'exprimer en français. Les intentions des parents étaient bonnes :
ils voulaient donner à leurs enfants les meilleures chances possible
de bien s'intégrer à la société québécoise. En fait, plusieurs croyaient
qu'en apprenant le créole les enfants risquaient plus de parler un « mauvais français ». Les similitudes du vocabulaire entre les deux langues
ainsi que l'idée fausse que le créole était en partie hérité d'un usage
dénaturé du français sont pour une grande part responsable de l'obsti-
nation des parents haïtiens à interdire à leurs enfants de parler créole
à la maison. Il faut savoir aussi que les parents ont transporté avec eux
depuis Haïti l'image sociale dévalorisante qui est associée au créole
en comparaison du prestige qui entoure le français. Ne pas savoir parler français en Haïti voulait aussitôt dire que l'on appartenait à la classe
pauvre et non scolarisée de la population. À l'inverse, montrer en public
que l'on pouvait dire au moins quelques mots en français, c'était déjà
annoncer aux autres que l'on n'était pas le dernier venu. L'image de
la réussite sociale est accolée dans l'imaginaire haïtien à la maîtrise de la
langue française.

Les parents qui veulent le meilleur pour leurs enfants étaient donc
persuadés qu'en les empêchant de parler créole ils favorisaient leur intégration à la société. Or, quelle ne fut pas leur surprise lorsqu'ils ont
constaté que leurs enfants parlaient le créole ! L'interdiction de parler
leur langue d'origine n'avait pas donné le résultat escompté. Au
contraire, les jeunes se sont approprié le créole comme un trait central
de leur identité. Parler le créole est devenu la manière de se reconnaître
entre eux et de se distinguer des autres. Les jeunes qui ne le parlent pas
l'apprennent de leurs pairs afin de s'intégrer au groupe. Lorsque nous
interrogions les jeunes sur l'importance que représente pour eux le
créole, presque tous ont dit que cela fait partie d'eux, de leur origine et
de leur identité. Plusieurs voient une forme d'équivalence entre le fait
de parler créole et le fait d'être haïtien. Chez un grand nombre, la fierté
de leurs racines passe par la possibilité de s'exprimer dans leur langue
d'origine.

Or, la valorisation du créole parmi les jeunes d'origine haïtienne est
en grande partie le résultat des influences des milieux marginaux. Ce
sont eux les premiers qui ont imposé le créole comme langue commune.

Au début, les membres des gangs de rue parlaient entre eux le créole comme une sorte d'argot. Même les jeunes d'autres origines apprenaient le créole pour faire partie intégrante de la bande. Mais attention, le créole qu'ils parlent ne doit pas être tout à fait conforme à celui de leurs parents. Des néologismes (anglicismes, québécismes, etc.) se glissent dans leur façon de parler afin de bien signifier la singularité de leur langue. Un jeune fraîchement arrivé d'Haïti qui parlerait trop « comme ses parents » l'apprend vite par les autres. En s'appropriant le créole, en l'imposant comme la langue de la rue, les jeunes des milieux marginaux affichaient au vu et au su de tous un aspect incontournable de la fierté de leurs origines. Il n'était dès lors plus question de parler le créole en catimini. Le créole s'affirmait publiquement comme la langue commune de tout un pan de la jeunesse d'origine haïtienne. Il faisait partie du style identitaire de cette jeunesse. Bientôt, ce fut au tour de la majorité d'emboîter le pas et de s'identifier au courant créolophone, au grand dam parfois des parents qui se sont fait prendre de vitesse.

Aujourd'hui, au début du troisième millénaire, la survie à court terme du créole à Montréal n'est pas menacée. Les nouvelles réalités de l'immigration, ajoutées à la vitalité que connaît cette langue parmi les milieux d'avant-garde des jeunes, semblent promettre un avenir fécond au créole. Aussi ne faudra-t-il pas oublier plus tard que les jeunes des milieux marginaux ont peut-être joué un rôle stratégique dans la « cause » du créole au Québec. Mais pour cela, il faudra d'abord que l'on puisse les laisser s'exprimer librement dans leur langue et que l'on reconnaisse ce trait positif et central de leur identité. Il reste toutefois beaucoup de chemin à parcourir et d'obstacles à surmonter avant d'en arriver là. Voici, pour conclure cette section sur le créole, ce qu'a répondu une jeune fille en centre d'accueil lorsqu'on lui a demandé s'il était important pour elle de parler le créole.

Ouais. Ben parce que c'est ma langue. Pis le fait d'être ici des fois puis on a pas le droit de parler créole avec les filles qui sont haïtiennes. Puis ça m'énerve parce que dans le fond... quand je parle pas à ma mère pendant un bout de temps, je perds ma langue. Il faut que je parle créole. Puis ça m'énerve. [On nous laisse pas parler en créole] *parce qu'ils disent qu'il y a des choses pas claires qui se passent quand on parle créole.* [Comme s'il y avait un complot, mais il y en a pas.] [Ben] *des fois il y en a, des fois il y en a pas.* [Moi j'aimerais parler créole sur les unités tout le temps.]

Le vaudou : une arme à deux tranchants

L'ambiguïté qui existe autour de la langue créole comme trait valorisant de l'identité haïtienne est encore plus grande en ce qui concerne le vaudou. Comme pour le créole, le vaudou a toujours fait face à sa non-reconnaissance officielle. Même si sa pratique est répandue sous diverses formes dans la plus grande partie de la population, le vaudou est décrié par un certain discours moralisateur comme étant une démonstration du retard de la civilisation haïtienne. L'image de la civilisation serait plutôt associée au christianisme et au monothéisme, alors que le vaudou renverrait aux formes primitives de la religion. Mais plus significative que ces considérations édifiantes sur le statut religieux du vaudou est la menace que constitue l'omniprésence de la cosmologie vaudouïsante dans la pratique quotidienne du pouvoir au sein de la population. Dans l'histoire d'Haïti, le vaudou n'est pas seulement une religion comme les autres ; il est aussi un instrument de lutte politique, un vecteur de guérison et de protection, un moyen de changer son sort et celui des autres. Bref, il s'agit par-dessus tout d'une façon d'être en relation dynamique avec l'univers matériel et immatériel, naturel et surnaturel, qui nous entoure et qui nous habite. Aussi, toute pratique du pouvoir (peu importent le niveau et l'ampleur de ce pouvoir) en Haïti bute contre cette réalité qu'est le vaudou et doit composer avec elle. Devant un tel état de fait, on peut facilement imaginer l'importance des craintes que peuvent susciter les inconnues du vaudou chez les personnes ou les groupes qui veulent s'arroger ou combattre les différentes formes de ce pouvoir tel qu'il s'exprime au quotidien.

Le discours négatif à l'endroit du vaudou a pris des proportions insoupçonnées avec l'essor des Églises protestantes en Haïti. Si l'Église catholique avait su s'accommoder sans trop de mal de l'univers vaudouïsant, les Églises fondamentalistes ont quant à elles dénoncé de façon virulente cette situation et fait de la guerre contre le vaudou un de leurs principaux chevaux de bataille afin de gagner de nouveaux fidèles. Le Verbe de la Bible et le Seigneur Jésus-Christ sont la seule Vérité, les deux seuls « super fétiches » acceptables et efficaces en lesquels on peut croire. Aussi, plusieurs personnes se convertiront au protestantisme dans le but de se protéger de la menace du vaudou. Ils s'affirment publiquement comme chrétiens, mais dans leur vie privée ils laissent de la place à cette réalité du vaudou qui est enfouie au plus profond de leur être.

Si les jeunes d'origine haïtienne savent décoder dans les silences de leurs parents les ambiguïtés associées à la pratique du vaudou; en contrepartie le discours dominant que la plupart d'entre eux entendent affirme que le vaudou est maléfique. Plusieurs n'ont en fait pour toute connaissance du vaudou que les images de poupées vaudou ou de films d'horreur de série B. Parmi ceux qui fréquentent les églises protestantes, d'aucuns hésitent à parler du vaudou à cause des craintes mystérieuses qu'éveille le seul fait de prononcer ce mot. Même si les jeunes ont d'abord une image négative du vaudou, ils reconnaissent que sa pratique peut aussi être parfois bénéfique. Il reste, cependant, que les jeunes d'origine haïtienne à Montréal connaissent très peu de chose de cet héritage fondamental de leur culture d'origine qu'est le vaudou.

Il existe bel et bien à Montréal des groupes de type vaudouïsant tels que le Daho, qui cherche à faire reconnaître cette religion auprès des jeunes et à lui donner un statut dans la société. L'impact de ces groupes sur l'ensemble des jeunes de la communauté reste toutefois assez marginal, du moins pour l'instant. Par ailleurs, nous savons que des jeunes, dans leur quête identitaire et leur besoin de différenciation, retournent d'eux-mêmes au vaudou afin de se mettre en contact avec les forces du pouvoir qu'on lui accorde. Ils peuvent entrer dans un groupe plus ou moins formel qui pratique le vaudou dans la clandestinité. Ou, plus souvent encore, ils peuvent eux-mêmes improviser leur propre cérémonie à partir des bribes qu'ils possèdent. Parfois, un parent proche qui pratique le vaudou à Montréal l'a enseigné à l'un des siens; parfois, un jeune qui a participé à des cérémonies vaudou en Haïti prend comme modèle le souvenir qu'il en a.

À notre connaissance, ce sont surtout les jeunes des milieux marginaux qui président ces cérémonies improvisées. Celles-ci prennent souvent l'allure d'une « messe noire » où ils cherchent à « attaquer » un « ennemi » ou à se protéger de celui-ci. Le secret partagé de cette pratique commune leur sert de force afin d'affirmer leur identité personnelle et culturelle.

Le vaudou peut être à la fois une arme (d'affirmation identitaire) et un moyen efficace de défense. Un garçon membre d'une gang de rue est même persuadé que le vaudou lui a sauvé la vie. Dans son cas, le vaudou a été plus fort que la mitraille de ses ennemis.

Le vaudou! Si je commence à te parler du vaudou comme je le connais, ta cassette, tes deux cassettes vont finir. […] *Ah, il y a plein de choses*

330 LA GANG : UNE CHIMÈRE À APPRIVOISER

que tu peux faire avec le vaudou. *Plein de choses. Tu peux faire mal à quelqu'un. Tu peux faire du bien. Tu peux… tu peux avoir l'argent. Tu peux… faire plein de choses avec le vaudou. Plein, plein de choses. C'est trop vaste, il faut que… il faudrait qu'on ait un sujet, t'sais comme* [que] *moi j'ai déjà faite.*

Parce que quand j'étais dans une gang de rue, t'sais c'est comme c'était rendu que… t'sais comme on avait beaucoup de chicanes. Il y avait une période où il avait beaucoup de chicanes avec d'autres gangs, tu comprends. Puis n'importe quoi. Il y a du monde qui voulait me… shoot, t'sais me tirer. Fait que là j'ai été voir ma tante. Ma tante c'est comme elle pratique le vaudou… C'est comme elle a… dans son sous-sol, elle a comme une petite église là. Ben pas une église, mais une place, tu comprends. Puis là ce qu'elle a faite, elle a faite une prière. Elle a faite une prière. Puis elle m'a fait… elle a mis… elle a pris de la bière là, elle l'a vidée dans un pot. Après ça, elle a mis plein d'autres potions, puis là elle m'a fait… comme j'ai pris un bain avec ça. Puis après ça elle a fait une autre prière. Puis elle a éteindu une cigarette sur mon bras. Mais là c'est là des affaires… t'sais comme je devrais pas en parler, parce que… le vaudou c'est… c'est très sérieux. Là présentement quand je te parle de ça là, sans mentir, sans faire de connerie là, ça se peut qu'elle entende qu'est-ce que je te dis. Tu comprends. [Comme une] *prémonition, elle peut faire un rêve.* […] *Parce que habituellement quand tu fais… quand tu fais quelque chose avec le vaudou, quand t'es rentré dans le vaudou… soit que tu as faite une demande, une requête ou bien t'as pris un bain. T'sais, t'es pas supposé d'en parler. Tu comprends. C'est supposé d'être toi puis la personne qui l'a faite. Tu comprends. Mais là… moi ça me dérange pas, remarque.* [Mais est-ce que tu y crois ?] *Ben oui, j'y crois. C'est vrai, c'est vrai, parce que… j'ai faite… j'ai pris le bain samedi. Elle a faite la prière puis toute ce qu'elle avait à faire, samedi, puis vendredi, vendredi de l'autre semaine. Lundi, mardi, mercredi, jeudi, vendredi j'ai été… j'ai été à un club qui s'appelle le Zoo. Puis là il y a un gars que j'ai vu, puis… comme il avait pris une raclée de notre gang. Puis là lui il avait un 12, un 12 coupé. Puis là il a tiré, parce que… comme il a passé avec ses amis. T'sais, à la fin du club, on était moi puis mes amis. On était en avant du club puis on parlait aux filles. Puis lui il a passé, puis il a commencé à tirer. Tu comprends, il a commencé à tirer, mais… il y a rien… comme il y a d'autres personnes qui se sont faites prendre. Mais moi, t'sais, moi j'étais au milieu, mais je me suis pas faite toucher du tout, du tout, du tout.* […] *Il était assez près quand même là quand il a tiré. Parce que avec*

*un 12 quand tu tires, quand tu coupes le bout du 12, quand tu tires, les
balles s'éparpillent, tu comprends. Mais là moi j'étais comme... je faisais
partie de la foule, puis il... je me suis pas faite toucher d'aucune façon. J'ai
eu une protection.*

Certes, tous les jeunes n'ont pas vécu des expériences aussi drama-
tiques et spectaculaires avec le vaudou. Cependant, tous ceux qui avaient
une expérience à raconter insistaient sur le caractère à la fois mystique
et protecteur du vaudou. Plusieurs parmi eux ont connu le vaudou par
l'entremise de leur grand-mère, un peu comme si, dans le contexte
migratoire, le saut des générations était un des seuls moyens de se relier
à ses origines.

Voici, trois témoignages sur le vaudou qui rappellent l'importance
du rôle des grands-parents dans la transmission des valeurs culturelles.
D'abord, écoutons ce que la jeune Marie a à dire au sujet du vaudou :

*Heu... je sais pas, ça c'est une autre affaire encore. C'est vrai que c'est
pas bon. Mais c'est bon puis c'est pas bon. Comme si tu me [jettes un
sort,] c'est mon problème. O.K., mais moi c'est pas comme ça que je fais.
C'est... Si il y a un Dieu d'abord, parce que je sais qu'il est important puis
toute ça. Parce que c'est un Dieu jaloux. Comme ils disent dans la Bible.
C'est un Dieu jaloux, O.K. Si il voit que, on va dire, je vois le magnétophone, je préfère me servir du magnétophone [plutôt] que lui, t'sais, il va
être jaloux... Il va se sentir mal parce que il voit que ça c'est plus important que lui. En tout cas, c'est comme ça que c'est écrit dans la Bible. Moi,
c'est ça que je dis. Mais de l'autre bord, ma grand-mère, elle va pas à
l'église. Ma grand-mère, elle est encore sur le beat d'Haïti. Elle, et toute [elle
dit :] « Ah, quand j'étais en Haïti, chaque problème que j'avais, je prie le
Hougan [...] le Hougan [les loas] des affaires de même. » Mais j'ai déjà
assisté là... à une cérémonie. C'était à Montréal. Mais ces cérémonies-là à
Montréal sont pas si fortes que celles en Haïti. Parce que en Haïti c'est la
source [où il y a les origines] et tout. C'est pas si fort que ça, mais comme
à un moment donné là ma mère est morte. Puis on a faite une cérémonie
parce que ma grand-mère voulait parler avec elle. Là j'ai été à la cérémonie. Mais moi, je crois, mais je crois pas, t'sais... je doute toujours. C'est
quoi cette affaire-là qui entre en toi ? Je pose toujours des questions. Mais
c'est comme à l'église avec Dieu quand tu es vraiment dans le moule, t'es
vraiment entrée là... tu vas voir l'esprit qui entre en toi. Mais je trouve pas
que c'est la même chose parce que il y a deux sortes... il y a deux sortes de
vaudou. Il y a magie noire, magie blanche, t'sais... c'est gentil, c'est*

méchant. [...] *Parce que la magie blanche aussi, ça peut être méchant. Moi... il y a un gars, mais ça c'est un des* [gars de gang] *pour moi O.K., il me disait que, il a fait un pacte, ben c'est pas un pacte, ben tu le sers. Puis à chaque fois tu oublies, ou bien que tu fais quelque chose de mal, il te punit. Il peut te punir de n'importe quelle façon. Soit de vomir du sang, je sais pas. Soit qu'il t'arrive un accident.* [...] *Mais moi je crois pas à ça. C'est des* [affaires] *je vais assister à la cérémonie, mais... la musique c'est vrai, c'est rythmé pour ça, mais... non, non, non. Le père de ma mère, en Haïti, il est fort là-dedans, mais moi c'est pas mon... vraiment mon bout cette affaire-là. Ça me fait peur un peu.*

À propos du vaudou, un garçon de 16 ans né en Haïti et membre d'une gang de rue avait quant à lui une histoire presque surréelle à nous raconter :

[Moi, le vaudou,] *ah, j'en entends tout le temps parler. Ma grand-mère surtout. Ah, les histoires qu'elle me raconte là... si tu y crois pas là, tu trouves ça invraisemblable. Ben,* [par exemple,] *elle m'a raconté une histoire là. Une fois, c'est un gars qui est chez des marchands, O.K. Ce qu'ils lui ont fait là, je sais pas, tu me croiras pas. Si je te le dis. C'est des marchands, O.K. Ils ont transformé quelqu'un en bœuf carrément, pour aller le vendre. Le lendemain, sur le chemin là, le bœuf s'est arrêté, puis il a commencé à parler là. Il a dit que « Je suis pas un bœuf pour de vrai que j'étais un humain », etc., là, puis là il y a plein, plein, plein de monde. Il y a du monde qui l'ont vu parler là, par exemple. Puis là la police est venue là, etc. Ben il a été demander au propriétaire de qu'est-ce qui est arrivé au... bœuf pour qui parle, etc. Puis il a demandé des explications, hein. Pour qu'il remettre le bœuf comme... pour qu'il mette le gars en question comme il était.* [Ce qui s'est passé après] *ça, elle me l'a pas dit, ça. Ça elle doit sûrement pas le savoir. Mais elle me parle tout le temps là d'une poudre blanche là, puis une cuillère à thé là seulement, ça vaut 200 $ là. Cette poudre-là, par exemple, si tu le mets à la porte d'entrée de quelqu'un là. Mais si la personne que tu veux prendre, c'est elle seulement qui peut mourir si elle met les pieds dessus, par exemple. Ben si elle touche. Si par exemple, supposons que tu peux prendre... bon je vais te donner par exemple, avec des lettres, supposons que c'est A que tu veux prendre avec la poudre en question. Même si B et C... pilent dessus, ça leur fait rien. Mais dès que A pile dessus là, fini. Elle tombe malade. Là, le monde pense que c'est une maladie, puis elle crève.* [En tout cas, moi, ça j'y crois.] [Mais à Montréal] *je connais pas* [personne qui pratique le vaudou].

Enfin, voici ce qu'avait à dire sur le vaudou un autre jeune des gangs de rue. Il s'agit du même garçon qui a déjà reçu une balle dans un bras et qui ne savait pas comment il pourrait sortir un jour du milieu des gangs de rue :

Ben [sur le vaudou] *je pourrais te dire comme ça que… c'est une affaire qui est vraiment trop fucked up. Qui est vraiment fucked up.* [...] *Ça peut être bien, ça peut être mal. Quand j'ai du monde qui peut m'en parler qui en fait. Ça fait du bien, comme ça peut* [faire du mal.] [Ça me fait pas peur du tout.] *Non, au début ça me faisait peur, mais t'sais de la façon qu'ils m'ont… comme ma grand-mère m'a parlé des choses de vaudou* [j'ai pas peur.]

Comme moi, ma grand-mère elle dit quand… j'ai reçu… j'ai eu beaucoup de choses quand j'étais plus jeune. J'ai eu beaucoup de choses qui ont été faites sur moi. T'sais, il y a ben d'autres choses que je sais pas… qu'est-ce qu'elle a faite sur moi. T'sais, parce qu'il y a plusieurs choses qui, en tout cas… qu'ils font là, on peut dire. Elle dit comme ça que, parce que moi je suis asthmatique aussi, puis j'étais vraiment asthmatique. Elle a été obligée de m'amener en Haïti pour faire des affaires mystiques sur moi. C'est ça qu'elle m'a expliqué… Elle me dit souvent… « Est-ce que tu te rappelles qu'on a faite telle, telle chose pour toi ? » Puis… c'est ça… Elle me disait aussi que… il y avait une dame quand elle avait été en Haïti, t'sais la femme qui a faite l'affaire pour mon asthme. Elle la dame m'avait dit comme ça que j'allais perdre… t'sais que j'allais perdre beaucoup de ça, puis il allait m'arriver un accident. Puis elle m'avertissait tout le temps. Elle me disait comme ça : « Tu vas perdre ton sang, puis… t'sais… fais attention où est-ce que tu t'en vas. » C'est ça. [Pis moi je crois à ça.] *Je trouve qu'on me dit de faire attention. T'sais, moi je suis tellement mal pris… Je pense pas que… ma grand-mère* [me veut] *du mal, t'sais* [quand] *elle me dit : « Ah, fais attention. »*

Les jeunes ont été en général peu loquaces sur le vaudou. Aussi, les extraits que nous venons de lire semblent faire figure d'exception. Comme nous l'avons dit, la plupart des jeunes d'origine haïtienne, tous milieux confondus, ont une image plutôt négative du vaudou. À la question « Crois-tu au vaudou ? », un garçon a répondu du tac au tac :

Non. Je crois pas à Satan. Je sais que… ouais ça existe, je sais que ça existe. O.K., mais je sais pas quoi, disons j'ai pas vraiment de… j'ai pas vraiment de croyance. Puis je peux dire que je crois en Dieu. O.K., je crois en Dieu, mais je suis pas vraiment un pratiquant.

Les jeunes reproduisent en grande partie les craintes que leur inspirent les chuchotements et les silences de leurs parents à ce sujet. Par exemple, un garçon de 19 ans a dit :

[Le vaudou, pour moi, c'est] *négatif. Puis j'aime pas ça non plus. J'entends parler ma mère, mon père, les amis… les vieilles affaires qui tuent le monde qui s'en vont chercher, qui fait quoi, de quoi… j'aime pas ça, puis ça me fait peur aussi.*

Parmi les parents, plusieurs croient que le vaudou est un aspect de leur culture dont il est préférable de se tenir éloigné et ne voient pas ainsi l'importance d'en parler à leurs enfants, si ce n'est pour les convaincre que ce phénomène est maléfique. Le statut ambivalent du vaudou dans les représentations populaires renforce le paradoxe de la fierté haïtienne que nous avons abordé précédemment. Ainsi, bien qu'il s'agisse d'un élément profondément enraciné dans la culture haïtienne, qui appartient à l'originalité et au dynamisme de cette culture, le message principal que l'on transmet aux jeunes est que le vaudou constitue quelque chose de mauvais dont ils doivent se méfier. En s'intéressant au vaudou, comme ils ont adopté le créole, certains jeunes des milieux marginaux deviennent en quelque sorte des promoteurs de leur culture d'origine. Dans leur quête d'une identité originale, ces jeunes rétablissent des ponts avec leurs racines culturelles, ponts qui, sinon, risqueraient d'être coupés à jamais s'il n'en tenait qu'à leurs parents. Ces jeunes contribuent à créer un nouvel espace valorisant où peut s'exprimer la culture haïtienne au sein de la société d'accueil.

Évidemment, ce ne sont pas tous les parents qui transmettent une image dévalorisante ou apeurante du vaudou à leurs enfants. Très peu de jeunes, toutefois, nous ont raconté dans le cadre de cette étude que leurs parents les avaient aidés à se faire une idée éclairée et positive du vaudou. Même une jeune fille, dont le père est un hougan qui pratique le vaudou à Montréal, ne retient pas une image très favorable du vaudou. Il faut dire qu'elle a l'impression que son père abuse de la crédulité des gens pour faire de l'argent et qu'il fait tout en son pouvoir pour qu'elle ne se mêle pas de ses « affaires ».

[Mon père,] *il fait ça chez nous. Il fait beaucoup d'argent. Il y a du monde qui vient, qui ont perdu leur mari. Qui veut ramener un gars chez eux.* [Mon père,] *c'est un hougan. Comme avant-hier, il a fait quelque chose pour une dame, parce que la dame voulait se marier avec son mari. Et son mari veut pas. Mon père a fait quelque chose pour 500 $. […] Son* *mari est revenu. Mais peut-être que son mari a déjà revenu là, on sait jamais.* [...] *Moi quand mon père a cette affaire-là, je dis : « Papa, c'est toi qui parles, hein ? »* [Dans ce temps-là il me dit :] *« Fous-toi dehors, hein... ».* [Quand mon père est en transe] *mais sa voix* [change,] *mais c'est toujours lui. Comme quand il a cette affaire là, il fait quelque chose. Il parle avec moi O.K. Il me dit : « Quand ton père arrive », c'est lui qu'il me parle, c'est lui mon père. « Quand ton père arrive, tu dis à ton père d'aller faire ça, d'aller faire ça. » J'ai dit : « Tu peux le dire, hein. » Il m'a dit : « Comment ça ? » « Ben c'est toi mon père, tu peux le dire à mon père, non ? » Même si je sais qu'il allait me frapper, je l'ai dit. Je l'ai dit pareil. Ben c'est impossible. Se transformer en quelqu'un d'autre là, c'est impossible ça. Moi je... il y a du monde qui fait ça pour de vrai, mais... mais je crois pas en ça. [Et si] ça devrait m'arriver. J'espère que ça m'arrivera plus. [Si ça m'arrive un jour,] j'allais faire n'importe quoi pour ça... Il y a quelque chose qu'on peut faire, on m'a dit, si ça arrive de me convertir. Je vais entrer dans une église, dormir dans l'église. Je veux que ça m'arrive jamais.*

Comme on peut le voir, il est difficile pour les jeunes de se faire une idée juste du vaudou à partir des messages souvent contradictoires que leur transmettent leurs parents. Aussi doit-on presque qualifier d'avant-gardiste les jeunes qui, dans leur besoin d'affirmation identitaire, décident d'eux-mêmes de se réapproprier les symboles les plus enracinés, voire refoulés, de leur culture d'origine. Ces jeunes sont peut-être en train d'assurer une continuité à un espace culturel qui serait voué à disparaître, vu une certaine idéologie du « progrès » qui prévaut.

L'espace religieux global des jeunes d'origine haïtienne

Nous n'avons fait qu'effleurer le thème de vaudou. Il y aurait encore beaucoup à dire et à découvrir sur le sujet. En fait, on ne peut comprendre la place du vaudou dans les pratiques et les représentations des jeunes sans examiner l'ensemble de l'univers religieux de ces jeunes. L'importance que revêt l'espace religieux chez les jeunes d'origine afro-antillaise, peu importe leur milieu d'appartenance, est sûrement l'un des traits identitaires qui les distinguent le plus de leurs pairs québécois dits « de souche ». Sans vouloir entrer dans les détails de cet univers fascinant qui exigerait une étude à lui seul, nous ferons quelques remarques générales sur le sens des pratiques religieuses et spirituelles dans la vie des jeunes d'origine afro-antillaise des milieux marginaux.

Tous les jeunes sans exception que nous avons rencontrés dans le cadre de notre recherche disent qu'ils croient en Dieu. La seule nuance que quelques jeunes apportent concerne la différence qu'ils font entre Dieu et la religion. Plusieurs affirmait ne pas appartenir à une religion en particulier, même s'il peut leur arriver à l'occasion de fréquenter une ou différentes églises. Même lorsqu'ils n'adhèrent pas à une religion spécifique, ces jeunes s'identifient au christianisme. La majorité déclare s'adonner régulièrement à la prière et plusieurs disent lire assez souvent la Bible. En fait, pour la plupart de ces jeunes, la pratique religieuse est plutôt une affaire personnelle qui ne concerne qu'eux et leur Dieu. On prie Dieu et on le remercie de la journée qui vient de se terminer ou on lui demande de nous aider à passer à travers les moments difficiles. Le rapport que les jeunes établissent avec leur spiritualité est fortement lié à leur démarche de résolution de problèmes. Comme on n'aime pas parler de ses problèmes aux autres, on préfère se confier en secret à Dieu.

La religion occupe une place importante dans les familles d'origine haïtienne. Il n'est pas rare que dans une famille les deux parents appartiennent à deux Églises différentes. Les enfants seront obligés de suivre à l'église l'un ou l'autre de leurs parents, voire les deux, parfois tard dans l'adolescence. Cette obligation est souvent la source de conflits entre les parents et les enfants. Aussi, par esprit d'indépendance, plusieurs jeunes en viendront à choisir de fréquenter un groupe religieux différent de celui de leurs parents.

Pour plusieurs parents, la pratique religieuse s'avère une assurance que leurs enfants se tiendront éloignés des milieux marginaux. Ils imaginent, à tort ou à raison, que l'église constitue un refuge capable de protéger les jeunes des vices et des tentations du mal provenant de la société.

La majorité des jeunes que nous avons rencontrés et qui fréquentaient régulièrement l'église prétendaient avoir une vie exemplaire ; plusieurs étaient, de fait, considérés comme des enfants modèles par leurs parents. Cela dit, il n'y a pas lieu d'établir une corrélation entre la fréquentation d'une église ou la pratique religieuse et l'éloignement des milieux marginaux. Nous avons déjà expliqué que les jeunes avaient souvent deux registres identitaires, l'un pour la maison et l'autre pour la rue, et qu'ils savaient pour la plupart passer de l'un à l'autre sans trahir les valeurs respectives de chacun de ces milieux de vie différents. Un jeune peut très bien faire partie d'une gang de rue et aller chaque semaine à l'église avec ses parents. Par ailleurs, il arrive que les conflits engendrés par l'obligation d'aller à l'église poussent un jeune vers les milieux marginaux. Une histoire semblable nous a été relatée par une jeune femme qui prétendait être entrée dans une gang de rue par révolte contre ses parents qui la forçaient d'aller à leur église.

Une jeune fille de 16 ans nous a raconté, quant à elle, une anecdote où sa visite à l'église, alors qu'elle était en centre d'accueil, n'a pas donné le résultat escompté :

Puis moi [il y a] *des choses que je suis pas capable de supporter. T'sais là moi je suis en centre d'accueil, O.K. Les gens où est-ce que j'étais à l'église, là ils le savaient pas. Puis ils me voyaient pas à l'église, ça fait deux... presque un an que j'étais pas allée à l'église. Un an et demi que j'étais pas allée à l'Église. Là quand je suis revenue, t'sais, tout le monde a commencé à parler. T'sais, tu voyais le monde là parler... « chchch », tu comprends quand ils m'ont vue... Ils m'ont même... amenée devant la chaire là pour dire comme ça que... « Si on me voit dans la rue ou si je suis en train de fumer, si je suis en train de prendre de la drogue, n'importe quoi, priez pour moi. » Venez pas me voir pour me dire que je fais ça, ça, ça, c'est bon. Priez pour moi. That's it ! Tu comprends. Ça c'est quelque chose... t'sais quand tu sors mais... j'aime pas ça que le monde parle sur quelque chose qu'ils connaissent pas du tout. Puis ils parlent, parlent, parlent, parlent, parlent, puis là ça change tout. Si admettons que je dis comme ça que... « Ah, qu'est-ce qui m'est arrivé, j'ai couché avec un garçon. » Là ça va être rendu que je suis une prostituée. Puis j'ai couché avec* [tout le monde]. *C'est tout ça.*

La même jeune fille dira plus loin que lorsqu'elle prie, elle demande entre autres à Dieu de la patience et de la confiance, deux qualités indispensables, selon elle, pour passer à travers l'épreuve du centre d'accueil :

[Quand je prie,] *ah je lui demande de la patience. De la confiance en moi. Heu... je demande de me garder en santé. Qui m'arrive rien quand je suis dans la rue. T'sais... tout ce qui peut m'aider pendant que je suis en centre d'accueil. La... moi je dirai toujours la plus belle façon, la plus belle qualité que tu peux avoir quand tu es en centre d'accueil, c'est la patience puis la confiance en soi.*

En centre d'accueil, nombreux sont les jeunes qui ont le réflexe de prier Dieu pour qu'il les aide à sortir de cet endroit, mais aussi pour qu'il les protège en quelque sorte d'eux-mêmes. Ainsi, une autre jeune fille de 16 ans dit : « Je demande à Dieu des changements. Comme de sortir d'ici. Puis de m'aider à faire mes affaires correctement. Toute ça. »

Un garçon de 17 ans, également en centre d'accueil et membre d'une gang de rue, demande à Dieu de le protéger lorsqu'il doit se rendre dans la rue.

Moi… je peux… quand je prie je peux y demander… comme disons… vendredi je sais que je vais sortir. Jeudi soir, je vais prier, je vais demander que bon je sors… t'sais, d'ici. Si il peut me donner un… t'sais comme un ange gardien, je sais pas. Puis qu'une balle arrive pas, t'sais qu'il me tue, une affaire de même. Mais je demande pas des choses comme… t'sais : « J'aimerais ça avoir beaucoup d'argent. » Il y a des choses de même. Je demande juste l'aide, la protection puis je [demande] de m'en sortir fort bien, des choses de même.

Dieu peut nous aider à régler nos problèmes, mais il faut aussi savoir pondérer nos demandes, explique une jeune fille de 14 ans qui est en centre d'accueil :

Je remets tous mes problèmes dans les mains du Seigneur parce que… comment je pourrais te dire ça…. dans la Bible ils disent : « O.K., tes problèmes, si tu te laisses dans les mains du Seigneur, O.K., tu vas avoir des problèmes, mais si tu laisses le Seigneur les régler pour toi, tu as vraiment moins de problèmes ». Mais comme moi je laisse pas toute. O.K. Moi je dis que j'ai une part à faire. C'est comme je… fais de moi un adulte. C'est pas : « Je veux un manteau. » Et puis tu fais rien, tu fous rien. Puis tu travailles pas… t'sais. Moi comme, si je dis bon… « Je veux sortir d'ici. » C'est comme si moi je prie à chaque jour. Je dis O.K., je me donne jusqu'à octobre parce que vraiment il faut du changement dans [ma vie]. Je veux, au moins d'ici octobre O.K., je vais m'aider à changer. Mais je veux que tu m'aides un petit peu… pour que je puisse être plus active à changer. C'est plus sur ça. Puis c'est plus… je prie pour ma famille aussi. T'sais pour qu'ils puissent être bien. Pas de problème. T'sais s'ils ont des problèmes, ben qu'ils sachent que t'existes puis t'sais tout ça. Mais… parce que je veux préciser, je prie en général tout le temps. Tout le temps. Puis j'y dis de me supporter. T'sais, j'y ai parlé en général.

Si la spiritualité occupe une place de choix dans la vie de tous ces jeunes, on ne peut en dire autant de la religion. Une jeune fille de 17 ans va même jusqu'à comparer la religion à une mafia.

J'ai été élevée dans la religion. Mais en vieillissant, [tu entends parler] qu'ils font ça, puis tu te demandes c'est quoi qui est bon. Moi je me dis que j'ai pas de religion. Parce que pour moi des religions, c'est toutes… heum…

c'est comme une mafia. T'sais, tu rentres dans une gang, puis… sauf si tu as à croire en Jésus, tu crois en Jésus, puis ça s'arrête là. T'as pas besoin de t'habiller d'une telle manière, ni de manger telle affaire. C'est juste que tu crois en bon Dieu, puis tu crois en bon Dieu. T'as pas d'affaire d'aller à l'église. C'est pas parce que tu vas à l'église, que tu pries à l'église, qu'il va plus recevoir ta prière. Tu peux être dans ta chambre, puis il va la recevoir autant, t'sais. Je sais pas, j'ai toujours pensé… ben présentement là, je pense qu'une religion… c'est comme si tu cherches une identité puis tu te fies à eux autres. C'est comme si tu avais un maître qui disait quoi penser, quoi faire, puis j'aime pas ça. J'ai ma propre opinion, puis ça s'arrête là.

Selon un jeune homme, la plupart des intervenants sociaux sont comme les pasteurs, c'est-à-dire « malhonnêtes » :

Les intervenants sociaux, je les truste pas tous. Je les truste pas tous. Pour moi c'est comme un pasteur. Ils sont malhonnêtes. [Dans le sens] qu'ils tirent leur propre avantage personnel.

Les extraits précédents ne visent pas à critiquer la place centrale qu'occupent les Églises dans la vie de nombreuses familles immigrantes. Nous reconnaissons que les lieux de culte peuvent, à différents degrés, jouer un rôle important dans la dynamique communautaire et le soutien des personnes en contexte d'immigration. Nous avons nous-mêmes pu le constater en interrogeant des parents et des membres, jeunes et moins jeunes, de différentes Églises. En fait, la seule restriction que nous voulions apporter concerne l'idée répandue chez les parents que les Églises constituent un abri qui protège leurs enfants de la délinquance. Or, si les enfants semblent tout comme leurs parents manifestement très croyants, ils ne partagent pas pour autant les mêmes vues en ce qui a trait à la pratique religieuse. Une recette qui s'avère gagnante pour les parents peut avoir un effet contraire chez leurs enfants. Le besoin pour certains enfants de se dégager de l'autorité parentale peut trouver dans la contrainte de la pratique religieuse une raison suffisante pour les couper à la fois du giron de la famille et de celui de l'Église. Cela dit, rien n'empêchera ces enfants plus tard, lorsqu'ils vieilliront ou qu'ils se réconcilieront avec leurs parents, de trouver dans la pratique religieuse pour le bonheur de tous, un terrain d'entente. Voici, pour conclure cette section sur les pratiques religieuses des jeunes d'origine afro-antillaise, le témoignage d'une jeune fille qui va dans ce sens :

[Ce qui a changé depuis que je suis retournée chez ma mère,] t'sais c'est comme on se parle là, t'sais vraiment là. C'est comme maintenant, elle

sait que j'ai un chum là. Elle est calme. Elle l'a déjà vu. Puis t'sais [c'est plus du tout le gars de la gang]. *Elle le connaît. T'sais, il vient chez moi des fois. Puis... on va à l'église ensemble.* [Ça fait que ma mère, elle est contente.] [...] [Parce que] *moi je suis une fille* [très croyante]. *Même si je faisais plein d'affaires* [pas correctes,] *j'étais une fille croyante.* [...] *Je suis une fille très croyante. Parce que, t'sais, j'ai fait... heum... ma catholique. Mais j'ai fait... ma communion, ma confirmation. J'ai toute faite. J'étais pas mal croyante. T'sais. Mais là c'est comme je marche plus... comme j'aime toutes sortes d'Églises. Comme les vendredis, t'sais j'allais avec René, t'sais le samedi, je vais à l'église avec mon chum. C'est l'église adventiste. Le dimanche je vais à l'église baptiste.* [...] [Puis] *c'est le fun parce que, surtout le samedi à 7 heures, c'est la réunion entre jeunes. Puis on fait des affaires. T'sais comme là on est en train de préparer Noël, tout ça là. C'est comme on va faire du théâtre.*

[Et puis maintenant avec ma mère ça va bien.] *T'sais, c'est quasiment là* [que] *je trouve que c'est le fun... maintenant, mais avant j'avais peur. Quand j'avais un chum là. Ah non, non, non! Il faut pas qu'elle le sache, il faut pas qu'elle le sache. T'sais, elle finissait quand même par savoir là... Puis comme moi je le savais qu'elle savait, parce que elle me disait :* « *Ah! fais attention là dans la rue!* » *Fait que là je sais que ma mère le sait. Mais là c'est comme elle sait c'est qui mon chum. T'sais puis toute. Mais là elle est contente. Il va à l'église. On dirait qu'elle est contente* [parce qu'il va à l'église.]

Ce dernier témoignage montre une autre fois l'importance que revêt, au moment de se sortir des milieux marginaux des gangs de rue, le rétablissement de liens positifs entre les valeurs des jeunes et celles de leurs familles. Il rappelle le rôle d'équilibre que joue la famille dans la quête identitaire du jeune immigrant. Il s'agit d'un équilibre fragile qu'il importe de reconnaître et de maintenir si l'on veut permettre à la majorité de ces jeunes d'éviter les pièges de la délinquance que leur propose leur autre « famille » qu'est la gang.

La violence au cœur des sociétés de l'objet

Peut-être convient-il de rappeler que la violence entre individus a fortement diminué dans les « sociétés de l'individu ». On a en effet observé, ces dernières années, une formidable chute des homicides, l'interdiction des règlements de compte en dehors du recours aux tribunaux, une baisse des infanticides, l'adoucissement aussi des punitions corporelles et une réforme des prisons. L'intervention accrue de l'État et le travail des tribunaux semblent avoir permis que se remodèlent, sur le fond d'une plus grande sécurité personnelle, les relations entre les individus et entre les classes sociales. Un nouveau code de l'honneur a pu s'imposer, avec la respectabilité pour règle centrale : l'individu devait dorénavant essayer d'acquérir le respect des autres sur la base de son statut social, à partir des biens qu'il possédait ou de certains signes extérieurs de prestige, à travers un talent littéraire ou musical hors du commun, par exemple. Les individus ont en réalité cherché à protéger leur espace privé tout autant qu'à acquérir le respect des autres. Il se peut même que ce souci de protection de l'intimité personnelle et familiale ait progressivement favorisé l'indifférence dans les relations entre les individus, une certaine distanciation entre eux et le recours à des médiations symboliques, tels les signes de la richesse, dans l'établissement des rapports interpersonnels. Dans le creux du repli des individus sur l'espace privé et sur leur intériorité, il y a eu de la place pour une présence accrue de l'État, dont l'intervention a été d'autant plus aisément acceptée qu'elle s'est faite au nom de la protection à apporter aux individus.

Qu'est-ce donc que ce thème de plus en plus récurrent de la « sécurité des citoyens » ? Une société qui ne parvient pas à offrir à tous ses membres la sécurité à la maison, dans la rue, dans la ville et à la campagne serait, répète-t-on, en voie de dissolution. On peut se demander jusqu'où l'État doit aller dans l'exercice du contrôle de la violence à l'égard, disons, des jeunes : faut-il empêcher les « partys » bruyants ? Faut-il interdire les regroupements en gangs ? La police de quartier, les « maisons de jeunes », dont on vantait, il n'y a pas si longtemps, les vertus rédemptrices, et l'accompagnement préventif n'ont pas fait reculer la violence chez les jeunes, disent les partisans de l'ordre, les plus radicaux ajoutant qu'il faut passer à la répression, à la « tolérance zéro », à l'application intégrale de la loi. Ils oublient que la montée de la violence chez les jeunes exprime sans doute une des contradictions fondamentales de nos sociétés, avec, d'un côté, l'agrandissement du territoire des libertés individuelles et, de l'autre, l'accroissement du contrôle social, le tout dans un contexte où se désintègrent les liens sociaux et familiaux. La réponse au manque de civisme se situe moins, selon nous, dans la répression que dans une resocialisation des rapports entre les citoyens, notamment en retissant les liens entre les adultes et les jeunes.

Dans les sociétés de l'objet, on a vu se redéfinir de manière draconienne les rapports entre les générations, entre les hommes et les femmes, et entre les parents et leurs enfants. Les principaux lieux où s'exprimait la sociabilité masculine ont changé de fonction : par exemple, les tavernes, les pubs et les cafés, qui ont été pendant longtemps les lieux de rendez-vous des hommes, se sont ouverts aux femmes ; la tolérance sociale face à l'alcool a diminué ; la violence masculine associée aux lieux de sociabilité masculine a nettement reculé. Les frontières séparant les espaces masculin et féminin se sont aussi déplacées et les stéréotypes associant l'homme au travail hors de la maison et à la force et la femme aux travaux ménagers et à la tendresse se sont modifiés ; la violence domestique a été de plus en plus stigmatisée, les corrections à l'égard des enfants ont été interdites. Le dialogue, l'écoute et la communication ont été valorisés, ce qui a conduit à une nette diminution de la violence verbale, des injures et des blasphèmes dans les sociétés contemporaines. En outre, on oublie souvent de dire que nos sociétés sont nettement moins violentes que celles qui les ont précédées ; paradoxalement, les personnes ont l'impression de vivre dans des sociétés violentes alors qu'on y trouve moins de rixes entre les hommes, moins de violence conjugale, moins de châtiments corporels à l'endroit des enfants.

L'impression d'une plus grande violence que ressentent les personnes est sans doute attribuable à la généralisation du souci d'une sécurité absolue, d'une protection complète qu'elles veulent se donner : elles posent l'existence d'un dehors dangereux, elles exigent un plus grand contrôle policier et elles sont moins tolérantes face à la marginalité. Les médias, pour leur part, valident leur sentiment de danger en exploitant certains faits divers, qui sont amplifiés selon les règles de l'art journalistique. Nos sociétés connaissent évidemment la violence, qui s'exprime à travers les vols à main armée, l'escroquerie, autant de crimes qui visent principalement l'appropriation des biens des autres. Ces activités criminelles sont aujourd'hui organisées, dans une importante proportion de cas, autour des réseaux de la drogue et de la prostitution, du trafic des cartes de crédit et du recyclage de l'argent « sale » que l'on produit. La criminalité typique des sociétés de l'objet apparaît donc comme exclusivement liée à l'argent, au profit et aux biens ; pour être efficace,

elle exige la formation de groupes, de gangs et d'organisations parfaitement bien intégrés à l'idéologie qui est à la base de ces sociétés.

Les groupes criminalisés sont souvent composés de personnes marginales, déclassées, souvent exclues du marché du travail, par manque
de formation professionnelle ou pour d'autres raisons. On trouve, dans
ces groupes périphériques, des clubs de motards, des chapitres locaux
des filières internationales du crime et des gangs de rue. À côté des professionnels du crime qui occupent souvent des postes de direction dans
de nouveaux types d'organisations criminelles, on a vu apparaître des
non-professionnels en très grand nombre ; ils ont joint ces groupes marginaux comme d'autres rentrent à l'usine ou se lancent en affaires.

Quant à la délinquance juvénile, elle n'est sans doute pas plus développée de nos jours qu'elle ne l'était dans le passé, mais peut-être
inquiète-t-elle davantage parce qu'elle s'exprime maintenant à travers
des comportements plus violents. Les jeunes forment, comme autrefois,
des gangs qui semblent surtout regrouper des jeunes issus de familles
touchées par le chômage ou socialement marginalisées, des déracinés
culturels, des jeunes désorientés à la suite d'une crise familiale, des garçons et des filles en rupture avec les valeurs de la société. Ces jeunes ont
souvent choisi d'entrer dans des gangs parce que celles-ci leur apportent
un milieu de vie qu'ils ne trouvent pas ailleurs et qu'ils y trouvent un
groupe qui reprend largement les valeurs dominantes dans la société, à
savoir une idéologie organisée autour du prestige que donne la richesse.
On ne doit pas se surprendre de voir les gangs s'en prendre aux biens
des autres. En même temps, dans les espaces privés, dans les maisons,
on constate une montée sans précédent d'une violence, silencieuse celle-
là, qui s'exprime à travers des conduites autodestructrices, comme le suicide, la dépression, la solitude ou l'abus de drogue. Cette violence que
les personnes — les jeunes surtout —, tournent contre elles-mêmes
dérange certainement moins nos sociétés que celle des membres des
gangs de rue qui s'attaquent à leurs richesses et aux biens collectifs. En
réalité, il se pourrait fort bien que ces conduites autodestructrices gan-
grènent bien plus profondément les sociétés de l'objet que les conduites
antisociales des petits criminels qui lorgnent les biens des autres.

Au cours des dernières décennies, les spécialistes des sciences
humaines ont adopté une extraordinaire variété d'approches et de grilles
de lecture pour essayer de comprendre la place qu'occupe la violence
dans le fonctionnement des sociétés. Les anthropologues ont rappelé

que la violence prend racine dans nos pulsions les plus primitives et
qu'elle exprime des dispositions archaïques qui ont été intégrées à la biologie de nos ancêtres hominidés, tout au long d'une évolution qui a duré
plus de cinq millions d'années. Cette violence primitive se serait établie,
d'après les paléontologues, autour de la défense du territoire, de la quête
de la nourriture et du contrôle de la sexualité, instaurant d'emblée la
dépendance des femelles à l'égard des mâles. Quant aux psychanalystes,
ils ont insisté sur les liens entre, d'une part, la violence et, d'autre part,
le désir, le fantasme et les pulsions. Le désir de jouir ou de posséder ne
rencontre jamais, rappellent-ils, l'objet capable de satisfaire la personne
de manière totale et une fois pour toutes ; de plus, les désirs des uns
entrent constamment en compétition avec les désirs des autres. Du
point de vue de la psychanalyse, la violence se réalise sur l'horizon d'un
double mouvement : à partir du caractère inextinguible du désir des
êtres humains, qui les fait tendre vers le « toujours plus », et par le biais
de la rencontre entre des personnes désirantes, qui se font face tantôt
dans la complicité, tantôt dans l'opposition.

Dans un ouvrage intitulé *Violence : traversées,* Daniel Sibony écrit :
« Il n'y a pas de violence ou il n'y a de violence que dans le rapport à
l'autre » (1998 : 45). Dans la pensée psychanalytique, la violence renvoie
donc à la tension que l'on observe entre le désir intime et l'espace social,
entre les pulsions les plus intimes et celles des autres, le désir n'existant
en effet qu'à travers son inscription dans le monde des relations interpersonnelles, celles qui unissent les parents aux enfants, les amis entre
eux, les leaders aux membres d'un groupe. Les psychanalystes réintro-
duisent dans la psyché et dans la vie sociale des personnes la mémoire
biologique de l'espèce dont parlent les spécialistes de l'évolution
humaine. Ils restituent cependant cette mémoire dans un tout autre langage dont les mots-clés sont ceux de pulsions, notamment des pulsions
de vie et de mort, de désir, de fantasme, de rêve et de symbole, comme
si l'être humain existait, dans et par-delà sa biologie, à travers un imaginaire qui lui permet de se distancer de l'emprisonnement dans la réalité. « Ce ne sont pas les forces pulsionnelles naturelles qui confèrent à
la violence sa continuité culturelle, mais des potentialités spécifiquement
humaines », a rappelé le psychanalyste Wolfgang Sofsky dans son *Traité
de la violence* (1998 : 30).

Les sociologues se sont surtout intéressés à l'étude de l'environnement social et des conditions économiques qui tendent à être associées

à l'apparition des phénomènes de violence; ils ont montré, entre autres, comment la marginalité, la pauvreté, l'exploitation, le racisme, etc., contribuent un peu partout à déclencher des manifestations plus ou moins violentes. Par exemple, les émeutes de la Plaza Saint-Hubert à l'été 1992 ont été interprétées comme une expression de l'exaspération de la jeunesse noire de Montréal face à l'intolérance de la population à leur égard et face au harcèlement de la police. Le ras-le-bol de certains groupes noirs rend sans doute compte de l'explosion de colère de ces jeunes, mais il s'agit là d'une explication superficielle qui ne met en évidence que la cause immédiate, disons circonstancielle, de ces émeutes. Les sociologues savent, sans doute bien mieux que les policiers, qu'il faut reculer loin en amont si l'on veut comprendre quelque chose aux conditions qui ont contribué à créer le ras-le-bol des jeunes et à provoquer les émeutes. L'approche par l'étude du contexte immédiat dans lequel vivent les jeunes est assurément intéressante, mais elle est insuffisante; elle oublie en effet de prendre en considération deux aspects essentiels de la violence juvénile : d'une part, la dimension intérieure, psychologique et affective du phénomène; d'autre part, la dynamique des relations interpersonnelles et sociales qui se tissent dans le monde des jeunes, dynamique qui ne peut pas toujours éviter, au sein d'une gang par exemple, que certains jeunes ne recourent à la violence pour dire leur mal-être.

On ne peut pas non plus ignorer les points de vue des éthiciens, qui sont aujourd'hui à l'avant-scène des débats entourant la violence. Ainsi, certains moralistes utopistes pensent qu'on pourra un jour éliminer toutes les formes de violence, en finir avec la guerre et vivre, selon le mythe, sur « une terre sans mal ». Nous croyons, de notre côté, que l'éthique n'arrivera à proposer un cadre réaliste pour penser la violence que si elle accorde une place centrale à la présence incontournable du mal dans l'expérience humaine. L'antidote à la violence n'est pas la non-violence comme certains pacifistes le disent et comme semblent aussi le penser les défenseurs du principe de la tolérance zéro. Les études d'ethnographie comparée conduisent plutôt à penser que la violence est constitutive du fonctionnement même des sociétés : en effet, aucune société n'a jamais pu échapper à la mise en place d'une hiérarchie dans les positions sociales, à la compétition entre les différents groupes et au conflit opposant les personnes entre elles. « Ce ne sont pas les hommes qui dirigent la violence, ils sont régis par le processus de la violence », a écrit avec finesse Sofsky (1998).

La violence ne peut être valablement appréhendée que si on la situe à l'intersection de deux plans, naturel et social, à la jonction de la dynamique individuelle et de la dynamique collective. Au point de rencontre de la logique naturelle et de la logique sociale, on trouve la culture qui transforme des dispositions naturelles en des processus sociaux sans jamais détacher l'être humain de ses racines biologiques, de sa dynamique psychologique et affective, et de son ancrage dans des réseaux de relations interpersonnelles et sociales. C'est en prenant tout cela au sérieux qu'on pourra dégager un sens des différentes formes que prend la violence chez les jeunes, qu'ils la tournent contre eux-mêmes dans des comportements autodestructeurs ou qu'ils s'adonnent à des conduites antisociales. Un des plus grands défis que notre société doit relever consiste à savoir transformer en une force positive et constructive le potentiel destructeur dont est porteuse la violence mise en jeu notamment dans la tentation de prestige associée à l'accumulation des biens.

CONCLUSION

Adieu, la Chimère !

La vérité ne se cache pas dans la lumière pure d'une
origine mythique, mais dans le voyage même, dans
les incertitudes du parcours, et la lutte quotidienne
pour la survie.

DIANA NEMIROFF, *Traversées* (998 : 13)

Au terme de l'analyse déconstructiviste que nous avons proposée, nous sommes amenés à penser que les jeunes marginaux sont en quelque sorte des prisonniers, ou des otages, qui se sont trompés de chemin dans leur marche vers la société de l'individu et de l'objet qui est la nôtre. Par delà notre description des gangs de rue et de la filière qui conduit certains jeunes à y entrer, nous nous sommes interrogés, tout au long de ce livre, sur la place que notre société fait à la jeunesse. Nous avons montré que les jeunes néo-Québécois d'origine afro-antillaise conjuguent surtout leur histoire personnelle au « nous », alors que leurs camarades québécois, disons de souche, la conjuguent plutôt au « je » ; chez les premiers, nous avons trouvé l'excès du groupe et la pénurie du moi ;

chez les seconds, un débordement d'individualisme et un déficit du
social. Cette hypothèse n'était pas facile à démontrer, et peut-être n'avons-
nous pas réussi à le faire, même si la ligne argumentative qui structure ce
livre a pris forme autour de l'antinomie suivante : chez les jeunes néo-
Québécois d'origine afro-antillaise, le groupe domine ; chez les jeunes
Québécois de souche, l'isolement est plus grand ; chez les premiers, on
observe des conduites antisociales ; chez les seconds, les comportements
sont plutôt autodestructeurs. Face à ce double constat, nous espérons
avoir pu mettre entre les mains des lecteurs des clés qui leur permettront
de déverrouiller leur approche mentale de l'univers des gangs de rue.

La gang, une stratégie créolisée de la débrouille

Le processus de créolisation des valeurs afro-antillaises et nord-américaines mis en œuvre par les jeunes immigrants exprime on ne peut plus
clairement le combat jamais gagné et toujours recommencé que mènent
les jeunes Noirs pour se faire une place au soleil du Nord. Se pourrait-il
que les gangs de jeunes Afro-Antillais ne soient pas, dans les faits, autre
chose qu'une stratégie créolisée de la débrouille qui permet à ces jeunes
d'occuper une place, fût-elle périphérique, dans la société québécoise ?
C'est à cette question de fond que notre étude a aussi essayé de répondre.
Outil de la reconquête de soi, lieu d'une identité recomposée, espace de
création d'une appartenance commune et instrument de contestation
sociale, la gang semble jouer, dans la vie du jeune Afro-Antillais, une pluralité de rôles, tantôt positifs, tantôt négatifs, qui s'imbriquent les uns
dans les autres sans que l'on puisse jamais les séparer. La marge qui
s'ouvre devant les jeunes est transformée en un espace de créativité à travers lequel il leur paraît possible, particulièrement à certains groupes de
jeunes Afro-Antillais, de faire partie de la société d'ici.

Nous avons été interpellés par le fait que les jeunes Afro-Antillais de
Montréal empruntent à la culture des jeunes Noirs américains certains
signes et symboles qui leur servent à construire leur place dans la société
québécoise. Leur attitude à l'égard de leur société d'origine nous a sem-
blé ambivalente : la langue créole leur permet de se reconnaître une
identité, mais le vaudou est craint, ignoré et carrément mis de côté, dans
certains cas ; les jeunes disent être fiers (la fierté haïtienne) de leur pays
d'origine, mais cela ne les empêche pas de se sentir étrangers à de nom-

breuses pratiques adoptées par leurs parents. On constate la même ambivalence à l'égard de la société québécoise, dont ils vantent souvent les bons côtés, mais dont ils se sentent distants parce qu'elle fait, selon eux, encore trop peu de place à sa composante africaine. Les jeunes Afro-Antillais de Montréal trouvent leurs modèles d'identification personnelle et leurs symboles d'appartenance collective essentiellement dans la musique rap des *Africans-Americans,* dans des styles vestimentaires *made in USA* et plus globalement dans une manière d'être proche de celle des jeunes Noirs de Harlem, de Chicago, d'Atlanta et de Miami. Ils savent pourtant que les modèles inventés dans ces villes américaines constituent une réponse à la violence dont les jeunes des ghettos noirs sont les victimes, violence qui n'existe pas avec la même intensité ici et qui prend de toute façon, dans notre société, un tout autre visage. Loin d'être un calque de la culture des jeunes Noirs américains, le monde des jeunes néo-Québécois héritiers d'une culture créole antillaise est composite, comprenant des éléments empruntés à leur culture d'origine, à la culture de la société d'accueil et à la culture noire nord-américaine.

Il nous semble artificiel — et fort malvenu pour penser l'intervention à quelque niveau que ce soit — de séparer les problèmes individuels de ces jeunes du contexte dans lequel ils se sont développés. Les tragédies personnelles ne peuvent en effet pas être déconnectées, comme le savent mieux que quiconque les intervenants travaillant auprès des jeunes en difficulté, ni de l'histoire de la famille et de ses pratiques d'éducation des enfants, ni de ce qui se passe à l'école et dans le quartier, et plus globalement dans le milieu de vie des jeunes. Ce sont aussi, sans aucun doute, les blessures mal cicatrisées dont sont porteuses les familles et les communautés ethniques que les intervenants doivent, d'une certaine façon, prendre en charge. C'est à l'interface du collectif, du familial et de l'individuel que l'on peut mesurer véritablement les phénomènes de la marginalité (des gangs à la petite criminalité) chez les jeunes Afro-Antillais ; c'est là aussi que les actions de prévention, de prise en charge et de réadaptation doivent s'ancrer pour éventuellement connaître un certain succès. Nous avons essayé, pour notre part, d'occuper cette position sur la frontière (notamment entre le jeune et sa famille, entre le jeune, son école et son quartier) dans notre étude des milieux marginaux noirs de Montréal.

Nous aurions cependant oublié un élément capital de la vie quotidienne des jeunes Afro-Antillais si nous n'avions également prêté attention à l'impact déstabilisateur de l'insécurité économique (parents sans emploi, dans des emplois sous-qualifiés ou mal rémunérés), de l'exclusion sociale, voire d'un certain « racisme tranquille », dont les familles noires et les jeunes qui en sont issus sont souvent victimes, et de leur mise à l'écart (ce n'est pas ici le lieu d'en chercher les raisons) au sein même des écoles que les jeunes Afro-Antillais fréquentent. Les conditions quotidiennes de vie sont en effet d'autant plus difficiles à supporter dans certaines familles immigrantes d'origine afro-antillaise qu'elles sont souvent assorties de jugements discriminatoires à l'égard des parents qui sont vus comme des incompétents sur le plan parental. De tels stéréotypes visent sans doute à faire l'économie de tout effort de compréhension du style d'éducation qui existe dans les familles immigrantes et particulièrement chez les néo-Québécois originaires des Antilles.

Nous avons fait une large place à l'ethnographie des familles noires dans la recherche sur les jeunes Afro-Antillais de Montréal. Les jeunes nous ont eux-mêmes affirmé qu'ils se sentent souvent coincés, plus peut-être que d'autres jeunes, entre des messages contradictoires : l'autoritarisme du milieu familial haïtien et la permissivité qui a cours en général au Québec ; les impératifs de la réussite scolaire et le slogan démoralisateur du *no future* pour les jeunes ; la valorisation sociale attachée à la démonstration des signes de la richesse et la pauvreté relative des familles dont ils sont issus ; leur accès limité au marché du travail face à un capitalisme triomphant ; l'idéologie de la performance et du succès dans un contexte qui permet peu l'ascension sociale. Les jeunes immigrants noirs sont aussi renvoyés à l'image négative associée à un continent (Afrique) en pleine dérive économique et à une île (Haïti) en mal de démocratie, image que les jeunes ont intériorisée et dont il ne leur est pas facile de se défaire. Ces jeunes vivent également de leurs rêves, de l'idéalisation de l'Amérique du Nord, libre et riche, comme on le leur répète constamment, et de cette terre pleine de promesses où leur semblent triompher les personnes qui savent se battre et s'imposer. Ils comptent bien être, comme le disent les membres des gangs, dans le clan des vainqueurs.

Deux pistes à explorer

Les deux catégories de jeunes que nous avons distinguées du point de vue du mode d'expression de leur violence (tournée vers soi, dans un cas, et vers les biens des autres, dans l'autre cas) vivent sur la frontière de deux, voire de trois, mondes dont ils arrivent difficilement à combiner les valeurs. Ainsi, les jeunes qui s'adonnent en gang à des activités que nous avons qualifiées d'antisociales sont ceux-là qui ont vraiment pris au sérieux le fait qu'ils vivent dans une société de l'objet tout en étant incapables, pour une raison ou une autre, de passer par les moyens habituels, légaux, afin de se procurer les richesses auxquelles ils aspirent : ces jeunes vivent dans une société de l'objet sans qu'ils aient intériorisé les valeurs et l'éthique de la performance qui caractérisent la vie dans ce type de société. Quant aux jeunes néo-Québécois d'origine afro-antillaise, ils forment un sous-groupe caractérisé par un profil encore plus complexe dans la mesure où ils doivent aussi intégrer, dans la reconstruction de leur identité, certaines valeurs qui sont à la base des cultures afro-antillaises dont viennent leurs parents et de la *black culture* nord-américaine.

Les jeunes qui tournent leur violence contre eux-mêmes présentent une conduite dont on n'a pu trouver le sens qu'en la situant sur l'arrière-fond des valeurs contradictoires que proposent les « sociétés de l'individu » et les « sociétés de l'objet ». Le conflit naît sans doute chez ces jeunes Québécois, par delà un fort isolement social, d'une dynamique d'opposition entre les normes d'une société qui a poussé à l'extrême l'individualisme, au point parfois de faire perdre tout lien significatif avec les autres, et celles d'un autre monde montant, exigeant et dur, qui place devant le jeune les symboles matériels de la réussite sans toujours lui donner les moyens d'atteindre celle-ci. Ces jeunes seraient en quelque sorte des victimes de l'individualisme de nos sociétés, victimes d'un isolement au sein de leur famille, dans leur école, dans leur rue et dans leur quartier. En supposant que ces deux catégories de jeunes soient l'une et l'autre, mais de manière différente, des produits typiques de nos sociétés de l'individu et de l'objet, peut-on penser qu'on trouverait des solutions à leur mal-être en établissant des interventions qui prennent ce diagnostic au sérieux ? Peut-être y a-t-il ici une voie à explorer qui pourrait nous aider à comprendre pourquoi autant de ces jeunes paraissent fascinés ou aspirés tantôt par les idées suicidaires, tantôt par l'acquisition rapide des signes de la richesse.

La réorientation à opérer dans le travail d'intervention auprès de ces deux catégories de jeunes pourrait explorer, nous semble-t-il, les deux pistes suivantes. Il faudrait d'abord que les professionnels attachent autant d'importance à la prévention du suicide et des conduites d'autodestruction chez les jeunes qu'à l'intervention auprès des jeunes relevant de la Direction de la protection de la jeunesse (DPJ), ces derniers mobilisant pour le moment la presque totalité de leur énergie. Il faudrait surtout qu'ils dédramatisent la dangerosité qu'ils tendent à attribuer aux gangs de rue et évaluent le rôle sans doute plus positif que négatif qu'elles jouent auprès de certains jeunes dont nous avons décrit le profil dans cet ouvrage. Il n'est pas sûr du tout qu'il y ait trop de gangs ; peut-être même n'y en a-t-il pas assez… Nous sommes conscients du fait que certaines gangs dérivent, comme le répètent les témoignages cités, vers la petite criminalité, un fait qui ne saurait surprendre personne dans une société qui accorde une place centrale à la possession des biens matériels et aux signes de la richesse. Nous avons aussi écrit que la délinquance juvénile à laquelle les médias font souvent écho n'est en réalité probablement pas plus développée aujourd'hui qu'elle ne l'a été dans le passé, bien que celle-ci se manifeste sous de nouvelles formes qu'il faut examiner de près, avec l'entrée à un âge de plus en plus précoce dans les gangs, avec leur tendance à perdre de leur caractère ethnique. Un sain réalisme, dédramatisé, s'impose lorsqu'il est question des gangs de rue, d'abord et avant tout dans le monde des intervenants sociaux.

En finir avec les gangs de rue, mais à quel prix ?

Si nous voulons briser le cercle vicieux de la délinquance, il faut nous atteler à la tâche auprès des plus jeunes, et ce, dès le primaire. Car, de leur côté, les membres plus expérimentés des gangs ont compris qu'il était dans leur intérêt d'attirer dans leur groupe des personnes de plus en plus jeunes. Les *babies,* comme on les appelle, sont à la fois plus faciles à manipuler et plus difficiles à repérer pour les représentants de l'ordre. Une intervention précoce signifierait idéalement que l'on pourrait agir indistinctement auprès de tous les jeunes enfants avant même qu'ils ne deviennent la cible des gangs. Nous insistons sur l'importance d'intervenir indistinctement auprès de l'ensemble des jeunes, car il faut s'attaquer aux effets négatifs de l'étiquetage qu'utilisent à leur profit les membres des gangs. Le processus d'étiquetage et d'exclusion est à la base du discours justificatif sur lequel s'appuie l'idéologie d'action des gangs de rue.

Personne ne peut rester indifférent aux phénomènes tels que les gangs de rue ou la montée de la violence chez les jeunes. Avec notre regard extérieur, nous cherchons des solutions qui nous paraissent les meilleures pour les jeunes et la société. En fait, un de nos principaux soucis comme citoyens adultes et responsables est de nous assurer que ces jeunes qui naviguent dans les milieux marginaux arrivent à bon port le plus tôt possible. Nous aimerions que ces jeunes délaissent les milieux contre-productifs de la marginalité et qu'ils suivent la « cadence normale » de la société. Dans les meilleurs des cas, croyons-nous, ces jeunes se rangeront avec l'âge ; dans d'autres, des mesures coercitives s'imposeront. Dans tous les cas, nous agissons armés des meilleures intentions du monde. Nous parlons au nom du « bien de l'enfant » en connaissance de cause. N'avons-nous pas nous-mêmes été jeunes et n'avons-nous pas traversé des périodes difficiles ? Nous revenons souvent malgré nous à l'universalité de la jeunesse comme un état incertain entre le monde de l'enfance et celui des adultes. Une jeunesse réussie serait en quelque sorte une jeunesse capable de lier dans une continuité harmonieuse (et heureuse) l'âge de la dépendance familiale à l'âge de la responsabilité sociale et familiale. Aussi, lorsque la jeunesse déstabilise cet ordre idéal des choses, nous réagissons aussitôt en vue de rétablir notre idée de la normalité.

La façon réductrice avec laquelle nous abordons le « phénomène » de la jeunesse a comme résultat, entre autres, que nous avons très peu de modèles normatifs auxquels nous pouvons nous référer lorsqu'il s'agit de traiter avec les jeunes. Nous nous attaquons aux principaux symptômes qui touchent cette jeunesse qui a le mal de vivre — violence, criminalité, gangs de rue, abus de drogue, etc. — en pensant que cela devrait les aider à passer du bon côté de la norme. Certes, de plus en plus, on préconise une approche globale de ces problèmes. Cependant, force est de constater que cette globalité se traduit par l'application du schéma bio-psychosocial classique dans lequel la culture est traitée, selon le cas, comme une donnée secondaire ou superlative du contexte. Or, en nous attaquant surtout aux symptômes du « mal » à partir de notre propre vision du « bien », nous avons de la difficulté à envisager des pistes de solution qui s'articulent avec la réalité signifiante des jeunes.

Beaucoup aimeraient éliminer les gangs de rue : un tel choix n'est peut-être pas aussi sensé qu'il le semble. Que proposer en retour ? Il n'y a pas de doute que le passage dans une gang de rue est une option qu'il est préférable d'éviter. Toutefois, qui nous assure que devant l'absence d'autres avenues, cette étape de la vie d'un jeune ne lui a pas été plus profitable que s'il était resté isolé à ruminer ses problèmes ? La gang de rue peut s'avérer un lieu où l'on prend de l'assurance, où l'on affirme son identité d'origine et où l'on trouve un réseau de soutien élargi. Encore faut-il que l'on puisse être libre de passer à autre chose par la suite et de s'en sortir. Or, nous l'avons vu, cela est loin d'être évident.

Toutefois lorsque nous examinons le tableau de la jeunesse québécoise dans son ensemble, les problèmes de la majorité des jeunes d'origine afro-antillaise des milieux marginaux ne nous semblent pas aussi catastrophiques qu'ils en ont l'air à première vue. Les taux de suicide des jeunes Québécois dits de souche sont parmi les plus élevés de tout l'Occident. Les problèmes de consommation de drogue font des ravages irréparables parmi les milieux des jeunes marginaux de la rue. Le décrochage scolaire atteint des proportions alarmantes parmi ces mêmes jeunes. La famille est dans bien des cas disparue du décor. Aussi, les possibilités individuelles de se sortir intacts de cette marginalité sont dans certains cas quasi nulles tellement leurs conditions de vie sont déplorables et leur santé globale est détériorée.

Or, dans le cas des jeunes d'origine afro-antillaise des milieux marginaux, le goût de réussir socialement les amène malgré tout à vouloir poursuivre leurs études. La plupart prennent un grand soin de leur corps et de leur santé. Leur famille est la plupart du temps omniprésente, même si dans les moments d'embarras plusieurs parents ont développé le réflexe de placer l'enfant qui dérange. Les problèmes de consommation de drogue sont encore peu répandus. Par ailleurs, le suicide semble être une réalité très peu présente parmi l'ensemble de ces jeunes. Nous avons interrogé près de deux cents jeunes, et une seule fois le problème du suicide est apparu comme criant.

Que reste-t-il à un jeune lorsqu'il se sent rejeté à la fois par sa famille et par sa bande d'amis ? Qui plus est, qu'advient-il quand la famille et la gang deviennent les ennemis à combattre ? Vers quelles autres issues se tourner ? Les jeunes ont presque tous dit que la gang était un lieu où l'on peut résoudre ses problèmes avec sa famille. Nous avons également constaté que lorsque l'appartenance à une bande délinquante tournait au vinaigre, le rapprochement avec la famille faisait partie des solutions envisagées. Aussi, que se passe-t-il lorsque ni la famille ni la gang ne peuvent être, aux yeux du jeune, de quelque recours que ce soit ?

Ces questions cruciales ne peuvent être esquivées lorsque l'on veut réfléchir à de nouvelles pistes d'intervention capables d'aborder les problèmes dans leur globalité et leur particularité.

L'anthropologie, pour quoi faire?

L'anthropologie est incapable de fournir des recettes claires et opérationnelles permettant d'intervenir dans les milieux marginaux, auprès des membres de gangs et dans les situations de violence; elle peut tout au plus aider à voir autrement le monde de la marge et des gangs, et à penser, dans un autre cadre que celui de la tolérance zéro, la question des comportements antisociaux des jeunes. L'anthropologue est par profession une personne qui a pris ses distances vis-à-vis de sa société d'origine en allant vivre ailleurs, dans un autre milieu que le sien, et qui est ainsi devenue, de manière plus ou moins profonde, étrangère dans sa propre société. Le regard sceptique que jette l'anthropologue sur les manières de faire dans sa société d'origine lui vient du fait qu'il sait par expérience que les valeurs et les comportements rencontrés ailleurs sont souvent aussi riches, parfois même plus riches, que ce que sa propre société peut lui offrir. L'anthropologue envisage les phénomènes humains, quels qu'ils soient, dans une perspective comparative. Il se demande, par exemple, pourquoi les parents ne sont plus aujourd'hui autorisés chez nous à recourir aux punitions corporelles pour corriger leurs enfants, alors que les punitions constituent encore une partie essentielle de l'éducation des enfants dans bon nombre de sociétés à travers le monde. Il peut aussi se demander pourquoi les nouvelles normes, attitudes et pratiques qui se mettent en place autour de notre gestion de la violence, notamment de la violence que l'on associe aux groupes de jeunes, s'inspirent de la philosophie de la tolérance zéro.

L'anthropologue se pose des questions de ce genre dans tous les domaines de la vie de la société. Il est souvent vu, sans doute pour cette raison, par les professionnels de la normalisation comme un empêcheur de tourner en rond, comme un partisan du doute et comme un spécialiste du dérangement qui soulève publiquement des questions que les défenseurs du « bon » ordre social préfèrent taire. Sur la base de l'étude que nous venons de terminer auprès de gangs de rue, nous proposerons deux règles susceptibles de réorienter les interventions auprès des jeunes des milieux marginaux. Disons d'abord que les intervenants sociaux ne pourront se donner des outils valables pour agir dans les espaces flous de la marginalité et dans les cas de conduites antisociales que s'ils comprennent quelque chose aux fonctions paradoxales, thérapeutiques et antithérapeutiques comme l'illustre aussi le cas des Bérets blancs en annexe de ce livre, que jouent les sous-cultures marginales auprès de leurs membres. Peut-on imaginer des interventions, dans les domaines de la prévention et de la réadaptation notamment, qui s'appuient sur les dynamiques de créativité dont les jeunes font la démonstration quotidiennement à travers leur besoin d'un groupe d'appartenance, dans l'affirmation de leur différence dont la langue créole est porteuse et dans leur désir de promotion sociale exprimé par les signes de la richesse ? Certes, les membres des gangs de rue adoptent un style de vie qui correspond à ce qu'on peut globalement appeler une sous-culture marginale, souvent antisociale, mais cette sous-culture n'en protège pas moins les membres du groupe contre l'autodestruction.

Il nous apparaît comme essentiel de reconnaître — c'est là la première règle — que les groupes marginaux forment des sous-cultures qui imposent à leurs membres des systèmes de normes qui contestent les valeurs sociales dominantes tout en contribuant, sur un plan plus personnel, à assurer un meilleur équilibre dans la vie des membres. Les intervenants sociaux devraient, selon nous, déplacer radicalement le centre de gravité de leurs modèles de manière à prendre au sérieux cette ambiguïté fondamentale des gangs, ce qui ne peut être fait que s'ils se rapprochent des jeunes membres de ces groupes afin de découvrir le sens qu'ils donnent à leur appartenance à une gang. Dans les milieux marginaux, dans les familles dites « à problèmes », dans les organisations communautaires issues des milieux, on trouve en effet des ressources, sans doute souvent faibles mais bien présentes, qui sont loin d'être toujours mises en œuvre efficacement mais qui n'en forment pas moins les premières réponses élaborées par les milieux eux-mêmes, et des savoirs sur lesquels les intervenants sociaux devraient essayer de s'appuyer pour relancer leur propre action. Les services de la DPJ, qui ont pris, ces dernières années, le virage de l'« approche milieu », le savent fort bien même s'ils n'arrivent pas toujours à ancrer leurs interventions dans les ressources du milieu.

Il est aussi urgent — c'est là la seconde règle — de réfléchir à la manière dont doit se faire l'interface, notamment au moment où les politiques gouvernementales font la promotion du « partenariat », entre, d'un côté, les pratiques des organisations communautaires et les pratiques issues des milieux afro-antillais dans le cas qui nous intéresse ici, et, de l'autre, la philosophie d'intervention des experts en matière de gangs de rue. Il est en effet d'autant plus important de modifier les modèles d'intervention que les professionnels de la santé et des services sociaux tendent encore trop souvent à défendre la spécificité de leurs interventions à partir de vieux modèles hérités d'un découpage traditionnel du savoir, d'un « saucissonnage » des connaissances, qui distingue entre une bonne dizaine de disciplines (criminologie, psychologie, travail social, psychoéducation, psychiatrie, etc.) que l'on se contente souvent de juxtaposer les unes aux autres sans véritable souci de les confronter. Chacune de ces disciplines possède en effet ses théories propres, ses modèles d'explication des problèmes, ses styles d'intervention privilégiés et un territoire professionnel que les corporations défendent encore jalousement, surtout dans les cas où l'exclusivité de certains actes leur est reconnue par la loi.

On parle certes de plus en plus, surtout chez les responsables administratifs, de la nécessité d'ouvrir les frontières des disciplines et de mettre en place des plans individualisés de services dans lesquels les différentes catégories d'intervenants seraient appelés à travailler en concertation. En même temps, bon nombre de professionnels affirment que le véritable travail en équipe interdisciplinaire est dans les faits de plus en plus menacé par les modèles gestionnaires de prise en charge et par l'impact des compressions dans les budgets des institutions. De plus, les considérations juridiques qui ont cours dans les corporations et dans les conventions collectives encouragent rarement la complémentarité des perspectives entre les professionnels de différentes disciplines. La mentalité gestionnaire qui règne dans le réseau, même quand elle n'est pas strictement comptable, contribue paradoxalement à renforcer les frontières entre les disciplines en dépit des discours centrés sur l'interdisciplinarité et sur le partenariat avec le milieu, discours que l'on entend à peu près sur toutes les tribunes officielles.

Ce sont là quelques points d'appui, et il y en a certainement bien d'autres, qui permettront peut-être, si on les prend au sérieux, de changer en profondeur nos philosophies d'intervention. La réorientation suggérée ici nous conduit à nous poser un vaste ensemble de questions : faut-il combattre les gangs ? Toutes les gangs et dans tous les cas ? La tolérance zéro est-elle la bonne stratégie à utiliser ? Les actions de prévention doivent-elles exclusivement se situer en aval et viser à modifier les conditions qui poussent les jeunes à entrer dans les gangs ? Comment reconnaître les éléments du contexte qui font en sorte que certains jeunes en viennent à trouver dans une gang une famille de substitution et un authentique groupe d'appartenance qui leur apporte l'estime de soi, la fierté et l'identité? À quel moment et dans quelles conditions une gang perd-elle sa valence positive et se transforme-t-elle en un instrument destructif pour le jeune et dangereux pour la société? Existe-t-il des indicateurs qui permettraient de découvrir le point de rupture entre les versants positif et négatif d'une gang? Comment les stratégies professionnelles et institutionnelles (celles de la police, de la justice, des affaires sociales et de la santé) et les ressources communautaires et alternatives (celles qui sont générées par les milieux eux-mêmes et par les communautés culturelles) pourront-elles s'articuler les unes aux autres d'une manière cohérente? À quelles conditions pourront-elles conjuguer leurs forces respectives de manière à faire éventuellement apparaître de nouveaux modèles d'intervention sociale?

Il n'existe pas de réponses claires à ces difficiles questions. Nous avons néanmoins pris le risque d'y répondre dans un sens qui refuse de fonder les interventions auprès des jeunes en difficulté, qu'il s'agisse de prévention, de prise en charge ou de réadaptation, sur la seule proclamation de la « loi sociale », soit en punissant, soit en redressant. Trop de programmes ont fait la preuve de leur inefficacité à long terme pour qu'on continue à leur faire subir un simple traitement cosmétique qui ne change au fond rien du tout aux manières habituelles de faire.

Cependant, comment rejoindre ces jeunes néo-Québécois dans le monde pluriel qui est le leur? À quelles conditions les intervenants pourront-ils mettre en place une clinique[1] interculturelle de l'étranger dans laquelle le jeune néo-Québécois ne sera ni renvoyé à sa culture d'origine ni non plus jugé exclusivement du point de vue de la culture d'accueil? À ces questions épineuses que posent les pratiques identitaires créolisées des jeunes néo-Québécois nous ne prétendons pas avoir apporté de réponses finales. Tout au plus, peut-être, des éléments de réflexion.

---

1. Rappelons le sens premier du mot « clinique », qui est tiré du verbe grec *klinein,* qui signifie « se pencher », « s'incliner », tendre l'oreille pour mieux entendre… On trouve donc dans le mot « clinique » l'idée de proximité, d'écoute et de présence.

ANNEXE

Quelques repères pour l'étude des groupes marginaux

Piqueries, Bérets blancs et gangs

Les travaux de recherche que nous avons faits au cours des dernières années se sont centrés sur l'étude de ce qui se passe dans les marges de la vie collective, tantôt en entrant de plain-pied dans cet espace mal balisé qui se trouve à la périphérie de la société, tantôt en nous tenant sur la frontière séparant le dedans de la marge et le dehors représenté, disons, par la vie sociale ordinaire, habituelle, qui est celle du plus grand nombre. Nous avons ainsi étudié au fil des années, individuellement ou à deux, une grande variété de phénomènes comme la vie dans des groupements marginaux, celui des Bérets blancs notamment, l'apprentissage du tabac chez les adolescents, l'entrée dans l'alcoolisme et l'adoption d'un style de vie d'utilisateur de drogue injectable (UDI), dans le cadre d'une étude que nous avons faite récemment en équipe. Nous avons cru utile de situer la présente recherche sur l'horizon de deux de nos recherches antérieures, soit la recherche sur les UDI et la recherche sur les Bérets blancs, dont les conclusions ont fortement nourri la démarche suivie dans notre travail auprès des gangs de jeunes.

Les utilisateurs de drogues injectables font partie d'une sous-culture extrêmement complexe qui s'organise autour d'un produit illicite, sous-culture typique comme celle qu'on trouve dans le quartier Hochelaga-Maisonneuve, à Montréal, où des réseaux bien organisés de revendeurs contrôlent le marché des drogues qu'ils vendent à des personnes en mal d'autodestruction, « en dérive », comme le laisse entendre le titre du livre *(Dérives montréalaises)* que nous avons publié en 1995. Parmi les nombreux acteurs qui appartiennent au réseau des drogues illégales, il y a, à un bout, les « gros *pushers* », les « gérants de piqueries » et les petits *dealers,* les fournisseurs étrangers et locaux des bandes criminalisées, les prostituées et la petite pègre de quartier, et, à l'autre bout, les policiers, les juges, les intervenants de la santé publique, les travailleurs sociaux, les éducateurs et les travailleurs de rue. Entre ces deux pôles, les UDI vivent leur vie sur le mode de la dérive, le long d'une pente qui peut les conduire jusqu'à la mort. Dans ce monde, les bandes de motards criminalisées ne forment en réalité que la partie visible de l'iceberg, une partie que la brigade Carcajou et la lutte aux bandes criminelles ont propulsée à la une des journaux, qui est devenue le principal centre d'intérêt des policiers patrouilleurs, des agents des brigades des stupéfiants et de la moralité et des autres services policiers. En se centrant exclusivement sur la lutte à la criminalité (la « tolérance zéro ») sous prétexte d'extirper les racines des réseaux illégaux de la drogue, on risque évidemment d'être amené à oublier les autres composantes de ces sous-cultures marginales, celle notamment de ces hommes et de ces femmes consommateurs « accrochés » aux psychotropes, qu'on n'a pas le droit d'associer d'emblée à la criminalité, du moins aussi longtemps que la consommation privée de certains produits illicites n'est pas punissable par la loi.

Tout le réseau construit autour des UDI d'Hochelaga-Maisonneuve forme, dans un secteur assez bien délimité, une sous-culture marginale du même type, bien que différente dans ses valeurs et dans ses pratiques, que celle qu'on trouve, par exemple, dans les gangs de rue ou chez les Bérets blancs dont nous parlerons un peu plus loin. Ces divers groupes possèdent en effet des règles, des modes de fonctionnement et des leaders qui contrôlent les membres et qui les forcent à suivre la « loi du milieu » ; ces règles ne sont évidemment pas toujours mises par écrit, mais elles n'en existent pas moins en tant qu'obligations auxquelles toutes les personnes associées au réseau doivent se soumettre. Ainsi, une jeune femme utilisatrice de drogue injectable qui ne rembourse pas ses achats de drogue, soit en argent, soit en offre sexuelle ou autrement, finira par être expulsée du milieu ou même par être physiquement éliminée. Il existe en effet des règles strictes au sujet des dettes de drogue et vis-à-vis de la solidarité à maintenir avec les *pushers* et *dealers,* règles que les personnes ne peuvent pas impunément enfreindre. Le « délateur[1] » qui se met au service de la police constitue certainement dans ce milieu le traître par excellence.

Nous avons aussi beaucoup appris d'une autre étude réalisée, il y a de cela une trentaine d'années, par un des auteurs du présent ouvrage auprès des Bérets blancs (Bibeau, 1976), un mouvement conservateur, haut en couleur et typiquement québécois, qui peut être considéré comme une antithèse de la culture de la drogue d'Hochelaga-Maisonneuve. La structure des deux groupes se ressemble néanmoins beaucoup, et c'est pour cette raison que nous avons jugé utile d'évoquer ici cette étude. Pourquoi avoir examiné le mouvement des Bérets blancs plutôt que, disons, les « communes de jeunes » qui ne manquaient pas dans le Québec de la fin des années 1960 et du début des années 1970? Dans la décennie 1970, il fallait essayer de comprendre comment une société comme le Québec avait pu engendrer un mouvement social, politique et religieux du type des Bérets blancs qui condensait et reproduisait, dans un parfait décalque, l'architecture globale de la société québécoise d'avant la Révolution tranquille, société qui était organisée, jusqu'aux années 1960 environ, autour de la paroisse et de la religion, et « tricotée serré » autour de la famille, de la parenté et de la vie villageoise. Cette question s'imposait d'autant plus que le mouvement des Bérets blancs avait continué à connaître une grande popularité bien après que le Québec fut passé par la Révolution tranquille et que notre ancien système collectif de valeurs eut été largement emporté par le vent du changement. Le mouvement qui a été étudié à deux moments, d'abord en 1971-1972 puis une dizaine d'années plus tard, a permis d'exhumer, sous la forme d'un squelette fossilisé, la société québécoise des années 1940 et 1950 qui survivait dans celle de l'après-Révolution tranquille.

---

1. La délation est la méthode encouragée par les corps policiers qui paient souvent au prix fort les délateurs pour leur collaboration.

Ce mouvement des Bérets blancs a fonctionné sous le leadership d'une femme, Gilberte Côté-Mercier, qui a en quelque sorte « avalé », l'image est à peine trop forte, aussi bien son mari (Gérard Mercier), une figure somme toute assez faible (comme le sont peut-être les pères québécois), que Louis Even, le fondateur du mouvement. La figure de cette femme a dominé, à la manière d'une mère toute-puissante, le groupe des Bérets blancs qu'elle a dirigé comme s'il s'agissait d'une grande famille dont elle aurait été la mère. Auprès de cette mère à la fois aimante et autoritaire, un grand nombre de Québécois de l'après-Révolution tranquille ont trouvé la protection et l'affection dont ils avaient sans doute besoin pour survivre dans le contexte des changements rapides et profonds qui avaient transformé la société. Ce mouvement conservateur se révélait protecteur, voire thérapeutique, pour bon nombre d'adultes qui avaient perdu leurs repères dans le Québec d'après 1960 et qui retrouvaient chez les Bérets blancs, à travers un retour nostalgique dans le passé, un relais thérapeutique leur permettant de vivre dans la nouvelle société. Par contre, ce même mouvement provoquait de nombreux problèmes, tant psychologiques que sociaux, chez les enfants qui avaient grandi dans des familles de parents Bérets blancs dans lesquelles ils avaient dû intérioriser des valeurs qui ne correspondaient plus à celles de la nouvelle société québécoise (Bibeau, 1982).

Les questions que soulevaient les deux moments de la recherche faite auprès des Bérets blancs rejoignent, d'une certaine façon, celles que nous nous posons aujourd'hui face aux gangs. Comment expliquer qu'un mouvement puisse être à la fois, et de manière paradoxale, thérapeutique pour les parents et pathogène pour les enfants ? La guérison des premiers devait-elle forcément engendrer le mal chez les seconds ? Comment expliquer le fait, de manière plus générale, que les sociétés tendent à inventer, notamment lorsqu'elles se transforment, des espaces de protection, ou même de refuge, qui se situent dans leurs marges ? À quelles conditions peut-on considérer qu'un groupe comme les Bérets blancs, marginal et réactionnaire, apporte protection, guérison et thérapie ? Quelle est la clientèle visée par de tels groupes : recrutent-ils uniquement les personnes désorientées à la suite de l'effondrement des systèmes collectifs de sens auxquels elles avaient jusque-là adhéré ? La protection, voire la thérapie, que les adhérents trouvent dans ces groupes permet-elle d'expliquer pourquoi bon nombre de membres se soumettent facilement, souvent même avec enthousiasme, aux croyances les plus aberrantes proposées par les leaders de ces groupes? Pourquoi les adhérents en viennent-ils parfois à s'abandonner entre les mains de leaders qui peuvent ainsi les manipuler comme ils l'entendent? Ce sont là quelques-unes des questions qui ont surgi au cours de cette première recherche, questions qui gardent aujourd'hui encore une étonnante actualité et qui ont en partie guidé notre étude auprès des gangs de néo-Québécois d'origine afro-antillaise.

L'adhésion totale des membres à un groupe et leur entière soumission aux leaders s'expliquent sans doute, dans des groupes comme les Bérets blancs ou les gangs, par le fait que les membres trouvent dans ces organisations des systèmes de références simples et clairs, ce que leur milieu n'est souvent plus capable de leur donner, soit un environnement interpersonnel chaleureux, familial même, leur permettant dans une certaine mesure de redonner un sens à leur vie. Dans leur quête de solidarité avec les autres, les membres de ces groupes s'aliènent parfois au point d'être prêts à adhérer à toutes sortes de croyances, fantaisistes et même totalement irrationnelles, et à chercher la protection d'une figure puissante et charismatique à laquelle ils tendent à s'identifier. Toutes les sociétés, celles d'aujourd'hui autant que celles d'hier, ont partout généré, et continuent à générer, à leur périphérie tantôt des groupes conservateurs comme les Bérets blancs, tantôt des gangs plus contestatrices de l'ordre social; les sociétés de l'avenir verront sans doute apparaître de plus en plus de groupes de ce genre, tant le pluralisme est grand dans la vie collective, tant les liens sociaux se sont distendus et tant les personnes semblent être de nos jours disposées à se soumettre, sans véritable esprit critique, à n'importe quel leader le moindrement charismatique. Ne trouvons-nous pas d'ailleurs dans nos sociétés un nombre croissant de groupes marginaux qui se présentent ou bien sous la forme de mouvements contre-culturels, alternatifs et progressistes à tendance de gauche, ou bien sous la forme de groupes conservateurs, parfois réactionnaires, dans une mouvance de droite, ces derniers se caractérisant généralement par un discours à thématique religieuse?

Les termes de gauche et de droite qui ont permis dans le passé de distinguer entre les mouvements progressistes et les mouvements réactionnaires sont d'ailleurs, rappelons-le, en train de perdre toute signification. On sait en effet de moins en moins aujourd'hui où se situe le centre et où commence la marge, et l'on manque souvent de critères nets pour séparer le vrai du faux ou pour distinguer entre le permis et l'interdit. Quelle différence convient-il de faire, par exemple, entre des activités économiques dites normales et des activités criminelles dans des domaines aussi mal balisés et fluides que celui de la prostitution (du salon de massage aux call-girls de luxe), celui des jeux de hasard (les loteries sont parfaitement légales aussi longtemps qu'elles enrichissent les coffres de l'État, qui est indifférent au fait qu'elles appauvrissent les plus pauvres en taxant leurs rêves de richesse) ou celui de la drogue (on oublie que les drogues permises comme l'alcool et le tabac tuent de fait beaucoup plus de gens que les drogues illicites)? On observe le même flou du côté des groupes conservateurs qui sont souvent aussi dangereux, sous des apparences de parfaite soumission à l'ordre établi, que le sont certains mouvements typiquement marginaux, antisociaux et dans certains cas criminalisés. L'espace laissé vide par le recul des grands récits, disait Jean-François Lyotard, dans lesquels les gens se reconnaissaient il n'y a pas si longtemps encore, paraît aujourd'hui occupé par une multiplicité de microgroupes qui recomposent, chacun à leur façon, des systèmes de sens et qui refabriquent un lien social. Les institutions publiques essaient elles aussi de combler ce vide, au moyen d'une extraordinaire prolifération de lois en tous genres, de règlements souvent tatillons susceptibles d'être dictés par un projet de contrôle tous azimuts des populations et par des considérations strictement économiques (pensons, par exemple, aux contraventions pour stationnement interdit ou aux amendes imposées, à périodes fixes, aux prostituées).

Il ne s'agit donc pas simplement de déplorer la perte des grands systèmes de sens dans les sociétés dites postmodernes, mais de prendre conscience, à partir d'une lecture critique de notre situation, de leur remplacement par un incroyable foisonnement de groupes, d'organisations et de mouvements à partir desquels des personnes issues de toutes sortes de milieux, parmi les jeunes surtout, essaient de se constituer des systèmes de valeurs, de recréer des liens sociaux et de donner un sens à leur vie. L'idéologie à la mode, qui est une idéologie du respect des différences et d'une plus grande tolérance, ne pourra que contribuer, il faut l'espérer, à renforcer le développement de ces groupes au sein de notre société et à leur procurer une plus grande légitimité. La violence qui est associée à l'existence de quelques-uns de ces groupes, notamment dans les groupes marginaux aux activités antisociales, voire criminelles, pose déjà à nos sociétés, de plus en plus pluralistes sur le plan ethnique, mal intégrées au point de vue socioéconomique et surbureaucratisées, des questions fondamentales qui mettent en cause la nature même de nos sociétés. La question de l'émergence des groupes marginaux, des gangs de rue et de la violence qui leur est souvent associée doit elle aussi être envisagée dans ce contexte.

Ethnographie du monde des gangs

Moitié ethnographique, notre méthode a visé à comprendre de l'intérieur les milieux marginaux dont font partie certains jeunes Afro-Antillais et à reconstruire, à travers leurs récits, leurs trajectoires de vie, depuis l'entrée dans ces gangs jusqu'à leur sortie; moitié « recherche-action » de type interculturel et dialogique telle qu'elle est mise en avant à l'Institut interculturel de Montréal, notre méthode s'est aussi appuyée sur des personnes-ressources issues des milieux étudiés et les a fait participer, à titre de cochercheurs, au déroulement de la recherche. Nous souhaitions mieux connaître, en posant un regard de l'intérieur et d'ensemble, les espaces de vie et les problèmes des jeunes d'origine afro-antillaise vivant à Montréal.

Parmi les différents objectifs que nous avons poursuivis, soulignons les six suivants :

1. Décrire le phénomène de la marginalité du point de vue des jeunes eux-mêmes, à travers l'expérience qu'ils en font dans leur quotidien, en restituant le sens de leur appartenance au groupe et en entrant dans la dynamique de la construction des gangs : il s'agit d'une ethnographie de la marge.

2. Saisir le phénomène de la marginalité par le biais des discours et des récits des acteurs eux-mêmes plutôt qu'au moyen des observations *in situ* des comportements déviants, voire criminels : il s'agit d'une ethnographie narrative.

3. Caractériser les profils des jeunes marginaux (âge, sexe, composition familiale, provenance géographique, classe sociale, liens amicaux, etc.), sans prétendre dégager une typologie et dresser une comparaison sommaire entre la population des jeunes en général et la sous-population risquant de devenir membre d'une gang.

4. Reconnaître les filières conduisant à l'entrée dans la gang et au maintien de l'appartenance (carrière, séquences de l'histoire de l'adhésion à la gang) ainsi que les conditions (structures d'aide amicale, rôle

des services sociaux et de la justice) qui favorisent ou non la sortie ou l'abandon du groupe de même que la dérive vers des activités de petite criminalité.

5. Recenser les éléments du contexte familial, social, économique et culturel susceptibles d'expliquer l'évolution du phénomène des gangs de rue dans les années à venir, sur le plan de l'intégration sociale et sur celui de la criminalité (peut-on prévoir une aggravation du phénomène des bandes juvéniles? par quelles mesures préventives peut-on travailler à la réduction du phénomène?).

6. Situer le phénomène de la marginalité chez les jeunes d'origine afro-antillaise sur l'arrière-fond du monde dans lequel ils vivent (structures familiales, identité, religion, etc.) et à partir d'une perspective interculturelle attentive à la dynamique du contexte migratoire et de l'ethnicité chez les jeunes issus de l'immigration.

Les données et les analyses qui sont présentées ici ne forment qu'une partie des résultats d'une vaste recherche que nous avons menée depuis 1994 au sein des milieux des jeunes Afro-Antillais de Montréal. Cette recherche a été réalisée en plusieurs étapes. Dans le cadre de cet ouvrage, nous exposons essentiellement les principaux résultats de l'enquête de terrain conduite auprès des milieux marginaux afro-antillais du côté francophone de la société québécoise. Un volet de la recherche a aussi été réalisé du côté des jeunes Noirs anglophones, mais les résultats de cette partie de nos travaux ne sont pas examinés ici. Les dynamiques différentes d'adaptation à la société québécoise, les nombreux types de problèmes éprouvés dans les deux populations ainsi que la grande variabilité dans la représentativité des échantillons des jeunes qui constituent la base des deux corpus de données figurent parmi les principales raisons qui nous ont incités à analyser indépendamment les résultats de nos recherches auprès des jeunes noirs anglophones. Il faut préciser, de plus, que notre pénétration des milieux marginaux a été moins profonde du côté anglophone. Nous avons surtout rencontré dans ce cas des jeunes de divers milieux, dont certains plus marginalisés que d'autres : nous y avons réalisé des entrevues auprès de 40 jeunes âgés entre 17 et 26 ans. Néanmoins, notre connaissance des milieux noirs anglophones nous a aidés à nuancer nos interprétations lors de l'analyse du corpus de données des jeunes d'origine afro-antillaise dont la principale langue d'usage public au Québec est le français.

La recherche réalisée auprès des milieux marginaux des jeunes Afro-

Antillais a été précédée par une autre étude exploratoire faite auprès des jeunes d'origine haïtienne (Perreault, 1997). Au cours de cette première recherche menée de 1994 à 1996, nous avions rencontré une quarantaine de jeunes de différents milieux, dont la moitié appartenaient à des milieux marginaux. Nous avions alors interrogé des jeunes en passant par le biais des Églises, des associations communautaires et d'un ancien leader d'une gang de rue. Les résultats de cette première recherche nous ont aidés à mieux cerner, dans le contexte du présent travail, notre objet d'étude et à élaborer nos instruments d'enquête.

Au total, si nous incluons les entrevues réalisées lors de l'étude préliminaire et celles qui ont été faites auprès des jeunes Noirs anglophones, nous avons interrogé 135 jeunes d'origine afro-antillaise. Les données présentées dans les pages qui précèdent sont pour la plupart extraites des 55 entretiens que nous avons menés de 1996 à 1998 auprès des jeunes des milieux marginaux afro-antillais du côté francophone[2]. Sauf une exception, tous ces jeunes ont au moins un parent qui est né en Haïti : le fait d'avoir un parent né en Haïti constituait en effet un critère de sélection des jeunes. Mis à part la nécessité d'avoir au moins un parent né dans les Caraïbes, en Haïti pour le corpus francophone, l'âge constituait un autre critère de sélection. Au début, nous avions établi que l'âge des jeunes interrogés devait se situer entre 15 et 29 ans. Il nous apparaissait en effet comme important de rencontrer des jeunes adultes entre 25 et 29 ans, afin surtout de dégager une perspective historique sur l'évolution de la dynamique des milieux marginaux. Compte tenu du fait que les entrevues réalisées auprès des personnes plus âgées ne donnaient pas les résultats escomptés, nous avons décidé après une première

---

2. À ces entrevues en profondeur, qui ont toutes été enregistrées et retranscrites sur support informatique, s'ajoute un questionnaire écrit auquel ont répondu environ 120 jeunes d'origine haïtienne. Ce questionnaire, qui a circulé dans différents milieux de jeunes en parallèle avec les entrevues orales, visait essentiellement à vérifier auprès d'un plus large échantillon certaines représentations et pratiques qui étaient au centre de notre questionnement. Sans prétendre à une représentativité fidèle de la population de jeunes Afro-Antillais francophones du Québec, nous avons à tout le moins pu constater au cours de l'analyse des réponses la cohérence entre les discours et les représentations de l'ensemble de ces jeunes. Ainsi le questionnaire ne faisait-il que confirmer objectivement ce que les entrevues orales ont révélé dans toute leur expressivité émotionnelle et subjective.

série de 15 entrevues de limiter nos enquêtes aux jeunes de moins de 25 ans. Aussi, si nous faisons abstraction de quatre entrevues réalisées auprès de jeunes adultes âgés de 25 et 29 ans, l'âge des personnes qui ont participé à cette recherche se situe entre 13 et 22 ans. La majorité avait entre 15 et 18 ans.

Un autre critère de sélection des candidats était que ceux-ci devaient avoir un minimum de liens avec les milieux marginaux, soit par leur fréquentation de ces milieux, soit par leur engagement dans la délinquance. Lors de l'analyse des données, le degré de proximité des milieux marginaux s'est avéré un critère important pour mieux comprendre pourquoi un jeune peut ou non être attiré par les gangs de rue. Comme nous avions déjà interrogé pendant une recherche préliminaire des jeunes qui n'avaient aucun contact avec les milieux marginaux des gangs de rue, il nous était également possible de repérer certains facteurs qui permettent de maintenir les jeunes à distance de ces milieux.

Pour rejoindre les jeunes, nous avons principalement eu recours à la méthode de la « boule de neige », qui consiste en l'exploitation par les chercheurs et les interviewers de leurs réseaux personnels au sein de la population dans laquelle se fait la recherche. Au terme des entretiens, il nous arrivait de demander à l'interlocuteur de nous introduire, s'il le voulait, auprès de ses amis et connaissances faisant partie de son groupe. La méthode de la boule de neige fonctionne bien lorsqu'il existe une forte dynamique de réseaux et d'interactions comme c'est le cas dans les groupes de jeunes, mais elle ne garantit pas la représentativité. Soucieux d'avoir accès aux différentes formes que prennent les milieux marginaux, nous avons vu à étendre nos observations et le recrutement des candidats au plus grand nombre de lieux différents, et nous avons recruté des jeunes surtout à partir de nos ancrages au sein des gangs de rue, des organismes communautaires, des écoles et des lieux récréatifs (parc, terrain de basket-ball, etc.) ; une quinzaine d'entretiens ont aussi été faits avec des jeunes en centre d'accueil. Enfin, il faut signaler que nous avons principalement rencontré des jeunes de Parc-Extension, de Saint-Michel (Pie-IX), de Montréal-Nord, de Rivière-des-Prairies et de Saint-François à Laval. La question du lieu d'habitation des jeunes était un autre critère de répartition de notre échantillon que nous avons privilégié afin de mieux comprendre, entre autres, les dynamiques territoriales et communautaires des gangs de rue.

Les chercheurs de terrain, grâce à leurs ancrages différents dans les milieux marginaux, nous ont également aidés à constituer un corpus le plus représentatif possible de la diversité des jeunes d'origine afro-antillaise qui frayent dans ces milieux. Les assistants de recherche qui ont réalisé les entretiens étaient tous eux-mêmes d'origine afro-antillaise. Trois d'entre eux sont des travailleurs de rue ou de milieu œuvrant chacun dans un secteur différent de la ville. Les deux autres assistantes de recherche sont des femmes engagées au sein de leur communauté et auprès de plusieurs groupes, en particulier auprès des jeunes mères adolescentes.

Du dedans et du dehors des gangs

Pour tenter de comprendre les milieux marginaux des jeunes Afro-Antillais de Montréal, nous avons observé à la fois de l'intérieur, c'est-à-dire du point de vue de ce que les jeunes eux-mêmes disaient vivre dans la marge sans que nous ayons toujours pu, ou voulu, observer *de visu* s'ils nous disaient la vérité, et de l'extérieur, c'est-à-dire à partir des interfaces des réseaux de sens et d'action qui articulent les dynamiques de ces milieux avec « le reste du monde ».

Notre approche se centre sur les aspects identitaires et communautaires spécifiques des phénomènes des gangs de rue ; à ce titre, elle se veut différente des études de type criminologique qui traitent habituellement de ces milieux. Certes, nous avons tenu compte dans notre recherche de la criminalité propre à ces groupes, mais plus encore nous avons cherché à replacer celle-ci dans le processus de construction de l'espace identitaire sociopersonnel des jeunes. Il est à noter que notre étude a porté principalement sur les dynamiques des milieux marginaux pris dans un sens très large, au sein desquels les gangs de rue ne constituent qu'un sous-ensemble aux contours flous et difficiles à définir. Elle s'est de plus attachée à mettre en évidence le caractère singulier des pratiques des jeunes d'origine afro-antillaise des milieux marginaux à Montréal. Nous nous sommes efforcés de comprendre moins l'individualité des expériences et des discours que les structures communes, pour la plupart cachées.

Nous pensons que les données de terrain sur lesquelles nous avons fondé nos interprétations répondent de fait aux critères habituels de fiabilité ; en réalité tout discours, fût-il mensonger, signifie quelque chose pour nous, en ce sens qu'il est porteur d'un message que le jeune nous donne à entendre. La question de la validité a aussi été centrale pour nous puisqu'il s'agit de savoir si les informations recueillies peuvent être généralisées à l'ensemble du groupe des jeunes Noirs ou si elles ne sont valables que pour l'échantillon sur lequel a porté la recherche. Répétons que nous ne nous sommes pas situés dans une perspective de stricte représentativité et que nous ne prétendons nullement que nos données valent pour l'ensemble du milieu des jeunes Afro-Québécois d'origine haïtienne. Ce n'est qu'indirectement que notre étude jette de la lumière sur le fonctionnement des autres gangs formées, par exemple, de jeunes Jamaïcains, de jeunes originaires du Sud-Est asiatique ou de jeunes Québécois dits de souche. Ces différentes gangs partagent sûrement à peu près les mêmes structures de base, mais celles-ci s'actualisent de manière différente en fonction des contextes qui leur sont particuliers.

Le principal instrument d'enquête que nous avons utilisé sur le terrain est un « guide modulaire d'entretien ». Il s'agit d'un guide flexible que chaque interviewer a adapté à la dynamique de dialogue qui se créait entre le jeune et lui. Une certaine souplesse était en effet nécessaire lors des entretiens afin de permettre à la personne rencontrée de s'exprimer le plus librement possible. Le guide comportait dix sections que l'interviewer s'efforçait de parcourir en suivant le déroulement logique des échanges. Ces sections étaient l'identité et l'identification (immigration) ; la langue ; les modèles ; la famille et la communauté ; la religion et la spiritualité ; les quartiers ; les amis ; les gangs ; les problèmes des jeunes et leur résolution possible ; les habitudes de vie. Comme on le voit, les questions sur les gangs et les activités marginales ne constituaient qu'un aspect de l'ensemble de la vie des jeunes que nous abordions dans ces entretiens. Il était important pour nous d'avoir une vision globale de la réalité des jeunes ; nous refusions par le fait même de nous focaliser exclusivement sur les dimensions de la marginalité, de la déviance et de la délinquance. Les jeunes ont pour la plupart apprécié le fait de pouvoir s'exprimer sur des dimensions de leur existence dont ils n'ont pas l'habitude de parler. Plusieurs jeunes ont dit au terme de l'entrevue que celle-ci avait représenté pour eux un exercice bénéfique qui les avait aidés à mieux prendre conscience des particularités de leur identité et de leur personne.

Chacun des entretiens a été enregistré, transcrit et mis sur support informatique. Une fois regroupées en thématiques et mises côte à côte, les données du corpus ne formaient plus qu'un texte unique avec ses moments forts, ses nuances, ses répétitions et ses différences. Il va de soi que le contenu des entretiens est inégal, certains jeunes ayant plus de facilité que d'autres à s'exprimer ; l'expérience des interviewers jouait aussi un rôle important dans cette libération de la parole. Des jeunes ont parlé plus volontiers d'un aspect de leur vie, d'autres jeunes ont abordé un autre aspect. Malgré les inégalités entre les discours, il se dégageait de l'ensemble des tendances dominantes qui prenaient la forme de consensus sur une majorité de points. Au moment de l'analyse, nous avons vu à repérer ces grandes tendances qui devenaient significatives des représentations et des pratiques de la majorité. Nous avons également veillé à repérer les nuances et les principales différences qui émanaient du discours de certains jeunes.

Dans la mesure du possible, les extraits d'entrevues que nous avons sélectionnés pour ce livre se veulent représentatifs des grandes tendances partagées par l'ensemble des jeunes. Aussi, lorsque nous avons décelé des discours qui allaient à l'encontre du discours dominant ou qui apportaient des nuances qui nous paraissaient importantes, nous les avons inclus dans le texte. La sélection de certains extraits plutôt que d'autres répondait aux seuls impératifs du dynamisme de la lecture. Le passage de la parole à l'écrit nous a fait privilégier la reproduction des extraits les plus riches quant à l'expressivité.

Afin de nous assurer de la meilleure représentativité possible au cours de l'analyse, nous avons eu recours à d'autres techniques de collecte de données. Parmi ces instruments, mentionnons un questionnaire écrit (à choix multiple et à court développement) sur les pratiques des jeunes auquel ont répondu 120 jeunes (de différents quartiers et milieux) autres que ceux du corpus principal d'entrevues. Nous avons également établi par l'entremise des organismes communautaires plusieurs groupes de discussion avec des jeunes. Nous avons visité de façon régulière les différents quartiers et avons fait appel à chacune de ces visites à l'observation active des groupes de jeunes. Nous étions appuyés dans notre tâche par les intervenants des milieux qui, grâce à leurs ancrages auprès des jeunes, pouvaient nous aider à reconstituer différents événements qui s'étaient déroulés dans les quartiers. Nous avons de plus rencontré des intervenants et des parents pour échanger des idées sur les problèmes et les réalités qu'ils vivent au quotidien dans leurs rapports avec les jeunes Afro-Antillais des milieux marginaux. Une revue de presse quotidienne nous permettait par ailleurs de suivre l'actualité des activités criminelles et délinquantes des jeunes Afro-Antillais en même temps que la représentation que l'on faisait de ces événements.

Place à la parole des jeunes

La reconstitution de la réalité à partir de la seule parole des individus pose le problème entre autres de la reconnaissance de la subjectivité du regard qui oriente les représentations. Non seulement il faut pouvoir situer la narration des faits ou des interprétations dans leur contexte spécifique, mais en plus il faut être en mesure de dégager les points de repère qui fondent la norme discursive de la personne qui parle. La représentation de la réalité est une réalité en soi qui diffère de l'objet représenté ou visé par la représentation. Elle implique l'existence d'une distance critique entre les faits vécus et les faits représentés, entre le signifiant et le signifié de l'action. Cette distance suppose l'expression d'une autre rationalité et d'un autre engagement émotionnel de la personne à l'endroit de ce qui est tenu pour être sa réalité vécue. Seule cette distance en fait lui permet de s'exprimer sur cette réalité et de la transposer dans un discours. Or, une des tâches du chercheur ou de l'analyste est de préciser les paramètres de cette distance discursive et d'en relever les principaux enjeux qui influencent les représentations. Il se doit aussi de tenir compte du fait que la capacité de traduire les événements et les sentiments en paroles exige un effort personnel (une performance) qui n'est pas donné également à tous. Certaines souffrances, par exemple, demeureront à jamais inexprimables.

Au cours des entrevues avec les jeunes, nous devions principalement composer avec la distance temporelle qui sépare la représentation des faits et les faits eux-mêmes tels qu'ils ont eu lieu et qu'ils ont été vécus. Nous étions aussi à plusieurs reprises confinés dans une vision (ou dans une interprétation) d'une représentation, surtout lorsque les jeunes interrogés étaient moins engagés dans la marginalité et qu'ils nous livraient leur opinion sur ce qui leur apparaissait comme étant un état de fait. Dans tous les cas, la distance entre le discours et la pratique impliquait un regard critique qui colore *a posteriori* la réalité en lui prêtant une intentionnalité qui n'est pas forcément celle qui avait cours pendant le déroulement de ces événements. Bref, nous découvrons dans les discours une vision subjective de la pratique. Par ailleurs, le discours constitue par lui-même une autre forme de pratique, de même que la pratique constitue une autre forme de discours ou d'expression.

Lorsque nous essayons de replacer les discours et les représentations des jeunes par rapport aux motifs de l'action, nous devons prendre en considération la séquence temporelle dans laquelle évolue cette action. Avant, pendant et après le déroulement de l'action ou des événements, les représentations ne sont pas les mêmes. Dans le cas des pratiques marginales des jeunes des gangs de rue, cette division séquentielle correspond à trois « temps » différents de représentation, soit respectivement à un « temps à venir », à un « temps suspendu » et à un « temps social ».

Le temps à venir auquel correspond la période précédant la participation à la gang ou l'engagement dans certaines pratiques marginales est une période floue orientée vers des modèles et des façons de faire qui peu à peu prennent un sens aux yeux du jeune. Ces modèles sont essentiellement fondés sur une idéologie du respect qui s'appuie sur un besoin d'affirmation identitaire.

Le moment où les pratiques marginales sont mises en acte correspond à une période de réalisation dans l'action. Souvent, lorsqu'il s'agit d'un acte criminel ou d'un acte impliquant une très forte intensité émotionnelle et sensorielle, on observe en quelque sorte une suspension de la pensée rationnelle. L'action devient comme enracinée dans le mythe de la volonté de puissance. Jusqu'à un certain point, l'individu agissant entre en transe alors qu'il devient soit pure émotion, soit absence. Il est à ce stade précis gouverné, en partie ou totalement, par l'action qu'il commet.

Après la réalisation de l'acte, le discours déployé est en général de type justificatif. Il s'agit d'une période de ressaisissement où la personne essaie de rationaliser sa participation en la situant dans un espace-temps social qui explique à la fois sa position passée et sa position actuelle. Or, les entrevues nous placent essentiellement dans l'après de la pratique. L'interlocuteur qui s'exprime déduit, à partir de sa connaissance du déroulement des événements passés et à la lumière de sa situation actuelle, les motifs de l'acte et de sa représentation. Cette transposition dans le temps fausse la réalité dans la mesure où la personne qui parle connaît le dénouement des événements et a déjà pu s'en faire une opinion en s'appuyant sur ce qu'elle et les autres en ont dit.

L'horizon des discours se présente comme un ensemble de possibles qui est partagé de façon plus ou moins indifférenciée par un ensemble de personnes semblables, c'est-à-dire par des personnes qui ont certains traits distinctifs communs (par exemple les jeunes d'origine haïtienne des milieux marginaux). L'analyse *per se* de tous les discours nous permet d'accéder à une certaine norme discursive. Chaque discours personnel est plus ou moins en conformité avec cette norme en y apportant des nuances de ton qui varient selon les expériences.

L'horizon des pratiques nous donne accès à un versant de la réalité qui diffère de celui des discours. Dans le cadre de notre recherche, nous avons principalement travaillé à partir des discours sur les pratiques. Notre point de vue se situe donc, comme nous venons de l'expliquer, à un autre niveau d'analyse et d'explication que celui qui a cours au moment de l'actualisation des pratiques ou des événements. Néanmoins, les discours sur les pratiques, tels qu'ils se révèlent dans les récits autobiographiques nous permettent de prendre conscience de l'écart considérable qui peut exister entre la représentation (de la norme discursive) et la réalité (des pratiques). Cet écart varie par ailleurs en fonction des caractéristiques des personnes (âge, sexe, engagement dans la marginalité, etc.). Ainsi, bien que tous les jeunes adoptent un discours semblable quand il s'agit de parler de la dynamique de la gang, tous n'ont pas le même discours quand il s'agit d'expliquer leurs expériences personnelles avec ces groupes.

Secret, mensonge et inflation verbale

Le fait de travailler surtout à partir de la parole des jeunes nous a placés devant le problème de la fiabilité des informations que ces derniers nous ont livrées à la fois sur eux et sur leurs pairs. La plupart des jeunes qui sont engagés dans un processus de criminalité se font un point d'honneur de garder le silence sur des actes ou des événements qui peuvent compromettre leur groupe ou l'un des leurs. Il n'est pas rare que l'on mente effrontément pour se protéger ou couvrir les siens. Dans certains cas, les mensonges sont tellement gros qu'il est impossible de ne pas les déceler. Ainsi, ce jeune à qui nous faisions remplir un questionnaire anonyme, et dont nous savions qu'il était un membre d'une gang de rue au dossier criminel très lourd (il devait être déporté dans son pays d'origine dans les jours suivants), a répondu tout bonnement à l'une des questions qu'il n'avait jamais entendu parler des gangs de rue ! Mais lorsque l'on ne connaît pas la personne, il est extrêmement difficile de savoir si elle ment ou si elle dit la vérité. Nous avons pu éviter de telles situations et une accumulation de données fausses en mettant beaucoup de soin à établir un lien de confiance avec les personnes qui acceptaient de participer à notre recherche.

Pour recruter les candidats et mener les entrevues, nous avons eu recours à des personnes significatives en qui les jeunes avaient confiance. Cependant, la confiance n'était pas toujours un gage suffisant pour empêcher un jeune de mentir lorsqu'il était question de son engagement dans les gangs de rue. Comme les interviewers connaissaient souvent très bien l'histoire personnelle de ces jeunes, ils ont dû mettre un terme à plusieurs entrevues du fait que ces derniers s'obstinaient à fabuler. La présence du magnétophone a aussi pu jouer un rôle important dans le refus de dire la vérité. Même lorsque certains jeunes étaient rassurés quant aux « bonnes intentions » de la recherche, les filières inconnues que devaient suivre leurs révélations gravées à jamais sur le ruban de la cassette les empêchaient de briser la loi du silence qui les relie à leur bande, voire à leur vie criminelle. Dans de nombreux cas, il a fallu s'y reprendre à plusieurs fois pour réaliser une entrevue, jusqu'à ce moment, parfois tardif, où la personne se sentait fin prête à occuper l'espace de parole que nous lui donnions. Il s'agissait souvent pour elle d'un moment de libération des tensions intérieures accumulées face au monde extérieur dans lequel elle se sentait coincée. Le fait de leur prêter une oreille attentive et de ne pas les juger a permis à plusieurs jeunes de profiter de l'occasion que leur fournissait l'entrevue pour faire un pas de plus dans leur cheminement personnel. Puisque nous n'insistions pas sur le détail des aspects criminels de leur vie, mais plutôt sur leurs pratiques identitaires et leurs rapports avec leur culture d'origine, plusieurs jeunes nous ont avoué au terme de l'entrevue qu'ils avaient rarement l'occasion d'aborder leur existence sous cet angle et que cela les avait amenés à prendre conscience d'une réalité qui leur échappe la plupart du temps.

Il faut dire que la majorité des jeunes qui ont évoqué assez ouvertement leur participation à des gangs ou leur délinquance ont parlé de cela comme étant du passé. Le contexte particulier — le centre d'accueil — dans lequel se sont déroulés certains entretiens n'est probablement pas étranger à une telle affirmation de leur part. En fait, la plupart étaient sincères en disant qu'ils avaient eu leur leçon et qu'ils souhaitaient entreprendre une vie nouvelle en commençant par changer leurs fréquentations. Les personnes qui avouaient faire partie des gangs ou des milieux criminels déclaraient cependant ne pas savoir comment elles allaient s'en sortir. Quelques-unes moins engagées vis-à-vis d'un groupe disaient vouloir faire un dernier coup d'argent avant de se retirer, tandis que les autres prétendaient que leur engagement moral à l'égard des leurs les empêchait à tout jamais de quitter la gang même si elles en éprouvaient le désir.

Établi sur l'horizon de la confiance, l'espace de parole qu'a constitué l'entrevue permettait peu à peu d'abolir les résistances. Ainsi n'était-il pas rare qu'un jeune affirme au début n'avoir jamais fait partie d'une gang, alors qu'un peu plus tard il n'avait plus d'objection à nous parler de sa participation à ces groupes. Nous étions toutefois constamment à l'affût d'une possible fabulation. Quel était l'engagement réel de la personne dans la gang et de quel type de gang s'agissait-il au juste ? Le problème inverse se posait ainsi : des jeunes disaient franchement avoir fait partie d'une gang de rue alors que la gang en question consistait en fait en une bande d'amis s'amusant simplement à jouer aux durs. Nous avons également fait face à la difficulté de distinguer la part personnelle des discours et les généralités que tous répètent comme des clichés.

Les jeunes qui ont parlé le plus librement de leur participation à des gangs ou de leurs problèmes en général s'exprimaient pour la plupart à partir d'expériences qui les avaient marqués sur le plan personnel. Ils situaient alors l'unicité de leur personne par rapport aux autres. C'est essentiellement à cause de la volonté de souligner la distance qui unit un jeune aux autres et qui l'en sépare au point de vue de ses expériences que la personne acceptait d'emblée de parler d'elle à la première personne : l'expression du soi véritable est cependant absente de bon nombre d'entretiens. Lorsque le « je » se libère, il n'envahit pas non plus nécessairement le discours. Le recours aux stéréotypes s'avère un refuge qui protège la personne de l'obligation de parler de soi. Les formules communes constituent également une manière de s'identifier ou non à des pratiques et à des formes d'appartenance, comme si le fait de parler le même langage unissait en partie les personnes qui le tiennent.

La distinction entre le commun et le personnel se révèle par le besoin d'établir une distance — une différence — entre son expérience et celle des autres. Le besoin de marquer une distance s'affirme plus volontiers lorsqu'il s'agit de parler des malheurs entourant ce qui a été vécu. Dans le contexte des entrevues, le « je » ressortait par contre plus facilement en relation avec les mauvaises expériences qu'en relation avec les bons coups. Pour certains, l'espace de parole devenait un lieu permettant d'exorciser de vieilles souffrances ou plus simplement d'essayer de leur donner un sens au sein de l'univers de référence. La distance temporelle avec les événements est un autre facteur qui a pu faciliter la libération de la parole et l'expression du « je ».

Nous avons favorisé une méthode de collecte des données qui implique l'entretien face à face une fois seulement qu'une relation de confiance a pu s'établir entre le jeune et la personne qui faisait l'entrevue. Il nous est vite apparu comme préférable de travailler de manière approfondie avec un nombre limité de jeunes plutôt que de travailler plus superficiellement avec un grand échantillon ; nous nous sommes également assurés que le dispositif d'enquête adopté générerait des données authentiques et fiables même dans un domaine de recherche aussi difficile d'accès que celui des gangs. Les forces et les faiblesses d'un tel dispositif de recherche ont été relevées, tant du point de vue de la fiabilité que de celui de la validité, particulièrement de celui de la validité externe. Nous avons considéré les jeunes interviewés comme des informateurs clés et des interlocuteurs privilégiés. S'inscrivant eux-mêmes dans la marge et faisant dans certains cas partie des gangs, ces jeunes ont donc pu parler en connaissance de cause du monde des gangs. Nous sommes conscients des dangers que comporte cette stratégie de recherche ; ainsi, il n'est pas impossible que les jeunes aient utilisé l'entretien pour se mettre en scène et pour s'adonner, dans les récits qu'ils nous faisaient, tantôt à l'inflation verbale, tantôt à la déflation verbale.

Conduire une recherche auprès d'une population de jeunes marginaux est une entreprise difficile : secret, mensonge, inflation verbale et dramatisation font en effet partie des récits et des discours de ces jeunes, d'autant plus que la mise en scène des vies et le panache sont des constituantes du quotidien chez beaucoup de ces jeunes. Plus les phénomènes de la marginalité prennent la forme des gangs criminelles, plus il risque d'échapper aux chercheurs, les lieux de rencontre et les moments de rendez-vous avec les membres des gangs se prêtant souvent assez mal à un horaire précis. Le phénomène à l'étude est par nature fluide, souterrain et difficile à cartographier : l'existence de sanctions pénales et la stigmatisation sociale entourant les membres des gangs viennent redoubler les difficultés de la recherche. Sous des dehors de théâtralisation, la gang se constitue paradoxalement comme un phénomène caché, les jeunes n'ayant pas toujours intérêt à afficher leur appartenance à ces groupes et les parents ignorant même souvent l'affiliation de leurs enfants à une gang. Enfin, il faut savoir que les jeunes ne sont pas forcément enclins à participer en tant que sujets à une recherche les concernant.

Vu leur proximité du milieu des gangs, les chercheurs ont sans doute été en mesure de dépister la plupart des jeunes qui ont cherché à les tromper, mais il n'est pas sûr que notre corpus de données soit exempt de mensonges. Nous avons été aidés, il est vrai, par le fait que les interviewers n'étaient pas vus comme des intrus venus de l'extérieur dont les jeunes devaient se méfier. Les interviewers et les chercheurs responsables de l'étude n'échappent pas, comme tout le monde, aux deux principales dérives qui guettent les personnes qui travaillent à comprendre les phénomènes de la marginalité, les uns basculant dans le sensationnalisme, la dramatisation et l'inflation verbale, et les autres dans la banalisation, voire la négation des dangers associés à la marginalité. La rigueur des méthodes de recherche, la connaissance des théories de la société et le souci d'objectivité fournissent alors aux chercheurs des garanties qui leur permettent d'éviter, au moins en partie, ce double danger. Il peut leur arriver, à eux aussi, de participer, à leur corps défendant, à la déformation des faits et des discours, à travers la diffusion de données peut-être justes mais qui encouragent néanmoins les stéréotypes, soutiennent les préjugés et propagent l'idée qu'il n'existe pas de solution face aux problèmes entourant la marginalité. Les professionnels qui interviennent auprès des jeunes marginaux, les journalistes qui écrivent à leur sujet et même les lecteurs de cet ouvrage sont autant d'acteurs qui peuvent contribuer à démonter la chaîne de fabrication des stéréotypes qui ont décidément la vie dure dans notre société.

Des limites

Pour terminer, nous soulignerons plus particulièrement quelques-unes des limites de notre étude, notamment du point de vue de l'écart entre nos objectifs de départ et le travail que nous avons pu réaliser auprès des jeunes Québécois d'origine afro-antillaise. En tant que groupe de recherche et d'action dédié à des alternatives interculturelles, l'Institut interculturel de Montréal (dans le cadre duquel s'est faite cette recherche) s'est efforcé au fil des années de s'engager dans un processus critique de décentration culturelle vis-à-vis de la prétention du milieu universitaire et scientifique à la production d'un savoir qui se pose comme plus valide que les autres formes de connaissance et vis-à-vis de la position d'autorité et de pouvoir que le savoir universitaire exerce à l'égard des autres systèmes de savoir. Il est urgent que les milieux de la recherche explorent et mettent au point des méthodes interculturelles pour comprendre les personnes et les communautés qui sont culturellement différentes des chercheurs engagés dans le processus de la connaissance et pour apprendre de ces personnes et de ces communautés.

La caractéristique principale d'une approche interculturelle en matière de recherche consiste à reconnaître le fait que ce type particulier de recherche fournit, de manière essentielle, un contexte pour une rencontre interculturelle entre la personne qui cherche à construire un savoir au sujet de l'« autre » et cet « autre » qui appartient à un univers culturel différent et qui possède un savoir sur soi-même. Ce n'est donc pas le chercheur qui construit un savoir au sujet de son « objet » d'étude, c'est-à-dire l'autre, et qui dit à ce dernier qui il est. C'est plutôt le processus dialogique engagé entre les deux en tant qu'ils sont l'un et l'autre des sujets porteurs de savoir qui sert, en dernière instance, d'espace de révélation et qui rend ensuite possible l'émergence d'une nouvelle compréhension de la réalité.

Un autre trait majeur de l'approche interculturelle en matière de recherche qui s'est révélé d'une extrême importance dans notre étude consiste à reconnaître l'impact du « paradigme Nord-Sud » sur l'univers de référence des chercheurs issus du Nord et sur l'autocompréhension des personnes membres de communautés immigrantes. Le paradigme Nord-Sud classe et stratifie les sociétés du monde selon une échelle bipolaire avec les « évolués » à un bout et les « attardés » à l'autre, les « développés » et les « sous-développés ». Le résultat est bien connu : d'un côté, les dominants et, de l'autre, les dominés qui sont inscrits dans une relation de « donneurs » et de « receveurs », les premiers se situant au Nord dans les pays d'immigration et les seconds au Sud chez les immigrants et les réfugiés. La vision du monde que met en avant un tel paradigme ne peut qu'engendrer une profonde violence. On ne saurait exagérer la prise en considération et l'importance de ce paradigme dans l'analyse des mots qui ont été dits et de ceux qui sont restés cachés entre les lignes, tant s'impose *nolens, volens* le fait que les communautés afro-antillaises dont sont issus les jeunes membres de gangs s'inscrivent elles-mêmes dans la périphérie de la société d'accueil.

Les mises en garde que nous venons de faire au sujet de la méthodologie interculturelle privilégiée nous conduisent à évoquer certaines préoccupations et exigences en matière d'éthique dans le cas de projets de recherche-action. Disons d'abord qu'il est essentiel que des personnes membres des communautés afro-antillaises participent à toutes les étapes du projet en tant qu'experts et personnes-ressources. L'approche dialogique et le paradigme Nord-Sud doivent de plus être considérés à toutes les étapes, dans la conception des méthodes et des modalités d'enquête (les instruments de recherche), dans le travail de terrain et le processus de collecte des informations (entrevues) et dans l'interprétation des données recueillies.

Avons-nous réussi à mettre en œuvre adéquatement notre méthode interculturelle et avons-nous pu l'appliquer à la présente recherche ? Nous devons reconnaître que l'idéal souhaité, et c'est là la limite de notre étude, n'a pas été entièrement atteint. Le processus de dialogue avec les personnes-ressources que nous nous étions engagé à maintenir actif à toutes les étapes n'a pas été aussi soutenu que nous le voulions, notamment au moment de la phase de l'interprétation des données. Il faut néanmoins souligner que nous avons mis sur pied des mesures de validation de ce document en le soumettant à un échantillon de membres des communautés afro-antillaises et à des professionnels. Ce livre a été partiellement révisé à la lumière des critiques et des avis qui nous ont été donnés par ces personnes, particulièrement en ce qui touche, sur un plan éthique, à la possible stigmatisation des jeunes néo-Québécois d'origine afro-antillaise et de leurs communautés, et à une divulgation non appropriée d'informations confidentielles relatives aux groupes marginaux avec lesquels nous avons travaillé.

Références

Anatrella, Tony (1998), *La Différence interdite. Sexualité, éducation, violence. Trente ans après mai 1998*, Paris, Flammarion.

Appadurai, Arjun (1996), *Modernity at Large. Cultural Dimensions of Globalization*, Minneapolis, University of Minnesota Press.

Ariès, Philippe (1973), *L'Enfant et la Vie familiale sous l'Ancien Régime*, Paris, Seuil.

Augé, Marc (1992), *Non-lieux. Introduction à une anthropologie de la surmodernité*, Paris, Seuil.

—, (1994a), *Le Sens des autres. Actualité de l'anthropologie*, Paris, Fayard.

—, (1994b), *Pour une anthropologie des mondes contemporains*, Paris, Aubier.

Balibar, Étienne (1997), *La Crainte des masses*, Paris, Galilée.

Bartkowiak, Jean, Marie Bouchard, André Lebon et Benoit Lyret (2000), Rapport de l'Inspection ministérielle du Centre Jeunesse Montréal, Montréal.

Bataille, Georges (1967), *La Part maudite*, Paris, Les Éditions de Minuit.

Becker, Howard S. (1963), *Outsiders: Studies in the Sociology of Deviance*, Glencoe, Ill., Free Press.

Bernabé, Jean, Patrick Chamoiseau et Raphaël Confiant (1989), *Éloge de la créolité*, Paris, Gallimard.

Bhabha, Homi (1994), « Dissemination : Time, Narrative and the Margins of the Modern Nation », dans *The Location of Culture*, Londres et New York, Routledge.

Bibeau, Gilles (1976), *Les Bérets blancs. Essai d'interprétation d'un mouvement marginal québécois*, Montréal, Parti-Pris.

—, (1982), « Le mouvement des Bérets blancs en 1981 : thérapie ou impasse », dans *Les Cahiers de recherches en sciences de la religion,* n° 4, p. 182-201.

—, (1996), « Promenades ethnographiques autour du concept de contact », dans N. Clermont (dir.), *Anthropologie du contact,* Montréal, Université de Montréal, Département d'anthropologie, p. 7-27.

—, (1997), « Cultural Psychiatry in a Creolizing World : Questions for a new research agenda », *Transcultural Psychiatry,* n° 34, 1, n° 9-41.

Bibeau, Gilles et Marc Perreault (1995), *Dérives montréalaises à travers des itinéraires de toxicomanies dans le quartier Hochelaga-Maisonneuve,* Montréal, Boréal.

Bollon, Patrice (1990), *Morale du masque. Merveilleux, zazous, dandys, punks, etc.,* Paris, Seuil.

Bordet, Joëlle (1998), *Les « Jeunes de la cité »,* Paris, PUF.

Bourdieu, Pierre (1998), *La Domination masculine,* Paris, Seuil.

Bourgois, Philippe (1995), *In Search of Respect. Selling Crack in El Barrio,* Cambridge, Cambridge University Press.

Brown, W. K. (1978), « Black gangs as family extensions », *International Journal of Offender Therapy and Comparative Criminology,* n° 22, p. 39-45.

Brunet, Alain (1992), « États-Unis : Ice-T dérange même le président ! », *La Presse,* 25 juillet 1992.

Cachin, Olivier (1996), *L'Offensive rap,* Paris, Gallimard.

Castel, Robert (1997), *Les Métamorphoses de la question sociale. Une chronique du salariat,* Paris, Fayard.

Châles, J. *et al.* (1996), *Formation : « Connais-tu ma gang ? »,* document non publié du SPCUM, Montréal.

Comité de la santé mentale du Québec (1994), *Pauvreté et Santé mentale,* Longueuil, Gaëtan Morin Éditeur.

Corin, Ellen (1986), « Centralité des marges et dynamique des centres », *Anthropologie et Sociétés,* vol. 10, n° 2, p. 1-21.

—, (1996), « Le mouvement de l'être. Impasses et défis des psychothérapies dans le monde contemporain ». *Prisme,* vol. 6, n°s 2-3, p. 333-349.

—, (1998), « Les figures de l'étranger », *Prisme,* vol. 8, n° 3, p. 194-204.

Côté, Marguerite Michelle (1991), *Les Jeunes de la rue,* Montréal, Liber.

Crouzet-Pavan, Élisabeth (1996), « Une fleur du mal ? Les jeunes dans l'Italie médiévale », dans G. Levi et J.-C. Schmitt, *L'Histoire des jeunes en Occident 1,* Paris, Seuil, p. 199-254.

Cummings, Scott et Daniel J. Monti (dir.) (1993), *Gangs. The Origins and Impact of Contemporary Youth Gangs in the United States,* Albany, State University of New York Press.

Das, Kalpana (1994), « Le défi de l'interculturel dans le secteur non institutionnel et informel », *Interculture,* vol. 27, n° 2, p. 13-21.

Delfin, Mauricio V. (2000), *Taming Chimaera. Demystifying the Youth Violence Phenomenon in Lima, Peru*, Montréal, McGill University, Anthropology and International Development Studies.

Depestre, René (1998), *Le Métier à métisser*, Paris, Stock.

Douyon, Émerson (1993), « Relations police-minorités ethniques », *Santé mentale au Québec*, vol. 18, n° 1, p. 179-192.

—, (1995), « La délinquance ethnique : une relecture », dans André Normandeau et Émerson Douyon (dir.), *Justices et communautés culturelles ?*, Montréal, Méridien.

Dubet, François (1987), *La Galère : jeunes en survie*, Paris, Fayard.

Dufour, Valérie (2001), « Radiographie d'un organisme décrié : les Centres jeunesse de Montréal », *Le Devoir*, 13-14 janvier, p. A12.

Ehrenberg, Alain (1995), *L'Individu incertain*, Paris, Calmann-Lévy.

—, (1998), *La Fatigue d'être soi*, Paris, Odile Jacob.

Erikson, Erik H. (1972), *Adolescence et Crise. La quête de l'identité*, Paris, Flammarion.

Esteva, Gustavo et Madhu Suri Prakash (1998), *Grassroots Post-Modernism. Remaking the Soil of culture*, Londres et New York, Zed Books.

Forest, François et Georges Lamon (1992), « C'est assez, dit le chef de police. Les effectifs policiers vont être augmentés et les leaders haïtiens rencontrés », *La Presse*, 15 septembre 1992.

Foucault, Michel (1984), *Le Souci de soi. Histoire de la sexualité 3*, Paris, Gallimard.

Fournier, Louise et Céline Mercier (1996), *Sans domicile fixe. Au-delà du stéréotype*, Montréal, Méridien.

Fredette, Chantal (1997), *Le Pouvoir des gangs : de la rue aux institutions de réadaptation. Revoir le problème, réajuster nos interventions*, Montréal, rapport inédit, Université de Montréal, Faculté des études supérieures, École de criminologie.

Freud, Sigmund (1951), *Totem et Tabou*, Paris, Payot.

Gauthier, Madeleine, Léon Bernier *et al.* (1997), *Les 15-19 ans. Quel présent ? Vers quel avenir ?*, Sainte-Foy, Les Presses de l'Université Laval.

Giddens, Anthony (1994), *Les Conséquences de la modernité*, Paris, L'Harmattan.

Girard, René (1972), *La Violence et le Sacré*, Paris, Bernard Grasset.

Glissant, Édouard (1996), *Faulker, Mississippi*, Paris, Stock.

Gouvernement du Québec (1998), *Pour une stratégie de soutien du développement des enfants et des jeunes. Agissons ensemble*.

Guay, Lorraine *et al.* (Comité de la santé mentale du Québec) (1994), *Pauvreté et Santé mentale*, Longueuil, Gaëtan Morin Éditeur.

Hamel, Sylvie, Chantal Fredette, M. F. Blais et J. Bertot (1998), *Jeunesse et Gangs de rue. Phase 11 : Résultats de la recherche-terrain et propostion d'un plan stratégique quinquennal*, rapport de recherche, Montréal, Institut de recherche pour le développement social des jeunes (IRDS) et Institut universitaire dans le domaine de la violence chez les jeunes, Centre jeunesse de Montréal.

Hutchison, Ray (1993), « Blazon nouveau : Gang graffiti in the barrios of Los Angeles and Chicago », dans S. Cummings et D. J. Monti, *Gangs*, Albany, States University of New York Press, p. 137-172.

Isitan, Isaac (1999), *Gangs, la loi de la rue*, film documentaire.

Lamberts, E. Y. (1990), *The Collection and Interpretation of Data from Hidden Populations*, Rockville, NIDA Research Monographs.

Lasch, Christopher (1981), *Le Complexe de Narcisse. La nouvelle sensibilité américaine*, Paris, Robert Laffont, 1979.

Levi, Giovanni et Jean-Claude Schmitt. (dir.) (1996), *L'Histoire des jeunes en Occident. 1. De l'Antiquité à l'époque moderne. 2. L'époque contemporaine*, Paris, Seuil.

Liebow, Elliot (1999), *Tally Corner : A Study of Negro Streetcorner Men*, New York, Basic Books.

Liechty, Mark (1995), « Media, markets and modernization. Youth identities and the experience of modernity in Katmandu, Nepal », dans V. Amit-Talai et H. Wulf, (dir.), *Youth Cultures : A Cross-cultural Perspective*, Londres et New York, Routledge, p. 166-201.

Lipovetsky, Gilles (1993), *L'Ère du vide. Essais sur l'individualisme contemporain*, Paris, Gallimard.

Lomomba, Emongo, Gilles Bibeau, Kalpana Das et Ranjana Jha (sous presse). « Sens de la communauté chez les jeunes hindous de Montréal. Entre le Gange et le Saint-Laurent », *Nouvelles Pratiques sociales*.

Maffesoli, Michel (1984), *Essais sur la violence banale et fondatrice*, Paris, Librairie des Méridiens, Klincksieck et Cie.

Mathews, Frederick (1994), « Reflet d'une société : définir le "problème" de la prostitution juvénile », dans *Une génération sans nom (ni oui)*, actes du Colloque international sur les jeunes de la rue et leur avenir dans la société (24-26 avril 1992 à Montréal), Montréal, PIAMP, p. 106-114.

Mead, Margaret (1979), *Le Fossé des générations*, Paris, Denöel/Gonthier.

Meintel, Deirdre et Josiane Le Gall (1995), *Les Jeunes d'origine immigrée. Rapports familiaux et les transitions de vie : le cas de jeunes Chiliens, Grecs, Portugais, Salvadoriens et Vietnamiens*, Québec, Direction des communications du ministère des Affaires internationales, de l'Immigration et des Communautés culturelles.

Messier, C. et J. Toupin (1994), *La Clientèle multiethnique des centres de réadaptation pour les jeunes en difficulté*, Québec, Commission de protection des droits de la jeunesse.

Monod, Jean (1968), *Les Barjots. Essai d'ethnologie des bandes de jeunes*, Paris, Julliard.

Monti, Daniel J. (1993), « Origins and problems of gang research in the United States », dans S. Cummings et D. J. Monti (dir.) *Gangs*, Albany, State University of New York Press, p. 3-26.

Moore, Joan (1993), « Gangs, drugs, and violence », dans S. Cummings et D. J. Monti, *Gangs*, Albany, State University of New York Press, p. 27-46.

Muller, Jean-Claude (1989), *La Calebasse sacrée. Initiations rukuba (Nigeria central)*, Paris et Montréal, Éditions La Pensée Sauvage et Les Presses Universitaires de Montréal.

Nandy, Ashis (1983), *The Intimate Enemy*, New Delhi, Oxford University Press.

Nemiroff, Diana (dir.) (1998), *Traversées*, Ottawa, Musée des beaux-arts du Canada.

Normadeau, André et Émerson Douyon (dir.) (1995), *Justice et Communautés culturelles*, Montréal, Méridien.

Ohayon, Michele (1998), *Colors Straight Up*, film documentaire, producteur : Colors United.

Parazelli, Michel (1997), *Pratiques de « socialisation marginalisée » et Espace urbain : le cas des jeunes de la rue à Montréal (1985-1995)*, thèse de doctorat en études urbaines, Montréal, UQAM.

—, (1998), « La fiction généalogique des jeunes de la rue : le mythe de l'autonomie naturelle », Possibles, *Générations des liens à réinventer*, vol. 22, n° 1 : p. 25-42.

—, (2000), « L'appropriation de l'espace et les jeunes de la rue : un enjeu identitaire », dans Danielle Laberge (dir.), *L'Errance urbaine*, Sainte-Foy, Les Éditions Multi-Mondes, p. 193-220.

Passerini, Luisa (1996), « La jeunesse comme métaphore du changement social. Deux débats sur les jeunes : l'Italie fasciste, l'Amérique des années 1950 », dans G. Levi et J.-C. Schmitt, *L'Histoire des jeunes en Occident 2*, Paris, Seuil. p. 339-408.

Perreault, Marc (1997), *Pratiques identitaires et Résolutions de problèmes dans les milieux haïtiens de Montréal*, rapport final de recherche présenté à Patrimoine Canada, Montréal, Institut interculturel de Montréal.

Perrot, Michelle (1996), « La jeunesse ouvrière : de l'atelier à l'usine », dans G. Levi et J.-C. Schmitt, *L'Histoire des jeunes en Occident 1*, Paris, Seuil. p. 85-142.

Poirier, Claude (2000), « Une langue qui se définit dans l'adversité », dans M. Plourde *et al., Le Français au Québec. 400 ans d'histoire et de vie*, Montréal, Fides et Les Publications du Québec, p. 111-122.

Saïd, Edward W. (1996), « L'exil intellectuel : expatriés et marginaux », dans Paul Chemla (dir.), *Des intellectuels et du pouvoir*, Paris, Seuil.

Schindler, Norbert (1996), « Les gardiens du désordre : rites culturels de la jeunesse à l'aube des Temps modernes », dans G. Levi et J.-C. Schmitt, *L'Histoire des jeunes en Occident 1*, Paris, Seuil, p. 277-330.

Sheriff, Teresa (1998), *État de la question sur les jeunes de la rue,* document interne de discussion, Québec, Centre jeunesse de Québec.

—, (1999), *Le Trip de la rue,* t. I : *Parcours initiatique des jeunes de la rue,* Québec, Institut universitaire sur les jeunes en difficulté.

Sibony, Daniel (1998), *Violence : Traversées,* Paris, Seuil.

Sofsky, Wolfgang (1998), *Traité de la violence,* Paris, Gallimard.

Spivak, Gayatrri Chakravorty (1993), *Outside in the Teaching Machine,* Londres et New York, Routledge.

Spradley, James (1970), *You Owe Yourself a Drunk. An Ethnography of Urban Nomads,* Prospect Heights, Ill., Waveland Press.

Symons, Gladys L. (1999a), « The racialization of the street gang issue in Montreal : A police perspective », *Canadian Ethnic Studies / Études ethniques au Canada,* vol. XXXI, n° 2, p. 1-15.

—, (1999b), « Gendering the street gang issue : A police perspective », texte revu d'une conférence prononcée lors du 4e congrès international de l'enfant à Montréal en octobre 1999 et soumis pour publication dans les actes du colloque.

—, (2001), « Police constructions of race and gender in street gangs », à paraître dans Wendy Chan et Kiran Mirchandani (dir.), *E-Raced Connections : Race, Crime and Criminal Justice in Canada.*

Taylor, Charles (1994), *Malaise de la modernité,* Paris, Cerf.

Thrasher, Frederic Milton (1927), *The Gang : A study of 1,313 Gangs in Chicago,* Chicago, University of Chicago Press.

Tougas, Claudette (1992), « Violence gratuite », éditorial dans *La Presse,* 15 septembre 1992.

Tousignant, M., D. Hamgar, et L. Bergeron (1984), « Le mal de vivre : comportements et idéations suicidaires chez les cégépiens de Montréal », *Santé mentale au Québec,* vol. IX, n° 2 : p. 122-133.

Vachon, Robert (1998), « L'IIM et sa revue : une alternative interculturelle et un interculturel alternatif », *Interculture,* n° 135, p. 4-75.

White, William (1943), *Street Corner Society,* Chicago, University of Chicago Press.

Table des matières

Remerciements   7

Introduction   9
    L'inhumaine comédie   10
    Cartographie d'une *terra incognita*   14
    La Chimère   16
    Deux réponses des jeunes à un même mal-être   19

CHAPITRE PREMIER • Jeunesse, marge et gang :
une histoire d'hier et d'aujourd'hui   27
    L'évolution de la notion de jeunesse   28
    Quelques marqueurs identitaires   39
    Leçons québécoises sur la vie dans les gangs   44
    De *Colors Straight Up* à *Gangs, la loi de la rue*   51
    Une nouvelle jeunesse québécoise   53

CHAPITRE 2 • Les jeunes Afro-Antillais du Québec
et les milieux marginaux   59
    Les milieux marginaux des jeunes d'origine haïtienne
      de 1975 à aujourd'hui   60

Black Power   61

La gang à Bélanger, taxage et bagarres Noirs contre Noirs   61

La délimitation des territoires   63

Le style vestimentaire   65

Les modèles criminels   65

L'exaspération de la jeunesse noire : un problème de société   68

Pendant ce temps aux États-Unis   71

Des modèles américains   75

Au Québec comme aux États-Unis   80

Le style bad   84

La dimension transnationale des microcultures
    de la jeunesse noire   87

CHAPITRE 3 • Les « parades » de la gang   93

La gang : un groupe d'amis qui partagent les mêmes problèmes   95

La gang, une famille ?   103

La gang comme espace de protection   108

Quand les amis deviennent « partenaires »   112

CHAPITRE 4 • Territoires, quartiers et citoyenneté urbaine   117

Quartier d'appartenance et citoyenneté urbaine   118

De la défense du territoire aux activités criminelles   130

De la maison à l'école   131

De l'identité d'appartenance à la criminalité   135

Alliances locales et réseaux internationaux   142

CHAPITRE 5 • Violence et souffrance : quelques itinéraires typiques 145

Une violence fondatrice   146

Garçons et filles de la gang : une vision, deux réalités   150

Les malheurs de Marie   152

Le jack de Myrlande ou la troublante naïveté
    d'une jeune fille influençable   163

Viol collectif, marquage des corps et preuves de virilité 168

À propos des relations garçons-filles au sein des gangs 174

La violence comme marqueur identitaire 177

Mise en scène et escalade de la violence 184

« I'm out of this game » 190

La loi du talion et de la démesure 193

De la bande d'amis à la clique de criminels 194

Arsène Lupin, l'as des cambrioleurs… 195

« Un enfant modèle… » 196

Ses débuts dans la criminalité 196

« J'ai jamais été dans une gang » 197

« Mon but, c'était de me faire de l'argent » 197

« Une gang, c'est… [comme] une équipe de basket-ball » 198

S'armer… « pour aller chercher de l'agent » 198

Jamais sans marijuana… 199

Ne pas « donner une crise cardiaque à ma mère » 199

« Les gars… je les traitais comme des soldats » 199

Pas d'intérêt pour le proxénétisme 201

Avant de commettre les coups 201

Pendant les coups 201

« T'es… comme un artiste » 202

« Je suis vraiment comme le… modèle » 203

Un rituel particulier 204

Des connexions avec d'autres groupes criminalisés 204

« Je suis une bonne personne… plus que la moyenne des gens » 207

« Je vais à l'école… je vais avoir une belle carrière » 208

Pas facile d'aider sa mère 209

Un dernier coup avant de se retirer 210

Message aux jeunes : « Va chercher une éducation » 210

« Je pense que c'est moi la plus souffrante à Montréal » 213

Je m'appelle Cynthia 214

À l'école 214

Des problèmes familiaux   214

Au centre d'accueil   215

Fugues et gars de gang   216

Racisme et violence   216

Solitude et tentatives de suicide   217

La mort comme délivrance   217

Difficile de porter plainte…   218

Rage intérieure et santé mentale…   218

On m'a enlevé mon enfant   219

Avoir mal : prostitution, accouchement et gang de rue   220

Gang de rue et violence   221

L'ambivalence face à la maternité   222

En finir avec la souffrance et l'injustice   223

CHAPITRE 6 • Horizon de sens : le contexte migratoire   225

L'immigration, un processus incertain et prolongé   226

La réussite sociale à tout prix   237

Vivre dans une société de l'objet   241

Le paradoxe de la fierté haïtienne   246

Les réalités créoles   253

CHAPITRE 7 • Horizon de sens : les transformations
de la famille haïtienne   257

Un modèle familial autre   258

Le malaise dans la famille haïtienne   263

Les enfants, otages de l'immigration   271

Le choc des modèles familiaux : résistance et changement   273

Autorité parentale et communication
ou les apories intergénérationnelles de l'adaptation   275

La marginalité, un symptôme du malaise familial ?   279

Les parents, les enfants et le système :
les voix concordantes de la discorde   287

Espace familial et espace social : l'impossible perfection   290
    L'impact de la déstabilisation des structures familiales   295

CHAPITRE 8 • Horizon de sens : une identité au pluriel   307
    Une identité sociopersonnelle à géométrie variable   308
    Modèles et réseaux d'identification des jeunes Afro-Antillais   321
    Les jeunes : promoteurs de la culture haïtienne ?   324
Créole, identité haïtienne et langue de la rue   325
Le vaudou : une arme à deux tranchants   328
    L'espace religieux global des jeunes d'origine haïtienne   335
    La violence au cœur des sociétés de l'objet   340

CONCLUSION • Adieu, la Chimère !   347
    La gang, une stratégie créolisée de la débrouille   348
    Deux pistes à explorer   350
    En finir avec les gangs de rue, mais à quel prix ?   352
    L'anthropologie, pour quoi faire ?   355

ANNEXE • Quelques repères pour l'étude des groupes marginaux   359
Piqueries, Bérets blancs et gangs   359
    Ethnographie du monde des gangs   365
    Du dedans et du dehors des gangs   369
    Place à la parole des jeunes   372
    Secret, mensonge et inflation verbale   374
    Des limites   378

Références   381